HISTORY OF THE ART OF WAR
战争艺术史

Hans Delbrück

现代战争的黎明

[德] 汉斯·德尔布吕克 著　姜昊骞 译

世界图书出版公司
北京·广州·上海·西安

马基雅维利,文艺复兴时期重要的政治哲学家,他极力主张建立本国的国民军,并在 1506 年建立了一支小型民兵部队。

古斯塔夫·阿道夫,瑞典瓦萨王朝国王,即位后与神圣罗马帝国相争,亲临前线,带兵冲锋,发扬新战术、建立为宏大战略打下基础的新制度,在布赖滕费尔德会战取得大捷。

腓特烈二世,普鲁士国王,统治时期使普鲁士在欧洲大陆取得大国地位。罗斯巴赫会战和洛伊滕会战奠定其欧洲历史名将的地位,著有《战争原理》。

拿破仑,法兰西第一帝国的缔造者,奥斯特里茨会战为拿破仑指挥的一场著名会战,被称为"现代版的马拉松会战"。

沙恩霍斯特，普鲁士军事改革家，向普鲁士引入了法军的组织观念，同时又更新了这些观念。支持他改革军队的格奈泽瑙也接纳了拿破仑的战略观。

克劳塞维茨,普鲁士军事理论家,被后人称为"西方兵圣",著有《战争论》。

目 录

前　言　　　　　　　　　　　　　　　　　　　　　　*001*

第一篇　文艺复兴时期的军事状况

1　欧洲现代步兵的建立　　　　　　　　　　　　　　*003*

2　火　器　　　　　　　　　　　　　　　　　　　　*024*

3　长枪方阵战术　　　　　　　　　　　　　　　　　*050*

4　佣兵军队的内部建制　　　　　　　　　　　　　　*055*

5　战例介绍　　　　　　　　　　　　　　　　　　　*069*

6　马基雅维利　　　　　　　　　　　　　　　　　　*099*

第二篇　宗教战争时期

1　骑士向现代骑兵的过渡　　　　　　　　　　　　　*117*

2　射手数量的增加与步兵战术的完善　　　　　　　　*142*

3　奥兰治领主莫里斯　　　　　　　　　　　　　　　*148*

4　古斯塔夫·阿道夫　　　　　　　　　　　　　　　*159*

5　克伦威尔　　　　　　　　　　　　　　　　　　　*168*

6　战例介绍　　　　　　　　　　　　　　　　　　　*178*

第三篇　常备军时代

1　总　论　　　　　　　　　　　　　　　　*207*

2　法　国　　　　　　　　　　　　　　　　*210*

3　勃兰登堡–普鲁士　　　　　　　　　　　*223*

4　操练与18世纪的战术变化　　　　　　　　*249*

5　战　略　　　　　　　　　　　　　　　　*269*

6　战略概述及战例介绍　　　　　　　　　　*297*

7　战略家腓特烈　　　　　　　　　　　　　*351*

第四篇　国民军时代

1　革命与入侵　　　　　　　　　　　　　　*365*

2　革命军　　　　　　　　　　　　　　　　*374*

3　拿破仑的战略　　　　　　　　　　　　　*401*

4　沙恩霍斯特、格奈泽瑙、克劳塞维茨　　　*432*

注　释　　　　　　　　　　　　　　　　　　*441*

前　言

《战争艺术史》第 4 卷，也就是最后一卷，面世于有史以来最大的战争刚结束后的那一年。本卷的研究工作在 1914 年就基本做完了，大部分书稿也已写完。有人可能会设想，那场席卷而来的风暴会激励我完成这项使命，讲完这个主题，但事实并非如此，我的注意力反而被引开了。我搁下了笔，最后完稿时并没有联系当下。本书中提到的"当代"基本上指的都是世界大战前夕，也就是我实际写作的时期，偶尔指的是我实际参战的时期。（我于 1867 年参军，1885 年以预备役中尉退役。）

我最初计划一直写到德意志统一战争，结合拿破仑战略的发展讨论毛奇的战略。但我后来放弃了这个想法，因为那会直接引出世界大战的问题，而学术界对世界大战的界定尚不完善，这样的探讨也不符合本书的学术宗旨。这并不意味着我不会思考最近的事件，只是我对这个主题的探讨还达不到学术研究所需的严谨和冷静。因此，本书会以拿破仑和他的同时代人作结。但后续内容我已经写了一些，一直写到今天，只不过是以另外的形式呈现。关于19世纪后期的军事史现象，尤其是毛奇的战略和世界大战的经过，我把想说的话、能说的话写成了单独的文章，收录于与本书同时期面世的3卷本合集《战争与政治：1914年至1918年》(*Krieg und Politik, 1914 bis 1918*)中。关于毛奇的文章收录于合集《回忆录、文章与演讲稿》(*Erinnerungen, Aufsätze und Reden*)，合集中另附原发表于《普鲁士年鉴》[115（1904）：347]的《19世纪战略学发展史》(*Entwickelung der strategischen Wissenschaft im 19, Jahrhundert*)一文。在附文中我联系施利希廷（Schlichting）的观点和我对坎尼会战的分析，对毛奇提出的新思想，后来被施利芬发展为两面包围的两线进军战略进行了更详尽的说明与心理、技术两方面的澄清，进而引出了我对世界大战中的事件的战略观察。

在我对现代战争的介绍中，武器战术这些技术层面的内容不会重点讨论，这是自然而然的。原因并非技术因素不如先前重要了——事实上，技术因素的重要性正在以越来越快的速度增长。原因在于，技术因素在形式上一目了然，重要意义不需要多加探究。相关文献现在已经有很多了，让我可以将关注点局限在实际结果上。另外，马克斯·雅恩极有价值的《军学史》(*Geschichte der Kriegswissenschaften*)一书已经为有意深究技术层面的读者提供了系统的资料，更让我有理由择要而论。我希望略写技术层面的做法能够让本书的主旨——国家组织形式、战术与战略之间的关系，正如完整标题"政治史框架下的战争艺术史"暗示的那样——更加明晰。认清战术、战略、国家组织形式与政治之间的相互作用关系有助于我们理解上述方面与普遍史之间的关系，这种做法已经澄清了许多过去认识不清或存在误解的点。本书的旨趣不在战争艺术史本身，而在世界史。如果军界人士通过阅读本书得到了灵感，我会感到欣慰和荣幸，但本书是由一位历史学家写给史学同仁的。如果这本以战争为内容，特别以政治史为框架的书被划分为文化史，我也不会反对。因为战争艺术与美术、建筑学、教育学同样是一门技艺，因为一个民族的整体文化很大程度上是由其军事组织决定的，而军事组织又与作战技术、战术和战略紧密相关。这些事物都是互相影响的。每个时代的精神反映于各个方面的个别现象中，而每个个体的知识——具体到我，就是战争艺术史——都会增进人类整体发展的知识。世界史上没有一个时代的根基不曾受到本书主题的结果影响。但要让人们接受这种写法的意义是需要费很大力气，甚至要努力争取才行。当我向利奥波德·兰克解释时，就连他也当面表达了不认可。在提名阶段，我目前有幸任教的院系曾提出过异议，说军事学不属于该校的研究领域。当我将第1卷——深入探讨了古代史，尤其是罗马史的内容——呈献给特奥多尔·蒙森时，他虽然对我表示了感谢，但也说自己恐怕没有时间阅读。再加上总参谋部也不赞同本书，我的争取过程确实很不容易。我的门生没有一位当上军事科学院讲师，而渐渐认同我结论背后逻辑的历史研究者们也尽可能不事声张。我们之后会看到，直到不久前，我甚至不能让其他学者正确复述我的观点。新思想不仅要与传统观念顽强斗争，还要对付更加难以动摇的误解。

第1卷出版时，我感到有必要在前言中提及尤利乌斯·贝洛赫的《古希腊罗马时期人口研究》，它算得上是本书的先驱；现在，我也不能不提及一本既是本卷不可或缺的先声，又是本卷极有价值的补充的书,那就是马丁·霍博姆(Martin Hobohm)的《马基雅维利时期的文艺复兴战争艺术史》(*Machiavellis Renaissance der Kriegskunst*),这是一本兼具学术性和文学性的著作,我完全接受它的结论。另外,霍博姆博士整理了后续研究所需的资料,为我提供了极大的帮助。除霍博姆博士,我还要感谢西格弗里德·梅特博士(Dr. Siegfried Mette)的校对和索引整理工作。

汉斯·德尔布吕克
柏林格伦瓦尔德,1919年8月7日

BOOK I
第一篇

The Nature of the Military in the Renaissance
文艺复兴时期的军事状况

1 欧洲现代步兵的建立

瑞士军事体系威力惊人的基础是密集大方阵带来的集体效应，200年的不断胜利让方阵中的每个人都充满自信。全民尚武让全民上阵成为可能，不管后者有多么勇猛，庞大的阵势压倒了旧式职业军队的匹夫之勇。凭借南锡一战，瑞士战法走出了曾帮助瑞士取胜的重要盟友，大山。早在以格朗松和穆尔腾两战决定胜负的那场战争中，瑞士联邦主要是为了法国国王，而非自身政治利益而战。如今，他们开始通过为异族效力而威名远播。如此一来，德意志民族的一个小分支就具有了重大的历史意义。但从世界史的角度来看，更重要的是其他地方的民族看到瑞士战法的优越性，于是纷纷开始效仿。

当然，除了重骑兵，辅助骑士作战的射手和近战步兵早就有了。要取得进步、要实施变革的关键是：这些步行士兵原本只是辅助兵种，如今则要编组为规模大得多的密集单位。

最初只有德意志和西班牙两个民族充分实现了这一进步。法国和意大利也有类似的趋势，但只有萌芽，并未完成，或者说直到很久以后才完成，这里有一个值得特别关注的明显区别。不过，让我们首先来阐明现代军事发展的第一个实例，发生的地点是德意志地区。

尼德兰人与吉内加特会战[1]
（1479年8月7日）

非瑞士人首次采用瑞士战法的战斗是南锡会战开始两年半后的吉内加特会战（battle of Guinegate）。大胆查理的女婿马克西米利安大公（Archduke Maximilian）在此战中击败了一支法军。因此，正是曾经饱受瑞士军威之苦的勃艮第人，如今首次成功试行了瑞士人的战术。

马克西米利安原本在围攻小边堡泰卢阿讷（Thérouanne），恰好此时有一支由科尔德（des Cordes）统率的法国援军从南边而来，于是大公出兵阻击。法军和往常一样由骑士和射手组成。除了每名骑士配属的敕令军团射手以外，大批免税射手也来了。马克西米利安在这两个兵种方面比对面弱得多，却有不少于 1.1 万名装备长矛或斧枪的近战步兵，他们是由根特治安官兼弗兰德斯军总指挥让·达蒂齐勒（Jean Dadizeele）带来的。马克西米利安年仅 20 岁，身处妻子的领地，他既无经验也无权威来创立新军制。但他军中有罗蒙伯爵，后者的领地在紧临伯尔尼和弗里堡的诺伊恩堡湖畔。他为勃艮第公爵与瑞士人作战。他极不情愿与瑞士为敌，不管是平时或战时，没有人比他更熟悉瑞士人。据文献记载，正是这位出身瑞士的伯爵仿效瑞士制度组建了弗兰德斯步军。我们还可以设想，向现任统帅提议带上大队步兵的人也是他，而且没有什么地方能比勃艮第治下的低地地区更适合组建新军。事实上，早在1302年弗兰德斯诸城起义军击败法国骑士的科特赖克会战中，当地人就运用过类似的战法。这套战法在1382年的罗斯维克会战中失效了，因为面对骑士，弗兰德斯平原没有瑞士群山那样的天堑。尽管如此，低地地区还是保存了一支强大的战士队伍和强烈的尚武精神。就连大胆查理的军队都有很大比例的尼德兰人（Netherlanders）①，如今瑞士人又为他们的尚武精神再展神威提供了样板。

即便把4 000名泰卢阿讷守军——他们在会战中会威胁勃艮第军后方——计入法军，勃艮第一方的总兵力大概还是比对方多几千人。

两军都采用步兵居中、骑兵在两翼的部署，一边的步兵是射手，另一边以矛为主。勃艮第矛手分为两个既大且深的方阵，指挥官分别是曾在南锡会战中效力于大胆查理的拿骚伯爵恩格尔贝特（Count Engelbert of Nassau）和罗蒙伯爵。马克西米利安本人没有按照骑士作战的传统与骑士并肩作战，而是手持长矛加入了方阵，身边有一批贵族。² 马克西米利安在回忆录中写道，他作为少主来到低地地区后就制造并操练起长矛。所以，我们可以说步兵在贵族陪同下进行了系统的矛术训练和操练（drill）。让贵族——他们自然要站在前列——加入方阵，加强方阵步兵战斗力的做法早在中世

---

① 尼德兰（Netherlands）的意思就是低地，历史上大致包括今天的荷兰（正式国名为尼德兰）、比利时、卢森堡三国和德国的一部分。下文中的"荷兰"有时与尼德兰同义。

纪晚期就相当常见了。但现在有一个重要区别：贵族拿起了步卒的长矛，不再只是带领步卒作战，而是与步卒共同组成了整体性的战术单元。据"最杰出的编年史"记载："罗蒙伯爵立于阵中，公爵（马克西米利安）站在步卒和长矛中间。"

科尔德的右翼击退了伴随步兵方阵的勃艮第骑士，还夺取了已经摆好的勃艮第大炮。尽管勃艮第一方有许多射手，但战记中根本没有提到他们。在强大的法军面前，他们无疑马上就顶不住了，要么逃离战场，要么退入矛手方阵。

法军骑士取胜为科尔德从右翼出发，攻打由拿骚伯爵统领的勃艮第左侧矛兵方阵提供了的可能性。这次进攻让勃艮第军停下了脚步。勃艮第军在正面和侧面都受到了法军射手的猛烈打击，后者还得到了俘虏的勃艮第大炮的支援。因此，尽管大部分法军骑士取胜后忙着追击逃跑的勃艮第骑士，离开了战场，但勃艮第军还是遭受了巨大压力。

假如另一翼也是类似状况，那么勃艮第军必然会失败。但那边的勃艮第骑士比较多，顶住了法军进攻，没有让他们从侧面杀入矛兵方阵。于是，罗蒙部继续推进，打跑了法军射手，从而解救了另一个方阵，胜负就此奠定。

同时代的文献中没有大篇幅描述吉内加特会战中的勃艮第军采用了瑞士战术。尤其值得注意的是，出自马克西米利安本人或可以追溯到他的吉内加特战记至少有4份，其中没有一份提到瑞士战术。尽管乍看起来出人意表，但当时的人意识不到一项理论变革的重要意义，到了下一代人才明白过来的情况毕竟绝非罕见。以古代军事史为例，第二次布匿战争期间组建梯队（echelon）这样的根本性变革在文献中从未被直接提及。但不管是这里还是布匿战争，事实都是完全确定的。达蒂齐勒、莫利内（Molinet）、德布特（de But）和巴赞（Basin）都认为胜利要归功于弗兰德斯步卒。德布特说："马克西米利安公爵勇敢而坚定地与矛手站在一起，试图两面夹击他的法军骑兵没有成功。"（Dux Maximilianus cum picariis fortiter instabat, ut equitatus Francorum, qui ab utraque parte cum aliis suis obpugnare quaerebat eundem, non posset in eum praevalere）巴赞讲得还要更明白，他说弗兰德斯步兵凭借长矛打退了敌军骑兵的突击。（"Nam ipsi Flamingi pedites, cum suis longis contis praeacutis ferra-mentis communitis, quos vulgo piken appellant, hostium equites, ne intra se se immitterent, viriliter arcebant"："弗兰德斯步兵手持装有锋利铁尖的长矛——他们通常称之为'派克'，pike——勇猛地挡住了敌军骑兵，没有让他们冲进来。"）

但我们不应该忽略一个事实：胜利要部分归功于侧翼的骑士，他们至少为一个勃艮第矛兵方阵提供了保护。若非如此，弗兰德斯步兵很可能会战败，就像罗斯维克会战那样。

直到今天还没有人解释为什么这场胜利没有导致泰卢阿讷陷落。马克西米利安反而放弃了战役企图，并将军队解散。要不是会战过程和胜负结果有多份记载作为明证，那么从最终影响来判断，我们很可能会认为这场胜利不可信。有一种说法是，弗兰德斯人不愿意继续参战了，这大概是主君与地方议会（estates）由来已久的对立矛盾，尼德兰人对主君马克西米利安的恐惧不亚于对法国人的，不希望他因为打了胜仗而变得过于强大。另外，马克西米利安的国库可能也花空了，连继续围城所需的小股部队的军饷都凑不出来。

显然，吉内加特会战毫无政治意义。但从军事角度看，它是一个关键转折点。在接下来的一整代人时间里都发挥了相当作用的尼德兰步兵无疑起始于吉内加特会战，而战败后的法国也有了改革军制的动力，可能还传播到了西班牙。但尼德兰步兵主要还是国土佣仆的先驱。

国土佣仆 [3]

吉内加特的胜利没有为获胜方带来好处，因为马克西米利安战后就解散了军队。没过多久，马克西米利安——他最初当然是以共治君主的身份管理低地地区，妻子死后则是儿子腓力当上了君主，他以摄政的身份统治——就与地方议会爆发了公开冲突。为了把仗打下去，他不得不寻求市民征召兵以外的兵源。

他向各地领主招募兵员，有低地地区本身的，有莱茵河流域的，有上德意志地区的，也有瑞士的。在1482年到1486年间，"国土佣仆"（Landsknechte）成为普通士兵的称呼。

"国土佣仆"这个名字是怎么来的呢？[其他称呼有地方佣仆（provinciae servi）、国土随从（patriae ministri）、国土伙伴（compagnons du pays）]他们为什么不叫"步兵"（Fussknechte）、"雇军"（Soldknechte）、"军仆"（Kriegsknechte）或其他的合成词呢？"国土佣仆"这个用法延续了大约一个世纪，直到三十年战争期间。后来这个词就不见了，因为频繁转换势力的自由佣兵与特定区域或将领建立了更长期、更明确的从属关系，于是就以区域或将领命名了。

这个词已经有了许多种解释，但全都不成立。它指的不是相对于瑞士士兵的"本国士兵"，因为国土佣仆与瑞士士兵会在同一个旗号下的同一个单位服役。它的意思也不是相对于瑞士山区的"平原兵士"。它指的不是"守卫国家的士兵"，不是"为国家服务的士兵"，不是"从国家招募（而不是由议会提供）的士兵"。它的意思也不是"同一国籍的士兵"，或者说"同胞"。这个词与"枪"（lance）无关，因为他们携带的武器在当时叫作"矛"（spear）或者"戟"（pike）。[4]

"Landknecht"（与"Landsknecht"不同）一词在15世纪的德意志高地和低地地区都有使用，意思是治安官、宫廷信使、承担一定作战职能的骑马或步行宪兵。因此，约翰·冯·波西尔奇（Johann von Posilge）才在1417年的编年史中写道："几名Lantknechte将普鲁士人的要塞巴辛哈延（Bassinhayen）出卖给了波兰国王。"Lansquenet"一词取得在低地地区的特殊含义是在1482年至1486年间，当时马克西米利安与法国相安无事，但与先前剥夺他对儿子腓力的摄政权的议会开战了。马克西米利安越来越多的佣兵就是这些人，他们索要军饷、蹂躏乡间，令议会除之而后快的人也是他们。这些佣兵是干什么来的？毕竟现在不打仗。因此，马克西米利安才为他们取了"国土佣仆"这样一个看似无害的名号，直到开战前都只是警察而已，并非军人。

最早的著名国土佣仆首领是马丁·施瓦茨（Martin Schwarz）。他本是纽伦堡的一名鞋匠，因为作战勇敢被升为骑士，手下有施瓦本士兵和瑞士士兵。他的副官是一名瑞士人，伯尔尼的汉斯·库特勒（Hans Kutler of Bern），此人也有其他一些名号。

"国土佣仆"的这个含义所代表的新现象首次被明确提及是在一份1486年10月1日召开于苏黎世的瑞士联邦会议简报中，会上有人抱怨马克西米利安手下的施瓦本骑士康拉德·加许夫（Konrad Gäschuff）的招兵活动。这位骑士据说出言放肆，夸耀说他训练和武装的一名施瓦本或其他国土佣仆顶得上两名瑞士士兵。

从这份文献可知，早在1486年秋，"国土佣仆"就已经是一个明确的概念了，指的是受过训练的职业军人。瑞士士兵与国土佣仆不同，而且会被拿来对比。

仅仅10年前，德意志士卒还很不受重视。1476年，当洛林公爵勒内（René of Lorraine）带着上莱茵地区的佣兵试图夺回公国时，他们在蓬塔穆松（Pont-à-Mousson）不仅没有证明自身实力，反而在勃艮第人面前逃跑了。公爵只得将瑞士人召来。1477年6月5日南锡会战中的方阵既有瑞士人，也有施瓦本人。但瑞士人很清楚自己的优越地位，看不起德意志人，几乎把所有战利品都独吞了。

当国土佣仆通过系统性训练达到了一定水平，有了自信心后，瑞士人就与他们分开，从此教官和学生成了彼此嫉妒的对立关系。瑞士人以百胜之师自傲，要保住其无与伦比的、超过其他所有人的军人地位。国土佣仆的首领则告诉他们，他们可以做得与瑞士人一样好，而他们也开始相信了。有组织的国土佣仆单位从低地地区去了英格兰和萨伏伊。1487年8月10日，在蒂罗尔公爵西吉斯蒙德（Duke Sigismund of Tyrol）旗下，由弗里德里希·卡佩勒（Friedrich Kappeler）直接指挥的国土佣仆在卡利亚诺（Calliano）击败了威尼斯雇佣兵。西吉斯蒙德麾下起初是有瑞士人的，但他们不再像以前蔑视外地军人，他们的军官反而在发给国内的报告中自称受到国土佣仆的威胁，性命几乎不保。

1488年，皇帝的一支部队开进尼德兰，支援马克西米利安与暂时俘虏公爵的议会作战。瑞士人也来到了科隆城下，但统帅"因为国土佣仆的关系"不愿意接纳他们，不想产生纠纷，于是瑞士人就回国了。

两年后的1490年，瑞士人和国土佣仆再次聚首，在马克西米利安旗下出征匈牙利。圣加仑修道院编年史作者瓦特（Watt）后来写道："有许多联邦士兵和国土佣仆参加此次战役，也有少数人来自圣加仑。"因此，两者一同参战是常有的事。

1490年之役——期间施图尔韦森堡（Stuhlweissenburg）被强攻夺取——似乎使新生的国土佣仆首次得到普遍关注，以至于编年史作者感到有必要多说几句来澄清或说明"国土佣仆"这个词的意思。

"国土佣仆"（lansquenet）首次出现于1495年的一篇日期明确的民歌中："国内有许多国土佣仆。"[5]

他们是11世纪以来就有的募兵，在15世纪有许多名字，比如"山羊"（Böcke）和"卫士"（Trabanten）。区别在于，他们不再是散兵游勇，而是组成了明确的战术单元，惯于依赖密集阵形，依赖相互的关系，外在的阵形关系又与新生的内在关系，也就是团队精神相对应。自由佣兵团成立后，他们便通过持续的军事训练再现了瑞士人凭借同胞情义与尚武传统创造的典范。

世界军事史上最早的战术单元是斯巴达方阵。据说德马拉托斯曾在波斯王薛西斯面前夸耀方阵，将其与单兵做了有意识的对比。

他说，单个斯巴达人的勇猛不亚于任何人，但他们威力的真正根基在于法律，法律要求他们坚守阵线，不成功便成仁。

尽管下德意志佣兵单位的踪迹一直都存在，但"国土佣仆"一词主要用于上德意志的施瓦本和巴伐利亚地区：一方面原因当然是那里离瑞士比较近，吸引着人们去效仿；另一方面是那里有马克西米利安的领地，许多人特别想加入他的军。起初当然是各地分别编成部队，后来其中最强的施瓦本部队为全军奠定了基调。马克西米利安在自传中有"国土佣仆与荷兰军"的说法，另一处将"国土佣仆"等同于上德意志部队。"荷兰军"也继续存在，1494年作为佣兵与瑞士人一同参加了查理八世的意大利征讨，大概在1525年的帕维亚会战中被消灭，当时的名号是"黑军"。

从瑞士人对康拉德·加许夫的控诉中能看到，国土佣仆要经过系统的训练。1488年1月30日，索伦伯爵弗里德里希（Count Friedrich of Zollern）下令在布鲁日市集进行军事操练，相关记载证实了系统训练的存在。关于此事的各方记载有不一致的地方，尤其是操练的实际对象。一份记载说是马克西米利安随从中的德意志贵族，另一份说是德意志步卒，还有的说是尼德兰士兵受训，德意志人担任教官。无论如何，操练使用的武器是长矛。教官下令组成"蜗牛"阵（"limaçon à la mode d'Allemagne"），然后下令放平长矛。受训者会高喊"站稳，站稳"（Sta, sta）的口号，围观市民听成了"杀呀，杀呀"（Sla, sla），害怕遭到突袭，于是吓得一哄而散。

"蜗牛"一词指的是行军纵队转为进攻纵队，以及进攻纵队转为行军纵队时的有序步法。这不是人天生就会的本领，只能演练习得，而演练可以有不同的方式。[6]尽管后者也叫"蜗牛"（limaçon、 caracole），这种步法与后来的一种射手机动方式却没有关系。

长矛的用法不像看起来那样容易。[7]试用过长矛的瑞士作家米勒-希克勒（Müller-Hickler）写道：

> 最麻烦的地方是长杆会抖。我通过亲身实战发现击中目标简直是不可能的，因为猛刺出去的时候，矛尖颤得太厉害了。用力戳击时尤其如此，伸长右臂将整根矛送出去的时候抖得最明显。
>
> 与身穿盔甲的"双薪佣兵"对战时，如果有机会瞄准对方的颈部和下身，攻击盔甲的连接处的话，那也可以刺得慢一些，准一些。[8]

除了长矛，一批国土佣仆还装备沉重的双手剑，但双手剑的作用不是很大。伯海姆（Böheim）说过，只有少数特别强壮的人装备双手剑，专门用来保护军旗，后来也用来保护团长（colonel），这当然是对的。[9]他又说他们接受过系统的训练，但事实上，这些亚衲族（Anak）的光鲜后代的价值与拿破仑军中的高个子鼓手完全一样。

文献中还多次称赞国土佣仆步子走得齐。4排、5排、8排的说法都有。中世纪文献中从没有这样的记载。

1495年秋，1万名德意志士兵去支援米兰公爵卢多维科·莫罗（Duke Ludovico Moro of Milan），后者正在围攻诺瓦拉城中的奥尔良公爵。亚历山德罗·贝内代蒂（Alessandro Benedetti）医生详细描述了公爵夫妇在诺瓦拉城下检阅这支队伍的情形：

所有人的目光都集中在胯下高头大马的格奥尔格·冯埃贝斯泰因（Georg von Eberstein）（又名"Wolkenstein"："沃尔肯斯泰因"）统率的6 000人德意志步兵方阵上。阵中能听到有许多鼓，简直要把人的耳朵"刺穿"，这是德意志的传统。他们只穿胸甲，行进时每排的间隙很小。前排举着矛头锋利的长矛，后排将矛高高举起。方阵后面是斧枪手和双手剑士。他们和旗手走在一起，全军以旗为号左转、右转或后退，仿佛凌空而行。再后面是火枪手，火枪手左右两边是弩手。当走到贝娅特丽克丝公爵夫人对面时，他们收到信号后突然从方阵变为楔形阵（意思是由宽阵变为窄阵，或者由四边长度相等的阵变为四边人数相等的阵）。他们接着分为两翼，一翼疾走，一翼慢行，前者绕到另一侧，后者站定不动，这样就完成了一次对调，浑然一体。[10]

除了动作操练，贵族的参与对国土佣仆的训练也有着特殊的作用。文献中反复提到贵族手持长矛，站在步卒的行列中。在1486年的贝蒂讷（Bethune）会战中，德意志人败于法军之手。盖尔登公爵阿道夫（Duke Adolf of Geldern）与拿骚伯爵恩格尔贝特（Count Engelbert of Nassau）置身于步卒之中，说要与他们同生共死，而且据编年史记载，他们"为保护步卒"而流下了鲜血。

一份反面的文献表现了上述记载的意义。1509年，马克西米利安皇帝围攻帕多瓦，当国土佣仆应该发起强攻时，他们要求贵族一同上阵。但巴亚尔（Bayard）① 说："难道要我们和裁缝鞋匠一起冒生命危险吗？"德意志骑士说自己是来骑马打仗的，而不是强攻要塞的。于是，皇帝放弃了围攻。

国土佣仆与瑞士军的首次大规模冲突发生于1499年的施瓦本战争期间。胜利者依然是资历更老、有战绩和经验加持的瑞士军人。在哈尔德（Hard）、施瓦德洛（Schwaderlow）、弗拉斯坦茨（Frastenz）、卡尔文山口（Calven Pass）和多尔纳赫（Dornach），施瓦本军都败了。尽管如此，马克西米利安在谈判中开出了极为苛刻的条件，瑞士人在签订和约时几乎没有得到任何好处；事实上，他们甚至退还了一些东西。当然，和约的动因是路易十二于同时期夺取了米兰。

法国、西班牙与意大利军队

15世纪的法国军事组织以敕令军团和免税射手为基础。后者在吉内加特会战中表现拙劣，路易十一就打算将他们改编成瑞士那样的步兵。他用长矛和斧枪换掉了他们的弓箭，在皮卡第地区埃丁（Hedin）附近的一处军营聚集了1万多人进行训练。第二年的训练地点在鲁昂附近的阿尔克桥（Pont de l'Arche）。

瑞士大使梅尔希奥·鲁斯（Melchior Russ）在发回本国的报告中称，法国国王按照德意志样式制造了大批长矛和斧枪。[11] 如果他

---

① 本名皮埃尔·泰拉伊（Pierre Terrail），巴亚尔城堡领主（1473—1524），有"无可挑剔的骑士"之称，投靠法王查理八世后扬名于意大利战争。

也能制造使用这些武器的人，那就真是不求人了。后世史家认为有理由认为阿尔克桥训练营是法国现代步兵的摇篮，声称那里有6 000名瑞士军人做示范，让法国士兵接受了系统的训练。训练营据说开办了3年，瑞士教官停留了一年时间。但细究证据，这幅想象出来的图景就消散了。[12]事实上，没有任何文献提到了操练或瑞士教官团。国王的意图无疑与马克西米利安当年在尼德兰建立的训练营如出一辙。另有明确记载称，1 500名敕令军团的骑士来到了训练营，目的是学会必要时下马作战。这必然意味着他们要与步卒一同列阵。但是，这种变革可不是下一道命令就能完成的。

训练营出来的步兵从来没被认为比得上瑞士军人或国土佣仆。意大利边境处也编成了一支类似于比利时边境的部队。除了这些后来被称作"皮卡第"和"皮埃蒙特""旧军"的单位，还有一批或多或少比较松散的佣兵团，号为"冒险团"，其中有装备近战武器的人，但大部分是射手。1507年，他们扬名于热那亚城下，当时巴亚尔和其他骑士在他们前面带头进攻。于是，法国军事史研究者苏萨纳（Susane）认为这就是法国现代步兵的起源。他说从此之后，没有钱购置骑兵装备的年轻法国贵族为了更高的报酬与步兵并肩作战就成了惯例。意大利语中的"断枪"（lanze spezzate）指的就是这些贵族。据说，"断枪"作为军士与列兵之间的一等兵等级在法军中一直延续到18世纪中期。

所谓的《维耶维埃尔回忆录》（*Mémoires de Vielleville*）[①]记载

[①] 作者是第一代维耶维埃尔领主弗朗索瓦（1509—1571），法国官员和外交官，弗朗索瓦一世时期为御前顾问和元帅。

道,每个连有12名"断枪"。他们不用斧枪或火枪,而持长矛。

但尽管社会地位有所提高,但与国王帐下的瑞士部队和国土佣仆相比,法国人组成的步兵单位仍然只扮演次要角色。从拉文纳到帕维亚的历次大战都有他们的身影,文献中也提到了加斯科涅和勃艮第部队,但从来没有称其为善战之师。自查理八世以降,历代法国国王在重要会战中都宁愿使用德意志步兵。1523年,法军将领邦尼维(Bonnivet)在找到瑞士部队替代法国部队后,就把后者打发回国了。直到1544年的切雷索莱会战(battle of Ceresole)中,一支加斯科涅矛兵部队才运用瑞士人的战法打了一场胜仗。

1533年,弗朗索瓦一世再度尝试创建一支由法国人组成、以民兵色彩为主的步兵。他骄傲地称之为"军团"(legions)。他甚至打算利用他们创造出结合希腊方阵、罗马军团、现代军阵于一身的新式战术单位。从描述来看,新阵形是一种大方阵,分成许多精心布置的小阵,小阵之间挨得很近。我们完全看不出小阵的意义或功用。这显然只是纸上谈兵。1543年,1万名法国军团战士本来要守卫卢森堡,结果成群结队地逃跑,将要塞拱手让给了皇帝军队。1545年,同样的事情在布洛涅再次发生。维耶维埃尔元帅在1557年的回忆录中写道,这些军团战士根本算不上军人。从这些人老家的文书证据来看,他们离开田地是因为服役四五个月就能免税。

法国高层无疑意识到了利用外国军队为法国作战是不可容忍之事,但他们发现法国人的秉性不适合担任步兵,而且将德意志人、瑞士人和意大利人招至麾下不仅能得到精兵,还能防止精兵为敌所用。

1500年前后,骑兵在法国有"常备军"(l'ordinaire de la guerre)

之称，步兵则叫作"非常备军"（l'extraordinaire de la guerre），因为平时只有骑兵。[13] 但"步兵"（infanterie）一词据说直到亨利三世时期才出现。1550 年前后，源于意大利语词"fante"的"fanterie"仍有人在用，这个词的意思与德语中的"Bursche"（"随从"）或"Knecht"（"仆从"）是一样的。[14]

西班牙的发展过程与法国不同。早在 1483 年——路易十一不久前建立了皮卡第训练营，格拉纳达争夺战仍在进行——阿拉贡国王斐迪南（King Ferdinand of Aragon）据说招来了一支瑞士部队，以其为模范组建类似的步兵。但瑞士一边并不知道有部队去了比利牛斯山脉以南，而且学界至今没有发现之后 20 年里西班牙有建了类似步兵新军的迹象。

除了德意志人，最早仿照瑞士方式编成可用步兵的就是西班牙人，因此这一时期的西班牙军事体系对我们有着特殊的意义。于是，在我的请求和德国文化部的支持下，卡尔·哈丹克博士（Doctor Karl Hadank）前往西班牙查阅相关文献资料，但成果寥寥，并未显著超越霍博姆的旧说。尽管关于法国和西班牙在南意大利交战经过的文献非常多——为首者当属伊奥韦斯（Jovius）为人称"大（佣兵）队长"的科尔多瓦人贡萨洛（Gonzalo of Cordova）写的传记——但对于我们关心的问题，也就是对于步兵战术单元的发展过程来说，这些文献作用甚微。1495 年，一支民兵得到地方政府批准成立并收到了几次补给，它并没有表现出新式战争艺术精神。在西班牙与法国争夺那不勒斯领地期间，科尔多瓦人贡萨洛于 1495 年率领这支部队出征，结果没有挡住为法国效力的瑞士部队。"在武器质量和阵形稳固方面"，他们都比不上瑞士人，而且尽管有数量优势，他们还是逃跑了。但贡萨洛没有因此放弃。战争期间，他通过实战磨炼了队伍，终于在国土佣仆的支援下，在1503年的切利尼奥拉会战（battle of Cerignola）中取得了首次胜利。他手头的兵员一开始应该很差劲。他的帐下不仅有以投军为务的冒险家和浪荡子，也有拉来的壮丁。但他有一个优势：他是在远离故土的异国作战。为了自身的利益，他们别无选择，只能当兵打仗。过了几年，西班牙步兵相对于瑞士部队和国土佣仆的水平无疑已经上来了。1512年的拉文纳会战就体现了这一点，尽管他们还是被国土佣仆和法国骑士联手击败。在接下来的一个半世纪里，西班牙都以精锐步兵闻名。

西班牙还有一件新式军阵遭遇思想抵触的事件。在科尔多瓦人贡萨洛编练方阵的同时，阿约拉（Ayora）有一个叫贡萨洛的人想在家乡做同样的事，结果遭到了嘲笑。据记载，他有一次让手下步兵操练了一整天。他请求国王提供长时间训练所需的额外口粮和葡萄酒，还希望获得"团长"的头衔，以增强自己的权威性。另外，他还想要国王下达明令，规定他手下的军官严格服从他。一次大型军事会议上讨论了是否应该支持阿约拉的观点。据说大臣们嘲笑了他好长时间。但到了1506年，马克西米利安之子，与妻子共掌国政的"俊郎"腓力（Philip the Handsome）将3 000名国土佣仆带来了西班牙，他们的示范效应大概消除了最后的反对意见。

意大利的情况与西班牙又有不同。十四五世纪的意大利尚武之风极盛，诞生了一批垂范军艺的伟大雇佣兵。斯福尔扎（Sforzas）家族和布拉乔（Braccios）家族的基本战略思想有一定区别，尽管差别并不很大。文艺复兴时期的史学大师马基雅维利

（Machiavelli）、圭恰迪尼（Guicciardini）和伊奥韦斯一致认为，佣兵交战只是当作一场游戏，并不渴望流血。按照他们的判断，佣兵在自身利益的指导下，为了尽可能拖长战事，尽可能多赚钱，所以并不会寻求决战，反而会回避决战。最后当不得不正面交锋时，双方都把对面视为同志，于是彼此会饶过性命，免得流血。1440年的安吉亚里会战（battle of Anghiari）就是一个例子。据记载，此战中有一人死亡，但不是阵亡，而是淹死在了沼泽里。后代学者无疑认为，通过佣兵首领的努力，这种作战样式将战争提升到了艺术品的层次，也就是机动的技艺。

细致考察当时人的记述可知，尽管三位史学大师都这样认为，但上面的记述从头到尾没有一句实话。他们的判断只有一点正确：意大利佣兵打起仗来不像马基雅维利及其同时代人眼中的瑞士人那样残忍，后者不许留俘虏，甚至会屠城。佣兵的作战方式类似于骑士。在作战任务允许的情况下，骑士也会手下留情，而且为了赚取赎金，他们不仅可以抓俘虏，甚至会专门抓俘虏。但佣兵的仁慈也不过如此，他们交战时常常也是血腥的。[15]

在整个十四五世纪，来自热那亚和伦巴第的意大利射手都享有盛名。他们在大胆查理的军队中也发挥着中重要作用。

与通常的中世纪军队一样，意大利佣兵也以骑兵为主。这也是马基雅维利痛恨蔑视他们的一个原因，因为他认为罗马式的步兵才是决定性兵种。

当瑞士人和国土佣仆的战绩传到意大利时，很快就有敏锐的军人希望引入新战法。当时的意大利相比于其他地方——比如法国——可造之材的数量和质量都优越得多。西班牙阿约拉人贡萨洛曾在米兰学习新军技艺。佣兵世家维泰利三兄弟在罗马涅地区的卡斯泰洛城（Città di Castello）这块小领地。1496 年，他们着手建立一支前所未有的意大利人步兵。他们从本领居民中募兵，与有经验的战士混编，为他们配备了比德意志人的矛还要长—埃尔①的长矛。伊奥韦斯明确写道，三兄弟教士兵"随旗号而动，依鼓点而行，以纵队前进，以蜗牛阵转向，最后凭借高超技艺和严密阵形打垮敌人"。(Signa sequi, tympanorum certis pulsibus scienter obtemperare, convertere dirigereque aciem, in cocleam decurrere, et denique multa arte hostem ferire, exacteque ordines servare)。在 1497 年 1 月 26 日的索里亚诺会战（battle of Soriano）中，为教宗亚历山大六世效力的维泰洛佐（Vitellozzo）率领 1 000 人击败了 800 名德意志国土佣仆。但这支新军的创始人刚刚取得成绩就灭亡了。卡米洛·维泰洛（Camillo Vitello）早在 1496 年为法军服役时就死在了那不勒斯，保罗于 1499 年被佛罗伦萨人斩首，维泰洛佐于 1503 年被切萨雷·波吉亚下令勒死。

切萨雷·波吉亚继承发扬了维泰利兄弟的事业。他覆亡后，罗马涅军作为佣兵效力于威尼斯，水平确实很高。但长远来看，这些尝试的规模还是太小了，而且没有政治强权的支持，哪怕在危机过后也无以为继。马基雅维利试图为佛罗伦萨共和国组建一支有素质的本土民兵，此举在观念上就有问题，事实上也失败了。威尼斯共和国控制着大批依附于自己的农民，本来是最有条件组建新军的。但威尼斯政府不愿意武装本国属民，宁愿从别处招兵，尤其是罗马

---

① 埃尔（ell）是中世纪的布匹长度单位。

涅。原本有可能成为意大利人步兵骨干核心的罗马涅军先在1509年的瓦埃拉会战（battle of Vaila）输给了瑞士人，后在1513年的拉莫塔会战（battle of La Motta）被西班牙人和国土佣仆击败，于是被消灭了。从此以后，意大利步兵总被视为与法国步兵一样无用，甚至更无用，尽管作为个体的意大利人有善战之名，以至于法国冒险团的不少部将就是意大利人。

综上可以肯定，如果说法国人和意大利人在军事革新方面落后于德意志人和西班牙人的话，这一现象与民族性毫无关系，因为法国人后来表现出了杰出的军事素养，而意大利人直到文艺复兴为止都被视为优秀的战士。这是环境和机缘的结果。德意志人得益于最早在马克西米利安帐下与瑞士人共同作战。因此，瑞士人自己成了国土佣仆形成骨干。两家分道扬镳后，国土佣仆不仅是瑞士人眼中的竞争对手，更是死敌。马克西米利安麾下有几位高层明白了新军的原理，遂通过操练加以实现。当编成一批秉承新精神、富有自信心的国土佣仆骨干，又有一批广受尊重信赖的将佐进入高层时，制度化的国土佣仆遂凭借自身实力而不受阻碍地拓展。

当时的人常会提一个问题：法国为什么没有发生类似的事情？过去的看法是，这是因为有人不想让老百姓变得尚武，以方便控制。据说这是贵族的观念，国王是受其影响。[16]此说与法国曾多次尝试组建法国人步兵的事实相抵触。但尝试没有成功，也就是说，他们没有达到瑞士人和国土佣仆那样的能力和自信心，而法国国王无疑更青睐精锐之师，而非无用之兵。因此，法国失败的根本原因是起步不利，没有依赖瑞士人建军。当然，法国国王手下也有瑞士士兵，但法军单位不可能像施瓦本人和蒂罗尔人那样与瑞士人共同组成更大的建制。瑞士人对法国人的示范效应停留在理论层面上。要编成法国人步兵,一定要引入新的种子。但法国人觉得没必要耗费所需的工夫和精力,因为从瑞士招兵就能得到最优秀的战士,何其便利。瑞士人与国土佣仆为敌是符合法王利益的。1509年,当路易十二与瑞士人发生龃龉,瑞士人拒绝提供兵员时,他就转而招募国土佣仆。

西班牙的总体情况恰恰相反。西班牙人一旦理解了新军之道,严酷的局势就逼得他们采用新方法训练本国士兵。就算地理上的困难没有现实中那么大,阿拉贡和卡斯蒂尔国王哪来那么多钱填满德意志士兵的胃口呢?那时大洋彼岸的贵金属开采才刚刚起步。最后还有一点应该记住:在意大利,组建或多或少具有常备性质的军队会让各个共和国和其他小势力落入依附于军队首领的危险境地。而大国国王本身就是军队领袖,用不着太担心这种可能性。

2 火器①

火药的发明与发火装置

我之所以等到此时才插入《火器》的一章，是因为尽管火器投入使用已有 150 年，我之前也经常提到火器，但直到我们现在讨论的时代为止，火器都没有真正发挥重要的作用。[1]

关于火药的发现，最近依然有种种相差巨大的观点，而且即便到了今天，相关研究仍然没有就火药发源地和发明年代得出明确结论。几年前，人们还认为"希腊火"——首次见于史册是在 7 世纪（678 年的塞西卡斯围城战）——肯定与火药，也就是硝石、木炭、硫黄制成的爆炸物无关。它被认为是一种主要成分为生石灰或类似物质的可燃物。但现在从 10 世纪的拜占庭手抄本中发现了一张草图，图中内容只能解释为火药爆炸。草图被发现后，人们重新开始

---

① 如无特殊说明，本章及之后提到的"火器"（firearms）指的都是枪炮一类的管式火器，不包括手榴弹、地雷等同样利用火药爆炸能量的武器。

研究希腊火的相关记述,同样得出了火药是最恰当、最自然解释的结论。² 果真如此,这就是火药首次出现有确凿历史证据。但有迹象表明,火药的发源地不是拜占庭,而是中国。爆炸性火药的配方是6硝1炭1硫黄。成品是一种燃烧速度极快的粉末状物质,以气体为主的燃烧产物占据的空间是火药燃烧前的1 000倍左右。因此,火药的主要成分是硝石。但天然硝石在西方古典世界非常少见,在蒙古和中国却是寻常之物。那里的人们肯定很早就注意到,传统可燃物混入硝石后的燃烧过程会释放巨大能量,接下来发现火药就很容易了。此外,阿拉伯人将硝石称为"中国雪",这似乎也表明火药三种成分的正确配比是在中国被发现的,然后传到了阿拉伯和东罗马。

中国人后来也将火药用于军事,但那是13世纪的事了。希腊人很久以前就将火药用于战争了,而在西欧,关于火药和火器的记载不久之后就会出现。

1232年的汴京保卫战用到了火箭、铁壳手雷和地雷。1259年,竹管火器出现,中国人称之为"突火枪"。今天它是一种烟花,叫作"罗马蜡烛"。① 这已经算得上是射击了,因为它有一根枪管,凭借爆炸的威力将物体抛射到大约100英尺(约30米)外的地方。但突火枪的用途仅限于点燃,因此还不能称为火器,中国人后来也没有继续发展。

现存最早的正确火药配方(比例为6∶1∶1)见于一份署名马库斯·格雷库斯(Marcus Graecus)的拉丁语文本,年代为13世纪

---

① 即魔术弹。

中期前后。它无疑是从一份介绍各种与火相关的技艺的希腊语文献翻译过来的。大阿尔伯图斯（Albertus Magnus，死于1280年）和罗杰·培根（Roger Bacon，死于1294年）笔下的火药配方也是直接或间接源于同一份文献。但上述文献全都表明，火药当时还没有用于射击。这一点从马库斯·格雷库斯著作的标题就能明显看出来，即《火烧敌军之书》（"liber ignium ad comburendos hostes"）。同时期的阿拉伯著作和稍晚的西班牙著作也差别不大。这些书的作者是哈桑·拉玛（Hassan Alrammah，死于1290年前后）、优素福（Jussuf）和沙玛埃丁-穆罕默德（Schemaeddin-Mohammed），里面记载了火药配方，还讲解了如何利用火药的威力烧死敌人，可没教如何射死敌人。尤其是有一种叫"马德法"（madfaa）的装置，它是用火药的力量向敌人抛出燃烧物（不是箭矢，也不是弹丸），与中国的突火枪如出一辙。[3]

因此，火药配方是通过翻译一部东罗马帝国的希腊语著作传到西欧的。在中国被叫作"突火枪"的器具在西方名为"罗马蜡烛"，由此我们会猜想：火药的这种用法随着配方一同从东罗马帝国传入了西欧。

炼金术士对火药巨大威力的解释如下：硫黄是热性的，硝石是寒性的，所以不能相容。

有意思的是，哈桑·拉玛描述了一种武器，我们可以将其视为一种自驱动鱼雷，虽然原始，但本身的完成度已经很高了。[4] 因此，鱼雷的发明时间比加农炮和火绳枪还要早，这或许体现了一个事实，那就是即便有了火药，发明火器也不容易。[5]

欧洲战场上第一次有确凿史料证明使用了火器的战斗发生在

1331年，巴伐利亚公爵路易担任皇帝时期。在意大利与德意志交界的弗留利地区（Friuli），克鲁斯佩格（Cruspergo）和斯皮林贝戈（Spilimbergo）两位骑士在攻打奇维达莱镇（Cividale）。编年史中写道，他们"派船向城市开去……从远处用斯克洛普斯向战场开火，没有造成损伤"。斯克洛普斯（sclopus，又称"sclopetum"）在意大利语中写作"schioppo"，意思是"发出雷鸣的东西"，后来指一种与火炮相对的手持火器。

1334年，奇维达莱会战3年后，埃斯特（Este）家族的编年史写道，藩侯制造了大批各式火炮（"praeparari fecit maximum quantitatem balistarum, sclopetorum, spingardarum"："他制造了大批石炮、雷鸣炮和弩炮"）。当时，弩炮（spingardarum）未必指的是火器，但石炮（vasa）和雷鸣炮（sclopeta）无疑是火器。

第三份关于火器的早期可靠证词不久前才在教廷文献里发现。[6] 文中说，教廷军围攻特尔尼（Terni）时试用了发射弩箭的雷瓶（"edificium de ferro, quod vocatur tromba marina""tubarum marinarum seu bombardarum de ferro"："一种名叫海管的铁制武器""海管或铁质投石器"）。文中还说，1350年围攻萨鲁艾劳洛（Saluerolo）要塞时使用了能发射300克铁弹的火炮。

可见，编年史最早提到这种新式武器时就有许多种称谓，这或许意味着火炮早期有各种类型，因此火炮的发明可能要更早。由于大阿尔伯图斯、罗杰·培根和哈桑·拉玛对火炮尚无了解，那么它的发明时间可能在1300年左右或稍早。

这些最古老的火器没有留下文字描述或图片。可以肯定的是，一份写于1325—1327年前后的英格兰插图编年史中有一幅插图，图中无疑是一门火炮。[7]因此，它比奇维达莱会战的年代要早。形制是一个置于木架上的大号广肚瓶，瓶口塞着一个木块，木块上绑着一根重箭。后面有一个人小心翼翼地保持着一定的距离，将一根棍子伸向明显区别于瓶子的火门。它的目标是一座紧闭的要塞大门。尽管图很有意思，但它不可能是当时火器的忠实再现。如果瓶中的火药量与木块加重箭的重量与指向城门的强度相称的话，如果瓶子是用足够坚固的金属制成，那么开炮的后坐力不仅会让随随便便搁在轻木架上面的瓶子粉碎，炮手也难逃一死，即便他谨慎地保持了距离。因此，绘图人想必从未亲眼见过火炮，只是听说了这种神奇的武器发明，听到别人含混的描述后就画了出来。话虽如此，这幅图仍然是一份有趣的证据，表明文人圈子里已经在讨论这种刚刚引入西方的武器，同时展现了当时人对火炮的看法。但是，我们重构早期火炮的实际形象时绝不能依据这幅图，而要根据后来出现的写实描述和手中的真实文物。[8]证据表明，最早的火器无疑是相当短小的，而两种不同的基本形制很早就出现了。一种是给枪管配备长柄，射手夹在腋下或插在地上开火。另一种口径要大一些，枪管绑在一根木梁上，有的搁在地面上，有的后半部分插进挖好的坑里。我们不可能判定哪一种早期形制更早出现。不过，从这个时期倒推之前用火药放火伤敌的阶段，追溯火器的发展路径似乎并非不可能。加长手柄与"马德法"上发现的手柄类似。至于口径较大的那一种，前文提到的拜占庭武器——插画绘制于公元10世纪——可以设想为它的前身。两者体积相仿，都是大啤酒杯的形状，手柄在下，火门在上，用途是向冲到近前的敌人喷出火舌。当然，我们对这种拜占庭武器也要有所怀疑：它是真正的实用兵器，

第一篇 文艺复兴时期的军事状况

还是某人想象力的产物。喷火距离连一米都不到，操作者要面临很大的危险。还没等火烧到敌人，敌人的近战武器——刀剑或枪矛——就已经到眼前了。再说了，喷出的火最多只会让敌人害怕，实际伤害很小。[9]

火药用起来有一个特殊的麻烦事，由于硝石经常掺杂着其他盐类或尘土，火药会因为杂质而受潮，保质期很短。因此，生产合用火药的一个必要条件就是硝石纯化或结晶技术。对纯化技术的探索从13世纪就开始了，但进展相当缓慢。

从上述事实可知，发明火药并不意味着发明火器。具体来说，火器就是将火药的爆炸力转化为穿透力。早在火器出现之前几百年，火药就已经被发现并投入军用了。火器最后是怎么发明出来的呢？我们知道拜占庭有带火门的火罐，西班牙的阿拉伯人则有马德法。打个比方，要想从这些装置发展到火器，把一个金属球或石球放在火药堆上可是不够的。最早的粉末状火药不会同时烧起来，火势要过一会才能蔓延开。因此，一个放在火药堆上的球不能利用爆炸的全部能量飞出去，而是先慢慢滚动，然后爆炸的全部能量才会把它推出去。因此，从火药到射击的真正创新点在于装填过程。炮管必须与炮弹紧密贴合，要是能在火药和炮弹之间插入一个塞子，密闭炮管，让炮弹和塞子直到装药全部被点燃，释放出全部力量时才飞出去，那就更好了。最好的办法是在装药和塞子之间留出一定的空隙。填充炮管带来的能量集中释放还会发出尖锐的爆裂声。拜占庭人说使用希腊火会发出雷鸣般的响声，因此他们可能早就发现在火药上面加塞子的办法了。[10] 但这里与强穿透力的武器之间还有相当大的距离。爆炸的能量不仅会将炮弹向前推，也会向四面八方释放。于是，炮管必须非常沉重坚固。因此，火器不能徒手握持，而要——我们前面已经知道了——安上长柄，让射手能够用全身的力量抵消后坐力；如果口径太大，装药威力太强，全身力量都撑不住的话，那就只能以某种方式将火器安放在地上了。因此，拜占庭的火罐和阿拉伯的马德法都不是火器的直接前身——如果两者真的有联系。由于缺少文献，这里有很大的遐想空间。比如，我们可以设想拜占庭火罐演变成一种坐地的管式火器，士兵用塞子将装药压实，而不是手持使用。我们还可以进一步设想它仿照有柄的马德法的外形，从而发展成一种手持火器。最早的火器出现于与拜占庭和西班牙都有联系的意大利，这一事实或为上述假说的一方面因素。

我们不知道第一件火器是在哪里，由谁制造的，只能大致确定是在 1300 年前后。发明地点大概是上意大利。另外可以肯定的是，发明火器的基础不只是火药，还有硝石纯化、带火门的高强度炮管、填充装药，还有加上一根杆子。

意大利发明火器之后的几年里，雷瓶相关记载首次出现于法国是在 1339 年，英格兰是 1338 年，[11] 西班牙是 1342 年。又过了几年，德意志也有了相关记载，首先是 1346 年出现于亚琛市档案，1348 年在代芬特尔（Deventer），1354 年在阿纳姆（Arnheim），1355 年在荷兰，1356 年在纽伦堡，1361 年在韦瑟尔（Wesel），1362 年在埃尔福特（Erfurt），1370 年在科隆，1370 年左右在迈森（Meissen），[12] 1373 年在特里尔。钩铳（harquebus）首次现身瑞士是在 1371 年的巴塞尔，文献中说火器使用"来自莱茵河对面"。[13]

现存文献中最早使用火器的将领是前面提到过的克鲁斯佩格和斯皮林贝戈两位骑士（1331 年）。尽管两人都是德意志人，但新兴火枪在德意志出现得比较晚，与火器发明地在德意志的传说相悖。这一传说毫无真凭实据，比如德意志连哪怕一件火器重大改进都没有过。[14]

从最古老的火器使用教程中可知其射程很近。1347 年，于格·德孔狄亚克（Hugues de Candilhac）骑士的比乌勒（Bioule）城堡有 22 门大炮。两门炮配一名炮手，因此作战期间就没打算重新装填。炮手必须发射完一门再发射另一门，但射击的顺序是先发大弩，再是投石器，最后才是火炮，因此火炮的远程威力肯定很小。[15]

火炮首次登场于 1346 年克雷西会战的说法属于虚构。据傅华萨（Froissart）记载，根特市民用 200 辆炮车（ribaudequins）对抗布鲁日的部队。炮车被含混地描述为装载小型火炮并在前面伸出一根矛的车辆。[16] 我们不知道炮车的效果如何。

如前所见，制出合用的火药需要特别关注硝石纯化。纯化工艺逐渐进步，最后终于能将上等硝石和劣等硝石区分开了。不过，具有决定性意义的是火药粉碎技术。火药受潮后会结成小块，这时就需要再次烘干。烘干的好处是能大大加快燃烧速度，因为结块之间有小缝隙。况且，原料在运输途中会更容易震散分离，更容易形成好的火药，而结块则会保持完整，这就需要通过挤压让受潮火药通过一个筛子，这样就完成了粉碎。粉碎工艺提高了火药质量，从而消除了炮弹与塞子之间的空隙。15 世纪中期之后，炮弹开始直接放在火药上，塞子就可有可无了。[17]

人们还在寻找火药的最佳配比。在 19 世纪的德意志地区，74 份硝石、10 份硫黄加 16 份木炭被认为是最佳比例（74∶12∶13 也可以）。15 世纪也有类似的配方，但同时还有一些硝石比例低得多的配方,这表明当时的火炮强度不行,可能会炸膛,对炮手构成严重威胁,所以威力太大的火药未必就好。

但因为硝石纯度不够,我们无法对配比实际威力做出确定的判断,火药的效果也是不统一的。

第一份谈及新式火器的文学作品是彼特拉克的一篇文章,题目是《论好运与厄运的补救》("de remediis utriusque fortunae"),本来是献给友人阿佐·达柯勒乔(Azzo da Coreggio)的,但直到阿佐死后才写完。1344年,阿佐将手中的帕尔马城卖给了埃斯特家族,之后经历了许多哀伤之事——染疾、流亡、亲人去世、朋友背叛。彼特拉克的文章要寻找世间苦难的开解根由。对话中有一人炫耀自己的攻城器械和投石机,有人开玩笑似的问他有没有能伴着雷鸣与火焰将铜橡果射出去的装置。文中说,直到不久前,这种凶器还是人们觉得饶有趣味的稀罕物。但接下来的对话中写道,它现在已经和其他任何武器一样普遍了。

科勒(Köhler)、雅恩(Jähns)、费尔德豪斯(Feldhaus)和其他人认为彼特拉克的文章写于1340年至1347年之间。果真如此的话,我们就必然要假定意大利在新武器使用方面依然远远领先于其他国家。事实上,这篇文章直到1366年才完稿,[18]当时火器已经在全欧洲流行开来了。因此,彼特拉克的看法不能用来证明1366年之前的火器使用情况。但文中有几处表达值得注意,费点心思了解这段话也是值得的。原文如下:

除了伴着喷涌的火焰和骇人的雷声射出的铜弹,它简直是奇迹,好像不朽的上帝发怒时降下的天雷还不够似

第一篇 文艺复兴时期的军事状况

的,可怜的凡人(啊!真是残酷又骄傲)非要在地上弄出雷声:人类的癫狂再现了不可模仿的、通常从云端而来的雷霆[如马洛(维吉尔)所说]。当然,它是用一个木头做的但仍然带有地狱气息的装置发射的,有人以为它是阿基米德的杰作……这种凶器不久前还很罕见,人们觉得它特别好玩;现在,因为人的头脑容易被最恶毒的事情驯服,所以它已经像任何武器一样普遍了。[19]

火器肯定是在彼特拉克出生(1304年)前后或者在他长大期间发明的。因此,他对火器的发明者一无所知,竟然说是阿基米德的杰作。我们于是可以得出结论:就连当时的人也不知道火器是谁发明的。此外,彼特拉克将火器称作"一个木头做的但仍然带有地狱气息的装置"。他想表达的意思很难讲。只有炮架是木制的。毫无疑问,手柄又长又重的炮架要比短短的铁管大得多,但炮架不可能被视为重要部件。我们面前是二选一,要么认为彼特拉克没见过火炮本身,不知道它实际长什么样子,要么他就是被"木头做的"和"带有地狱气息"的对照词组带进了沟里,结果写出一段不如人意的描述。[20]

彼特拉克的议论中还有第三个有趣的地方,那就是"带有地狱气息"这个词。它表达的内涵历经数百年而不衰。当阿里奥斯托(Ariosto)和路德谴责武器的残酷时,今天的和平主义者控诉新发明的杀戮机器时,仍旧弹着彼特拉克的老调。

如今,我们将火药的发明视为人类技术发展中最伟大的成就之一。就连那些认为"火器打败了骑士和封建主义,从而创造了现代的国民公民观念与社会平等"的观点是错误的、不接受这种看法的人，也会毫不犹豫地将火器技术，尤其是其后续发展归为人类的一大进步。凭借火药的力量和新近发明的炸药，我们获得了超越自然和野蛮的力量，古典文明在民族大迁徙中遭受的那种浩劫再也不会重演了。不过，当时的人对此有不同的看法。

1467年，科莱奥尼（Colleoni）率领的佛罗伦萨流亡者在伊莫拉（Imola）附近与佛罗伦萨部队交战，后者的首领是乌尔比诺公爵费代里戈（Federigo of Urbino）。由于科莱奥尼动用的野战炮多得不同寻常，乌尔比诺公爵严禁手下投降。

1498年，保罗·维泰利——他自己也使用重炮——下令砍掉钩铳手俘虏的双手，剜出他们的双眼，因为按照伊奥韦斯的说法，如果贵族骑士被平民步卒杀死却不复仇，那似乎就太不值了。[21]

弗隆斯贝尔格（Frönsberger）①也有类似的文字："于是，战争中不再需要人，不再需要勇气了，因为各种诡计、欺骗、背叛，还有残忍的火炮已经传扬四方，个人的战斗、交锋、击打、钩铳、武器、体力、武艺、勇气全都没了用处，全都没了意义，因为勇武的好汉常常被年纪轻轻的浪荡无赖用火炮杀害，而放在别的场合，他们要看那好汉一眼、想大声跟好汉说话都不行。"

路德也批判钩铳和火炮是魔鬼和地狱的造物，塞巴斯蒂安·明斯特尔（Sebastian Münster）②也一样。富格尔（Fugger）则将其比

---

① 巴伐利亚军人（约1520—1575），曾效力于3位皇帝帐下，代表作是3卷本《兵书》（Kriegsbuch）。
② 文艺复兴时期德意志数学家（1488—1552），任教于巴塞尔大学，以制作地图和教授宇宙学闻名。

作水和火，既可造福，又可为祸。

被俘炮手被塞进自己的大炮，然后打出去的记载经常出现。

大型火炮

尽管最早的火器肯定很小，[22] 但小型手持火器（火绳枪的前身）和大型火器（加农炮的前身）很快就出现了。两种火器都在制造，而大型火器的尺寸增长得很快。从 1370 年前后起，人们开始建造巨型射石炮，射出威力巨大的石弹在城墙上砸出缺口。它的第一次出现又是在罗马涅地区。[23]

单纯放大炮管是不够的，因为炮管直径只要达到 1.5 米，装药就不可能密闭了，而前面已经讲过，密闭是不可或缺的。于是，火炮分成了膛室（chamber）和炮管（barrel 或 forward housing）。膛室的直径不大，内含火药，压实后用软木塞封闭。炮管内放置巨大的石弹，也会用短麻屑或黏土尽量封闭。石弹的巨大尺寸是由材料性质决定的。哪怕速度不是很快，石弹的威力也在于重量。如果石弹小的话，速度就必须高得多，但那样石弹砸到它们本来要摧毁的城墙时就容易解体。

通过将膛室和炮管分离，只有开火时才放到平台上或用锁扣结合的做法，装填膛室更方便了，火炮运输更容易了，甚至可以为一根炮管配多个膛室，从而提高射速。但这些火炮还不能说是后膛装填火器。

此类早期射石炮的炮管太短了，石弹只能从前面放进去，甚至可能突出来。人们是逐渐才意识到长身管的优势，于是拉长了炮管。

在敌方城下或要塞前布置火炮时，为了保护火炮和炮手不被守军击中，炮前面总会竖起木头挡板，板上有可以合上的射击孔。

1388年，纽伦堡市派出巨炮"克丽姆希尔德"（Chriemhilde）去摧毁一座要塞。炮重近6 200磅（约2 800千克），石弹重量约600磅（约270千克），由12匹马拖曳。名为"摇篮"的底座由16匹马拖曳。11枚石弹分别装在4辆4匹马拉的大车上。其他工具——起重机、铲子和绳子、炮匠的行李——需要两辆车，每辆由4匹马拉。炮匠格伦瓦尔德（Grunwald）骑在马上。为巨炮配备的火药看上去少得惊人，不超过165磅（约75千克）。但考虑到他们最多打算射出11枚石弹，火药还是够用的，每发有15磅左右。要想把11枚石弹射完，几天时间肯定是需要的。

至今保存在维也纳的巨型射石炮长度超过2.5米，石弹直径80厘米，重约1 300磅（约590千克）。炮重达2.2万磅（约1万千克）以上。制造时间大概在1430年至1440年之间。

1399年用于围攻黑森境内的坦嫩贝格要塞的一门法兰克福火炮甚至还要更大。

早期炮管无疑是铁质的，由圆形心轴铸造而成。但铸造铜炮早在14世纪就成为主流。为了在强度达标的前提下不要太重，人们想尽办法铸造前细后粗的炮管。炮管内壁力求光滑，甚至可能经过钻孔和打磨。但在15世纪之前，铸炮工艺还达不到制成足够精密的圆筒。[24]

炮变得越大，稳固底座、吸收后坐力、移动灵活以便转移阵地和瞄准目标就越重要。人们进行了一次又一次尝试，发明了一项又一项用具，最终各方面都好用的炮车才出现。大胆查理军中的炮车当时就受到了称赞，但起平衡作用的耳轴直到1494年查理八世出征意大利时才出现。用来卸掉耳轴负荷的轴盘首次见于马克西米利安的大炮。直到 18 世纪,可靠支撑炮车上的炮管所需的耳轴形制才普及开来。[25] 晚至 1540 年,工程师比林古乔(Biringuccio)还在抱怨炮车普遍太重,火炮难以移动,还拖慢了行军速度。

大炮不仅能发射大号炮弹,也能一次发射多枚小号炮弹或石子,这就是霰弹的前身。到了 15 世纪末,炸弹也出现了。[26]

但最重要的进步尚未完成,这就是制造高质量的炮弹。石弹不够结实,在周围缠上铁环自然也没多大用。但进入 15 世纪后,水力技术让铸铁工艺得以发展。水力让制造强劲气流成为可能,足以将铁熔化为液态。常言道,那时刚刚开始为人类服务的水力带来的技术进步不亚于 300 年后的蒸汽动力。铸铁可得铁质炮弹。铁弹首次投入使用的时间不详,但可以肯定的是,1494 年法军出征意大利时使用了铁弹,很快将敌方城墙轰成了渣。[27] 因为铁弹不必做得很大,所以法军可以很方便地转移攻城炮,接连攻克城市。直到这时,距离最早出现的火器已经过去了 5 代人的时间,我们才终于有了真正实用的火炮,而且是多亏了铸铁炮弹的偶然发明。[28]

炮匠中间形成了某种行会,把手艺当作秘密,只传给家人或者徒弟。1420 年前后,也就是火器发明后大约一个世纪,一位德意志无名炮匠撰写了全面介绍火药制作、火炮铸造、装填、瞄准、开火的《火艺全书》(*Feuerwerksbuch*),该书有无数手抄本,甚至被翻译成了法文,但就是这样一本书仍然被视为秘闻,生怕别人看到,直到 1529 年才出版刊行。在一个半世纪多的时间里,该书的手抄本一直在随着技术进步而更新内容,是炮手的标准教科书。或许正是因为这本书的名气,火药发明于德意志地区的传说才会有人接受。

在本章讨论的时期前后，护炮成为一项殊荣，但炮手本人还是被视为技工，而非军人。[29]

1568 年，德拉努（de la Noue）[①]说圣安东尼是火炮行会的主保圣人，[30]但最终结果接过这个位子的是保佑人们免遭雷劈的圣芭芭拉。

最早的攻城炮，也就是 14 世纪后期至 15 世纪初的射石炮，其实际效果很难讲。1388 年，科隆大主教弗里德里希（Archbishop Friedrich of Cologne）围攻多特蒙德城，一天内发射 33 枚炮弹，14 天内总共发射了 283 枚。1390 年，布劳博伊伦（Blaubeuren）据载因为石炮轰击而陷落；1395 年，埃尔克斯豪森（Elkershausen）要塞陷落据说也是同样的原因。1401 年，阿彭策尔反抗领主圣加仑修道院长，围攻克兰克斯城堡（Klanx），最后据说在带来大炮的圣加仑市民帮助下夺取了城堡。

1414 年 2 月，勃兰登堡藩侯弗里德里希（Friedrich of Brandenburg）及其盟友出征奎佐夫家族（Quitzows）时，对方也有大炮。弗里德里希的遗嘱中说，他曾熔掉柏林圣母玛利亚教堂的大钟来铸炮。但还有一个问题是：他有没有为这次战役或之后的胡斯战争熔钟铸炮。[31]据传，他向图林根领主借来了巨炮"懒婆娘格蕾塔"（lazy Greta）。这门炮先后用于拉特诺（Rathenow）附近的弗里萨克（Friesack）和勃兰登堡附近的普劳厄（Plaue）。弗里萨克和普劳恩分别由迪特里希·冯·奎佐夫（Dietrich von Quitzow）和汉

---

① 全名为弗朗索瓦·德拉努（1531—1591），法国胡格诺派首领和军人，著有《军政论集》（*Discours politiques et militaires*）一书。

斯·冯·奎佐夫（Hans von Quitzow）守卫，但两人在紧要关头都弃城逃跑，要塞也就投降了。火炮在这里大概并没有发挥决定性的作用，因为藩侯有马格德堡大主教和萨克森公爵为奥援，兵力优势巨大，无论如何都能拿下要塞。1437 年，这位选帝侯①的攻城器械里依然既有火炮，又有配重抛石机。[32]

1422 年，胡斯军在 5 个月时间里向波希米亚境内的卡尔施泰因城堡发射了近 1.1 万枚炮弹，最后还是无功而返。

1428 年，英格兰军向奥尔良城发射的石弹重量在 130 磅至 180 磅（约 60 千克至 80 千克），城墙安然无恙。只有城中的个别建筑被击毁，人员死伤倒是有一些，但加起来不会超过 50 人。

1453 年，土耳其军攻陷了君士坦丁堡，用的还是火器投入使用前的老战法。尽管他们有一门巨型火炮向城市发射 1 300 磅（约 600 千克）重的石弹，但这场胜利中没有一点火炮的功劳。[33]

鲁道夫·施耐德（Rudolf Schneider）提出，古人拥有过的最实用的攻城器械在民族大迁徙期间失传了。[34] 这种武器以扭力为基础，也就是扭转鬃毛产生的拉伸力。扭力非常大，但扭力武器的制造相当复杂，在战争越来越野蛮的时代，军队就不会再使用这门技术了。中世纪只知道大型弩和基于杠杆原理的器械（配重抛石机）。施耐德相信，如果扭力武器流传了下来，那么使用火药的枪炮可能根本就不会出现，因为早期火器——事实上，直到 1 600 年之前都是如此——的威力与扭力武器不可同日而语。

这个观点看似铁板钉钉，却与不久前的一项发现相悖：大约在

---

① 即勃兰登堡藩侯，因其有资格参与选举皇帝，故有"选帝侯"之称。

火炮出现的同时，古代扭力器械被再次发明并投入使用。1324 年的梅斯保卫战中用到了这种器械。从 1346 年起，梅斯人约翰·居伊（Johann Gui of Metz）在阿维尼翁为教宗建造了多部扭力器械，赚到了极高的利润。[35]

发明精神竟然会如此误入歧途。约翰·居伊（或他的梅斯老师）钻研借鉴古人的成果，再次造出了扭力器械。他当然是一位天才，让一种远胜于当时火炮的器械重现天日。当火炮后来不断发展，扭力器械却没有。假如约翰·居伊能向当时的人传授铸造铁弹的技术，那么他的现实成就无疑会大得多。

但到了 1740 年还有一位迪拉克（Dulacq）先生写了一本题为《炮具新论》（*Théorie nouvelle sur le méchanisme de l'artillerie*）的书，书中建议恢复古代的投射武器，取代高仰角的火炮，因为后者的表现太不稳定了。

不管我们将巨型石弹的威力估计得如何小，它们的表现肯定不至于微不足道，否则人们就不会一次又一次地制造和使用庞大的石炮了。如果我们认为射石炮威力的真正检验标准是防守一方，也就是要塞的设计与建造方面的相应变化的话，那么有一点就必须注意到：这些变化是从 15 世纪后半叶开始的。[36]

各式火炮名目繁多，但不能明确分辨每一个的意思。"寇非林"（culverin）一词在大胆查理的时候指的是一种单兵火器，到了 16 世纪就是一种炮了。其他的名字还有：射石炮（bombard）、石弹炮（Steinbüchse）、木块炮（Klotzbüchse）、主炮（Hauptbüchse）、"梅特泽"（Metze）、破城炮（Tummler）、臼炮（mortar, Böller）、榴弹炮（howitzer）、王炮（Karthaune，实为 Quartane，也就是四分之一炮)、"蛇炮"(snake)、"急蛇炮"(emergency snake)、"毒蛇炮"(serpentine)、"隼炮"(falcon)、"小隼炮"(falconette)、"雀鹰炮"(sparrow-hawk)、"塔拉斯炮"(Tarras cannon)、"歌炮"(singer)、"夜莺炮"(nightingale)、"捕鸟炮"(fowler)、"鹈鹕炮"(pelican)、"翼蜥炮"(basilisk)、"火龙炮"(dragon)、"猎隼炮"(Saker)、"加农炮"(Kanone)。[37]

意大利人和西班牙人起初用公牛拉炮。1494年法国人来到意大利时,人们注意到法军的大量火炮是用特别强壮的马匹拉的。[38] 由此带来的机动性是法军的一大优势,但消耗也非常大。据《巴亚尔传》(*Life of Bayard*)记载,马克西米利安皇帝上阵时的役畜只够拉一半的大炮,于是只好拉完一半再返回去拉另一半。

尽管有此劣势,但马克西米利安军、瑞士军[39]、法军的炮兵都在不同篇章中受到过赞扬。[40]

直到16世纪初,炮兵的实战效能依然比较小。瞄准的技艺还有待发展。炮弹的弹道太高了。如果密集步兵单位非要顶着炮火上的话,他们要么会卧倒,要么会硬着头皮冲锋,不让火炮有第二次开火的机会。[41]

因此,在法军炮兵受到赞扬的1494年,著名佣兵首领特尔武里齐奥(Trivulzio)声称火炮在会战中没有用处。[42] 马基雅维利在创作于1513年至1521年间的《论李维》[43]中写道,火炮引发恐惧的主要原因是不熟悉炮响。16世纪80年代,蒙田表达了同样的看法,因此希望废除这些"无用的东西"。[44] 但伊奥韦斯在《佩斯卡拉传》(*Life of Pescara*)中说,智将无炮不上阵。[45] 阿维拉(Avila)称赞黑森领主腓力(Landgrave Philip)及其将佐在施马尔卡尔登战争（Schmalkaldic War）中精通操炮之术。[46] 有一次，他们在英戈尔施塔特（Ingolstadt）城下用9个小时发射了750枚炮弹，有炮击骇人之称。

手持火器

如前所见，我们从很早就必须区分手持火器——在德意志叫作"立枪"（Lotbüchsen）——与大炮了。但两者尽管有种种区别，发展过程还是有一些类似之处。小型火器的枪管同样变长了，有时会一分为二，有时枪管内会安一个凸出来的环，将膛室与枪管隔开，这样木塞插入后就不会一直滑下去，贴在火药上，而会留出一些缝隙，好让气体的能量充分释放。

大炮的点燃方式是将铁钩加热到火药的燃点温度，然后伸入火门。手持火器则是将一根缓慢燃烧的火绳压进装满火药的火门。只要火门在枪管上面，士兵就不能瞄准，尤其是火门会喷出一道火焰。因此，有时两人会分给一支枪，一个人负责开火，另一个人瞄准并给同伴发信号。后来火门被开到了侧面，另配一个药锅用来引燃火药。后来又发明了火绳夹（cock），前面夹着火绳，射手可以一边瞄准一边按下来开火，不必去看药锅。

枪锤需要射手用手按下，后来出现了只要扣一下手指就能触发弹簧，接着让火绳降下的枪机（matchlock）。之前的弩上已经有了这种装置。

小巧的木质药盒简化了装填流程。盒的容量是提前测好的，刚好是发射一次所需的火药量。为了尽快把这些所谓的"药匣"

（cartridge）拿出来用，射手会在肩带里装上 11 个药匣。此外，射手还有一包弹丸和一个药袋，可以将火药从袋中抖进药锅。这种引火药不同于枪弹本身用的火药，要更细一些。药锅上面会加盖。

早期手持火器的用法千奇百怪。有的手柄支在地上，有的夹在腋下，有的放在肩上，有的抵在胸口。更有甚者要张开双臂使用。

但这些姿势射不远也射不准。为了提高射程和精度，枪管变得更长了，由此产生的后坐力带来了新的问题。从 1419 年开始，为了抵消后坐力，人们在靠近枪口的枪管下方安上了铁钩。[47] 这种带钩的枪极为常见，但是需要墙面或木料提供稳固支撑，因此野战中基本用不上。就连单兵支架在野战中也没多少用处，因为运输支架和转移阵地都太麻烦了。[48]

准星和表尺的发明提升了精度。各市市民从 1430 年起就开始举办射击比赛。但在战场上，射手或多或少会受到战斗形势的扰动，精度并不特别重要。到了后来的 18 世纪，为了集体开火和迅速开火，精度被有意忽略了。

这种新式武器相对于弓弩的优势在于穿透力和射程。15 世纪末的火枪比赛中已经有 230 步至 250 步的成绩，弩的射程则只有 110 步至 135 步。[49] 当时已经发明的线膛枪通常会被明令禁用。其他规定则只能理解为：比赛要求徒手射击（而不能使用支架，打个比方）。

但是，钩铳的弹丸威力常常太弱，不能穿透骑士重甲。火绳枪（musket）遂应运而生，这种步兵武器能发射 2 盎司（相当于针枪用的针的两倍左右）重的弹丸；火绳枪徒手不易操控，因此配有木叉支撑。杜贝莱（Du Bellay）于 1523 年写到了这一发明，时为比克卡会战之后，帕维亚会战之前。

木叉很轻便，射手可以与火绳枪一同携行，到了阵地则转向无碍。装填时，射手会将一个皮兜绕在左臂上，将木叉稳住。

支架是逐渐才演变成抵肩的样式。

在整个 16 世纪，较轻的钩铳和较重的火绳枪都有使用。

用心轴制造的枪管相当粗糙，不利于燃气效能和瞄准精度。为了得到完全光滑的内壁，人们尝试采用了精密的钻孔法。

其他两种发明，旋管枪和风琴枪已经包含了两件式枪管，类似于现代的机关枪。还有人试制发射弩箭的枪。

由于火器发挥不很稳定，于是产生了兼作打击兵器的形制。有的棍棒被做成了可以开火的样子，甚至有安装多根枪管的。[50]

上述发明和产品的价值只在于试验和猎奇。真正的发展还是依靠不断完善基本形制的手持火器。

早在 1431 年的纽伦堡帝国会议上就下令，胡斯派征讨军的射手中要有一半用钩铳，一半用弩。类似的命令很常见。大胆查理帐下同时有弓手，有弩手，也有火枪手。但在 1507 年，马克西米利安皇帝取消了弩手。

此时距离第一支火器发明已经过去了大约 200 年。枪管变长了，带底座的支架出现了，还有带盖子的药锅、枪机、药匣、钻孔枪管。不过，我们现在来听一听某位现代专家是如何描述大大改良后的钩铳的：

> 带枪机的钩铳用起来又慢又复杂，而且非常危险。首先要用燧石、火镰、引火物和硫黄打火（如果身边没有已经点着的火绳或篝火的话）。然后要小心翼翼地既不能让

火绳受潮熄灭，又要保护自己、自己的衣服和弹药不要被火绳烧到。接着是用小药匣和弹袋装填，很麻烦，最后是把药粉抖进药锅，合上盖子后要把外面多余的火药小心地吹掉，以免意外被引燃。如果不是立即开火或装填后不久开火的话，射手往往需要用牛羊油把药锅盖封好，保护里面的引火药——过程中容易弄脏身体。接下来要把火绳夹在枪锤的开口处——不能伸出去太远，那样碰不到药锅；不能太靠后，那样容易熄火；不能太紧，因为火绳烧得快，经常要往外送一送；也不能太松，那样容易滑下来，火就灭了。与此同时，射手还在时刻焦虑操心，千万不能让两根点着的火绳中的任何一根或者迸出的火星与敞开的火药容器或衣物离得太近。最后还有一批名为"龙骑兵"（dragoon）的火绳枪手，他竟然要一边完成所有复杂的操作，一边掌控自己的坐骑！[51]

难怪马基雅维利在《用兵之道》一书中多处提到钩铳和野战炮的危险性，有的地方又说火器价值很小，比如钩铳只适合吓唬占据山口的农民。

1559年的一部法国作品建议重新启用弩，因为弩在对战骑兵、下雨天和突袭时有优势。[52]

在很长一段时间里都有人支持和捍卫弓。晚至1590年，英格兰还进行了一场围绕弓箭钩铳优劣的书面争论。约翰·斯迈思爵士（Sir John Smythe）倾向弓，主张弓射速和精度高，射手也不必担心劣质火药、受潮火药或不可靠的火绳。此外，弓可以多排同时射击,箭还能让马匹受惊。巴威克(Barwick)在回信中写道,潮气对火药和弓弦同样有害。他宣称好弓手是少见的,因为钩铳比弓更容易瞄准,而且疲劳会大大降低弓手的战斗力。弓手常常射得太快,但不用全力。马或许更容易被弓箭吓到,人却更害怕弹丸。斯迈思答道,如果火枪手一小时开火10次以上,他就打不中目标。[53]

1547年,英格兰长弓在平其溪谷(Pinkin Cleugh)打败了苏格兰人。1616年,威尼斯与奥地利交战的记载中提到了弓手。1627年,英格兰弓箭手现身于拉罗谢尔(La Rochelle)城下。1730年,米尔贝格(Mühlberg)大营中的萨克森骠骑兵装备了弓箭。一份日记对七年战争期间俄军中的卡尔梅克人(Kalmucks)有如下描述:"他们装备弓箭,射得又远又准,简直不可思议。但下雨刮风的时候,他们的弓箭就不那么令人畏惧了。"据说费莫尔将军(General Fermor)最后让"大部分卡尔梅克人"回去了,因为他们不守军纪,而且像哥萨克人一样害怕开火。[54] 事实上,俄军在1807年和1813年依然有卡尔梅克人、巴什基尔人(Bashkirs)和通古斯人(Tungus)弓箭手。法国将军马尔博(Marbot)在回忆录中写道,他本人在莱比锡会战中被箭射伤。他说,尽管弓骑兵数量庞大,总是像成群的黄蜂一样环绕在法军周围,射出漫天的箭雨,但据他所知只有一名法国人被射死,箭伤大部分也是轻伤。如果不考虑马尔博极度夸大了那些原始部落战士的数目,而且他们面对火器时自然会保持敬而远之的距离,那么此处弓箭的无用就与中世纪的记载矛盾了。[55]

如果说法国人在1495年、[56] 瑞士人在1499年、[57] 弗隆斯贝尔格手下的国土佣仆在1526年一边行军,一边凭借后卫的火枪手挡住了追击的敌军，⁵⁸那么弓手和弩手之前肯定也在类似形势下做到过同样的事。

尽管野战炮是一个全新的因素，但攻城炮和手持火器一开始只是效果类似的其他武器的补充，后来才渐渐彻底取代了传统武器。因此，在战术运用上，新式手持火器起初与更古老的远程武器并无区别。

在标志着中世纪军事体系终结，武器新纪元到来的格朗松、穆尔滕、南锡会战——这里再次强调——中，使用新式火器的是骑士一方。骑士不是被火器打败的；恰恰相反，尽管骑士懂得如何使用新技术，也适应了新技术，但他们仍然被打败了。

手持火器第一次发挥重要影响的大型会战发生在1503年初的下意大利，交战双方是法国和西班牙。伊奥韦斯在《科尔多瓦人贡萨洛传》中记述了此战，他显然有可靠的信息来源。⁵⁹法军将领内穆尔公爵（Duke of Nemours）试图将贡萨洛从坚固的巴尔莱塔堡（Barletta）中引出来。贡萨洛不为所动，但当法军撤退时，他派出轻骑兵追击，另有两队钩铳手在骑兵两侧随行。法军重骑兵转身向西班牙骑手发起冲锋，后者佯装败退，将法国人引到了两队钩铳手之间，遭到迎头痛击。法军本来可以调转方向，冲垮火枪手，但他们做不到，因为得到增援的西班牙骑兵回身进攻，法军只得逃跑，损失惨重。

不久（1503年8月28日），切利尼奥拉会战打响。手持火器配合野战工事决定了会战的性质，从此一场会战接一场会战地稳步传播开来。

手　枪

为骑兵制造的火器早在 14 世纪下半叶就出现了。[60] 15 世纪末，卡米洛·维泰利组建了一支火枪骑兵部队。[61] 但火枪骑兵没有延续多久。1535 年，查理五世皇帝向伊奥韦斯讲解自己在突尼斯的作战经历时说，他打算重新引入骑马弩手。因此，皇帝当时大概还没有找到一种足够实用的马上火器。我们通过伊奥韦斯了解到，几年后的皇帝帐下骑兵装备了簧轮手枪（wheel lock pistol）。当施图尔韦森堡被迫于 1543 年 9 月向苏莱曼苏丹（Sultan Suleiman）投降时，守军获准带着财产自由离开。土耳其人遵守了投降条件，只有一事破例：他们抢走了守军的簧轮手枪，因为手枪的精妙构造引起了好奇和贪欲。次年（1544 年），下马的国土佣仆在切雷索莱会战中使用了这种手枪。[62] 查理五世本人在回忆录中描述了德意志骑兵在沙隆会战（battle of Châlons）是如何用"手枪"（pistolets）和"小钩铳"（petites arquebuses）杀伤了法军。[63] 后来，西班牙史家阿维拉在记述施马尔卡尔登战争时又提到了这些武器，他用的是冗长的描述："两拃长的钩铳"或"小号的钩铳"。可见，当时还没有人用"手枪"（pistol）这个词。[64]

据记载，1547 年的法国骑射手不再装备"恶魔般的手枪被发明出来"之前所用的弓箭，而是用上了手枪。[65]

簧轮装置让人可以在马上使用手枪，其原理是用螺旋弹簧驱动棘齿与黄铁矿石摩擦发火，点燃药锅里的火药。但簧轮在实际使用时有很大缺陷，步兵还是偏爱火绳枪。[66]

最后，让我们来看苏黎世军官拉瓦特尔（Lavater）写于 1644

年的《兵事简说》(*Kriegs-Büchlein*)中的一段话（第65页）："但当一名发射浸在油里的铁弹或锡弹的士兵在吃饭、刮胡子，或者在休息时，你不应该饶恕他。任何装备线膛枪和法式火绳枪的人都不可饶恕，咎由自取。因此，你应该杀死一切发射铁弹、方弹或钢弹，以及使用波浪形刀剑的人。"

3　长枪方阵战术

瑞士人当初组建大型近战步兵方阵是为了防守时抵挡骑士冲击，进攻时打垮骑士和射手。随着这种步兵在其他民族中间的传播，他们在对抗骑士和射手以外还有了一项新任务，那就是与同类步兵作战。事实上，这项新任务已经变成了首要任务。近战步兵方阵对旧式军队的优势显而易见，必然要成为主战兵种，既是主体，又是主力。其他兵种的重要性都下降了。会战胜负取决于步兵成败。通过研究，马基雅维利意识到古代军队的核心也是近战步兵，于是他成为战争艺术复古革新的提倡者和预言者。

但新式步兵阵形与古代军阵大不相同。古希腊方阵正面宽大，有人用短矛，有人用标枪和刀剑。新式步兵则会组成多个（通常为3个）窄长的长枪方阵，与装备萨里沙长枪的马其顿方阵有点像，但一个宽浅方阵与3个窄长方阵有着根本性的区别。我们之后会回来讲这一点。

步兵对步兵的新任务可能也让方阵的形状和布置带来了一定的变化。前一卷中描述瑞士军事体系时，我沿用了传统观点：尽管长矛——也就是 5 米左右的矛——可能并未在莫尔加滕和森巴赫会战使用，但在 15 世纪得到了普及，因为长矛太适合击退骑士了。现在，我们发现伊奥韦斯在两段话中强调，1494 年来到意大利为法国国王查理八世效力的瑞士人使用 10 英尺（约 3 米）长的矛。吕斯托的解读是瑞士人自信满满，再加上长矛太不灵便，于是将矛缩短到了 10 英尺（约 3 米）。霍博姆则认为瑞士人之前没用过更长的矛，真正的长矛（3 米至 5 米）是随着步兵方阵之间的对抗才出现的。就算用的是 3 米长的矛，早期的密集瑞士方阵击退骑士也是绰绰有余，而且在后续的单兵格斗中，这种矛比长矛好用太多了。但矛现在还是变长了，首先这样做的是国土佣仆。在与瑞士人交战时，长矛带来了一项不可估量的优势：他们能率先击中对方。于是，瑞士人不得不跟进。从插图手抄本显现的某些迹象来看，瑞士人与国土佣仆的枪术有所不同。

如果演变过程是这样的话——当然，我不认为这是完全确定的——那就与马其顿萨里沙长枪的历史类似了，后者当然不是一开始就有记载中的 21 英尺（约 6.4 米），而只是后来才变得那么长的。

矛的长度并不是一个很重要的问题，因为长矛有先击的优势，短矛也有灵便的长处，正负相抵。西班牙步兵从一开始就更强调单兵的灵活性，因此矛长只有 14 英尺（约 4.3 米）。法国人和意大利人效仿了西班牙人。

霍博姆对长矛演变过程是这样看的：为了能击中步战矛兵，骑士率先加长了骑枪。15 世纪，板甲为这种做法带来了第一次机遇，因为板甲上有可以挂住骑枪的钩子，骑枪没有钩子就不能伸得太远。

接着，国土佣仆开始试验让矛变得更长。

1494 年瑞士人随查理八世进军意大利时，试验尚未完成。换言之，他们仍然装备 10 英尺（约 3 米）长的矛。

从这时起，矛才真正开始加长。

两个长矛方阵碰撞时会产生强大的压力。文献中一再提到"压力"或"来自后方的压力"，大纵深方阵正要借此压倒和打垮敌人。有文献指出，在瑞士人吃了败仗的比克卡会战中，"来自后方的压力没有发挥到最大"（因为瑞士人被一道沟拦了下来）。在切雷索莱会战中，瑞士人在长官的命令下按兵不动，这样对面的国土佣仆在前进途中会散开，发起攻击时的阵形就不严密了。实际情况正是如此。据蒙吕克（Monluc）记载，加斯科涅人在同一场会战中大力冲击国土佣仆，以至于双方的第一排士兵都倒在了地上（Tous ceux des premiers rangs, soit du choc ou des coups, furent portés par terre）。这句话不能全部当真，但接下来他又说决定胜负的是第二排和第三排，因为他们被后面的人推了上去（…car les derniers rangs les poussaient en avant），这就与别处记载的种种状况相合了。

有人可能会认为，既然来自后排的压力那么大，而且人紧挨着人，那么双方的前排士兵肯定都会刺中对方。一定程度上确实如此，尽管杆上有凹槽，士兵还能握紧长矛，但前排士兵穿着好盔甲，肯定会有长矛碎掉或者往上偏，也可能从士兵的手里往后滑。于是，士兵们紧紧贴在一起，几乎不能使用自己的兵器。

古代文献中没有这样的场景，原因当然是后期的马其顿方阵不曾与同类的对手交战。[1]

但即便是在国土佣仆时期，上面描述的正常情况也会发生变异。有时，第一排会安排几名受到信任的壮士，穿上特别优质的护甲，使用双手剑或斧枪。据记载，弗隆斯贝尔格本人"在拉莫塔会战（1513年）中站在第一排，挥剑杀敌，就像伐木工在林中砍倒橡树一样"。射手也会被放在第一排或第二排，切雷索莱会战就是一例。在拉文纳会战中，西班牙人选出一批精锐老兵从长枪底下爬过去，用西班牙短剑攻击国土佣仆。

尽管如此，这些权变之计都是次要的。因为将长矛兵与大量剑士、斧枪手、射手或使用短兵的战士混编对己方阵形的破坏作用比对敌方的还要大，因为方阵的根基正是密集矛兵的沉重力道。

有一份文献题为《一位久经考验的百战老兵的真诚建议与反思》（*Trewer Rath und Bedencken eines Alten wol versuchten und Erfahrenen Kriegsmans*）（以下简称《真诚建议与反思》，大约写于1522年末，作者可能就是大名鼎鼎的格奥尔格·弗隆斯贝尔格。文中反驳了"阵形应该严密"，应该凭借来自后方的压力决胜的观点，"因为按照这种看法，实际交战的人是前排士兵，而他们不想被挤得太紧，一定要给他们留出自由刺击的空间"，否则他们就会被推进敌阵，"就像人被推进沟里一样"。

因此，《真诚建议与反思》建议采用另一种方法。国土佣仆采用的传统瑞士方阵是等人方阵——意思是横排竖列人数相等——意味着深度要比宽度大得多，至少行进时是这样，因为前后排所需的间距比左右列要大。《真诚建议与反思》要求正面宽度应为方阵深度的3倍，因为文中说道，哪怕敌方兵力更多，方阵比对方宽也可以从侧面突入，"用双手掐住窄长敌阵，如此则杀必死，战必胜"，"因为侧面受击者必败"。如此说来，胜负之机只在前面五六排，因正面宽大而能"实际交战"的人越多，取胜就越容易。

为了支持包抄论，《真诚建议与反思》主张为大阵配上多个小阵，作为散兵打击敌人侧翼。

上述观察是再合理不过了。但不仅《真诚建议与反思》中的大阵依然极深极大（6 000 人，宽约 135 人，深约 45 人），而且直到 16 世纪末乃至之后，主流原则还是排列方阵。一位又一位理论家建议采用浅阵，但除了用宽浅一些的空心方阵替代等人方阵的时候，实战阵形一直相当深。[2] 到了以后这一变化发端的时代，我们还会再来讲。这里只是提一下沿用旧式方阵的原因：宽浅阵形比窄长阵形的行动指挥难度大得多。现在要明确一点：在现实发展过程中，采用宽大正面并不是为了利用阵宽优势，或者用军事史的术语来说，不是从正方阵或楔形阵转向古希腊式的方阵（phalanx）。[3]

重步兵自身发展的过程只不过是瑞士三阵布局逐渐被弃用的过程。施马尔卡尔登联军在多瑙河畔面对查理五世皇帝时摆出了两个大阵，分别有 3 个小阵，骑兵在大阵中间。事实上，西班牙人早在拉文纳会战（1512 年）就摆脱了传统布局，到了 16 世纪下半叶则根据实际情况进一步增加了单位的数量，每个单位仍然是方形的。胡格诺战争中也有这种更灵活的阵形。但是，方阵数目的暂时增加并不意味着步兵战术有了根本性的、理论性的变化。

4　佣兵军队的内部建制[1]

在中世纪，统率军队的人和组建军队的人从来就是一体的。封建征召武士是如此，佣兵团也是如此，这种局面延续到了 16 世纪至三十年战争为止的佣兵大军中。遇到大事，国家领袖会任命几位团长（colonel），事小则任命一名至多名队长（captain），一次性付给他们一笔钱，任务是招募维持国土佣仆或骑马武士。不过，这些校尉往往兼具企业主的身份，因为他们要在开战时或交战期间预付必要的全部或部分军饷。在规模极大的战事中，企业主将军——比如瓦伦斯坦（Wallenstein）[1]——要一边指挥作战，一边集结军队。

团长自行任命队长，队长任命尉（lieutenant，德语中称 locotenente）、掌旗官（ensign）、军士长（first sergeant）[2]、后勤官（quartermaster sergeant）和军士（corporal）。军士也可能由士兵推选。

---

[1]　全名阿尔布雷希特·瓦伦斯坦，又译华伦斯坦，波希米亚贵族，三十年战争（1618—1648）中帝国一方的杰出将领。

多个队（数量不等，约为10个至18个）组成一个团（regiment）。"团"的原意是团长建立了统领各个单位的制度（regimen），也就是权威。一个单位约有400人乃至更多。因此，团与团的规模差得很大。下辖多个单位的上级单位，比如团，只是行政编制，不是战术单元。如前所见，战术单元是群，是方阵，也叫作"营"（battalion）。

我们对中世纪佣兵团的内部结构了解不多。它们似乎完全基于统帅的任意处罚权和个人能力。后来开始出现了书面条令，现存最早的实例是红胡子腓特烈制定的军营守则（第3卷）。为确保条令得到遵守，瑞士联邦开始通过宣誓服从的手段来要求士兵听话。十四五世纪之交，德意志人也效仿了这种做法，当时国土佣仆刚刚出现。誓词要求不羁的士兵承诺遵守被称为"条书"（letter of articles）的战场条令。为了控御士兵，条令变得越来越详细。《真诚建议与反思》的作者（弗隆斯贝尔格）建议分成小队依次宣誓，因为"如果你把所有没有宣誓的人集中在一个单位里，他们是不会发誓服从条书的，因为他们会随自己的意愿建立制度，你只能同意。从此以后，你的性命就再也没有保障了，因为长官如果不能用强力迫使手下服从的话，他唯一的办法就是提醒手下遵守誓言"。条书结合了效忠誓言和战场条令的性质，其内容形式自然会根据统帅、地域、时间的不同而有相当的差别。条书的基本思想是佣兵和佣兵首领的双边协议。士卒宣誓服从，首领承诺报酬。随着临时招募的佣兵团逐渐向常备军转化，协议的相互性不见了，民主成分没有了，取而代之的是统帅单方面的处罚权力。从文化史与军事史角度来看，当代军事条令的前身条书都有极大的意义。

第一篇　文艺复兴时期的军事状况

通过林林总总的细节和其他资料的补充澄清，我要指出条书的几大特征。

一条基本规定是，士兵不得组建"共同体"，用现在的话说，士兵无权成立工会。不过，他们有任何不满都可以通过自行推选的双薪兵头向长官反映。

为了强调指挥大权，佣兵首领在某些情况下无疑会施加暴力。³ 此外，军中惩处有一套司法程序。中世纪原本是军司马（field marshal）①坐堂审案，因为作战人员都是骑兵，马匹及一切相关事务都由司马掌管。现在，司马的位子被王室监军（Schultheiss）和宪兵长（Profoss）取代了，两者都由资深老兵充任。不过，司马长期保留了监督战利品分配的职责。⁴

军事法庭遵循德意志民事法庭的组织形式与审判流程，有公开听证会。

担任陪审员的军官必须是被告的同僚或上级。

除了这种真正的军事法庭以外还有"人民法庭"及其变体"长矛法庭"，必须由团长下令召开，不过是民主性质的，而且在现实中往往是鞭刑了事。随着军队秩序的严格化，它也就消失了。

骑兵与步兵的权利长期有很大差别，因为骑兵是封建骑士的继承者。因此，骑兵不接受个人报名，而要由一名贵族带着或多或少的随从来参加的传统存在了很长一段时间，这自然会对骑兵的日常

---

① 这个词在现代指的是最高级军衔"元帅"，但若译为"元帅"，则不符合上下文和历史语境。前面的"团长"和"队长"也是类似的情况，对应现代的上校和上尉军衔，但此时是实际职务。

生活造成影响。炮兵同样享有特权。

团结排外是这种军制的主流精神，于是到了 17 世纪，军人就完全脱离了民事司法体系，哪怕侵犯平民的案件也只能由军法审判。

行政事务相对简单，因为武器、装备、被服、马匹都由个人自行负责。军粮主要交给承包商负责，费用由宪兵长制定。

黑森领主腓力（Philip of Hesse）亲自向手下佣兵出售必需品，希望借此收回一半军饷，用现代业界的话说就是"实物交易"。[5] 如果腓力本人的货卖光了，他就向承包商摊派回本。这套制度对规模比较大的部队当然不够用，于是士兵们会就地抢掠。此举不仅令乡间残破，人民恐慌，对作战也是极为不便。在友军和中立势力的地盘上，腓力和萨克森公爵约翰·弗里德里希（Johann Friedrich of Saxony）要求士兵只能征收马匹吃的干草和燕麦、面包、蔬菜、熏肉、肉干等食物，但不许抢夺牲畜和家居用品，也不得搜掠箱斗橱柜。据德拉努记载，科利尼（Coligny）① 会认真选出精明的监军，还会确保充足的辎重车辆。[6] 谈到募集军队，他总会说"让我们先从凶兽的胃口造气吧"。每队都配有一名面包师，进驻兵舍后立即开灶。兵舍一定距离内的村庄必须要提供粮食，不然就夷为平地。

作战条规中规定了月薪（16 世纪的步兵能领到 4 盾）。但月份的计算方法常会引起争议。士兵要求每打完一场会战或强攻一座城市都算作一个月结束，然后重新从第一天开始计费。有一次，弗朗

---

① 全名加斯帕尔·德·科利尼（1519—1572），法国军人和政治家，法国宗教战争时期的胡格诺派领袖，最后死于天主教势力发动的圣巴托洛缪大屠杀。

索瓦一世国王已经聚集军队10个月之久，然后会战前一天还要额外付一个月的军饷。黑森领主腓力在遗嘱中给儿子们的最后一条建议是：打仗只打防御战，因为黑森已经无法满足佣兵们的索取了。[7]

服从义务中明确加了一条，"无论高低贵贱"，士兵必须执行命令。[8] 不仅是单兵，每队每排都必须服从各自的长官或代理长官。

1480年，瑞士议会派遣6 000名佣兵为法国国王服务时规定，军中应安宁无事，"凡是闹事或咒骂争吵、破坏安宁者，队长有权依据誓词对其实施羞辱、肉刑或死刑。当值期间闹事者应斩首，但平时杀人者应作为谋杀犯带回议会听判。"

1499年，瑞士议会下令，每名士兵都要服从所有队长。[9]

作战条规明确规定，攻下城市后，士兵必须服从团长号令，哪怕军饷尚未支付。守城部队有挖沟修建的义务。1619年，波希米亚部队拒绝执行挖掘战壕的命令，说他们还没有领到军饷，挖壕侵犯了他们的荣誉。

吵架时严禁高喊"民族"。两人打架，同族赶来助阵的情况频繁发生，接着就会演变成真正的两族大战。发生纠纷的理由太多了——口粮、缴获品、女人，尤其是赌博，输了就说别人出老千。

决斗（Balgen）不会受到严厉处罚，只是通过种种办法来约束。例如，不可使用致死武器，只能在特定地点决斗，或者只能早晨决斗。

关于战利品有各种各样的规定，但基本原则是："在符合战争性质和军中秩序的情况下，个人缴获归个人所有。"缴获的大炮和火药属于队长。

如前所见，中世纪军人是精锐武士。不光是骑士，佣兵士卒也必须勇力超群，武艺非凡，这样打仗时才派得上用场。国土佣仆也要求具备这些素质，但他们的威力主要在于人多阵固。这种凝聚力也会感染起初能力差一些的人，锻炼他们，通过团队精神让他们成为可用的战士。他们使用的方阵战术比较死板，壮汉成长为军人不必经历高难度的操术和长时间的训练，只要教会武器的几种用法，灌输方阵行列意识就够了。因此，一旦框架确立，募集大批方阵士兵不是难事。胜负是由人数决定的，人多的一方必然取胜。中世纪的经济水平太低，不能将这种部队派上战场，而在没有战术单元的情况下，他们也发挥不出更大的威力。因此，新战争形态的政治和经济前提是庞大国家的形成——法国形成了民族国家，卡斯蒂尔与阿拉贡统一，通过马克西米利安与大胆查理的女儿兼继承人联姻，哈布斯堡家族与勃艮第领地合为一体。尽管新兴民族国家很强大，但它们的争雄不仅达到、更超出了国力的极限，因为我们已经看到增兵并不困难，而且只有人多才能打赢。军队规模的天然极限是统治者的财力。可要是敌人越过了财力极限，盘算着增兵可取胜，取胜可获利，获利可发饷，那该怎么办呢？双方从一开始就都有这样的指望，于是纷纷打破财力的限度。由于现在有了大国领袖承担军饷，军队规模膨胀到了远超中世纪的程度；但与此同时，军队规模也膨胀到远远超出了统治者的军饷支付能力。入伍发奖金，许诺日后另有饷钱，如此便可招足兵员。大家从一开始就知道许诺难以兑现。就连作战条规中都写道，如果军饷未能按时发放，士兵应稍安勿躁，不可拒绝服役。事实上，欠饷是常有的事，甚至会长期拖欠。我们之后会详细讲解欠饷对战略的影响。但眼下的主题是国土佣仆的内部编制。尽管要服从誓言，有军事法庭、王室监军和宪兵

第一篇　文艺复兴时期的军事状况

长，让雇佣兵真正守军纪是不可能的。当统治者没有遵守先前向他们许下的诺言时，他们怎么会觉得自己有义务遵守誓言呢？哗变观念与国土佣仆的军制基本是不可分离的。早在1490年夺取施图尔韦森堡时，他们就拒绝继续参加马克西米利安的战役，因为没有发饷。这种状况一而再，再而三地发生。

1516年，国土佣仆在米兰城下哗变，因为领到的军饷比瑞士人少。据编年史记载，马克西米利安称他们为"宝贵的、光荣的德意志国土佣仆"，但"不管皇帝陛下对士兵说了多少这种话和更肉麻的话，他们还是不满意"。

国土佣仆要求用战利品顶替欠饷。皇帝既然给不出钱，他怎么能拒绝呢？结果战役所经之处的土地和人民都遭了大殃。一种看法是如此暴行表明士兵后来堕落了，大错特错。[10] 另一种错误的看法是只有浪荡子和罪犯才会应募。当然，入伍者确实有许多不法之徒，但主体还是市民和农民子弟，常有良家子。贵族和骑士也会加入佣军领双饷。但在没有另一种暴力——在此处是军纪——约束时，暴力很快就会为暴行找到理由，就连一定程度上受到教育和阶级传统约束的骑士也常有抢掠残暴之事。分散的士卒甚至要更坏，更可怕，因为他们人数众多。城破后无所不可，所有女人都会被士兵糟蹋。最极端的情况是有计划地拷打市民和农民，士兵要么以为有财物被藏了起来，于是逼他们交出来，要么要求他们的亲属交赎金。哪怕是统帅与城市当局谈好了投降条件，郑重承诺不伤性命，不取财物的时候，士兵也往往不愿意放过战利品，劫掠破坏不亚于被攻陷的地方。长官无力阻止，从一开始就没打算跟野蛮的士兵对着干。

士兵誓词中确实专门规定，当宪兵长把士兵带走时，余者不得反抗。团长和队长有一批专门的佣兵保镖（Trabanten），但据文献记载，面对愤怒的哗变士兵，就连科尔多瓦人贡萨洛或佩斯卡拉这样的统帅都不敢硬来，而会趁夜抓捕并吊死一名不服管教的人，或者用其他方法报复闹事的头子。

团长和队长根本没有多少道德权威，因为国土佣仆们太知道他们是什么货色了，不仅霸占战利品，还欺骗王公吃空饷。民族大迁徙时期和阿拉伯人中间无疑也有类似的情况（第2卷和第3卷）。在兵力数字很少留下记载，武士素质是决定性因素的中世纪，这种弊端不可能很严重。但在十六七世纪的佣兵军队中，这就是正常情况，而且普遍得令人吃惊。拉扎勒斯·施文迪（Lazarus Schwendi）将集结部队时的诈骗行为称作"德意志之殇"。在集结点，后勤人员乃至妇女都会打扮成国土佣仆的样子凑数。招兵有时会有一条规矩，诈骗者要割掉鼻子作为惩戒，也是让他们再也不能故技重施。

每支国土佣仆部队都有的随营人员更放大了纪律缺失的祸患。国土佣仆要求很多，想要身边有个女人服侍自己，最起码得有一个小伙子。由于没有野战医院，妇孺照料在士兵受伤或得病时是不可或缺的。佣兵们群聚而放荡，一会钱多得花不完，一会身无分文，常常生活在不够用的营地中，不在乎身体，也不保养身体，疾病是他们生活中的一件大事。军队每到疫病暴发时就束手无策。1618—1619年冬季，波希米亚军在布德韦斯（Budweis）城下有8 000多人病死，占有效兵力的三分之二。西班牙军中有互助性质的兄弟会。[11]但照料工作主要还是女人干，包括妻子和娼妓。

1567 年，阿尔瓦公爵（duke of Alba）①从意大利去弗兰德斯时有 400 名高级妓女骑马随行。布朗托姆（Brantôme）②说她们"像公主一样美丽高贵"。其他人将她们形容为泼妇，比男人还坏。不论如何，随军人员对每一支军队的行军和供给都会造成极大的妨碍，更会加深被践踏的土地上的苦难。一篇手写日记这样描述士兵的女人：[12]

> 罗马人有一点值得注意：不论职位高低，军人出征时都不许带女人。此举甚为当今的我国和瓦隆人欣赏。但这条规定被滥用和误用得太厉害了，不光是普通士兵，许多高级军官和统帅本人都受到了伤害……军队在匈牙利作战时，德意志女人对士兵的用处大极了，既可以搬运必需品，也可以照顾病人。大部分士兵都带着至少 50 磅或 60 磅重的东西。士兵自己扛补给品或其他物资，秸秆和木柴可以交给她背，更别提许多女人还要背着一个、两个或更多孩子呢。但通常来说，除了自己穿的衣服，她还要给男人带上一条马裤、一双连裤袜和一双鞋子。她自己的东西有一双连裤袜、一双鞋子、一件外套、两把锤子、一口煎锅、一口煮锅、一把或两把勺子、一套床单、一件大衣、

---

① 名为费尔南多·阿尔瓦雷斯·德·托莱多（Fernando Álvarez de Toledo），西班牙军事家，曾效力于查理五世皇帝、法国国王腓力二世等君主，曾残酷镇压弗兰德斯革命，以恐怖政策闻名。
② 布朗托姆（约 1537—1614）是法国军人，曾任布朗托姆修道院长，著有《风流传》（*Vie des dames galantes*）。

一顶帐篷、三根杆子。兵舍不会发柴火，所以她们要沿路自己捡。而且，她们通常还会牵着一只小狗，坏天气时甚至会抱在怀里，这就更累人了。

拿骚伯爵约翰（Count Johann of Nassau）提议用粮贩、医生、护士换掉女人。未婚士卒要仿效西班牙军队组成兄弟会，遇到患病或其他紧急情况时互相帮助。

1568年，胡格诺教徒签订骑兵雇佣契约时规定，每4匹到6匹马配一辆大车。国土佣仆是10人配一车。[13]

军纪不只是惩戒权和刑罚，还有关于训练和习惯方面的。如果说报酬分配不均是军纪形成的一大障碍，那么还有一个更大的障碍是国土佣仆每次服役都有一个时间限度，或者是规定好的几个月，或者是一场战役的时间。据瓦伦斯坦记述，"旗帜刚刚降下，军团刚刚解散"，士兵们就开始报复严厉的长官，把他们吓坏了：

这时，最下贱、最无耻、最不负责任的恶棍都能挑衅自己的队长、厨、掌旗官、军士长、军士、司车、军需官、宪兵长及其助手——他们可能已经躲了起来——对他们说："混蛋啊，你以前是长官，现在可不是了。你比我连一根毛都不多。一磅毛（直接从身上某个难闻的地方扯了下来）可值得上一磅棉花呢。出来呀，跟我打。你比地痞强吗？你比毛贼强吗？你动不动就在我站岗时抽我嘴巴，动不动就折磨我，你记不记得啊？"[14]

德意志士兵辗转于王公之间——先是皇帝，再是法国国王，一会为教宗效劳，一会去威尼斯共和国、尼德兰和英格兰，后来又投入丹麦国王，尤其是瑞典国王麾下。另一方面，我们发现波兰人经常为德意志王公服务。当然，皇帝军中也有匈牙利人和克罗地亚人。[15] 哪里出钱，佣兵就去哪里，不问为何而战。当然，宗教问题有时会有影响。弗隆斯贝尔格手下的国土佣仆信奉路德宗，但重点不在积极方面，而在消极方面，也就是痛恨神职人员。在胡格诺战争中，信奉天主教的瑞士人帮助查理九世，德意志新教徒则向同宗派去了援军。对于三十年战争，我们容易认为军队阵营是严格按照宗教划分的。理论上确实是这样。德意志天主教徒得到西班牙和意大利的支援，新教徒则有匈牙利、英格兰、苏格兰相助。但大众对宗教划分的感触还没有深刻到足以遏止投敌的程度，特别是俘虏，他们巴不得加入胜利者一方。1594年格罗宁根（Groningen）投降时，索尔姆斯伯爵埃伯哈德（Count Eberhard Solms）向表亲拿骚伯爵约翰报告说，[16] 莫里斯允许守军自由出城，而且"宽宏大量地允许保留守军的9面旗帜"。出城时，许多守军抛弃了自己的队长，投奔了胜利者。报告里说军旗在城中就被扯碎了，一半多士兵投敌了。1600年，当尼德兰军攻克圣安德烈要塞（fortress of Saint Andreas）时，1 100名守军几乎全都投奔了联省共和国。[17] 布赖滕费尔德会战（battle of Breitenfeld）后，古斯塔夫·阿道夫写信回国称，他抓到了大批俘虏，足以弥补伤亡。1642年的莱比锡会战快结束时，皇帝的步兵在开阔地带被包围，有一部分人被杀。

但也有一部分请求宽大处理，提出要加入胜方，遂得活命。一个个完整的方阵或连队整齐地向选帝侯的居城①前进,有的还带着军旗,然后向瑞典队伍走去,仿佛他们已经对瑞典女王和王冠宣誓效忠了一般。接着,一同被俘的丹尼尔队长带着一大批人去找司马(托尔斯滕松)。得到后者允许后,丹尼尔几乎整个新建了一个团,因为他的旧部损失惨重。这个团继续作战了很长时间,为瑞典军立下了汗马功劳。[18]

1647年,皇帝与弗兰格尔(Wrangel)面对面站在埃格河(Eger)附近的一座坚固营地中。皇帝的军队状况不佳:"许多老兵跑到了瑞典一边,以至于步兵竟然需要骑兵保护。"[19]

当瑞士人之前凭借自己的战法与骑士战法对抗时,战争的残酷性达到了极点。骑士出战的原因往往是抓俘虏多于杀敌,但瑞士人不仅在战场上毫不留情,而且攻下城市后甚至会杀光市民。瑞士人和国土佣仆是常年的死对头,彼此也不会留情。但渐渐地,节制观念开始占据上风。人们认识到了"好"战争与"坏"战争的区别,会签订交换俘虏的协议,例如,一个月的军饷成为赎金的惯例。在乡间烧杀掠抢的行为也受到了约束。从军事角度看,彼此留情甚至变得危险起来。瓦伦斯坦曾提出,除非打了一场真正的会战,否则有必要禁止抓俘虏。[20]

但是,一方在攻陷某地后杀光了守军,对方一有机会就以其人

---

① 即莱比锡。莱比锡是选帝侯萨克森公爵的首都,当时萨克森公国与皇帝站在一边,此战后被瑞典占领。

之道还治其人之身的情况在文献中经常出现。

国土佣仆军制的一个特殊现象是卸甲后的士兵。极少有老兵愿意或者能够回去做平民的营生。他会等待下一次招兵的机会，或者主动寻找新的统帅。在此期间，他维持生计的手段就是乞讨、偷窃和抢劫。这种状态被叫作"继续待着"（auf die Gart gehn），它的意义尚不完全明确，可能只是"等待"的意思。其他用法有"待业兵士"（gardende Knechte）或"待业团伙"（Gardebrüder）。这些人当然会为祸乡里。早在12世纪，红胡子腓特烈和法国国王路易七世就签订了镇压卸甲士兵的协议（第3卷）。到了15世纪，这些被称作"阿马尼亚克团"和"敲诈犯"（Schinder）的人留下了极其恶劣的回忆（第3卷）。

1546年1月，下列国家与城市开会制定了针对"待业"国土佣仆的办法：丹麦、科隆、萨克森选侯国、明斯特、吕讷堡、黑森、曼斯费尔德、泰克伦堡、奥格斯堡、汉堡、戈斯拉尔、马格德堡、不伦瑞克、希尔德斯海姆、汉诺威。瓦伦斯坦讲得很明白，对人民来说，与其任由士兵搜刮财物，使得民不聊生，把他们留在军中，从而保持良好秩序的成本要低得多。[21] 但那就需要有序的税收制度，而我们接下来会看到，创立税制绝非易事。于是，当时就处于一种介于国土佣仆"待业"和创立征税制度之间的诡异状态。1620年5月5日，勃兰登堡选帝侯格奥尔格·威廉（Elector Georg Wilhelm of Brandenburg）发布了一份命令，是一份意义极大、描绘极佳的文献。原文如下：

　　　　领民当知，寡人……招收各色步卒，但这些人游走不定，令乡间小民不得庇护安宁，实为负担，尤其是在集结日之前。因此，寡人衷心要求他们，寡人的士卒们不得结成10人以上的团伙游荡，且必须告知本部将校。部队进村并出示证件后，10人应得3枚帝国盾金币或36枚便士银币，不可额外索取。但如果是士兵个人游荡，农夫应给两枚便士银币，牧民或菜农应给一枚，不可额外索取，不得伤人，不得拿走鸡或其他财物，如果一名或多名士兵不受待见，也就是被人打跑或蒙受其他损失，则为咎由自取。

另外，寡人不希望士兵频繁去一个地方，或者去的人太多，以免耗尽当地民力。每到一处村庄，士兵应立即如前所述出示证件，因为很少有或者根本没有村庄连一个会写字的人都没有。每处村庄都应记录并保存于何日接待何人。

另外，是直接将前面提到的两枚便士银币交给每名游荡士兵，或是提前将几枚盾金币托付给乡绅，士兵进村时由乡绅支付，则听乡民自便。如果是后者，士兵每次进村都要去见乡绅，无乡绅则见村长。

所以，命令中以为游荡的士兵有时可能拿不到那点小钱，反而会挨揍。实际情况大概是：一名或多名挎着刀剑或扛着斧枪的蛮横士兵来到一处男人可能在地里的农庄时，若只是拿了几枚格罗申银币或者一只鸡就离开，农夫的妻子就心满意足了。不过，我们不要嘲笑先人行事笨拙、头脑简单，一边四处找活干、一边乞讨为生的"失业人员"在今天也不是没有。

5 战例介绍

切利尼奥拉会战
（1503年4月28日）

这场西班牙人与法国人在下意大利的交锋可以认为是欧洲现代步兵创立以来，新式战争艺术第一次全面发挥的战例。我在这里不会详细分析此战，而只提一点：亲历者法夫里希奥·科隆纳（Fabricio Colonna）告诉伊奥韦斯，西班牙的胜利不是因为士卒勇敢，也不是因为统帅（贡萨洛）"豪迈"，而是因为西班牙军占据了战壕和矮土墙，且阵前布置了射手。接着，步兵从阵地发起了进攻。

正面障碍物、射手有力、以障碍物为出发点或目标的攻守，从此以后，它们就是战斗记录的主要内容。这种基本作战样式的缔造者正是科尔多瓦人贡萨洛，后世统帅都是他的学生。[1]

拉文纳会战[2]

（1512年4月11日）

交战双方是与威尼斯、西班牙结盟的教宗儒略二世（Pope Julius II）和占据米兰的法国国王路易十二。卡多纳总督（viceroy Cardona）率领西班牙军从那不勒斯赶来，瑞士人之前也从北面下山为教宗效力（1511年秋）。但由于协调作战困难，严冬更是难上加难，另外可能还有法国银弹的作用，于是瑞士人回去了。现在，法军占据了数量优势，解救了之前被联军围攻的博洛尼亚（Bologna），收复了先前被威尼斯夺取的布雷西亚（Brescia）。当法国步兵迎来新援军时，总指挥加斯东·德富瓦（Gaston de Foix）决定应国王之命发起大规模攻势，可能要一直打到罗马城。

另一方面，西班牙军统帅想要推迟决战，因为皇帝（神圣罗马帝国）、英格兰国王和瑞士人似乎都即将出手帮助西班牙。3月底，当得到一批辎重（圭恰迪尼说）的法军逼近时，卡多纳列阵于亚平宁山脉东麓，敌军虽有优势兵力也不敢出击。西军可以轻易从艾米利亚地区（Aemilia）的城镇获得粮草，法军却陷入了补给短缺。这时，加斯东转往拉文纳。到了最后关头，西班牙成功将一支援军送入城内，击退了法军的一次贸然进攻。但面对法国人的火炮，守军坚持不了多久。为了挽救这座城市，野战军必须有所行动。西军前出至拉文纳东南，在骑兵统领法夫里希奥·科隆纳看来，他们的阵地满足了一切要求：易守难攻，食物补给方便，既能对继续围城的敌军构成严重威胁，又能阻断围城部队的粮道。步兵统领纳瓦罗（Navarro）自认为发现了一处同样有利的阵地，在朝敌军方向走1

意大利里①的地方。卡多纳下令占领该处，尽管科隆纳抗议说那样会引发会战。³

西军左翼在龙科河（Ronco River）的深谷中，对面被法军占据。因此，西军进发前有时间布置炮兵以巩固正面。纳瓦罗本来就以修建炮兵工事闻名。他挖了一道沟，沟后有一批车辆，车前有一根朝向对面的矛，⁴车后是射手和寇非林炮。步兵站在防线后面，第一梯队是排成一线的西班牙人，第二梯队是两个由意大利人组成的方阵。重骑兵在步兵左侧高出地面的龙科河岸，前方没有连续的障碍物，大概是因为时间不够把沟挖到河边。沟的末端与河边的距离据说是20英寻（约37米）左右。右翼是年轻的佩斯卡拉统率的轻骑兵，他是维多利亚·科隆纳（Vittoria Colonna）②的丈夫。文献中没有记载右翼的地形。但从意大利测绘地图来看，从龙科河出去1千米多就是沟壑纵横的草甸，因此部队无法通行。毫无疑问，这就是不把轻骑兵和重骑兵布置在一起，而是布置在左翼的原因。另外，一线的西班牙部队基本与龙科河垂直，略向后偏，更难被包抄。

法军约有2.3万人，包括由雅各布·冯·埃姆斯（Jacob von Ems）统领的一大批德意志国土佣仆，有5 000人至6 000人。⁵西军约有1.6万人，比对面少将近一半。此外，法军的火炮无疑也更多，50门左右对24门。鉴于西军阵地有天然屏障和工事的极大优势，法方在军事会议中犹豫要不要冒险进攻。但除此之外只有放弃

---

① 1意大利里约1 852米。
② 文艺复兴时期的著名女诗人，法夫里希奥·科隆纳的女儿。

围城,灰溜溜地撤军这一条路,于是国王的外甥,年轻气盛的加斯东最终决定进攻,而且他找到了消除对方地利的方法。

天刚放亮,法军渡过龙科河,一部走桥,一部徒涉,然后面对敌军列阵。

科隆纳之前也向总督建言,既然他们已经贴近敌军,那就应该赶在黎明前出发,趁敌人过河时进攻。桥距离西军阵地只有500米。但统帅决定遵循纳瓦罗的方案,在无比优越的防御阵地中等待敌军。

于是,法军在西军正对面展开,重骑兵在右,轻骑兵在左,步兵居中。中军据说稍稍靠后,形成了半月阵。但我们不清楚这样做的用意何在,而且对战局也没有影响。

两边都没有类似瑞士三方阵布局的迹象。如果不是三阵齐出,那种战术的基础就是一个或两个方阵同时发起冲击。但西军完全是防御态势,法军列阵后也没有直接出击。一种全新的状况发生了。进攻方会推进到与敌军有一定距离的位置,但接下来首先是开炮,掩护其他部队执行任务。

西军炮兵顺利开火还击,因为尽管数量处于劣势,但他们毕竟占据地利。但法军一边是特别重视发展新式炮兵的费拉拉公爵、埃斯特家族的阿尔方斯(Duke Alfons of Este)。他的军火库里装满了大炮。多亏了他派出的部队,法军的火炮数量特别多,炮兵也是训练有素。公爵意识到己方阵地处于劣势,于是将一批大炮从步兵后面拉到了可以向西军侧翼开火的位置,估计是一座小山上。[6]纳瓦罗命令步兵卧倒躲避,但左翼的西班牙骑士被正面和侧面的交叉火力打得损失惨重。现代骑兵在类似情况下肯定会转移阵地,尽可能占据高地,以回避敌军的致命火力。而西班牙长官对骑士的控制力不够,无法采取正确的行动。恰恰相反,当敌人的炮弹飞过来的时候,他们请求长官科隆纳批准出击。他们损失的人数应该不多,因为当时最训练有素的炮手能达到的射速和精度也很低。不过,只要几枚重炮炮弹从人群中穿过或击中目标,将战马和骑手打成碎片,局势好像就不可忍受了。科隆纳向纳瓦罗和佩斯卡拉发信,要求全线同时发起进攻。纳瓦罗自然拒绝了这个不合理的请求,因为那样就要全盘放弃西军精心选择的防御阵地的优势。这是显而易见的,就连科隆纳也不会看不到。但打防御战也不那么容易,部队要受统帅控制才行。但科隆纳并非骑士们的主人。为了躲避炮弹,他们向对面的法国骑士冲了上去。在接下来的战斗中,桥对面的法军预备队——400个枪队——攻入西班牙骑士侧翼,让他们蒙受了更惨重的损失。

另一翼的轻骑兵也采取了非常类似的行动。佩斯卡拉手下的意大利和西班牙骑兵顶着炮火前进,结果被优势敌军击败。

纳瓦罗命令中军步兵待命。如果统帅完全理性的话,法国步兵也应该按兵不动,等到两翼骑兵取胜后再一齐出击。不过,法国步兵没料到西班牙的炮弹这么早就发射了,于是再也坐不住了,开始往前冲。纳瓦罗命令部下起身,后排士兵上前填补阵线,趁着之前被钩铳齐发打得士气动摇的敌军跨越战壕时一齐攻上。皮卡第人和加斯科涅人没等西军到眼前就跑了,但国土佣仆不动如山,尽管西军士兵有更精良的短兵器,而且只要顺着长矛的间隙进去,就能对法军造成重大杀伤。

与此同时,在两翼取得胜利的法军骑兵扑向意大利、西班牙步兵的侧面，一举定胜负。逃跑的皮卡第和加斯科涅部队也回身反攻。纳瓦罗的部队在各个方向受到兵力大得多的敌军攻击，终于支撑不住了。但他们尽管损失惨重，阵形一直没有散，尚有3 000之众，保持密集队形沿着龙科河堤走，最后逃出生天。步兵统领纳瓦罗与两位骑兵统领，法夫里希奥·科隆纳和佩斯卡拉都成了阶下囚。不过，法军统帅加斯东·德富瓦带着一批骑士想要打破撤退中的西班牙矛兵方阵，结果阵亡。

拉文纳会战的不同凡响之处在于进攻方炮兵发挥的作用。加斯东故意让炮兵率先独自开火，这不仅是为了疲敝敌军，为接下来的骑士和步兵进攻做准备，也是为了通过火力诱敌出击，离开易守难攻的阵地。加斯东是有意为之，而非无心插柳的事实，这一点不仅有圭恰迪尼笔下加斯东对部下的讲话为证，更得到了佛罗伦萨大使潘多尔菲尼（Pandolfini）证明，他当时在战场上的法军一侧。马基雅维利也在《用兵之道》（1:206）中也说："西班牙人被敌军火炮逼出了坚固的阵地，被迫出战。"法军炮兵只用在了左翼的西班牙骑士上。于是，我们会有一个疑问：西班牙人为什么不把骑兵撤下来，换上一支步兵来保护骑兵前面的火炮；步兵卧倒可以一定程度上免遭炮火杀伤，步兵主力就是这样做的。答案是骑士不能轻易从他们所在的位置撤下来。

西班牙骑士违背计划，擅自上前，结果先是自己败了，接着步兵也败了。事实上，步兵本来都快打赢了，但还是因为法军骑士的侧面出击而落败。假如西班牙骑士在阵地上等着法军来攻，他们估计是能顶住的，因为据潘多尔菲尼记载，最前面的战壕与法军来攻必经的龙科河只有20英寻（约37米）的距离，而纳瓦罗手里有

500名可随需调遣的矛兵,一旦骑士遭到进攻,陷入肉搏战,预备队可以立即上前支援。

尽管法国人在拉文纳打了一场大胜仗,但并没有得到什么好处。在这场胜利中,德意志国土佣仆发挥了重要的作用。现在,皇帝命令他们退出法国阵营,他们同意了,只有800人左右没有服从皇帝的权威。然而,之前在冬季撤回本土,让法国人腾出手来对付西班牙的瑞士人回来了。瑞士现在成了教宗和威尼斯共和国的盟友,又得到了马克西米利安皇帝的认可,于是派遣1.8万人从蒂罗尔出去与威尼斯军会合,联军的威势吓得法国人不敢再战就离开了意大利。从拉文纳会战到法军通过塞尼山口(Mount Cenis)回国只过去了两个月,米兰地区只有几座城堡还有法军驻守。有人可能会认为,法军统帅加斯东·德富瓦的丧命让法国丢掉了全部胜利果实。但是,把这句话倒过来无疑才更加正确:正是因为年轻法国王侄像骑士一样战死了,人们才没有将他的名字与紧随而来的战略失败联系在一起。我不知道他能采取哪些与继任者拉帕里斯(La Palice)根本上不同的、更合适的做法。面对绝对的兵力优势,哪怕是战略天才也要服输。

诺瓦拉会战[7]
(1513年6月13日)

尽管在拉文纳打了胜仗,但法国人还是很快被政治同盟逼出了意大利。形势很快又发生变化,为法国人打开了大门。威尼斯转投法国一方,瑞士联邦的政治态度也暧昧起来。一支法军再次带着大批德意志国土佣仆现身意大利,夺取米兰,将米兰公爵马克西米利安·斯福尔扎(Duke Maximilian Sforza)及其瑞士盟军困在了诺瓦拉(Novara)城中。正当城内局势在法军精良火炮的威力下危如累卵之际,北面来了一支瑞士援军。法国人决定赶在援军前面与东边的威尼斯盟友会合。

傍晚时分,长途跋涉而来的瑞士军队只有半数抵达诺瓦拉,撤围、运走大炮和大批物资都极其费时费事,于是法军当天只走到了诺瓦拉4千米外,在小镇特雷卡泰(Trecate)对面一处沟壑纵横的泥泞地带扎营。

法军的不慎之举没有逃过瑞士将领的法眼。瑞士人的战术最适合突袭。自莫尔加滕会战以来,他们就懂得了出其不意的战略价值。部队傍晚刚刚进入诺瓦拉,当晚将领召开军事会议,决定立即出击,甚至不等另一半部队赶来。临近午夜时分,法国人才听见城里的瑞士人有动静,以为是他们在宴饮庆祝解围。据说,与特雷穆耶(Trémouille)同掌法军的特尔武里齐奥有言:"那群酒鬼都睡下了,咱们可以安心上床了。"法军当时拖着一座拉马克伯爵(Count de la Marck)发明的由木板和木棒拼成的木堡。这个累赘肯定让行军变得非常困难。再说了,木堡不会太实用,因为它太小了,不能把全军都围在里面。不过,法国人当晚觉得特别安稳,甚至没有把木堡立起来。

突然间,营中四处有人高喊瑞士人杀过来了。强悍的山民在强行军和宴饮后只休息了几个小时就再次集结,当时连天还没亮,接着像"暴躁的马蜂"一样走出大门,越过倒塌的墙壁来到野外,"要找出敌人的位置,跟他们碰碰运气"。

第一篇 文艺复兴时期的军事状况

我们再次看到了三阵布局，但根据实际情况做了精心调整。北路步兵不多，任务是包抄右翼，马克西米利安公爵和手下的意大利骑士也在这一路。中路负责攻打布置了火炮的法军营地正面，兵力也不强。它的任务不是直接进攻，一开始要在几门火炮的支持下发动佯攻，吸引敌方的注意力。大部队则要在小树林的掩护下从南侧包抄敌营，以回避危险的炮火，然后全力扑向法军的真正主力——德意志国土佣仆。[8]

两军步兵大约都是1万人。但法军还有强力火炮以及至少1 100名重骑兵和500名轻骑兵。这支瑞士军队未尝败绩，自信会带来强大的力量，其素质或许要比国土佣仆和法国步兵高一些。但后者，尤其是国土佣仆同样有实战经验、信心和本领，而且在阵地战中，瑞士人的剽悍大概比不上法军的骑兵和炮兵优势。但袭击的突然性把一切都拉平了。当然，这一次没有穆尔滕会战那样出乎意料，也没有发生恐慌。列好阵的国土佣仆是主力，骑士披挂上马，其他单位也摆出了阵势，但彼此之间并无合理的协同。法军统帅特雷穆耶只来得及穿半身铠甲就要上马指挥，但我们看不到一点真有人指挥的迹象。两路瑞士偏师吸引了大批敌军，那里的法军取胜后本来可以去左翼支援酣战中的国土佣仆，但他们并没有转入攻势。尤其有意思的是，平时奋勇的骑士同样无动于衷。最后只有不到40名骑士战死，圭恰迪尼直斥他们怯懦。这看起来太不可思议了，于是有学者认为原因是地形松软，不利于骑士作战，这或许也有些道理。但法国人不可能扎营于如此不利以至于重骑兵完全无法施展的位置。军事史给出了另一种解释，这就是我们从马拉松会战中的波斯骑兵和无数中世纪战斗中一而再、再而三地看到的现象——骑士几乎是指挥不动的。如果让骑士在酣战中进攻一个具体明显的目标，他们会完成只有他们能完成的任务。但只要有任何干扰出现，他们就丧失了威力，因为他们是单打独斗的武士，不习惯组成紧密阵形和服从号令，喜欢自行其是，不可能与战友在正确的位置、正确的时机，为了正确的目标而协同行动。这几个人逞勇攻打一处，那几个人攻打另一处。有些人按兵不动，想等着援军抵达或局势明朗，还有些人觉得仗已经输了，不愿意再做无谓的牺牲。国土佣仆成功将部分火炮转向并转移，形成了面朝执行包抄任务的瑞士军的新正面。他们的钩铳对付大队敌军也很有效。假如在任何一个时间点，有几百名法国骑士杀向即将与国土佣仆展开肉搏的瑞士军主力侧翼，那么国土佣仆肯定能够顶住，尽管有少数骑士大胆地冲向敌军单位，但他们造成的迟滞效果和大炮火枪一样微小。在中央和右翼的法国部队惊慌溃逃之后，发动猛攻且后来得到其他部队支援的瑞士军击败了国土佣仆，而且瑞士人的包抄行动切断了对方的天然退路，国土佣仆惨遭屠戮，几乎全军覆没。[9]法国步兵像骑士一样逃之夭夭，损失不大。其中一部向东边的特雷卡泰撤退，一部向北逃窜，然后绕过诺瓦拉城北，朝诺瓦拉西南边的韦尔切利（Vercelli）而去。逃向特雷卡泰的部队带着抢救出来的战争物资，从瑞士军的南边绕回了韦尔切利，与另一支败兵会合。

　　敌营中的所有火炮都成了瑞士人的战利品。马克西米利安公爵在信件中说，尽管这场战斗只持续了一两个小时，但付出的代价比先前都要大，多达1 500人阵亡。大炮火枪的威力和国土佣仆的困兽之斗都是瑞士人之前作战时从未感受过的。

拉莫塔（克雷亚佐）会战
（1513 年 10 月 7 日）

凭借相当大的兵力优势，威尼斯将军阿尔维亚诺（Alviano）于维琴察（Vicenza）以北攻击威尼斯、德意志、教廷三方联军，结果战败，其中既有他下令从侧翼包抄的重骑兵陷入了沼泽中的因素，也是因为他手下的意大利步兵惧怕佩斯卡拉统领的西班牙士兵和弗隆斯贝尔格统领的德意志步兵，没能顶住对方。[10]

马里尼亚诺会战
（1515 年 9 月 13—14 日）

诺瓦拉会战后，瑞士人乘胜追击，于同年秋季侵入法国本土。他们与马克西米利安皇帝结成了紧密的同盟，皇帝不仅派出了骑兵和炮兵支援，本人也随军出征。同时，英格兰从北边入侵法国，法国在吉内加特吃了败仗，竟然异想天开地认为英格兰与瑞士以巴黎为共同目标，要在城下会师。

皇帝与瑞士的联军进入勃艮第，现身于第戎（Dijon）城下。正当城市在炮火下眼看就要屈服时，法国人觉得除了答应瑞士人的要求，别无解救之法。为了挽救城市，第戎司令特雷穆耶与瑞士人签订了协议，规定法国国王放弃对米兰的宣称权，并承诺支付 40 万克朗作为战争赔款。

但协议并未履行。随着一次次战役的进展，瑞士军队愈发骄纵贪婪。还没等收到法国国王的批复，他们在第戎城下就无法保持集结状态了。紧迫的危机刚刚过去，国王深吸一口气，宣布他愿意如数支付赔款，但打算保留对米兰的宣称权。

1513年，作为马克西米利安·斯福尔扎公爵的雇佣兵，瑞士人从法国手中夺取了米兰。但米兰年轻的统治者从此完全成为盟友们的附庸。他不仅被迫直接交出了边境上的一系列地方，付给盟友20万杜卡特，而且公爵本人和整个公国都被置于瑞士联邦的长期庇护之下。他给联邦的信里写道，他们可以将他的人身、他的土地、他的人民、他的财产当作自己的，而且他们是他法理上的父亲，他本人和他的米兰城都接受其保护，作为回报，他会像儿子对待父亲那样对待他们。瑞士人把他的话当真了。他们占领了多座坚城，每年索要4万杜卡特，并通过常驻大使指挥公爵施政。这种关系可比拟于今天（1906年）法国与突尼斯和突尼斯贝伊的关系，或者英国与埃及的关系，或者民族大迁徙初期罗马帝国与归附的日耳曼部落的关系。因此，瑞士人坚决要求法国国王放弃对米兰的宣称权才不是为了斯福尔扎，而是为了他们自己。如果这种关系得以持久，那么米兰公国——广义上讲，热那亚也属于该公国——就会变成联邦的属地，瑞士的一个省。于是，瑞士就会成为一个北起康斯坦茨湖、南临地中海的国家。设想一下：联邦若以世袭王朝为首脑并推行恒定的政策，就像法兰克诸部以墨洛温家族为首脑那样，或者建立别种稳固政权，那么阿尔卑斯山民的武力必可缔造一个幅员辽阔的大国。但各邦之间松散的同盟关系无法推进宏大的政治目标。赋予瑞士人强大武力的条件恰恰剥夺了他们谋取政治利益的能力。古代法兰克人战斗力的根基是野蛮本性，他们自愿服从克洛维的领导是为了掠夺和权力。瑞士人战斗力的前提是人人参与政治生活。天不怕地不怕的自信激发了每一名战士的斗志,让联邦具有了势不可挡的威力。从政治角度看,这种自信只能存在于小邦中,每个邦都是主权国家,为了具体政治目的才会联合。[11] 但是,由于邦与邦之间的妒忌,以及总是想要立即获利的群众意志,联邦不可能制订宏伟目标。之前联邦攻打并击败大胆查理,一半是因为拿了法国的钱,一半是因为伯尔尼贵族渴望征服。取得辉煌胜利之后,伯尔尼人最后只被允许保留几处小地盘。但为了换取持续的收入,沃州和弗朗什孔泰被归还了。现在,同样的把戏又围绕米兰上演了。如果之前是东部各州不愿意替伯尔尼开疆,现在轮到伯尔尼及其邻州弗里堡和索洛图恩不愿为统治米兰提供支持了,这项事业主要对创始各州有利。

1515年夏季,路易十二的继承者弗朗索瓦一世率领大军再出阿尔卑斯山,包括据说不少于2.3万人的国土佣仆,目标是收复米兰。他表现出了政治家的风范,对瑞士人没有一味武力威胁。他也知道如何用金钱引诱他们。如果联邦愿意将米兰交给他,那么除了在第戎承诺的40万克朗,他还会再给30万克朗,另加岁贡。同时,为了补偿马克西米利安公爵,国王愿意给他法国境内的内穆尔公爵领和一笔年金。

在对法关系问题上,瑞士人的意见本就长期不统一。毕竟,他们当初一直是路易十一和查理八世的盟友。后来由于一些半是巧合犯下的错误,尤其是瑞士人提出的离谱要求,他们与路易十二陷入了纠纷。教宗希望将法国人赶出意大利,于是巧妙地煽动瑞士人的不满情绪,并通过锡永(Sitten)主教申讷枢机(Cardinal Schinner)——一位能量极大的教会外交家——和法国的激烈反对者的活动,将瑞士联邦彻底拉入了反法阵营。但亲法的瑞士人仍然活跃着。他们慷慨地散发礼物,让传统盟友的记忆一直鲜活。就连第戎之役也脱不开一场针对亲法的"领取克朗党"的群众运动的帮助,他们被指控行贿受贿和叛国。现在,弗朗索瓦的威逼利诱似乎终于争取到了瑞士高级军官会议的关注。根据1515年9月8日签订的《加拉拉泰和平协定》(peace treaty of Gallerate),法国国王总计向联邦支付100万克朗,瑞士联邦则将米兰公国及其全部属地交给国王。与此同时,瑞士联邦与国王缔结同盟,有效期至国王去世后10年,换取每处每年2000法郎。

伯尔尼人及其盟友包括瓦莱人回国了。但其余州的部队爆发了激烈不满,而且尽管条约已经缔结,一大批部队已经离开,但瑞士营中还是有一个胆大妄为的阴谋家试图挑动敌人内斗,目的是逼迫瑞士军再打一场胜仗,改换军官会议上决定的政策。教宗大使申诩枢机在煽动人们战斗的欲望。

法军兵力或有3万之众,文献中还有高得多的数字。步兵里既有骨干力量国土佣仆,也有法国人。另有2500个枪队和60门重炮。反观瑞士一方,大批部队离开后,余下的步兵不会超过2万人,只有很少的骑兵(200人左右)和几门火炮支援。

瑞士联邦军在米兰城内;法军从城南不少于9英里(约14.5千米)外的地方逼近。突然间,城下发生战斗,瑞士联邦军被法军攻击的呼喊声传遍了兵舍。申诩之前说服公爵卫队长官,翁特瓦尔登人阿诺德·温克尔里德(Arnold Winkelried of Unterwalden)对法军前锋发起一场小规模战斗。乌里、卢塞恩和其他森林州的人立即赶去帮忙,他们想要维护对米兰的统治,对法和约也与他们无关。尽管法军马上就后退了，但传回城中的报告里还是说战斗在继续。尽管已经决定撤军，其他各州依然认为不能辜负同胞，尤其是苏黎世和楚格，于是随之出动。

当他们来到法军前锋营地，发起进攻并将敌人击退，还缴获了几门火炮时，太阳已经快落山了。但本来与大部队一起靠后扎营的国王带着骑士赶了上来。天黑后双方罢战，营地离得非常近，零星战斗彻夜不休。但到了早晨，弗朗索瓦已经完全度过了瑞士突袭前锋造成的混乱，列阵于多道壕沟之后，占尽地利。骑士与矛兵单位交替布置，火炮和射手在他们之间或者前面，做好了迎接瑞士人进攻的准备。

瑞士人照例是三阵布局，但左阵和中阵其实没有出击。尽管文献有很多，但左阵的相关信息非常少，而且正对弗朗索瓦本人的中阵显然只是开炮、开枪和个别突击而已。瑞士中阵的指挥官明显是打算先按兵不动，等到两路包抄纵队中有一路取胜后再从中央出击，就像诺瓦拉会战中那样。但弗朗索瓦国王的壕沟里灌满了水，又有优势火炮支援，他没有理由走出有利的防御阵地。

瑞士右翼纵队负责实际进攻，而且在初期取得了一定的战果。但法军的整体数量优势非常大，德意志国土佣仆也顶住了瑞士人的进攻。弗朗索瓦注意到姐夫阿朗松指挥的左翼形势危急，似乎立即从中军派去了支援。威尼斯军的前锋后来也到了，上前援助法军左翼。

于是，瑞士人的勇猛归于无用。据说，前一日还身穿紫袍、骑马随同行军、百般鼓舞士气的枢机在夜里意识到突袭既然没有取得决定性胜利，胜利便已无望，遂提议撤军。现在右翼已经溃败，众人都知道中军也没有取胜的希望了，于是瑞士全军开始撤退。

假如手中有强大骑兵的法国国王下令追击，那么瑞士人的局面不会比两年前诺瓦拉会战中的国土佣仆好多少。但弗朗索瓦当然不想打会战。在他眼中，进攻失利的瑞士人不是一时的敌人，而是未来的朋友。如果他现在尽可能多地砍死、射死撤退的瑞士人，那杀死的就是他自己将来的佣兵，而且或许会激发瑞士人的复仇热情，再次毁掉刚刚萌发的友谊。于是，法国国王拒绝追击，按照当时人的解读是因为瑞士人战斗英勇。尽管如此，瑞士人的损失还是相当大，因为法国火炮对瑞士人的密集方阵效果甚佳，甚至在没有大举进攻的地段也是如此。最后，有几股士兵在撤退途中被杀，还有一伙人在房子里被烧死，无一幸免。

马里尼亚诺会战属于被传统记述完全歪曲的那一类。圭恰迪尼多次表达了这样一个意思：统领骑兵的武里齐奥说这是一场巨人之战，而非凡人之战。不管武里齐奥实际说过这话没有，它无论如何都不适用于整场战斗。此语给人的印象是交战规模特别大，空前得大，但其实恰恰相反，这场战斗根本没有一直打到决出胜负时，政治因素的作用比军事因素大得多。说实话，要不是改正错误的旧说本身是一件好事，给出一个被政治扭曲到如此程度的战例也是有益之举，否则这部《战争艺术史》里完全可以略过它不谈。[12]

这场会战没有任何结果，当然它只是群众激情被阴谋家精心利用的产物。取胜后，弗朗索瓦国王给瑞士人开出的条件与之前签署的协定如出一辙，只有一条区别：瑞士人可以选择保留米兰的一部分边界地区（即现在的边界），同时少拿30万克朗。但没有迹象表明瑞士人认为自己吃了败仗，或者丢掉了绝对的自信心，他们依然敢打敢拼。接下来的比克卡会战就会表明这一点。

1515年，瑞士联邦刚刚走上的大国崛起之路被打断了。诚然，伯尔尼人在1536年仍能抓住有利机会夺取沃州，但那只是勃艮第战争迟来的果实。自1515年以后，瑞士再没有一以贯之的宏大政策。瑞士联邦军队大体上一直为法国效力，而且逐渐失去了主宰地位，与其他国家的军队齐平。瑞士若想发展成为独立的军事强权，那就不仅要改行中央集权，炮兵和骑兵也要跟上时代。当然，瑞士的长处只在于步兵；就连围攻第戎都要马克西米利安皇帝提供火炮。这样的要求超出了山中小城狭域的能力。[13] 瑞士对世界史的贡献只在于创建了列国效法的现代步兵。直到马里尼亚诺会战为止，他们都是不可战胜的。甚至这场失败也受特殊条件的影响太大，并未减损他们的威名。

比克卡会战[14]
（1522年4月27日）

法国平静地占据了米兰6年时间。接着，查理五世皇帝为了统治上意大利而再兴战端。作为大胆查理的外曾孙、马克西米利安皇帝的孙子、西班牙君主斐迪南和伊莎贝拉的外孙，他一身继承了祖先与法兰西王国的所有宿怨。弗朗索瓦招募了瑞士佣兵，但皇帝军队的统帅普罗斯珀·科隆纳（Prosper Colonna）只是绕着法军转圈，就是不打会战，最后法国军资耗尽，瑞士人就回国了。这时，科隆纳畅通无阻地进入了米兰，因为市民对法国人愤愤不平，为皇帝军打开了城门。

次年，法国再次集结起足以围攻米兰的大军。皇帝派出6 000名国土佣仆和300名骑兵解救，于是法国从米兰撤离，转而集中攻打一个更小的目标——帕维亚。帕维亚同样久攻不下，提契诺河（Ticino）的洪水切断了粮道，通过包抄压迫皇帝军出战的企图也没有成功，于是法军再次濒临瓦解，因为瑞士人不愿意继续作战了。瑞士人的行动模式是来到战场后尽快搜寻敌人，主动出击并将其击败，然后拿着战利品和军饷回家。围城、机动、防守都不符合他们的本性和战争观念，尤其是连军饷都不能按时发放的时候。法军的最后一次行动是去蒙扎（Monza），估计是为了迎接从法国经辛普朗山口（Simplon Pass）运来的军资。结果这笔钱没有到位，法国人再许愿，瑞士人也不听了，打算要么打一仗，要么直接回家。[15]

法国威尼斯联军的兵力大概还是比皇帝军多一半，甚至可能更多，3.2万人左右对2万人。但是，皇帝军统帅普罗斯珀·科隆纳占据了一处几乎不可能攻破的阵地。他在米兰以北约4英里（约6千米），打猎时停驻的小城堡比克卡附近。阵地正面有一条平行的坡下公路，左侧有沼泽掩护，右侧是一条灌水深沟，沟上只有一道窄桥。正面朝北，长度约为600米，恰好适合他的军队列阵。正面有火炮和4排射手把守，射手使用最新改进的武器，而且接受过整排齐射的训练。前两排开火后要卧倒，好让后两排开火。射手后面是格奥尔格·弗隆斯贝尔格率领的德意志国土佣仆和佩斯卡拉率领的西班牙士兵。骑兵布置在后方稍远的位置，以防敌军从右边的桥上包抄。

这处阵地甚至比西班牙军当初在拉文纳的阵地还要有利得多。用炮火将守军引出阵地，迫使守军要么退兵，要么出击的策略在拉文纳大获成功,在这里却不能重现,因为法军并无显著炮兵优势,而且面对曾经在拉文纳大显神威的火炮,西班牙骑兵这一次没有布置在一线,而是在第二梯队。另外,法军很难将皇帝军团团包围,再派一路人马从后方进攻,因为皇帝军后面紧挨着米兰城。不仅如此,科隆纳发现法军逼近时让弗朗茨·斯福尔扎公爵敲响警铃,带着6 000名武装市民出城掩护皇帝军后方。

尽管有数量优势,但法军统帅洛特雷克(Lautrec)在这种情况下自然倾向避战,延续之前的做法,也就是攻取公国境内的一座座城镇,希望敌军反击时露出破绽,让他有机会在野战中利用自己的数量优势。由于敌军警惕精明,他在之前的两个月里所获甚微,但之后未必不会奏效。可瑞士人已经不耐烦了,不允许他继续长途机动了。不管洛特雷克如何向他们指出敌军阵地的牢固,他们依旧满怀胆气和信心,丝毫没有被马里尼亚诺的教训影响。他们对法国人提起了在诺瓦拉以少胜多、击败法军的往事,而现在他们准备像当年一样击败西班牙人,西班牙人或许狡诈计谋更厉害,但论勇气就不行了。

于是,洛特雷克别无选择,只能派瑞士人正面进攻皇帝军。瑞士军共有1.5万人,组成了两个宽100人、深75人的方阵,分别配有射手。另外还有一支以骑兵为主的部队,任务是包抄敌军右侧,从桥上发起进攻。三路人马共有1.8万人左右。威尼斯和其他意大利部队共1.4万人左右留后。文献里没有记载洛特雷克这样布置的理由。我们看起来可能是这样:既然是群情激愤,号称"战无不胜"的瑞士人主动请战,那就让他们去对付敌人好了。另一种可能是正面空间不够大,容不下3个或4个方阵一起进攻。最后一种可能是洛特雷克有意识地要留一支预备队。他可能觉得，如果瑞士人的凶猛突击没有成功，被赶了回来，敌人就会蜂拥追击，这时洛特雷克就能把生力军派上去，对付队形不整又失去防御阵地保护的敌军。如果瑞士人这时再反戈一击，洛特雷克就足以凭借巨大的数量优势击败敌军。

瑞士人已经上路了，洛特雷克还是想让他们等一等，至少等到侧翼部队就位参战。但瑞士人不信任他，因为他们刚刚是强硬坚持才逼得他开战的，所以觉得他的命令只是最后一次避战的尝试罢了，于是厉声要求出击。众士卒甚至表现出了对本国长官的不信任，说队长、贵族公子、随从仆人、领3倍薪水的高级佣兵应该走在阵前，而不是在队尾喊话。于是，大军顶着火炮和钩铳射出的枪林弹雨冲锋。面对密集的方阵，枪炮几乎百发百中。进攻部队来到了坡下道路，皇帝军射手后退。瑞士人顺着3英尺（约0.9米）左右的坡往上爬，要与敌军矛兵较量。

按照国土佣仆和西班牙人的战术，他们不适合紧贴着坡下公路，而应该留出一小段距离，方便射手在瑞士人接近时穿过或绕过一线步兵回到后方。在接下来的碰撞中，防守方不会站着等待瑞士人杀过来，而会趁着瑞士人爬坡继续推进的机会主动迎上去。弗隆斯贝尔格本人手持斧枪，站在跪地祈祷的国土佣仆的第一线。"全体起立，现在就是机会，以神之名！"统帅大喊一声，率众冲上前去。再看另一边，瑞士方阵的最前面是翁特瓦尔登人阿诺德·温克尔里德。7年前，正是他拉开了马里尼亚诺会战的序幕。他也曾与弗隆斯贝尔格一起为皇帝效力。"你这个老混蛋，我可算见着你了，我今天一定要手刃你。"他喊道。"我才要手刃你呢，这是神的旨意。"弗隆斯贝尔格答道。弗隆斯贝尔格大腿被捅伤,温克尔里德则被国土佣仆的长矛杀死。

瑞士人被迫撤退。他们要走很远才能到敌人面前,体力有所消耗。皇帝军的火炮和射手造成了许多伤亡。翻越坡下道路时,阵形又散了。用阿彭策尔人发回国内的报告的说法,他们"来自后方的压力没有发挥到最大"。大纵深方阵战术的基础就是来自后方的压力,但坡下道路将前排和后排分隔开来,后排无法施加压力。

与此同时,企图过桥攻击皇帝军右侧的法国骑士也被击退了。

佩斯卡拉的西班牙部队也击退了阿尔布雷希特·冯·斯泰因(Albrecht von Stein)率领的瑞士城市部队,手段与弗隆斯贝尔格的国土佣仆击退另一个瑞士方阵的方法相同。佩斯卡拉提议乘胜追击。但弗隆斯贝尔格不同意,他说"我们今天赢得的荣耀已经够多了",总指挥科隆纳附议。瑞士人尽管损失惨重,退军依然有序。另外,我们知道他们后方站着 1.4 万人,大概正等着皇帝军来到野外。

皇帝军没有出来,法国人终于承认战败了。随着瑞士人开拔回国,整场战役也是失败的。

国土佣仆之前第一次击败瑞士人时,他们感到非常骄傲,作歌嘲笑被击败的瑞士人,后者也作歌回应。随着斗歌的继续,不同的会战混杂在了一起。最后,比克卡会战中国土佣仆的密集方阵和被击败的勇者阿诺德·温克尔里德被移花接木到了 136 年前的森巴赫会战上。

文献中对瑞士阵亡人数给出的最小数字是 3 000 人,这个数字可能比他们所有大胜中的阵亡人数加起来还要多。圭恰迪尼写道,他们丧失的悍勇比损失的人数还要大，因为按照他的说法，比克卡惨败严重削弱了瑞士人，让他们多年不复当年气概。他们过去的悍勇源于200年间形成的自信心，无条件地相信自己不可战胜，而在圭恰迪尼看来，他们的自信心现在被打破了。但在现实中，之后的军事史并未确证这一判断。如果瑞士人的重要性确实逐渐下降，那不是因为他们的能力减弱了，而是因为各国整体水平提高了，于是让瑞士人发挥威力的场合越来越局限。

兰克这样论述比克卡会战中的瑞士人：

> 他们徒有蛮勇，却无更高的感召。他们只以自身为傲，自信不需要任何领导。他们知道自己是雇佣兵，但每个人都必须履行自己的义务，也想要履行自己的义务。他们唯一的想法就是近身奋战，靠进攻赚取费用，击败自己的老对头施瓦本人和国土佣仆。

帕维亚会战 [16]
（1525年2月24日）

尽管比克卡会战失利，但法军仍要争夺意大利霸权。接下来的两场战役以机动为主，没有引发会战，结果是一度推进到马赛的皇帝军几乎瓦解，弗朗索瓦国王再次越过阿尔卑斯山，夺取米兰（除了城内要塞）并围攻帕维亚。

守卫帕维亚的西班牙人和国土佣仆击退了法军进攻，国王最后只能将城市围住，让城内人因缺粮而不得不投降。同时，弗隆斯贝尔格和恩布斯人（Embs）马克斯·施蒂奇（Marx Sittich）统领的新募国土佣仆越过阿尔卑斯山，与佩斯卡拉统率的西班牙军队会师后东进解救帕维亚。但法军从11月24日开始围城，至今已两月有余，利用这段时间修建了营地外围工事，看起来固若金汤。佩斯卡拉将工事修到了对方家门口，有多处射手对峙的距离不过40英寻（约73米）。但国王自认为阵营牢固，不必积极对付援军。援军在东面威胁围城军，国王就把大部分兵力调了过去，相信只要等下去就能赢。更令他对自己的计划信心满怀的是，皇帝军已经彻底没钱了，国土佣仆威胁说不全额发饷就回国。其实已经有个别单位开始离开了。最后，统帅承诺会迫使敌军决战，这才让士兵同意再等几天。"愿神赐予我百年战争，而非一日会战，"佩斯卡拉说，"但现在没有别的办法了。"

围城军正面有内外两道战壕，不可攻破，但北侧延伸到了一座砖墙围起来的鹿苑。砖墙似乎完全将这一侧掩护了起来，如果有人一直认真警戒，那么情况确实如此。在砖墙被推倒、大批援军突入之前，法军总有优势兵力可以逐退进攻者。

对皇帝军来说，一切的关键在于让法军放松警惕，并在法军集结反击之前让大批兵力突入鹿苑。

2月23—24日夜，一批西班牙民夫（vastadores）带着攻城锤和类似器械被派到城墙最靠北的敌方，那里离法军营地很远。他们很小心，没有开炮轰墙，以免巨响让法军警觉。那天晚上下着雷雨，而且很黑，所以他们的工作没有引来敌人的注意。法军失察无疑还有另一个因素：两军已经对峙了3周时间，小规模袭击几乎夜夜不断，于是法军并未怀疑各处小动作的背后是一场大行动。[17]

民夫彻夜劳作，在城墙上打开了三道大口子，全军遂倾巢而出。出发时是一片漆黑，走到口子时天已经放亮了。即便法国人注意到了行动，他们可能也会以为那是敌军开始撤退。

现在，皇帝军排成3个纵队涌入鹿苑，而后展开。首先是3 000名射手，既有西班牙人，也有国土佣仆。接着是骑兵，最后是国土佣仆步兵，他们排在最后可能是因为人数最多，所以通过狭窄缺口的时间最多。

鹿苑中是一片高低起伏的草坪，中间有一条小溪流过，四处有单独的树木和小树林，中央是"米拉贝洛"（Mirabello），可能是一间写日记的屋子或者狩猎小屋。皇帝军来到小屋时发现法军已经在对面了。弗朗索瓦国王本人带着骑士赶来，法军大炮也开火了。皇帝军的炮兵实力很弱，根本没能开火。法军总共至少有53门火炮，取得了不错的战绩。但勇猛的法国骑士战果尤其大，击退了皇帝的骑兵，以至于弗朗索瓦国王对一位随从说，这一天会让他成为米兰的主人。

但他的成功转瞬即逝。西班牙和德意志射手赶上来支援骑兵，其中无疑有一部分装备了远距离精度高、穿透力强的新式火器火绳枪。树木、树林乃至小溪都为他们提供了抵挡法国骑士的掩护，他们射杀了许多敌人，让帝国骑兵得以返身再战。但就在这时，步兵大方阵开始推进了。法军炮兵没能阻止他们。他们杀入了法军最前面的方阵，这是由5 000名下德意志士兵组成、刚刚抵达战场的"黑衣团"。

双方步兵数目大致相当，都是2万人左右，但法军的骑兵和炮兵更多。但皇帝军是在黎明时分突然现身于一个意料之外的地方，全军列阵于鹿苑中央，而驻扎在法军营地南部的8 000名瑞士人还没有就位。于是，弗隆斯贝尔格和恩布斯的两个方阵 1.2 万人"像钳子一样夹住了黑衣团"，将其彻底击败。直到黑衣团残部和法国骑兵向后方溃逃时，瑞士人才现身。但瑞士人更没有能力扭转局势，因为帕维亚守军从城内杀出，来到了他们后方。陷入绝境的瑞士人甚至不能以紧密阵形发起进攻，他们四面受击，要么像之前的黑衣团一样被敌军优势兵力消灭，要么逃命去也。

阿朗松公爵统领的法军后卫主要驻扎在帕维亚城的另一侧，甚至没来得及参战。但公爵眼见胜利无望，于是毁掉了法军在南面提契诺河上修的桥。这样一来，他自己和部下是得救了，但其他部队的损失也更惨重了，许多人死在河里，也有人被俘，比如弗朗索瓦国王和他手下的许多骑士。据说，皇帝军在这场歼灭战中只有 500 人左右阵亡。这无疑是有可能的，因为他们发动的是侧面奇袭，在战斗的每一个阶段都有相当大的数量优势。联系这一点来看，圭恰迪尼对瑞士人丧失斗志的批判就不成立了。事实上，他们是无力回天。

1532 年维也纳点兵

在会战分析以外，查理五世 1532 年举行的维也纳点兵也值得关注。伊奥韦斯当时随教廷特使亲历其事，为我们详尽地记述了经过，资料来源似乎是一份附有草图的官报。斐迪南国王写给姐妹[①]

[①] 查理五世的弟弟，时为波希米亚和匈牙利国王，后来成为皇帝。此处说的"姐妹"虽不确切，但应该是他的妹妹玛丽，她之前是匈牙利摄政，辅佐哥哥斐迪南，当时担任尼德兰总督。

的一封日期为 10 月 2 日的信中写道，大军有 8 万名步兵和 6 000 名骑兵。沙特林·冯·布尔滕巴赫（Schärtlin von Burtenbach）给出的数字是 6.5 万名步兵和 1.1 万名骑兵。塞普尔韦达（Sepulveda）和伊奥韦斯说总兵力为 1.2 万人，包括 3 万名骑兵和 2 万名射手。但这个总数似乎把卫戍部队也算进去了。

多名从常理看完全可信的目击者给出了相差巨大的数字，这一点值得注意。当然，3 万名骑兵的说法是不可思议的。

点兵阵形如下：数量庞大的矛兵组成 3 个四面人数相等的方阵，也就是宽度和纵深都在 140 人至 150 人之间。所有骑兵都在方阵的间隙中，纵深与方阵相等。最外面是一圈 5 排纵深的射手。火炮布置在正前方。匈牙利轻骑兵在阵外。

伊奥韦斯说，之所以要如此列阵，是为了不让骑兵暴露在土耳其的优势兵力之下。按照他的说法，土军有 30 万人。

吕斯托认为这是一种防御阵形，"匈牙利骑士团"采用这种阵形对抗土耳其人已有 100 多年了。

而我认为这只是阅兵阵形，没有任何战术意义。我不知道有哪一场会战真的摆出了这样的阵形。

1532 年召集的大军没有取得正面成果，因为土耳其苏丹苏莱曼不想冒险打会战，于是就撤退了，而新教徒也不愿意为皇帝开疆扩土。大军由于粮饷不继爆发哗变，于是就解散了。

切雷索莱会战[18]

（1544年4月14日）

当时法军在围攻都灵以南的卡里尼亚诺（Carignano）。一支由瓜斯托（del Guasto）统率的皇帝军想找到一处能逼迫法军要么撤退，那么在劣势下攻击援军的阵地。但这次机动尽管做了精心规划，还是失败了，部分原因是雨天路软，携带大批辎重的皇帝军没能在预定时间赶到目的地。

年轻气盛的法军统帅昂吉安亲王（prince of Enghien）预料到了瓜斯托的援救企图，提前向国王申请到了冒险出战的许可。现在，皇帝军正在逼近，法军早有警惕，凌晨三时从卡里尼亚诺军营中出发，来到敌方行军纵队的右翼。瓜斯托必须要做出决断，要么撤军并牺牲卡里尼亚诺，要么应战。

双方兵力大致相当。瓜斯托步兵多，昂吉安骑士多。在最后关头，100多名法国贵族赶来助阵。一听到战斗即将打响的呼喊声，他们就像古代的骑士那样奔向战场。但瓜斯托后来告诉伊奥韦斯，他相信帕维亚的经验已经表明火枪手优于骑士，国土佣仆必然会取胜。因此，他决定应战，双方各自在遭遇处列阵。

但是，两方都想获得防御的战术优势，逼迫对方进攻。于是，战斗一开始是连续几个小时的枪炮互相射击，不禁让我们想到现代战争。射手来回进退，压力大时就求助骑兵。骑兵抵达后，在开阔地带的敌方射手自然只得后退。

最后是瓜斯托决定出击，可能是因为他再也忍受不了法军的炮火了，也可能是因为他相信敌军已经发起进攻，所以必须反击。

双方都摆出了传统的瑞士三个长矛方阵布局。地势略有起伏，各阵一字排开。瑞士人排成品字形是因为突击时行动方便。现在是两边都在等待进攻的时机，而且每个方阵都有骑兵侧翼掩护，自然会一字排开。

两军接触时，皇帝军最精锐的右翼前锋，也就是由国土佣仆和西班牙士兵组成的矛兵方阵，对上了新招募的瑞士（来自格吕耶尔地区）和意大利方阵。后者数量虽多，组织却涣散，结果被击退并遭到追击，就连法国骑士进攻前进中的国土佣仆和西班牙部队都不能阻挡。

但在战场中央，一支新招募的国土佣仆遭遇了一支为法军效劳的瑞士百战老兵。起初，统领瑞士军的队长弗勒利希（Fröhlich）谨慎地按兵不动，直到国土佣仆走到近前，并由于缺乏经验和地形障碍而队形不整时，瑞士军才出击。尽管数量远远小于对方，但瑞士兵的军事素质更高。此时法军骑士恰好击败了伴随国土佣仆的西班牙骑兵，于是法军由加斯科涅人组成的第三个方阵从侧面杀入中部的国土佣仆。加斯科涅部队之所以能这样做，是因为应该与其交战的第三个皇帝军方阵按兵不动。第三阵是由意大利人组成的，他们从未通过新式步兵战术取得过战绩，而且人数也很少。瓜斯托指望的大概是这些意大利人的强力射手，但射手在敌军骑兵面前被迫撤退。伴随意大利步兵的佛罗伦萨骑兵也被法军击败，于是加斯科涅矛兵得以自由转移方向，在精湛的领导下奠定胜局。关于加斯科涅部队扑向国土佣仆的时间点，文献莫衷一是。我们不清楚是瑞士人本来已经击退了对面，加斯科涅人只是锦上添花，还是瑞士人与加斯科涅人合力击败对方，还是加斯科涅人发挥了主要作用。按照

第一篇 文艺复兴时期的军事状况

瑞士人自己的说法，他们只损失了 40 人，而且有一部分肯定是之前被枪炮打死的，所以他们与国土佣仆的交手肯定没有很激烈。同样毫无疑问的是，还没等加斯科涅人真正用上武器，只要瑞士人和国土佣仆看见他们在逼近，他们的出手就已经奏效了。蒙吕克（Monluc）说瑞士人与国土佣仆冲击力度之大，竟让双方的第一排士兵都被撞到了地上，此说大概并非事实，后人不应学舌。

初胜的皇帝军右翼犯下了只顾乘胜追击的大错，而没有先去帮忙打垮敌军的主力瑞士人。现在，他们四面受敌，在返回战场的途中被消灭。

这场会战的特殊性似乎完全是由火器决定的，包括实际战果和威慑力量。在之前的大战中，攻方和守方都是很明确的，现在却是两边都想利用防御的战术优势，等到最后一刻才进攻。他们指望的显然不只是地形优势，因为在之前的会战中，瑞士人从来不考虑地形问题，而是远程武器的优势。另外，文献中还说国土佣仆和加斯科涅人都将钩铳手或手枪兵布置在第二排，目的是在短兵相接的前夕向敌军开火。于是，长矛方阵的力道和密集度都有所减弱，看起来就像方阵要开始解体了一样。没有证据表明瑞士人采取了这一新策略，但他们还是打赢了。由于就连火绳枪在法国骑士面前也要退避，切雷索莱会战表明，火绳枪兵在帕维亚的战绩很大程度上是由鹿苑提供的地形掩护决定的。炮兵尽管数量不多，但对战局的影响还是比手持火器更大。但真正决定胜负的依然是长矛兵大方阵。

皇帝军被杀被俘者甚众，约占全军的一半，其中有 5 000 人阵亡。尽管如此，法军这次胜利的正面影响很小。法军不久后夺取了卡里尼亚诺，但再也做不了别的事了，因为查理皇帝正准备从德意志入侵法国，于是弗朗索瓦国王召回意大利的部队进行抵御。当然，假如瓜斯托打赢了切雷索莱会战，继而越过阿尔卑斯山入侵法国，那么法国面临的压力会非常大。但即便如此也不足以彻底击败法国。

6　马基雅维利

新的战争艺术同时产生了一位新的军事理论家。即便是中世纪的人也一直在读韦格蒂乌斯的著作,大胆查理就让人为自己翻译了韦格蒂乌斯和色诺芬的著作,译本至今尚存。由卢塞恩人瓦斯克(Vasque de Lucenne)为他的翻译《居鲁士的教育》在他从南锡逃跑的过程中失落了。[1]

查理五世详细研究过恺撒的著作,还写下了许多旁注。他专门派了一批学者去法国考证恺撒军营的位置,他们绘制了40张军营平面图。

不过,当时的军学宗师当属尼科洛·马基雅维利(Niccolo Machiavelli)。马丁·霍博姆的《战争艺术的复兴》(*Renaissance der Kriegskunst*)是一部兼具基础性与权威性的相关近著。[2]

一个事实让马基雅维利深为震撼:在他年轻(他出生于1469年)时,骑兵依然是几乎唯一的主战兵种,后来却变成了步兵决定胜负。他将这一信念与自己的古典学研究成果——罗马人当年统治世界是凭借罗马军团——相结合,于是给自己设定了一项使命,他要向世界，尤其是向同胞们说明这一点，即有战斗力的公民步兵是军制典范，公民步兵有能力让意大利（尤其是佛罗伦萨）摆脱当时盛行的令人畏惧的佣兵团。在爱国情怀、建设性的思维、文献研究、对周遭世界的现实眼光的共同推动下，他既要建构一套军学理论，又要切实地建立一支意图复兴古罗马军制的佛罗伦萨城邦民兵。

马基雅维利担任的佛罗伦萨共和国第二国务厅长官一职并非要职，用今天的话说相当于中下级职位。凭借文字与人格的力量，官职不高的马基雅维利于1506年说服共和国组建了一支民兵，最后发展到近2万人的规模。

佛罗伦萨国境被分为多个征兵区。政府派遣专人巡视各区，确定符合资质的男丁并编列名录。每区要出一个连（company），委派经验丰富的连长（captain）指挥。政府向兵员提供长矛、护身甲和军装，包括白色短衣和一只腿为红色、一只腿为白色的短裤。各连都有自己的旗帜，但旗上都有佛罗伦萨雄狮的图案。连长有以下人员辅助：政务官一员，负责花名册和通信；掌旗官一员；军士若干；鼓手一员或多员，鼓点仿照"山外鼓法"。连长有时会在假日召集部下，亲自或者会同首都特派员检阅并"按照瑞士人的方式"操练步法。佛罗伦萨城有时会举办大型阅兵。

平时，民兵有权配备武器且享有某些司法特权。战时，民兵能领到（或者说应该领到）与佣兵相同的报酬，也就是3杜卡特的月薪。连长在战时和和平时都有高达12杜卡特的月薪，部分月薪可用口粮、免费宿舍和一匹马的草料代替。

一个连的兵额逐步扩充到了800人，一名军官管不过来。但战时真正上阵的比例估计仅约三分之一,实际数字甚至可能更小,一个连只有 150 人左右。

连队中长矛手的比例至少有 70%,射手比例为 10%,其余装备轻型斧枪(ronca)、猎捕野猪用的矛和其他近战兵器。士兵组成大方阵,学习按照鼓点行进,以保持队列位置和左右转。这些步法和武器使用方法都很简单,只用几次假日操练大概就能学会。瑞士人和国土佣仆接受的操练大概也不会更多。只有远程武器需要专门的技艺,射手由自己有武器而且练过的人充任。射手可自行选用弩或钩铳。

直到这里,佛罗伦萨民兵的建制似乎还符合一切合理的要求。但其他一些状况也要考虑。在向佛罗伦萨人提议建立民兵的第一份备忘录中,马基雅维利提出了一个问题:建立一支如此武装起来的民兵有没有可能威胁共和国自身。首先,民兵的根基是佛罗伦萨城能够主导的农庄,一大片小镇林立的乡村地区。其中,只有一部分"同盟区"(contado)被认为绝对可靠,更大的"分支区"(distritto)是逐步用武力收服的,有叛离佛罗伦萨城的可能。城市的主体是中产阶级,实行一套带有贵族色彩的复杂体制。共和国首脑是被选为终身旗手的索代里尼(Soderini),但他权力有限(gonfalonier)。真正的权力机关是一批委员会:80 人委员会、10 人委员会、9 人委员会和 8 人委员会,成员每隔几个月就有变动,执掌多有重叠。委员会之上是公民议会,议员由父亲、祖父或曾祖父担任过或有资格担任委员的公民担任。

这套制度与古罗马制度的基本区别一目了然。在罗马,农民享有与市民同等的权利,也不存在城乡对立。共和国官员具有完整的权力。富裕的贵族世家天生受人尊重，更有宗教加持。贵族与大众的影响力此消彼长。军队由大众构成。

佛罗伦萨的政权体制不只是松散，简直是散漫，不仅外部威胁一直存在，被流放的美第奇家族也在内部兴风作浪。于是，城中万事的基调都是彼此猜疑和互相掣肘。民兵在平时由9人委员会负责，开战后转由10人委员会指挥。马基雅维利认为这是一个优点，让民兵们不知道自己真正的主人是谁。但如此松散的政府怎能建立严密的军队呢？因而一切实事都要仰赖马基雅维利。作为多个委员会的书记官，他铸造了让各个群体能够协调运作的团结，他本人成为团结的代表。

但佛罗伦萨共和国一边渴望拥有自己的军队，一边又害怕被自己的军队吞噬，即便是马基雅维利也只能在两边之间寻求折中办法而已。

合用民兵的头一项要求就是官兵关系密切、共同进步。部下必须信任长官，长官必须了解部下。长官若是让部下养成了听从自己命令的习惯，他们有什么事是做不到的呢？为了避免这样的危险，当局规定连长每年轮换，以免"权力扎根"。

但这样一来，连长对部下就没有实权了。不想参加操练的民兵用不着请假，自己随便找个借口就行了。连长无权直接处罚部下，只有在公开哗变时可以暂时羁押他们。处罚权掌握在政府特派员和佛罗伦萨当局手中。有几名连长收到过这样的书面指令：

> 鉴于参与民兵训练的入伍人员劳苦不便而薪水微薄，若他们由于缺乏经验而在操练中犯错，我们希望对他们的

处置应妥善人道，以使其乐于参加训练，怀着愉悦的心情训练。由于上述因素，我们认为这是让民兵服从命令、保持积极态度的最有效手段。在我们看来，欺辱和刺激（el bistractarli et exasperarli）他们只会适得其反。因此，我们要求你们爱护（amorevolence）他们，用心维持士气。你们必须用心避免一切你们知道或认为会造成任何事端（disordine）的做法。

连长是当局派来的生人，掌旗官和军士则是地方上有名望的人。但我们发现掌旗官和军士完全不负责军务，实际管理工作全压在连长一人身上。

连长没有高效的属官来履行职责，民兵整体也没有统一的最高统帅。连长亲口告诉马基雅维利，他应该想办法任命一位团长。事实上，马基雅维利在大事去矣之前一周做到了。1512年8月25日，佛罗伦萨资深骑兵佣兵首领雅各布·萨韦利（Jacopo Savelli）被任命为总司令，但他已经无力回天了。假如他能挽救时局且没有被暗杀，成功让2万名民兵遵守军纪，那么他很快就能轻易率部杀入这座残暴城市的金库，将军靴踩在那张写着人民宪法的纸上（霍博姆）。

在组建了规模可观的步兵民兵后，马基雅维利于1510年底着手建立骑兵民兵。

马基雅维利的民兵存在了大约7年，曾被用来再次收服比萨城。他们切断了比萨城的补给，每年两次摧毁地里的庄稼，直到城根底下为止。此举最终迫使城中因饥荒投降。但在1512年，一个要让美第奇家族重掌佛罗伦萨的庞大同盟成立之前，这支民兵都不曾经历真正的考验。同盟以西班牙为首。这里的西班牙步兵就是在拉文纳被击败，但凭借阵势稳固而未被歼灭的那一批人。西班牙人跨入佛罗伦萨边境时，当局召集了民兵。佛罗伦萨不难派出1.2万人去对付8 000名西班牙人。但与经验丰富的敌军打野战从一开始就是不可能完成的任务。于是，民兵盘踞在佛罗伦萨城和都城以北约9英里（约14.5千米）的小镇普拉托（Prato），后者最先受到了西班牙人的威胁。普拉托的城墙还是中世纪式的，高而薄。围城军用云梯登城的企图被击退了。西班牙人只有两门攻城炮，有一门还炸膛了。他们用仅有的一门大炮在墙上轰出了一个缺口——或者用一份文献的话说，与其说是轰出了缺口，不如说是开了一扇窗户——洞口宽4米、高2米。当时围城军已经因为补给不足而困乏至极。假如普拉托能多坚持两日，西班牙军可能就不得不撤退，而且没准在撤退途中就作鸟兽散了。在困乏的驱使下，他们尝试对缺口发起了进攻。缺口又小又高，必须爬梯子才能上去，而且后面还有一道墙，守军可以从那里向缺口射击。但西班牙钩铳手抵近城墙射击，火力凶猛，守军根本不敢在堆堞上露头。当西班牙军在几名旗手的带领下准备出击时，托斯卡纳民兵[①]逃跑了，城镇不到半个小时便告破。

接下来是一场骇人的大屠杀，不光是杀人，还有强奸和劫掠。还活着的俘虏在交出了一切之后，又被西班牙人折磨了3个星期，

---

① 即佛罗伦萨民兵。佛罗伦萨共和国以佛罗伦萨城为基础，统治周边的托斯卡纳地区。

好向远处的亲属索要赎金。佛罗伦萨人向西班牙统帅卡多纳抱怨被要求支付的前所未有的赎金金额。他本人也承认赎金要得太多了，但又说他无力约束部下。

普拉托的陷落也是佛罗伦萨共和国的终点。共和国宣布准备再次接纳美第奇家族，后者在短时间内就重建了权柄。民兵也随着共和国一同结束了。

普拉托守军不少于3 000名民兵和1 000名武装市民。他们都知道自己在西班牙人破城后会面对什么。即便他们的尚武精神和爱国情怀不够充分，他们怎么竟然没有集合起足够的战力去守卫缺口，让自己免于最可怕的命运呢？毕竟，他们不只是拉来的市民。他们有实战经验丰富的连长，也接受过一定的武器使用和保持阵形的训练。但这正是当年民族大迁徙的重演，人口百万的富庶省份几乎不做抵抗就落入区区几千日耳曼人之手，城镇一座接一座被点燃，只为蛮族取乐。

马基雅维利研究过罗马军制，但令人吃惊的是，他竟没有发现决定性的因素——罗马军纪。事实上，他的条令规定连长没有直接处罚的权力，也不许连长掌握巩固的权威，这是在主动地排斥军纪。从军纪角度来考察为什么罗马能成为全世界的权力中枢，佛罗伦萨的尝试却惨遭失败，这是一个最有趣的主题。罗马城没有成为乡民的主人，而是与其结合为一。委员会成员是城乡居民共同选出的。与佛罗伦萨一样，罗马市议会方面也有一定的猜疑心，所以军队不设单一统帅，而是由两名执政官分掌。但自执政官以下，帝国的权力依靠的是铁的意志，辅以宗教和预言的力量。手持葡萄藤杖的百夫长练出了坚如磐石、足以抵挡高卢人和辛布里人的罗马军队。可惜，马基雅维利的民兵在普拉托的缺口面前少的正是这份磐石之志。

瑞士人、国土佣仆、西班牙人也没有罗马人的军纪。他们之所以在激战中势不可挡，既是因为长期养成的维持阵形的习惯，也是因为在胜利中铸就的相互信任。马基雅维利既不能赋予民兵以纪律，又不能使其在实战中养成好战精神，他甚至没有在理论层面意识到这两个因素的价值和意义。但我们不应该因此苛责他。他的国民军观念中有着先知的视野。16世纪初的佛罗伦萨邦国不可能真的组成一支民众军队，因为它缺少基本的组织架构，而兼具野蛮与理想、能让征召来的平民形成能战之师的军纪观念需要经历几个世纪才能建立。但马基雅维利将未来的步兵与古罗马军制联系起来的愿景自有其先见之明。

从根本上来讲，为马基雅维利带来启发的两位先驱者比他本人更接近真正的目标。他们是佣兵首领维泰利和凯撒·波吉亚，两人都在领地内建立了一套佣兵民兵结合的军制，成果无疑要优于佛罗伦萨的纯粹民兵。这或许是因为维泰利和波吉亚不是理想家，而是实战军人。首先，他们都集领主和将军于一身。与佛罗伦萨的9人委员会和10人委员会不同，他们用不着担心建军成功会危及自身，因此不会人为地削弱军官权威，而是会根据作战需要而发展。当然，他们的成就也不持久，因为他们各自的统治基础没能经受住时势的浪涛。

正如马基雅维利组建的托斯卡纳民兵绝非无可指摘，他在制定坚持一贯的战略理论方面也是收效甚微。在这一点上，我们同样可以说他看到了时代的弊病，他的宣言也不无预见性，但他还没有建立一套周全的理论。

中世纪向现代转折的一个标志就是发动战争的手段巨幅增加。强大的近战方阵取代了中世纪军队中微少的近战步卒。新式火器技术堪称日新月异。我们可能会怀疑，是不是这些战略手段的增加让人们更容易诉诸一锤定音的大会战。我们也确实给出了一系列精彩的会战叙述，这些会战都发生在很短的一段时间内。在中世纪，即使战略和战术在理论上并未消失，但也只在有限的范围内，在细节层面，在特殊情况下，在特别激烈的时刻才谈得上这两个概念。骑士的个性太强，指挥不动，武器又过于局限，因此几乎用不上任何战术。没有战术，战略也就无从谈起。在新的大小火器和旧的轻重骑兵支持下，新式步兵与种种地形和攻守机遇形成了丰富的组合搭配，这是中世纪所没有的。我们会不会正在走进一个亚历山大或恺撒的时代，一个将军们直奔目标，击溃一切抵抗，直到敌人屈服于自己的意志才停歇的时代呢？

事实并非如此。在我们细致考察过的大型会战中，我们不得不一再指出战场胜利终究是过眼烟云，没有任何持久的成果。所有这些会战中都有某种偶然的、不协调的成分，令人惊讶。1512年，法国人在国土佣仆的帮助下取得了拉文纳大捷，但大捷后还不到一年，法军未尝一败就不得不撤出意大利。而影响最大、最持久的皇帝军帕维亚大捷说到底也不是长远周全战略的理性成果，而是最后关头的孤注一掷。佩斯卡拉有言："愿神赐予我百年战争，而非一日会战，但现在没有别的办法了。"新的战争手段既增加了进攻的能力，也带来了新的防御手段，还具有一定的内在弱点，以至于不战而屈人之兵不仅是可能的，更是合理的。火器可以让地障牢不可破。正因其人多势众，新式集群步兵方阵的威力往往转瞬即逝。数量优势曾经是成功最重要的要素之一。但在中世纪，人数没有决定性的意义，因为胜负完全取决于单兵素质，而精锐武士的数目总是有限的。但瑞士军队和国土佣仆一旦组织起来，便很容易将志愿从军者编入队伍，决定胜负的因素当然也是人群的压力。于是，国家统帅纷纷追求人数，不仅达到了财力的极限，甚至会超出极限。如果统帅无力支付许诺的军饷，还可以寄希望于以战养战。统帅会提醒士兵别忘了战利品，将整片的区域和整座的城市交给他们劫掠。上述做法反过来对作战行为本身和战略都有极大的影响。士兵有时会因为领不到军饷变得不耐烦，于是主动请战；有时又恰恰相反，要先拿钱再打仗。但最重要的是，我们一次又一次地发现将军们盘算着只要等下去，敌军就会因为统帅发不出军饷而不攻自破。这种诱人的想法无疑让将军们很受用，于是他们不去抓住本来有利的会战机遇，而是将战役拖成了纯粹的机动战。弗朗索瓦国王在帕维亚险些通过这种方式取胜，但敌军沉不住气了，遂铤而走险，向他那稳固的阵地发起进攻，并将其击败。

我曾经将这种战略起名为"消耗战略"或"两极战略"，因为将军每时每刻都要做决定，看到底是通过会战还是机动来达成目标，于是他的决策总是在会战和机动这"两极"之间摇摆，一会偏向一端，一会偏向另一端。

这种战略的对立面是歼灭战略，即试图直接攻击并消灭敌方军队，将胜利者的意志强加于失败者之上。我们之后会详尽探讨这两种基本的战略形态。但现在还是先回到马基雅维利。

他经常主张军事行动的最高目标是在野战中击败敌方军队。"战争的重心在于野战,建军就是为了野战。""一个人只要懂得野战,作战中的其他过错都可以原谅。""罗马战略风格的首要特点就在于——用法国人的话说——短促坚决。""行军、野战、扎营是战争的三大主要活动。""常言道黄金是战争的神经,这话不对,优秀的士兵才是,因为有黄金未必足以得到优秀的士兵,优秀的士兵却能找到黄金。""打赢一场战斗后必须乘胜追击。"

马基雅维利从他分析过的战争观中借鉴得来了上述及类似论断,形成了他自己的逻辑。但这幅图景并没有反映他所处时代的现实战争,而且他从韦格蒂乌斯的古代军事理论中发现了全然不同的基本原则。他无法完全剥离掉这些印记,于是他还写下了这样一些与上述论断相悖的观点:"良将只有在迫不得已或形势有利的情况下才会开战。"另外,他说决不能将敌人逼入绝境,一定要给敌人留一条退路。他还发现罗马人取胜后不会派军团追击,而只会派轻步兵和骑兵,因为部队追击时秩序混乱,很容易转胜为败。他有一段写道,用饥饿征服敌人优于用刀剑,因为运气在战斗中比勇气重要得多。尽管马基雅维利恰好生活在大战频仍的年代(阿尼亚德诺、拉文纳、诺瓦拉、克雷亚佐、马里尼亚诺、比克卡、帕维亚之战)(马基雅维利死于1527年),但当时依然浸润着消耗战思维。

一首据说是献给年轻时的马克西米利安皇帝的军事教学诗中写道[3],在敌军更强时不应该羞于退入坚固阵地。"不要为了名誉或愤怒而让自己和部下犯险。首先要想清楚,今日不战,明日可战。"

圭恰迪尼称赞比克卡会战的胜利者,普罗斯珀·科隆纳秉性谨慎,当得起"拖延者"①(cunctator)之名。⁴按照圭恰迪尼的说法,他值得称赞的原因是作战凭借头脑多于凭借刀剑,而且展示了如何既能保卫国家,又不寄希望于会战成败和武运,除非是逼不得已。

伊奥韦斯表达了同样的精神:⁵

> 乌尔比诺公爵弗朗切斯科·马里亚(Duke Francesco Maria of Urbino)出任威尼斯总司令时(1532年),由于当时形势和明智的威尼斯元老院的惯例之必然要求,他压抑住原先的求战心切,而转向了更健康、更合理的思辨。他认为面对不可战胜的强大异国军团,与其沙场争雄,不如拖延。元老们通过阿尔维亚诺的两次鲁莽的战败经历(1509年和1513年)明白了这一点,遂偏爱昆提乌斯·法比乌斯,而非马库斯·马塞勒斯②。这样一位将军总比敌人计高一筹,通过精心修筑营寨、意外突袭(extraordinariis proeliis)、切断粮饷供给来不断消磨敌军。与此同时,一旦有必要,他必然会立即接受大战(universum proelium)。

这一时期最值得注意的机动战例或许是1524年皇帝军侵入法国南部的战役。

这场远征的灵魂人物是波旁统帅(constable of Bourbon),以

---

① 古罗马名将法比乌斯也有同样的称号,他曾运用拖延战略击败了汉尼拔。
② 罗马帝国开国君主奥古斯都的侄子,在政治和军事领域都野心勃勃,结果死在了意大利南部的一场伏击中。

此头衔统领皇帝军。他打算直趋里昂，希望建国后将那里定为都城。他脑子里明确有与弗朗索瓦一世交战的念头，后者当时正在阿维尼翁集结兵马。但当总司令来到艾克斯（Aix）时，真正的钦差、在军中影响力最大的佩斯卡拉向他指出，查理皇帝希望仿效英格兰占据加来之故事夺取一座法国港口，作为对法作战的后勤基地。虽然他们已经占据了土伦港，但没有足够的钱迅速修建城防工事。波旁统帅只得从命，于是转为围攻马赛。5周后，城墙被轰出了一个大口子，于是统帅号召发动进攻，但佩斯卡拉还是觉得太危险了。罗马人伦佐·达切里（Renzo da Ceri）统领的守军已经决心守卫港口到最后一刻。缺口后面修建了一座足够用的应急工事。佩斯卡拉说："谁想去地狱里吃饭，那就出击吧！"同时，弗朗索瓦国王集结了一支庞大的援军，但并没有攻击围攻马赛的敌军，反而翻过阿尔卑斯山，进入了意大利。波旁统帅现在只得掉头，于是两军展开了一场平行的翻山强行军。皇帝军比法军提前两日抵达米兰，但由于之前损失惨重，所以不敢逗留野外，而是分散到了各处要塞中。兰克写道：

　　这支几个月前还想让皇帝成为全世界主人的强大军队突然从野外消失了。罗马城里的帕斯奎诺师傅（Master Pasquin）[①]不无幽默地表达了自己的看法："一支皇帝军在

[①] 一位以聪明机智闻名的罗马裁缝。罗马城内有一座雕像名叫"帕斯奎诺"，自16世纪初成为市民张贴标语、表达见解的场所，它据说就得名于这位裁缝。

阿尔卑斯山丢了。请诚实的寻宝者去翻翻石头看看，如有发现，必得重赏。"

法军现在的任务是攻破要塞。正当他们围攻帕维亚时，有一支新的皇帝军自德意志而来，佩斯卡拉和弗隆斯贝尔格又决心进攻坚固阵地中的围城部队，死结就这样解开了。但决战根本不在他们的计划之内。相反，这是眼见局势无望的最后一搏。因此，从战役计划和将军思路来看，这场以法军全军覆没、弗朗索瓦国王被俘告终的战役属于消耗战略。

马基雅维利的著作中既有歼灭战略的原则，又有消耗战略的原则，但两者并不均衡。他身上逻辑学家的一面和实证主义者的一面都有话要说，但两者之间没有对话。在之后的几百年里，战略问题一直处于这样流动的状态。我们讲到腓特烈大帝时才会再来探讨这个问题。

若说马基雅维利是当时军事体系的见证者，那要打一个大大的问号。他富有洞察力，由于个人倾向和地位的缘故要时刻关注战争，广泛游历于德意志、意大利和法兰西，而且亲身参与过实际军务，于是有人可能会相信他对于周遭现实状况的看法无条件具有可靠性。但这是错误的。他给出的兵力数字经常被证明有误。他说瑞士人总是在3排长矛手后面配一排斧枪手，这是不对的。[6]尽管马基雅维利也是一位观察者，但他主要是一位理论家和教条主义者。他的一切见闻都会立即纳入他的理论框架中，而在无法纳入的时候，事实总会让位于理论。他有时也会表现出批判分析的欠缺，比如他漫不经心地复述了某个法国人或其他人的言论，说法国有 100.07 万个教区，每个教区要为国王提供一名义务兵（franc tireur）。但这些不过是疏忽的孤例。他厌恶雇佣兵制度，而且堂而皇之地将国家划分为武装国家和非武装国家，由此产生的歪曲则要严重得多。

  在我看来，一位古代文豪与马基雅维利有几分相似，那就是波利比乌斯。他同样集卓越的智力、超然的观察力、强烈的理论倾向于一身。霍博姆认为马基雅维利论述当代战事时常有重大失误，凡是相信此说的人或许在对待波利比乌斯时会比历代学者更多几分谨慎。

BOOK II
第二篇

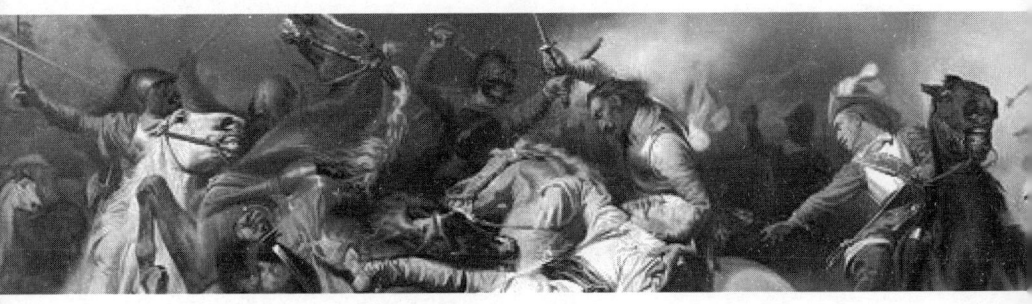

The Period of the Wars of Religion
宗教战争时期

1 骑士向现代骑兵的过渡[1]

我们已经发现,中世纪战争与现代战争的基本区别就在于现代步兵的创立,也就是组成战术单元的步行士兵。

在16世纪,类似的过程也发生在了骑马部队身上,也就是骑士向现代骑兵的转变。

前文已经反复说明,两者在概念上的区别是:骑士以精锐单兵为基础,现代骑兵则是由骑手组成的战术单元。尽管这一区别确实在骑兵和步兵身上都存在,但个体与团体的两级对立在骑兵身上表现得不那么极端。与步兵单位相比,骑兵单位建立和维持外在凝聚力的难度更大,而且骑兵间的单挑总是比步兵间规模大得多。对步兵来说,与整体步伐和压力相比,单挑往往只扮演次要的角色。比如,对于亚历山大大帝的骑马部队到底是中世纪式的骑士还是现代式的骑兵这个问题,我们只能存而不论。

我们在过渡期首先观察到的变化就是骑兵的兵种划分更鲜明了,这是我们已经知道的。中世纪的主流配置是骑士为主要战力,轻骑兵和射手是骑士的辅助,各兵种很少独立行动,而现在这三个兵种独立编组，独立作战的情况频繁得多了。以 1512 年的拉文纳会战为例，双方的重骑兵在一侧交锋，轻骑兵在另一侧交手。

文明民族中不容易找到大量高素质的合用轻骑兵。威尼斯人率先招募阿尔巴尼亚人做轻骑兵（stradioti），阿尔巴尼亚人也是为不同领主效劳。到了 16 世纪下半叶，他们就遍布各地了。

15 世纪出现的匈牙利骠骑兵（hussar）与阿尔巴尼亚轻骑兵类似，他们在 16 世纪更常受到点名表扬，甚至在德意志地区的战争中也是如此。[2] 他们装备矛和盾。

因此，重骑兵的战力由骑士的地位保障，而轻骑兵则招募自野性未驯、天生好战的半野蛮民族。

射手逐渐将弓弩换成了火器，一种 2.5 英尺至 3 英尺（约 0.76 米至 0.91 米）长的钩铳。卡米洛·维泰利被认为是专门组建骑马钩铳手的第一人，时为 1496 年。我们后来在瓦尔豪森（Wallhausen）和其他文献中发现了全速冲锋的骑兵用钩铳开火的图画，实在难以想象他们能击中目标。

杜贝莱写于 1548 年的《军纪指南》（*Discipline militaire*）中区分了以下四类骑兵：重骑兵（men-at-arms）、轻骑兵（chevaux légers）、巴尔干雇佣骑兵（stradioti, estradiots 或 ginetères）、钩铳骑兵（har-quebuisiers）。[3] 作者补充道，年轻人直到 17 岁才可以当骑兵，之后可以按照规定的顺序逐级晋升，每一级 2 年到 3 年。他还说所需马匹质量同样是逐级升高。骑士必须多服役 3 年到 4 年，然后准予回到封地，但必须随时响应征召。

不过，除了这种截然区分的骑兵兵种以外，我们在 16 世纪下半叶还发现了骑士、射手、轻骑兵混编的情况，与当年的敕令军团如出一辙。杜贝莱的《军纪指南》中说100名重骑兵、100名轻骑兵、50名钩铳骑兵和50名巴尔干雇佣骑兵编为一队，由一名队长指挥。1552年，击败梅斯（Metz）市后的法国国王亨利二世在城门前举行了一场盛大阅兵。目击者拉布廷（Rabutin）在日记中写道：

> 1 000名至1 100名骑士骑着法国、西班牙或土耳其种、披着各队队长旗帜的高头大马，从头到脚都是盔甲，带着骑枪、长剑、短剑或战锤。骑士后面是起辅助作用的射手和兵卒，长官们身穿最华贵的镂空镀金盔甲，上面还绣着金银图案。射手骑在轻马上，带着轻矛，手枪放在马鞍上。所有人都尽量摆出气派的样子。

次年（1553年），拉斯廷明确写道（第594页）当时没有组建专门的骑射手连队，但国王曾要求每个重骑兵连的长官招募同等数量的骑马钩铳手。据说，钩铳手在骑士遇到不利地形时特别有用。但他们在会战中会分离出去，组成专门的单位（第600页）。

如果将钩铳和手枪替换成弩，那么这段16世纪的描述完全可能出现在13世纪。我们从中找不到任何直接的进步迹象。

骑兵兵种划分之所以更加鲜明，只是因为军队更需要轻骑兵了。与笨重的骑士相比，轻骑兵能够通过突袭和追击对行军中的强大步兵、炮兵造成更多杀伤。而且轻骑兵的数目更多，那么相应地，他们在会战中的行动独立性也提高了。

与我们观察到的骑兵兵种分化现象相反，当时还出现了另一种拉平的过程。随着骑士、类似骑士的军人、普通士卒以同样的方式编入了同样的单位，具有了一定的集体性，于是骑士与辅助骑士的部队逐渐合流，武器装备逐渐趋同。我们从查理五世皇帝对抗法国国王弗朗索瓦一世的最后一场战争（1543—1544年）中动用的军队中就能看到这一点。

据伊奥韦斯记载，1543年皇帝军在攻打迪伦（Düren）期间编成了两个德意志步兵方阵和两个"骑兵纵阵"（quadrata equitum agmina）来抵挡援军。[4] 他在另一段中强调了德意志骑兵走得慢（无疑是密集阵形的缘故）。[5] 威尼斯使节纳瓦吉罗（Navagero）向上级汇报说，德意志骑兵（cavalleria）的稳步推进吓坏了法国人。[6]

在3年后的施马尔卡尔登战争中，这一现象甚至更明显了。

亲历此战的威尼斯使节莫塞尼戈（Mocenigo）区分了皇帝军的重骑兵和骑射手（archibusetti）两类骑兵。他说后者穿盔甲，持轻矛和簧轮手枪，密集列阵，秩序严整。[7]

记载了上述事件的西班牙史家阿维拉写道，皇帝的骑兵排成纵深只有17人的方队（squadron）①。他写道：

> 这使正面非常宽阔、显得人多、气势甚盛。按照我的判断，只要地形允许的话，这是更好的阵形，更安全。因为宽大的方队不容易被包抄，窄长的方队则容易被包抄。另一方面，17排纵深的冲击力是足够了，也经得起对面方队的冲击。1543年在锡塔德（Sittard）发生的尼德兰与

---

① 本意就是方的阵形，但为了与步兵方阵做一区分，本书之后谈及骑兵时会用"方队"一词。

克莱夫的重骑兵对战就是一个明显的例子。

纵深只有 17 人的说法表明，当时甚至还有纵深更大的骑兵方队。如前所述，皮伦劳伊塔会战（1450 年）中的骑士及辅助士兵摆出了宽约 14 人、深约 20 人的方队。[8] 1532 年有一部理论著作建议 6 000 名骑兵应摆出纵深为 83 名骑兵的队形。[9]

中世纪骑兵有两种基本阵形：要么是骑士一字排开，后面跟着步卒和射手（上前担当散兵时除外），要么是排成窄长的方队。尽管两种阵形看似有根本区别，但现实中并非如此，因为这里谈的不是战斗阵形，而是接敌阵形。窄长方队在战斗时会自动展开，而骑士数量比较多，从一开始就一字排开是不现实的。

前面引用过一本题为《一位久经考验的百战老兵的真诚建议与反思》的书，它写于 1522 年前后，作者可能是弗隆斯贝尔格。[10] 书中建议采用"多个宽阵"，"这样真正交手的人就多，可以从前后四面进攻敌人"。普鲁士公爵阿尔布雷希特的一本内容全面的"兵书"（成书于 1555 年）中也有类似表述，要求军队"正面宽大，众立小阵"。[11]

有人可能会认为，与查理五世那些令人惊诧的 17 人纵深的方队相比，这些表述比较早地体现了现代骑兵的发展方向。但事实并非如此。弗隆斯贝尔格与阿尔布雷希特的多设小阵仍然属于骑士阵形，只是接近敌人时用的阵形而已，而 17 人骑兵纵深的方队则包含了日后演化的种子。

17 人骑兵纵深据说是阿尔瓦公爵算出来的结果[12]：一名骑兵占据的纵向空间大约是横向的 3 倍，那么正面为 100 人、纵深为

17人的骑兵方队的长宽比就是一比二。所以，此阵是用心遵循了伊奥韦斯所提到的大大扁平化了的且所有文献一致强调的"纵阵"。为了做到这一点，骑兵必须像步兵早就在做的那样进行操练，而通过操练取得了一定的团结性和自信心之后，阵形就可以进一步摊薄。塔瓦讷（Tavannes）会战有10排纵深的记载，[13] 而德拉努似乎认为六七排纵深是骑兵方队的常态。[14] 因此，16世纪末的骑兵阵形已经接近当代骑兵了。[15] 如果浅阵这么好，它怎么没有一开始就采用呢？原因大概与步兵相同。骑兵和步兵的阵形最初纵深都很大，后来才逐渐扁平化——换言之，原因是大纵深的阵形不容易散。直到操练和相关的军纪达到了更高的水平，方队才有可能在秩序不失的情况下变得更宽大。之所以施马尔卡尔登战争中的17排纵深方队比弗隆斯贝尔格的"多个宽阵"在历史发展上更进步，原因正在于此。

施马尔卡尔登战争中反抗皇帝的德意志诸侯军队中仍然出现了征召附庸和随从装备五花八门的贵族募兵。[16] 黑森领主腓力认为尽可能提高贵族胸甲骑兵在骑士中的比例很重要，但与皇帝麾下骑兵相当的普通雇佣骑兵的数目还是更大。尽管封建底色尚在，但施马尔卡尔登同盟的骑兵还是以素质高、守秩序闻名，尤其是谨遵吹号指令。[17]

这些进步看起来仍然不大。如果我们在中世纪骑兵身上发现了类似的记载，从中是得不出任何结论的。但后续发展表明，这里确实是某种崭新之物的种子。

就像国土佣仆一样，早在施马尔卡尔登战争中就有此名号的"黑衣骑兵"继续存在。以劫掠哗变闻名的黑衣骑兵参加了德意志的各种内战和外战,时而为阿尔布雷希特·阿尔喀比亚德（Albrecht Alcibiades）①效力[18],时而为萨伏伊领主伊曼纽尔·菲利贝尔（Emanuel Philibert）服役,时而为施瓦茨堡领主金特（Günther of Schwarzburg）打仗。黑衣骑兵的继承者是"德意志骑兵"（German Horsemen）。德意志骑兵在胡格诺战争中曾为双方效力,被法国人叫作"reîtres",被意大利人叫作"raitri"②。他们应当被视为欧洲现代骑兵之父,正如与德意志人同族的瑞士人被视为欧洲现代步兵之父。新式兵力是由德意志人组成的,却不是在德意志的土地上。当时的德意志正处于历史上最长的和平时期,承平达60余年,法国却经历了胡格诺战争③的30多年混乱期。正如法国在16世纪上半叶主要凭借国土佣仆和瑞士步兵作战,到了胡格诺战争时期,天主教和新教阵营的主战力量还是德意志骑兵。在法国的土地上,德意志人发展出了新的骑兵战法。

以德意志骑兵为榜样,西班牙也建立了由国民组成的骑兵力量,以军装得名"斗篷骑兵"（herreruelos 或 ferraruoli）。他们取代了直到当时还在使用的阿尔巴尼亚骑兵。[19]

莫克尔荒原会战（battle of Mooker Heide）（1574年）的亲历者西班牙将军门多萨（Mendoza）写道,此战中的骑兵排成密得看不穿的方队推进。[20]

当然,中世纪骑兵进入战斗时也会排成深且密集的阵形,而方

---

① 阿尔喀比亚德是古希腊著名统帅,在这里是阿尔布雷希特的绰号。
② 这两个词的字面意义都是"骑兵""骑手"。
③ 胡格诺战争,又称法国宗教战争,是1562—1598年中天主教阵营与新教徒（胡格诺派）阵营之间发生的8次战争的统称。

队队形的重要性取决于能否保持密集状态。新武器手枪大大提高了保持密集的可能性，尽管只是间接作用。16世纪50年代的"黑衣骑兵"用的还是骑枪，但之后这种武器就消失了，德意志骑兵只用手枪和剑。法国骑士则依然使用旧式的骑枪。

德意志骑兵使用的簧轮手枪又名"小拳头"，又长又重，点火也不可靠。簧轮用不了多久就会卡住，清洁也困难。燧石会逐渐消耗。但手枪的巨大优势在于单手使用，点火不可靠的问题只要一人多带几把枪就能弥补。手枪不仅挂在悬带上，靴子里也有。[21]

尽管在马上开枪并不容易，[22] 但需要的练习还是比骑士长矛少多了。此外，手枪骑兵也不像骑士那样需要健马。

瓦尔豪森说骑枪是进攻武器，手枪只是防御武器。只要回想一下骑枪长达18英尺至21英尺（约5.5米至6.4米）[23] 而手枪的有效射程非常近，瓦尔豪森的界定就很明白了。教材在手枪上的建议都是几乎能碰到敌人时再开火。因为盔甲不容易打穿，所以射手应该瞄准对方骑兵的腰部或战马的头肩。德拉努说手枪的有效射程只有3步远。

在萨克森选帝侯莫里斯（Maurice of Saxony）和勃兰登堡藩侯阿尔布雷希特·阿尔喀比亚德之间的锡沃斯豪森会战（battle of Sievershausen）（1553年）中，选帝侯在会战当日写给维尔茨堡主教的一封亲笔信中写道，双方的骑兵接近到了连敌人的眼白都能看见的距离，[24] 然后手枪（sclopetos）开火，杀入敌阵。沙特林·冯·布尔滕巴赫在自传（第103页）中写道："骑马射手在此战中造成了重大杀伤。"

为了让手枪发挥最大的威力，骑兵发展出了一种自己的"蜗牛"（Schnecke 或 limaçon）机动方式——前面讲到步行射手也有一种同名步法——用在骑兵语境中的叫法通常是"回旋"（caracole）。锡沃斯豪森会战中显然尚未应用此法。我能找到的最早记载是塔瓦讷元帅回忆录中对 10 年后的德勒会战（battle of Dreux）（1562 年）的记述。[25] 他说自查理五世时期手枪发明以来，当年与国土佣仆并肩作战的德意志贵族转为骑兵，组成 15 排和 16 排的方队作战。他们以方队进攻，却不会穿透敌阵。"第一排向左转，露出第二排开火"，接着立即组成蜗牛阵装填。但作者又说，德意志骑兵在德勒会战中其实用不着往边上拐，因为他们只需要对付排成浅楔形阵的法国骑士。法国骑士也学会组建方队后轻易击败了德意志骑兵，因为他们是直接杀入敌阵，并不回旋转向，而敌军的后排只有普通士卒。

还有记载说德意志骑兵受到了萨克森选侯莫里斯和勃兰登堡藩侯阿尔布雷希特的训练。[26] 他们的首领黑森领主说，为了军饷，他们会进攻一次，为了国家，他们会进攻两次，而为了宗教，他们会进攻 3 次。但在德勒会战中，他们据说为了法国的胡格诺教徒进攻了整整 4 次。

下一场有记载提到回旋战术的会战是 1569 年的蒙孔图尔会战（battle of Moncontour）。记述出自胡格诺教徒波普里尼（de la Popelinière）1571 年出版于科隆的法国内战史。[27] 他的记述与塔瓦讷略有不同。波普里尼说骑兵可以向左或向右回旋，具体取决于哪边有空间，塔瓦讷则只提到向左回旋，因为骑兵是用右手射击，在后面的一段话里更是声称他们只能向左回旋。[28]

波普里尼还指出，前排是选出来最优秀的骑兵，只要有伤亡，后面的人马上会递补。

回旋战术一直用到了三十年战争。与有人可能会以为的不同，当时已经发展成一个独立门类的操典中对回旋战术并无详尽规定，因为与众多人为构想的机动方式一样，回旋战术在操练场上或许很威风，但几乎没有实战可行性。[29] 德拉努《军政论集》第 18 章中有言，骑兵前后排通常会在同一时间开火，也就是放空枪，"只为了制造响声"。因此，我要提出一个假说：常常被提及的回旋战术的意义主要不在于实战直接杀伤，而在于操练过程本身，也就是任何一种规范操练都会附带的纪律性提升。但骑士向现代骑兵的转折正是纪律性的提升。显然，一名能让部下精准做出回旋动作的骑尉是有掌控力的，他的单位是确实有纪律的。要想达到这个目标，非要骑手和坐骑共同付出巨大努力，非要全神贯注和意志力，非要熟练掌握武器和养成习惯不可。如果一队骑兵能凭借精湛骑术和精准火力做出回旋动作，那么队里的所有人就必然结合成了一个整体，而这个整体的头脑和灵魂是他们的首长骑尉。

下述因素便是回旋战术实际适用范围有限的明证。

如果一队回旋骑兵撞上了一支企图贴身近战，直接冲上来的骑兵，那么复杂的逐排轮转动作就无法施展，战斗会演变成混战肉搏战。波普里尼写到了这种情况。就连德拉努都取笑过这种战斗，说它让人不禁想起抓俘虏游戏[①]，而不适合打仗（《军政论集》第 18 章）。

回旋骑兵对密集步兵方阵能造成很大杀伤，比如 1562 年德勒会战中的瑞士方阵。但步兵肯定是有步行射手相随的，这些射手的

---

① 原文为 prisoner's base，一种盛行于中世纪的游戏。玩家分成两队，各有一个基地，目标是抓住离开基地的对方玩家。

火绳枪弹在射程和可靠性上要强得多，远胜于射程近的手枪，常常能让骑兵不敢近身。1588 年遇刺的吉斯公爵亨利（Duke Henry of Guise）①对布朗托姆说的话证明了这一点："要想击败德意志骑兵，必须要有秩序井然的优秀火绳枪手和钩铳手……；一招足以制敌，就像一勺酱能毁掉一盘菜。"他解释说，尽管他当时只有少数步行射手，但是 1575 年他在蒂耶里堡（Château-Thierry）不远处的多尔芒（Dormans）就是用此法击败了德意志骑兵。[30]

因此，回旋战术最适用于双方都是回旋骑兵的情况下。这时胜负自然取决于哪一边的回旋更精准和流畅，换句话说，哪一边的骑兵训练得更好，哪一边的手可靠性更高，维护得更好。

由于骑兵是用右手开火，所以回旋时天然偏向左边。塔瓦讷因此说道（第 118 页），将骑兵置于右翼是错误的，因为回旋时会对左边的士兵造成混乱，而在左翼执行回旋就不会影响到其他人。

装备手枪的骑兵被叫作"胸甲骑兵"（cuirassiers），从而带来了词义的转变。[31] "胸甲骑兵"一词过去指的是骑士或采用骑士装备的人，现在的意思则是轻骑兵，也就是人马都披重甲的骑士的对立面。后者现在被称为重骑兵（men-at-arms 或 gendarmes）。于是，军队被分成了重骑兵、轻骑兵和步兵。[32]

尽管也有不少胸甲骑兵是贵族，但大部分还是平民雇佣兵，还有一部分是以前的骑士随从，他们装备铠甲、进攻时用的重盔和手枪。方队的前排和外侧是贵族和最靠得住的士兵。但由于方队的紧

---

① 法国宗教战争中的军事家和政治家，曾代表天主教阵营大破新教军队，后来却被法国国王亨利三世设计杀害。

密性，方队逐渐均一化。³³

但在很长一段时间里，将军任命团长和队长，授予其募兵权时仍然对步骑有所区别。步兵是逐个招募，骑兵则保留了封建色彩，仍然是以一名骑士及其随从为一个单位。³⁴

与胸甲骑兵一样，骑马钩铳手也是组成方队，也采用回旋战法，在施马尔卡尔登战争时就是这样了。

到了16世纪中期，龙骑兵也成为专门的兵种。火器毕竟只有士兵站在地上才能发挥全部威力，而为了结合火器的优势与马匹的速度优势，步兵配上了不适于进攻、丢了也不心疼的廉价驽马。³⁵因此，龙骑兵的本意就是骑马步兵，而且尽管他们已经逐渐向骑兵转化，但是直到今天还是戴着步兵盔。

当然，骑兵兵种的划分并非泾渭分明。正如前面提到的胸甲骑兵，同一个称呼在不同时期的意义不总是相同的。³⁶

瓦尔豪森在《骑兵战的艺术》(*Kriegskunst zu Pferd*)第2页中写道，枪骑兵和胸甲骑兵是重骑兵，骑马钩铳手和龙骑兵是轻骑兵。但枪骑兵其实可轻可重。

就我所知，第一场史有明载的手枪骑兵取胜的大型会战于1552年10月28日发生在南锡不远处的圣樊尚（Saint-Vincent）。阿尔布雷希特·阿尔喀比亚德手下的德意志骑兵遭遇了奥马勒（Aumale）指挥的法国骑兵。在德意志骑兵的手枪弹丸面前，法国的轻骑兵和骑马钩铳手都败了，最后就连重骑兵也败了。许多战马被杀。肉搏战中有一大批大领主被杀或被俘。奥马勒本人也吃了几发手枪，最后当了俘虏。³⁷

1572年，威尼斯使节孔塔里尼（Contarini）在回国的报告中声称，法国重骑兵的战斗力有所衰退。他说，在与手枪骑兵对战的过程中，他们起初试图增强盔甲，以至于人和马都承受不住重量。但后来有一大批重骑兵采用了敌人的战法。孔塔里尼又说，从前威名赫赫的德意志国土佣仆水平大减，"新式骑兵"的声望则日渐升高。[38]

作为火器的新发展和新用法，手枪引起了时人的反感，与当年的火炮和钩铳手如出一辙。德拉努有"恶魔般的手枪"之语，塔瓦讷则控诉手枪让战场变成了杀戮场。[39] 塔瓦讷之前写道，过去一场仗要打三四个小时，500 人里被杀的不到 10 人，如今所有战斗都是一个小时内解决。

尽管如此，手枪骑兵方队并没有直接取代骑士及其辅助兵力。相反，两种战法在理论和现实层面都展开了长期的斗争。这是一场彼此纠缠的双重对抗：一重是窄长方队与单排线形阵，也就是"楔形阵"的对抗；一重是手枪与骑枪的对抗。文献中经常将两者分别称为德式战法和法式战法。[40]

18 世纪末再次出现了枪骑兵，被称为"乌兰"（Uhlans）。由于他们使用骑士的主要武器，所以有人可能将他们视为骑士的继承者。但事实并非如此；他们来自波兰。世事变迁之下，几代人不用的骑枪又被捡了起来，只是情势已经完全不同。

我们现在来考察一下关于骑士战法向现代骑兵战法过渡过程的主要言论，这些言论有的出自胡格诺战争的记述，有的出自军事理论著作，其中的纷繁抵牾生动地体现了骑兵领域探索中的不确定性。

第一位论述当时骑兵战法的重量级作者是加斯帕尔·德索–塔瓦讷（Gaspard de Saulx-Tavannes）（出生于 1505 年）。他当骑士侍从时就在弗朗索瓦国王麾下参加过帕维亚会战，后来在胡格诺战争中担任天主教一方的元帅。他去世于1573年。他的侄子以传闻（可能还有元帅的笔记）为基础出版了《一位真正的军事统帅的教诲》(*Instruction d'un vrai chef de guerre*)，该书没有多少价值。他的儿子让（Jean）依据父亲口述写成的回忆录是有价值和意义的，但可惜对军事问题的零散评述不似出自父子二人的手笔。这是一个巨大的缺憾，因为老元帅去世的1573年正是骑兵转折如火如荼的时代。

塔瓦讷（第203页）中写道，为了抵御手枪子弹，骑士的盔甲越来越重。但枪对重甲是无用的。枪轻则会断裂，毫无效果；枪重则危及自身，以至于持枪者往往宁愿弃枪也不愿戳断。

骑枪只有在平地全速冲锋，而且骑手和坐骑都体力充沛时才有威力。过重的盔甲会让战士无力战斗。因此，塔瓦讷反对骑枪，主张骑兵用手枪。

《塔瓦讷回忆录》中称，他于1568年率先改变了天主教军的战术阵形，仿照德意志骑兵编成了手枪骑兵方队，还要求重骑兵连队从原先的30人扩大到80人至100人，从"楔形"阵改成方队。他认为400人规模的方队是最佳的。他说，德意志骑兵的方队规模为1 500人至2 000人，但3个400人方队能击败一个这样的大阵。他相信方队过大会造成混乱，而且能用上武器的人也太少。他解释说，德意志骑兵组成特大方队的原因是普通士卒的比例占到四分之三。因此，一旦前两排被打穿，大阵中剩下的人就没有多少威胁。[41]

他在第291页写道，德意志骑兵起初凭借方队阵形击败了法国重骑兵。但重骑兵一旦采用方队阵形就击败了德意志骑兵，方法是

第二篇　宗教战争时期

趁后者回旋时发起猛攻的。[42]

因此，塔瓦讷主张方队阵形和使用手枪，但反对回旋。他认为进攻要打肉搏战，要打穿敌阵。

尽管如此，他还是觉得骑枪多余。他的侄子补充说，他之所以在最前一排和最右一列保留了枪骑兵，只是出于血气和荣誉（sa vogue）的考虑。

塔瓦讷（第116页）提出了一个问题：快步出击和待敌来攻哪个好？进攻能给骑手和战马提气，但也更容易让不愿肉搏的人逡巡不前。他由此认为，至少对新兵和可靠性存疑的部队来说，阵列严整地等待敌人进攻更好，就算要进攻，也要到20步距离时再转快步或袭步，因为这样胆怯者就不能擅离职守，骑校也能迫使他们勇敢起来，哪怕不符合他们的意愿。[43]

塔瓦讷在其他几段话（第122页、第123页、第203—205页）中重申了不要快步进攻，以免懦夫掉队的告诫，结合其他观察作了详细阐发。用袭步速度①跑了15步而不观察士兵的骑校有孤身冲入敌阵、结果被包围的危险。懦夫会在离敌6步远的敌方停下。但如果用慢步或低速快步前进，他们就没有躲避的机会了，后排会推着他们往前走。以袭步接敌则人寡而阵乱。因此，方队应该徐徐前行，经常停下，队伍前面和四角的骑校应该呼喊手下的姓名，后排的一等军士应该驱策胆怯者前进。手下靠得住的长官可以在15步

---

①　按照本书的划分，马匹的步伐从慢到快可分为慢步（walk）、快步（trot）和袭步（gallop），各自内部又有细分，比如高速慢步、低速快步等。当然，其他划分方式也是有的。

距离发起袭步冲锋。先缓缓前进，直到 10 步距离时才以高速快步或低速袭步出击的人永远不会独自接敌。

作为塔瓦讷生动描绘的紧密方队进攻的对立面，我们来重温一下赖斯纳《弗隆斯贝尔格传》笔下比克卡会战中的一段情节。它证明塔瓦讷的话绝无夸大。

> 交战开始后，一名法国胸甲骑兵一直冲到了弗隆斯贝尔格骑兵方队的第三排，正当士兵要将其砍杀时，弗隆斯贝尔格高喊："放了他吧。"他通过译员问那人为何要鲁莽地冲进来，又是如何做到的。答曰：他是一名贵族，之前有 70 名贵族发誓会追随他攻敌，他只想着众人紧随自己身后。

塔瓦讷还在多处建议骑兵列阵于自然屏障之后，比如水沟，然后等着敌人进攻。

胡格诺阵营中的队长德拉努与天主教统帅塔瓦讷有许多相似之处。

德拉努（生于 1531 年）在一场战斗中失去左臂后换成了铁臂，于是士兵们称他为"铁臂"（bras de fer）。在被西班牙人俘虏的 5 年（1580—1585 年）里，他写下了著名的 28 篇政治与军事论文，1587 年在巴塞尔出版。

他说，职业军人都认为一队枪骑兵必然击败一队手枪骑兵。他宣称西班牙人、意大利人、法国人都认同这个观点，但德意志人有异议。就算是在贵族组成的一队重骑兵中也总会有胆小的人，如果以"楔形"阵进攻,阵线上很快就会出现窟窿。即便勇士——他们通常占少数——奋力进攻,心无斗志的其余人也会落在后面。这个鼻子流血了,那个马刺断了,还有个人的战马蹄铁脱落了。简言之,往前走了200步,长长的队伍会越来越稀疏,出现一个个大窟窿。这会大大激励敌人。100名骑兵中往往只有不到25人真正接敌。看到后面再无援兵时,他们会折断骑枪,用剑刺几下。接下来,如果他们没有被打垮,肯定就掉头跑了。

因此,德意志骑兵的长处在于阵形紧密。据德拉努说,他们好像被胶粘起来似的。经验告诉他们,坚阵总能击败弱阵。哪怕被打退了,他们也不会散开。但当他们实施回旋,为了手枪齐射而在20步外将侧翼暴露给敌人,然后回到后方装填或换枪时,他们常常会被击败。毕竟,手枪的有效射程只有3步,要想击退一整队敌人,进攻必须要取得决定性胜利才行。

德拉努接着说,不仅战斗时必须保持良好队形,行军时也一样。法国人在这方面有欠缺,德意志人也坚持认为,就连行军时也要各就各位。[44]

有人可能反驳道,"楔形"阵可以包抄敌军方队的侧翼,但这样做的意义不大,因为深深楔入厚实的方队是不可能的。

如果枪骑兵组成纵深更大的阵形,那么能用得上骑枪的还是只有前几排。后排在肉搏中用不上骑枪,只能弃枪拔剑。但到了肉搏战中,手枪骑兵最是危险;枪骑兵刺出一枪的同时,手枪骑兵能开六七枪,而且方队能发出密集火力。

上述言论可能会让我们认为德拉努建议抛弃骑枪,以较大的队形纵深确保队伍行进途中的紧密,手枪在近战中能取得决定性胜利,且不应采取回旋。但从他反复具体的观察结果中得不出如此清晰的结论。不管他如何强调手枪比骑枪可怕得多,但他依然重视骑枪,并明确抗议说他不打算抛弃骑枪。他尤其不建议法国贵族使用手枪,因为他们会将手枪保养和装填的工作交给仆人,于是手枪免不了在关键时刻掉链子。

我下面要引用德拉努第15篇论文中对同时代盔甲的评述,原文出自1592年雅各布·拉斯格本(Jacob Rathgeben)的德文译本。他说法国贵族好夸张:

> 我要举一个例子来说明他们目前通常是如何用盔甲护身的。如果说因为手枪和火绳枪的威力和威胁,所以他们将盔甲做得比以前更坚固,用上更优质的材料或许不无理由的话,但他们的做法还是超出了合理的范围,大部分人简直不是穿盔甲,而是带了一整个铁砧在身上。于是,骑马披甲的潇洒形象变成了丑陋的怪物。头盔形同铁锅。左臂是延伸到肘部的硕大铁手套。右护臂很是寒酸,只能护住肩膀。胸甲通常是不穿的。罩衫让位于钟形短上衣。枪矛都不用。在其他时候,亨利国王麾下的胸甲骑兵和轻骑兵都要潇洒雅观得多。他们戴着自己的头盔、臂甲、手套和罩衫,手持顶端有旗帜飘扬的枪矛。全身盔甲轻便灵活,24小时穿着也是轻轻松松。但现在常用的盔甲极其沉重不便,以至于35岁的贵族穿上后肩膀就压得动不了了。我当年亲眼见过两位生命卓著的长者埃圭伊阁下(Sire Eguilli)和匹格豪菲尔骑士(Puigreffier)从头到脚穿着盔

甲，率领连队骑了一整天的马。换作现在的一位年轻得多的队长，他是不愿或者说不能如此坚持区区两个小时的。

在《军政论集》第 15 篇第 345 页，德拉努说有一种反对意见认为"楔形"阵中的每个人都能参战，而方队中最多只有六分之一的人也就是前几排的人能与敌军接触。但德拉努说，问题不在于个人战功，而在于突破敌阵，这就要用到方队。方队会击退敌方战线上军旗、队长或精锐所在的位置，接着全阵就会瓦解。最勇猛的人会放在方队的第一排，第二排也是勇士。其余人会有安全感，于是跟着往前冲，因为取胜时危险由前排承担，但所有人都能沾光。100 名装备完善、指挥得力的士兵组成的方队会击败 100 名贵族组成的"楔形"阵。

但就连德拉努也主张在两种特殊情况下保留"楔形"阵：一是小队独立作战；二是面对步兵时分成小队四面夹击。

布莱兹·蒙吕克（Blaise Monluc）（死于 1577 年）起于行伍，最后做到法国元帅。他在 1569 年的回忆录中称赞了德意志骑兵的军事素养。他们会规避可能遭遇的奇袭，会妥善保养马匹和武器，战斗力也不俗。他们作战时全员持冷热兵器上阵，每一名小马夫都会发给装备，锻炼成为战士。

当时最重要的西班牙军事理论家是贝尔纳迪诺·门多萨（Bernardino Mendoza）。他在 1592 年写了一部尼德兰战史。1595 年《战争理论与实践》（*Theorie und Praxis des Krieges*）面世，该书有多个德文译本。

门多萨没有确切规定方队的深度，而认为指挥官应该根据具体情况选择或深或宽的阵形。但无论如何，长宽比不得超过三比一。（《战争理论与实践》第1卷，第42章）。

在骑枪和手枪孰优孰劣的问题上，门多萨偏爱骑枪（第1卷，第44章和第49章）。据他称，一个100人或120人的枪骑兵连队若从多个方向猛攻，可击败400名到500名斗篷骑兵。但他补充道，在枪骑兵左翼部署钩铳或手枪骑兵为辅助是有益的（第43章）。如果有许多人偏好手枪骑兵，那是因为手枪骑兵及其坐骑所需的训练远远少于枪骑兵。[45]

在他对1574年莫克尔荒原会战的记述中——他的记述在其他方面并不完全清晰，门多萨解释道，一队枪骑兵的规模不应超过100人至120人，而且进攻必须凶猛；那样一来，德意志骑兵的手枪在肉搏战中就派不上用场了。[46]

格奥尔格·巴斯塔（Georg Basta）1550年出生于意大利，是一名伊庇鲁斯贵族的儿子。早年在亚历山大·法尔内塞（Alexander Farnase）帐下统领一支阿尔巴尼亚兵，后来成为西班牙将领，指挥皇帝军队对抗土耳其人。除了一本关于一线指挥官的著作《行军大总官》（*il maestro di campo generale*），他还写了一本关于轻骑兵的著作（1612年），该书也有多个德文译本。

与塔瓦讷相仿，巴斯塔相信在战斗中保持阵形稳固不止要靠勇气，也要通过严格的纪律。他在第4卷第5章中规定，在接敌过程中，队长应当在连队前方两三个马身远的地方，尉应当持剑在队尾，如有必要，则当场斩杀"任何行为不端者"。

巴斯塔在书的末尾专辟一章比较胸甲骑兵和枪骑兵的优劣，认为胸甲骑兵更好。他写道枪骑兵需要精良马匹、大量操练和坚实地面。枪骑兵只有前两排能发挥武器的威力,因此必然要分成多个小队分别进攻。但我们不清楚胸甲骑兵为何优于枪骑兵。作者多次自相矛盾,最后甚至不清楚他讲的是类似骑士的重装枪骑兵,还是无甲的轻装枪骑兵。

巴斯塔论述的欠缺招来了当时最著名的军事理论家、但泽城卫队团长约翰·雅各比·冯·瓦尔豪森(Johann Jacobi von Wallhausen)在《骑兵战的艺术》(1616年)一书中的尖刻嘲讽。他轻蔑地嘲笑优秀骑兵巴斯塔(巴斯塔当了40年骑兵,以骑兵为业)的理论,而且旗帜鲜明地站在骑枪一边。两位作者都认为枪骑兵应该以不超过两排的小队进攻,且两排之间要留出距离。瓦尔豪森说(第21页):

> 枪骑兵适合小队,最多两排,而且要留足间隙,不可密集。如果一匹马进攻时绊脚或倒地,它不会干扰或拖累后排骑兵,却还能起身后赶上队伍。
>
> 但胸甲骑兵必须保持密集的大方队,与后面和侧面的人贴得很紧,若是前两排的马绊脚或受伤,骑手是不能自行复原的。即便骑手本人没受伤,后面同列的人都会撞上他,人马都压到他身上。因此,对许多枪骑兵来说,被后方战友践踏的威胁比敌人还要大得多。只要前中排有人倒下,后面的人便不能进,不能退,不能左,不能右,因为他后面的人看不到或不知道有人倒下了,于是会推着他往前走。因此,许多健全的、没有受伤的人和马会被砸死和踩死。换句话说,踩踏造成的杀伤更大,因为这种倒霉事

往往比敌人更能打乱队形，让队伍先入混乱。我亲眼见过这种情况，所以才能描述出来，而巴斯塔先生经历和目睹这种事肯定有一千次不止了。因此，我认为枪骑兵在这种情况下也优于胸甲骑兵。

瓦尔豪森接着说（第31页），如果把枪骑兵的良马和骑枪收走，换上体格小一点的马，他就成了胸甲骑兵。因此，胸甲骑兵不过是半个枪骑兵。

之后（第32页），瓦尔豪森甚至声称第二排骑兵会妨碍第一排骑兵，因为一旦进攻失利，前排就不能从左侧或右侧撤出了。因此，如果空间不够让全队排成一线，前后排应该保持20步至30步的距离。

在这场争论中，双方都漏掉了一个重点——回旋。为了评判手枪和骑枪的优劣，我们必须考虑枪骑兵是真正的进攻力量，而手枪骑兵只是扰敌。因此，后者肯定打不过前者，但不仅巴斯塔只字不提，就连瓦尔豪森也不讲，明明这一点正是他最有力的论据。不过，双方的逻辑都经不起推敲，因为两人都没有真正理解事态的发展。

在瓦尔豪森写下这些话的1616年，枪骑兵基本上已经被废弃了。事实上，早在1595年门多萨倡导骑枪时就是如此了。

即便瓦尔豪森的反对意见无疑是有客观依据的，但我们还是要问：为什么骑枪被废弃了，胸甲骑兵在历史上取得了胜利？瓦尔豪森本人不得不承认，同时期的伟大统帅奥兰治领主莫里斯（Maurice of Orange）已经抛弃了继承自父亲威廉一世的枪骑兵。瓦尔豪森却不知原因何在。

于是，我们又发现有不少优秀实干家试图从理论上把握自身时代的问题但却不能如愿。他们还无法清晰合理地解释自己的见闻和认识。当巴斯塔说胸甲骑兵的耗费远远少于枪骑兵，因为胸甲骑兵只需要会穿盔甲、会跟着队伍行动时，他已经走近了真相。瓦尔豪森回应道："会骑马的庄稼汉比训练有素的绅士骑士多得多。因此，庄稼汉优于骑士。"按照巴斯塔本人的措辞，他的论证确实不合逻辑。但他本来可以得出符合历史与逻辑的结论，假设双方数目相等，那么组成两排阵形的枪骑兵，尤其是同时装备骑枪和手枪的枪骑兵确实优于组成大纵深方阵的胸甲骑兵。但枪骑兵依赖于贵族或其他武艺高手，这种人总是很少的。而胸甲骑兵对人马的要求都低得多，能召集的人多得多。于是，即便枪骑兵素质更高、阵形更优，胸甲骑兵还是可以凭借数量优势击败枪骑兵。

因此，"楔形阵"与方队，骑枪与手枪不只是技术之间的对抗，更是两个时代的碰撞。在这一点上，中世纪被火器打败的神话里包含着一点真相。但历史发展往往不是一往直前，而是缓慢曲折的。若要从骑士直接发展到现代骑兵，就需要轻甲、快马和纪律。但我们发现端平长枪出击这种真正的骑士战法完全消失了，取而代之的战法似乎与今天的骑兵完全相悖：许多排人密密麻麻地挤在一起，用手枪而不用冷兵器，行动缓慢甚或等着敌人进攻。[47] 尽管这看起来丝毫不像今天的骑兵所做之事，但仍然是做到骑士做不到也不可能直接从骑士发展出来的事情，即组成有纪律的战术单元的唯一方法。现在，让我们从这个角度来回望一下中世纪，好明白那些声称从骑士团中看出现代骑兵的人错得有多么离谱。

通过比较，我们清楚地看到了现代骑兵史的起点为什么是纵深极大的方队。队形越密集，行动越不便，但组成队形所需的能力水平也越低。随着士兵能力和纪律水平的提高，队形也逐渐变薄。现代骑兵不是骑士战法的完善，而是取而代之的一套新体系。

当然，大纵深队形在中世纪就有了，而且只要有一定数目的骑士领着披甲骑马随从上阵，他们自然就会组成这样的阵形。因此，将变迁过程追溯到我提出的时间点很久以前也是可以的。但直到16世纪中期至1575年前后，转折才真正发生，新战法取代了旧战法。

《塔瓦讷回忆录》第204页中对骑术的一点观察充分反映了时代的变化。此语似乎出自小塔瓦讷。他说，与过去一样，结成"楔形阵"以枪矛刀剑作战的骑兵依然需要掌握"六艺"①，但现在的普通士兵已经不用掌握了。人和马只需要训练3个月就能上战场。在他看来，骑术只会将人引入歧途，而且除了骑马决斗以外毫无用处。就连耶稣会士的学习时间都从10年减到了3年，后来连3年都不到。

两种战法一度发生激烈冲突。在胡格诺战争中，法国人沿用骑士战法，但天主教和新教阵营都将德意志骑兵引为支援，于是德意志人在法国土地上发展出了新的骑兵战法。法国骑士太顽固，无力开创新境界。文献一致指出，傲慢的法国骑士不肯组成方队，因为每个人都想到第一排，没有人想跟在别人后面，而且他们全都对手枪深恶痛绝。纪律和武器都与骑士相矛盾。但平民佣兵愿意组成队列，而且凭借人数打垮了骑士。

---

① 中世纪骑士需要掌握的六种技能，包括剑术、骑术、游泳、矛术、棋艺、吟诗。其他的说法也有，比如将矛术换成狩猎。

随着紧密方队的形成，骑士为主、步卒为辅的混编战法自然就消失了。据我所知，这种战法最后一次见于史册是伊奥韦斯笔下的 1543 年朗德勒西（Landrecy）城下战斗。[48]

在胡格诺战争的最后两场会战 1587 年的库特拉（Coutras）会战和 1590 年的伊夫里（Ivry）会战中，我们所说的新式骑兵已经有了长足的发展，以至于自瑞士人登场以来一直占据主导的步兵地位回落。作为一名将军，法国国王亨利四世称得上正确理解和充分利用了新式骑兵。在库特拉会战中，尽管亨利四世手下的骑兵较少，但还是凭借火枪手的配合、紧密的阵形、恰当的指挥取得了胜利，天主教阵营的贵族则依然采用没有人指挥的骑士战法。在伊夫里会战中，亨利表现出了同样的战术优势，而且追击敌军数里，进一步扩大了战果。

200 多年后，骑士与现代骑兵再次交锋。1798 年，波拿巴将军率法军计划征服埃及，当时尼罗河流域的统治者是世代从军的马穆鲁克。马穆鲁克骑马作战，身穿链甲衫和头盔，装备一支卡宾枪和两对手枪，每人都有数名仆从和好几匹马。因此，尽管他们有火器，但是我们还是可以将其称作骑士。拿破仑有言，两名马穆鲁克能打过 3 名法国骑兵，但 100 名法国骑兵不必惧怕 100 名马穆鲁克，300 名法国骑兵胜过 300 名马穆鲁克，1 000 名法国骑兵必能击败 1 500 名马穆鲁克。这一理论没有经过实践检验，因为法国根本没有把真正的骑兵运到海外，但其中的描述却很生动地表现出了骑士与现代骑兵、单打独斗的精锐武士与战术单元之间的区别。

2　射手数量的增加与步兵战术的完善

瑞士战术传遍欧洲后就陷入了停滞。按照只要发现敌人就摆出三个方阵出击的战法，取胜的先决条件是即便某个方阵一开始遇到了似乎不可逾越的障碍，但宽大的攻势总能在某个点突破敌军战线，从而为其他方阵扫清道路。但如果敌军占据了一处既不能正面突击，又不能侧面包抄的阵地，那么再勇猛的进攻也是无能为力。比克卡会战已经证明了这一点。在帕维亚会战中，作为法军一部的瑞士人自己找了一处被认为牢不可破的掩护阵地。随着火器的逐渐传播与改进，找到易守难攻的阵地越来越容易了。我们后面会了解若干导致大战极少发生的战略因素。但以长矛闻名的大型方阵只有在会战中才能发挥全力。但如果不能发动决战，或者统帅认为决战无益，那么战争就仅限于彼此试图通过小型战斗、突袭、夺取城堡和围城战来耗死对手。于是，远程武器就比长矛更有用处和必要。除了射手应用更广，轻骑兵行动的可能性也提高了。

因此，世事变迁之下，射手数量不断增多，武器也越来越好。与此同时，骑士逐渐转化为现代骑兵。

16 世纪初，射手的比例大概是近战步兵的十分之一。1526 年弗隆斯贝尔格的部队是八分之一。据记载，1524 年的西班牙射手比瑞士射手多，训练也更好。在施马尔卡尔登战争中，国土佣仆的射手比例达到了三分之一，黑森领主腓力征兵时要求射手占到一半。多梅尼科·摩罗（Domenico Moro）（1570 年）和兰多诺（Landono）（1578 年）认为射手占一半是正常比例。1588 年，迪克海军上将（Adr. Duyk）估计是 60 名射手配 40 名枪骑兵，后来也是这个比例。[1]

理论家反对过分增加射手。德拉努（《军政论集》第 14 篇）主张将射手比例控制在四分之一，矛兵（corcelets）的军饷应该更高。蒙吕克相信士兵宁愿开枪，不愿肉搏。无论如何，趋势是不可逆的。1570 年将一本书献给奥塔维奥·法尔内塞（Ottavio Farnese）的多梅尼科·莫罗预言道，未来戟兵的比例会减少到三分之一，组成两个并排而立的 6 排方阵。[2]

古典时代与中世纪的射手本质上都是散兵。有纪律的英格兰弓手和土耳其耶尼切里在技艺层面已经达到了密集火力的水平，比散兵要优越，但并没有产生有机的发展，那不是弓箭的威力所能达到的。就连新式火器在早期很长一段时间里也只能提高散兵效力而已。只要能击中目标，钩铳的威力就很强大，火绳枪的威力还要更强大——但火器的精度还是太差了，而且除非有掩护，射手要很久以后才具备独自对付骑兵、斧枪兵和矛兵的能力。那么，掩护要从何而来呢？

第一种办法是射手要相互保护。早在 1477 年阿尔布雷希特·阿喀琉斯（Albrecht Achilles）征讨汉斯·冯·萨根（Hans von

Sagan)① 的命令中就规定钩铳队应交替开火，确保随时都有一队可以开火。1507 年，一名威尼斯使节送回国的报告中称交替开火是德意志人的惯用战法。³ 1516 年，希梅内斯枢机（Cardinal Ximenez）在西班牙组建了一支民兵，规定周日训练"列阵和回旋"，⁴ 也就是射手开火后退到其他士兵后面装填，如此往复。

据伊奥韦斯记载，在 1515 年的马里尼亚诺会战中，法国国王的射手从掩护阵地中用"蜗牛"战法对付瑞士人，效果很好。⁵ 据目击者拉布廷的记述，"蜗牛"战法在 1532 年的维也纳阅兵⁶ 和 1551 年出任香槟总督的讷韦尔公爵举行的阅兵中多次使用。⁷

不过，这种射击方法还不足以让射手在开阔地带面对敌方骑兵，甚至连近战步兵都打不过。在会战中保持有序回旋是很难的。至于射手相信敌人听到开枪声就会被吓倒，还有最后排的射手等不及上前瞄准就朝天射击的说法，我们当坊间传言听听就好。⁸

德拉努说，密集阵形的步兵只有用长矛才能挡住骑兵进攻，"因为没有掩护的钩铳队容易被打败"。⁹ 射手大胆上前迎战骑兵的例子无疑是存在的，比如 1524 年佩斯卡拉率领法军发起追击，用火绳枪击毙巴亚尔。¹⁰ 射手独自抵挡骑兵的情况也是有的，比如据阿维拉记载，施马尔卡尔登战争中就有一例。¹¹ 但这些都只是例外。射手通常必须有其他兵种掩护才行，要么是骑兵赶上来驱逐敌军，¹² 要么是射手退入矛兵大阵中，可以一开始就把射手布置在大阵四

---

① 波兰贵族，波兰名为扬（Jan），扎甘公爵扬一世幼子（扎甘是波兰的一个地区，波兰语中叫作"Żagań"），1477 年因继承权纠纷而与阿尔布雷希特·阿喀琉斯开战。

周,也可以将射手编成小蜗牛阵,像"翼"或"袖"似的附在大阵旁边,[13]一旦火力挡不住敌人就撤到矛兵里面。[14]

上述观念在16世纪和17世纪上半叶的理论和实践中占据一边倒的地位,土耳其军队的配置则与其有所不同。土耳其人没有长矛兵,只有骑兵和弃弓改用火绳枪的耶尼切里。尽管如此,他们依然远胜于西方,以至于征服匈牙利并于1529年兵临维也纳城下。但在1526年莫哈奇(Mohacz)会战中轻取匈牙利人之后,他们在这一时期再没有取得决定性胜利。[15]土耳其人回避决战,皇帝与各大王国也无法长期集结军队,逼迫敌方决战。双方的战争耗在了围城战、强攻城堡和掠夺敌境上。在1568年至1664年的百年间,除了1593年到1606年有过一场战争外,皇帝和苏丹相安无事。从1578年至1639年,也就是三十年战争的大部分时间里,土耳其都在与波斯大战。等到1664年土耳其人与德意志人再兴战端时,长矛方阵已经几乎消失了。

但现在还是回到16世纪和射手与矛兵关系的问题上来。能退回矛兵大阵的射手数目自然是有限的。长宽相等、总数1万人的方阵正面只有100人。就算四边各有两排射手可以退入,那么也只有800人能受到掩护。按照西班牙理论家的说法,至多有5排士兵可以爬回矛兵里面,但那也不过是2 000人,而且执行起来难度很大。据说在一场会战中,火枪手开火后从长矛底下往回钻,结果让长矛抬起,敌军骑兵趁势破阵,整个方阵都被打散屠杀。[16]

多设小阵会带来一定程度的缓解。缩小矛兵方阵自然可以掩护更多射手,同时面对越来越多、越来越好的火炮时目标也更小。[17]但方阵数目一直不多,仍然只能掩护少量射手,因此随着时间的推移,这种方法越来越不能令人满意。

理论家们发明了交错布阵、空心方阵、八角阵和类似的其他阵法,全是为了保护射手,但当然全都不可行。[18] 步兵作战阵形一直是方阵,同时上阵的方阵数很少,这就引出了一个问题:这些被西班牙人称作"三阵"(terzios)的步兵阵形是怎样部署的呢?[19] 马基雅维利就称赞瑞士三阵特别精妙,因为三阵既不横排,又不竖排,而是排成品字形。这种刻板描述并无内在价值;瑞士方阵的数目、布局、推进方式完全取决于实际情况和地形。在比克卡会战中,因为没有包抄的可能性,于是瑞士人就摆出了左右布置的两个方阵,"因为哪个方阵都不想在后面"(安斯赫尔姆,Anshelm)。

但方阵数目更多的话,比如在平原列阵向敌军进发,或者等着敌军来攻,那我们就必然要问,各阵是一字排开,还是用其他排列方式。简单的一字长蛇阵可确保全体部队同等协力,而且接近古罗马军团方阵。但我们知道完全的平推是很难的,而且还有一点必须考虑:方阵的任务不只是进攻,还有掩护人数众多、远程威力巨大的射手的重任。引领当时战术的西班牙人发现,正确的做法是棋盘式布局,将方阵排成两线或三线,方阵之间留出相当大的距离。我认为这还算不上梯队。吕斯托用"西班牙旅"(Spanish brigade)来称呼它。这个词在文献里没有,是吕斯托自己造的。第一线方阵的可观兵力足以发起会战,却不足以战斗到底。因此,后面的方阵必须跟进,而且与其一开始就站在一线,从后方推进更能达成目的,因为他们可以去最需要的地方,也能根据地形和敌方动向展开最有效的攻势。这样一来,各个方阵很快就会进入同一战线。因此,"西班牙旅"并非战斗过程中要保持的一种阵形。它其实并不重要,只不过意味着每个方阵要因地制宜，因势制宜，尽可能独立行动，而且各个方阵要互相支持。

分割原始的步兵大方阵再次提出了步兵和骑兵孰强孰弱的问题。旧式大方阵守可击退骑士，攻可打垮骑士。西班牙三阵这样的单位也能做到吗？利普修斯（Lipsius）明言，骑兵冲散步兵的情况在罗马时代很少见，在他的时代却司空见惯。德拉努也表示利普修斯的说法是主流观点，但他依据古罗马的情况并引用当时西班牙人的两个例子来证明，密集阵形的步兵能够抵御数量更多的骑兵。但他又说，当时的法国步兵可不能冒险抵挡骑兵，因为他们既无长矛，又无纪律。[20]

既然骑兵愈发火器化，与矛兵配合的射手也越来越多，所以这个问题也就不再具有现实意义，利普修斯已经意识到了这一点——或者说，问题本身还在，但形式变了。

骑士变成现代骑兵，战术可控性提高了。除了击破步兵阵、清扫单个步兵，骑兵多了一个新任务：从两侧夹击步兵，使其动弹不得。后面会详细讲这一点。达维拉（Davila）在《胡格诺战争史》（*Geschichte der Hugenottenkriege*）第十一篇第3章中记述了伊夫里会战（1590年），说亨利四世将骑兵分成小队，从四面攻击国土佣仆。

3　奥兰治领主莫里斯

在与尼德兰开战的前20年里,西班牙在军事上占据上风。尽管奥兰治领主威廉(William of Orange)①和他的兄弟们集结了一支雇佣兵,但这些佣兵要么缺乏纪律性,打不赢野战,要么就是凑不起军饷,一次又一次解散。尼德兰人之所以能继续作战,只是因为坚城对西班牙人紧闭城门,而且尽管入侵者夺取了不少城市并进行了严酷的惩罚,但依然并未拿下所有城市。阿尔瓦最后不得不在小城阿尔克马尔(Alkmar)面前撤军,于是被撤职。经过一番复杂的且战且谈,再加上英法两国的干涉,起义各省的城镇和乡村成立了同盟,有能力维持一支常备野战军。1585年,沉默者威廉遇刺后,西班牙人将全部兵力用来围攻安特卫普(Antwerp)。接着,西班牙又将全部资源投入到无敌舰队和1588年的对英作战上。亨利三世遇刺,改宗天主教的亨利四世登基在法国造成了一场危机,立即招

---

① 中文世界通称"奥兰治亲王威廉",但Prince的头衔与亲王无关,只是某地领主的意思,持有者未必与皇帝或国王有亲缘关系。

来了西班牙和尼德兰联军对法国内斗的干涉。低地地区南部最终留在了西班牙手中,但北部各省愈发团结,要争取自由,而且找到了一位能将现有军事资源熔铸为新的形态从而取得更大成就的领袖,他就是沉默者威廉之子,年轻的莫里斯。

回想马基雅维利,他立志要通过复兴古人的伟大遗产来更新当时的军事体系。不管是实践还是理论,他都失败了。但他去世后过了两代人时间发生的军事改革不仅与古代相关,更与他、他的思想、他的研究直接相联。于是,我们显然必须要承认他的天才。

1575年,奥兰治领主威廉特许莱顿城(Leyden)成立大学,作为英勇抵抗围城军队的报偿。莱顿大学吸引了一批当时的杰出语文学家,其中就有于斯特斯·利普修斯(Justus Lipsius)。他于1589年出版了《政治六论》(*Civilis doctrina*),其中第五论题为《论军事智慧》("De militari prudentia")。1595年,已经移居鲁汶的利普修斯又发表了《罗马兵制论》(*De militia Romana*)。这些著作纯粹是语文学性质的,但作者身为马基雅维利的门徒,免不了也要观察当下。照利普修斯看,他所处的时代简直不能说是纪律涣散,压根就是毫无纪律。但他说,一个人只要懂得如何建立起当时的军队与古罗马战争艺术的联系,则必将统治世界。"我们不能制定规范,只能给予鼓励"("gustum dare potuimus, praecepta non potuimus"),他补充道,"于是事情就发生了。"[1]

1590年应当被视为现代步兵史上的关键年份。在那一年,本来只是荷兰和泽兰两省总督的莫里斯兼任了海尔德兰、乌特勒支、上艾瑟尔三省的总督。

尼德兰联省首脑莫里斯身边还有他的堂兄,担任弗里斯兰总督的拿骚伯爵威廉·路易（William Louis of Nassau）。威廉似乎比莫里斯还要热衷于复古军改，这两位有血缘关系且关系友善的领主在改革事业中相互影响。借助保存至今的两人通信和忠实同僚的著述，我们得以了解他们的事业。[2]

奥兰治家族的两兄弟特别仰赖利奥皇帝的经典著作《战术》，该书拉丁文译本于1554年面世，之后出了意大利文本，1612年默尔修斯（Meursius）在莱顿出版了希腊文原版。[3] 18世纪有了法文本，后来有了德文本。利涅领主（Prince of Ligne）称其为"不朽之作"，说利奥皇帝与腓特烈大帝相当，优于恺撒。这本书以系统摘录前人著作为主，尤其是埃里安的，尼德兰人也一直在直接研究和运用埃里安的著作。

现在回想一下，富有哲学气质的古代理论家们对军事实务的了解是多么少，尤其是李维（8:8）著作中关于罗马支队战术的重要段落，这段话基于完全不懂军事的史家的一项严重误解，直到现在还在扰乱人们的观念。那么问题就来了，十六七世纪之交的军人们怎么可能从这些混乱错谬的文献中得出切实的教益呢？但其实是有可能的。当然，他们不会单纯照着书里的内容去实践操作。尽管古代文献有种种不足，但宏观层面的真理还是有的。问题在于如何发现和运用这些真理，莫里斯和威廉做到了。事实上，他们与马基雅维利相比是有优势的，因为他们既无须也无意创造新军制，只要完善继承来的军制即可。凭借优秀的洞察力，他们从古代文献中发现了可资当下之用的要素。

外在的关键是操练，内在的关键是纪律。马基雅维利认为古代军制在于普遍兵役，他相信只要偶尔操练武器用法，拉来的老百姓就能变成可用的军队。奥兰治兄弟从古代作者获得的教训是通过持续训练达到阵形稳固，两人更以古代文献为基础开创了新的操练法。如果复兴失传技艺是有可能的，那么此处就是了。诚然，创立方阵的瑞士人已经习惯了某种秩序。据伊奥韦斯说，1494年，瑞士人是踩着鼓点开进罗马城的，也就是说，他们努力做到一定程度的步调一致。西班牙人大概更重视保持方阵队形，[4] 而且步兵和骑兵的"蜗牛步法"都需要一定量的操练，但那只是维持人群秩序的必要手段。新兵只要领会了基本步法就被认为万事俱备，无须再练了。直到奥兰治的部下开始组成浅阵、实施千变万化的机动动作为止，他们当然只知道极其简单的方阵。据记载，奥兰治方阵的纵深通常为10排，但也有五六排的说法。[5] 奇怪的是，除了不见于别处的"鹤舞"（Kranendans），它指的是像鹤一样僵硬地走路，应该理解为"步调一致"，文献中从未直接说动作是分步的。[6]

浅阵是一项影响深远的变革。之前已经有人将旧式方阵增加到3个以上，此举自然会导致一开始有的方阵要留后，不能使所有方阵从同一个正面出发。新式浅阵则可以在一线后有序地布置二线，甚至可能还有三线，也就是真正意义上的梯队。如果所有单位都在一个正面上，那么正面就太容易被击破或击穿了，而在缺乏纵深的情况下，打穿正面的单位可以轻松席卷整条战线。射手配置更强化了这种趋势，莫里斯将射手与矛兵的比例提升到了二比一左右。[7] 我找不到直言采用新阵形的原因是难以融入方阵的射手增多的文献记载。但从整体来看，我们必然要认为射手增多至少是创设新阵形的一个重要因素。无论如何，新阵形带来的结果是矛兵能够为大量射手提供支援。射手分为火绳枪手和钩铳手，分别部署于长矛阵左右。吕斯托称之为"尼德兰旅"。射手开火后从长矛阵旁边进行回旋，在某些情况下还会在矛兵前面散开。⁸ 但若受到敌军骑兵或矛兵的直接攻击，他们就会撤到长矛阵后面，同时第二或第三梯队的矛兵上前堵住空隙，抵挡敌军。⁹ 因此，从这里也能看到浅阵需要部署后方梯队。

操练中包括先散开然后听鼓号迅速重新集合的内容，因为每个人都知道自己的位置。尼德兰人以只用22分钟到23分钟就能组成2 000人的队伍闻名，而其他人要用一个小时才能让1 000人列队完毕。¹⁰

除了矛兵，军中还有斧枪手和盾牌手（Rondhartschiere）。但他们很快就消失了，因此无须赘述。

新阵形有一个比编排方式本身更具决定性的因素，那就是每一个新式小型战术单元都有极佳的机动性，而且哪怕在激烈的战斗过程中，长官依然能确实掌握部下。因此，长官随时能将部队带到任何需要的地点并保持良好秩序，用拿骚领主约翰（John of Nassau）①的话说，"目的是救援友军，迅速转向和回转，同时从两三处出乎意料地攻击敌军"。¹¹

我们越是熟悉这些因素，就越会意识到要想让新的战争艺术变成现实，所需要做的远远不是认清形势、做一个决定、下一道命令那么简单。威廉·路易的传记中写道，他不辞辛苦、不避花费地研究了古希腊和古罗马人运用过的所有军事技艺。他的秘书雷德

---

① 约翰是前面提到的拿骚伯爵威廉·路易的弟弟，他们的父亲去世后将领地分割，长子威廉·路易继承伯爵之位，其余四子各有领地。

（Reyd）和团长科尔皮（Cornput）协助他研究古代军艺，一起将理论转化为实践。在训练部下之前，他们首先用铅兵在桌面上编排阵形。为了确知长矛无盾好，还是古罗马的剑盾装备好，莫里斯于1595年进行了一场实验。[12] 口令是从希腊语和拉丁语翻译过来的，士兵在操练过程中必须保持静默，免得听不到口令。他们从古人那里学到并实行了口令中的特殊性内容（预令）必须放在一般性内容的前面（要说"向右——转"，不能说"转向右"），因为如果不这样的话，动作执行不可能准确。操练不仅在戍守期间进行，还在野战营地中，在敌人眼皮底下，在恶劣天气里也要进行。[13] 有的士兵因为要求太高而逃亡。

老兵们嘲笑和讥讽这些技术，认为在实战中无法贯彻，就连莫里斯领主的军学教师霍恩洛尔伯爵（Count Hohenlohe）也一样。但奥兰治的两位领主不为所动。在冬季，军官要巡察各处驻军。新制度启用于1590年，我们有一封1594年威廉·路易寄给莫里斯的长篇报告。他建议不要让长矛阵太浅，因为长矛兵必须随时能够抵挡骑兵进攻。他说利奥皇帝为此制定的规范是正确的（16排纵深）。他还指出了利奥《战术》一书中包含应当遵循的规范的各章，[14] 最后列出了他以埃里安为依据创制并已经实行的口令。口令约有50条，其中有几条他自称尚不明确，还有不少沿用至今。他补充道，口令数应以必要为限，以便士兵充分掌握执行。他说让士兵理解横排与竖列的区别，保持间距，列阵行进时尽量密集尤为重要。因此，他们必须学会紧靠着走步、排列合并、向左转、向右转、左转弯走和右转弯走。[15] 报告中类似的内容还有很多，前文已经部分讨论过。信中最后表示，如果莫里斯要笑话这封信，请务必限制在

"四壁之内,朋友之间"(inter parietem ende amicos)。[16]

用瓦尔豪森的话说,莫里斯是一名"操练探索者",但他不仅与堂兄携手创制了新操术,而且认真贯彻操术的先决条件:按时发饷。从国土佣仆诞生之初,这套体系最阴暗的一面就一直是军饷问题。

巴斯塔将军一本论骑兵的专著中说道:"只要给我一支拥有全部这些资源(军饷、口粮、分享战利品)的军队,哪怕它再败坏,我也能努力整顿,使其恢复战斗力。反之,如果一支精兵没有这些必要的资源,我就实在保证不了军纪。"

我们已经明白,就连战略决策也在很大程度上取决于能否按约发饷。如果士兵的军饷还欠着,那便不可能要求他们卖力进行这些老兵们所认为的毫无必要的且只是可笑把戏的艰苦操练。联省总督具有审慎专业的商人精神,他明白按时支付的重要性。战乱期间发展起来的商贸,以及严厉的、将一切奢侈视为罪恶的加尔文教派的节俭又让他有了支付的资本。西班牙国王坐享美洲金银,却仍然无力完成他为自己制定的无数政治使命。1574年的莫克尔荒原会战之后,3年没拿到一分钱的西班牙军队拒绝服从命令,选出一名统帅,自行驻扎在安特卫普城内,直到市民愿意支付40万枚克朗金币为止。士兵们终于拿回了欠饷,部分是钱币,部分是实物。这种事发生过多次,造成了骇人听闻的混乱与暴行。士兵常常要过几个月才会重新听命。在1576年的安特卫普"暴行"中,全城惨遭劫掠,部分城区被夷为平地,大批市民被杀。当然,这与战争也有关系。

尼德兰军队没有这样做。联省总督建立了有序的经济体系,这一点特别重要,因为他的军队开销极大。一队旧式国土佣仆通常是

300人至400人，经常高达500人。莫里斯将一队减到了100人出头，但没有裁撤军官。瓦尔豪森在《骑兵战的艺术》（第97页）中对这项变化的重要性有精彩论述：

> 莫里斯领主是最出色的战争英雄。他的一个连队人数常不满百，[17]配置的军官如下：队长、副队长、掌旗官、2名或3名军士、3名一般军士长、3名传令兵、1名军械官、1名指挥贵族士兵或一等兵的小队长、1名文书、1名宪兵、10名一等兵和2名鼓手。这些军官的月薪几乎和全连士兵加起来一样多。因此，如果将连队规模扩大到200人或300人，军费就能节约一半，所以这么小的连队似乎不合道理。但我们要知道，这位出身高贵的领主在意的不是让连队和团队兵力达到别处的通常水平，而是决心让1 000人的团顶住3 000名敌人。他经常以这种阵形出击，百战百胜，做到了看似不可思议的以一敌三，这就省下了大笔费用。兵少官多则指挥灵便。

旧式国土佣仆的队长走在前列，是领头人和一线战士的角色。尼德兰队长有其他高阶士兵的辅佐，成为现代意义上的军官。他们不只是领头，更要创造；先练兵，后领军。作为操术改革家和真正意义上的军纪之父，奥兰治领主莫里斯也是军官地位的创立者，尽管军官在很久之后才具有了特殊的排外性。

基于操练的新式军纪本意是让小纵深、小规模的矛兵阵和射手阵能够在同等条件下迎战旧式方阵（他们确实做到了），同时也立即赋予了尼德兰士兵另一项能力。从实践角度看，这项能力一开始甚至比战术水平提高更有意义。那就是：军官要求士兵挖掘工事变成可能的了。这种事之前无疑就偶有发生，但如今被提升到了制度。古代榜样也发挥了作用。利普修斯的文字中专门强调了"设防营地"（castrametatio）。当然，罗马人自己懂得也说出来过，他们战胜敌人除了勇气（virtus）和武器（arma），还有勤奋（opus）。以前的国土佣仆太高傲，太把自己当回事了，不愿屈尊挖沟。两位尼德兰领主则意识到凭借足额军饷和军纪，士兵们应该愿意干这种活。他们也贯彻了这一点。1589年威廉·路易将自己的计划呈献给联省总督，强调最要紧的事是按时发饷，同时提出高额军饷一定会打消士兵以挖沟为耻的错误观念。他说，挖好壕沟能保护士兵免受伴随着战争的种种危险。他说，设防营地中的士兵不会被迫出战，如果营地临河的话，补给也不会被切断。如此一来，他们应该围攻要塞，他点名了奈梅亨（Nijmegen）、海牙（The Hague）、芬洛（Venlo）、鲁尔蒙德（Roermond）、代芬特尔（Deventer）和聚特芬（Zutphen）可以不战而取，免于厄运风险。他说，士兵以工事自保，帕尔马（Parma）① 根本想不到解围之法。如果首先夺取了沿河的城市，其他城市因为缺乏补给也坚持不了多久。[18]

我们从三十年战争中能得出上述言论的一个反例。1620年夏，本来应该修建营地工事的波希米亚军人觉得苦工贬低身价，拒不出力，还要求付清军饷。[19]

---

① 指的是帕尔马公爵亚历山大·法尔内塞，1578—1592年担任西属尼德兰总督。

莫里斯发起攻势，通过突然炮击夺取了奈梅亨和一批小城镇，又采用堑壕和地道的正规围城手段拿下斯滕韦克（Steenwyk）、库福尔登（Coevorden）、海特勒伊登贝赫（Geertruidenberg），最后将格罗宁根（1594年）也收入囊中。据说围攻斯滕韦克期间，威廉·路易本人日夜守在城下工事中。[20] 被困守军用轻蔑的语言嘲讽那些"工人"，说他们将自己从士兵贬低成了种田刨沟之徒，不用长矛用铁锹。但无论是他们的言辞，还是他们的射击或出城突袭都没有延缓工程进度。

据说，莫里斯曾让士兵带着木桩沿河行军，每人扛两根或三根。在木桩的帮助下，他很快就在敌人近前将阵地保护了起来。[21]

1593年，尽管沼泽地形大大提高了施工难度，莫里斯还是在海特勒伊贝赫城下用内外两圈壕沟保护阵地。曼斯费尔德（Mansfeld）率领9 000人来解围却无计可施，只能眼睁睁看着城市投降。胜负已分之际，威廉·路易给赢家莫里斯写信说：

> 这次围城战堪称阿莱西亚会战第二。它意味着我们已经恢复了至今被无知之人看轻和嘲笑、就连当代最了不起的将军也不理解或至少没有践行的古代兵艺与兵术的一大部分。[22]

在夺取代尔夫宰尔（Delfzyl）之际，莫里斯绞死了两名士兵，分别是因为偷了一顶帽子和偷了一把匕首。在围攻许尔斯特（Hulst）期间，他在全军面前枪毙了一名抢劫妇女的士兵。

过了一代人的时间，威尼斯使节吉罗拉莫·特雷维萨诺

（Girolamo Trevisano）从尼德兰回报称，联省总督甚至在平时也养着3万名步兵和约3 600名骑兵，皆为善战之士。[23] 他说不管情况如何，发饷连一个小时都不曾拖延，军纪极其威严。他接着记述了城市抢着驻扎军队，市民争着留宿士兵，因为他们都指望着由此赚一大笔的奇景。一间双床空房可以住6名士兵，因为随时都有两人在外执勤。他说市民会毫不犹豫地让妻女和士兵独处，这是别处都没有的现象。

莫里斯打过的唯一一场野战是1600年7月2日的尼厄波尔（Nieuport）会战。吕斯托详细讨论了此战，但还是不能完全令人满意，也有未尽之处。参加我的研讨班的库尔特·格贝尔（Kurt Göbel）对此展开了专门研究。1914年10月底，他在迪克斯迈德（Dixmuyde）为国捐躯，那里与尼厄波尔战场离得很近。

4　古斯塔夫·阿道夫

古斯塔夫·阿道夫（Gustavus Adolphus）完善了莫里斯的战争艺术，他不仅继承发扬了新战术，还建立一套为宏大战略打下基础的新制度。

中世纪末期，就像同时期的卡斯蒂尔和阿拉贡，瑞典几乎与丹麦、挪威合并为一个国家，但瑞典人抵制统一，并在争取国家独立的过程中形成了一个实力前所未有的军事国家。瑞典全国包括芬兰和爱沙尼亚在内的人口不超过 100 万（大致不超过萨克森选侯国和勃兰登堡之和），但平民、议会（estates）和国王团结一心。而德意志地区却由于领主与议会的对立而处于完全瘫痪的状态，哈布斯堡家族与霍亨佐伦家族的领地都是如此；平民则是麻木不仁，漫无目的。瑞典瓦萨（Vasa）王朝的源头与德意志领主观念完全不同，不是封建世袭权利，而是人民的选择。与君主一样，瑞典议会与欧洲其余的德意志列国和罗曼列国中常见的代议制等级会议也有很大不同。瑞典国会是一个职业代议机构，它不代表自身的权利，而是为了支持国王而由国王自行召集的。为此，国王不仅会召集贵族、教士和市民，也会召集农民，此外，军官、法官、文官、矿工和其他行业都有代表出席。[1]后面的这些团体最终退出了国会，军官代表与贵族代表合并，于是形成了四院定制。议会与君主关系密切，一致对外。1611年，古斯塔夫·瓦萨之孙古斯塔夫·阿道夫上位，时年17岁。在与俄国、波兰的战争中，他夺取了卡累利阿（Karelia）、因格曼兰（Ingermanland）和利沃尼亚（Livonia），军队增至7万人以上，军队占人口的比例远远超过1813年的普鲁士。[2]为了维持大军，贫困的瑞典必然已经将财力搜刮到了极限。这并非长久之计，但战能养战。瑞典军队一旦存在，便在被征服的国家就地自养，甚至规模还扩大了。

国民兵员不止源于自愿应募，在教士协助下，瑞典编制了全国所有15岁以上男丁的名录，征兵由地方官酌情处理。因此，瑞典是第一个组建国民军队的民族。瑞士人尚武，有国民兵而无国民军。国土佣仆具有鲜明的德意志色彩，但与德意志国民无关。法国"军团"的分量不足以称之为国民军。西班牙军队倒是近了一些，尼德兰军队又是纯粹的万国派佣兵。但瑞典军队是一支训练有素，服务于本国防卫、本国疆土、本国荣誉的军事组织。平民子弟充实行伍，本土贵族组成军官团。当然，即便国民性在战时无法保持，军队也会招募大量外国士兵。就连战俘都有大批入伍，外族军官也被接纳。古斯塔夫·阿道夫进军德意志时手下有许多苏格兰人，而且随着在德战争的拉长，瑞典军中的德意志官兵也逐渐增多。

瑞典军队采用了尼德兰式的军纪和训练方法。陶皮茨（Traupitz）在1633年出版的《瑞典王国军队的战争艺术》（*Kriegskunst nach königlicher schwedischer Manier*）一书中写道，尽管"士兵在德意志像牛群猪群一样四处游荡",但队列必须整齐,间距必须精确。他和其他作者描述的瑞典军阵往往很假,不可能在实战中执行。不过,只要有人认为瑞典军人能做出这样的动作,这就已经表明了积极操练蕴涵的能量。

苏格兰人门罗（Monro）这样描述古斯塔夫·阿道夫在布赖滕费尔德（Breitenfeld）和吕岑（Lützen）两场会战中麾下的一个苏格兰团:"全团纪律严明、如同一体、行动一致,每一双耳朵都以同一种方式听从口令,每一双眼睛都顺着同一个方向移动,每一双手都像同一双手那样动作。"

吕斯托在《步兵史》中生动描绘了"瑞典阵形"。每个团都是一个由长矛手和火绳枪手组成的战术单元,名为"旅团"（brigade）。旅团的基础是6排纵深的线形阵,长矛手和火绳枪手左右交替排布。这样就解决了如何让长矛手保护火绳枪手的问题:有骑兵来攻时,火绳枪手就退到矛兵线的后面,正面暴露的空档由一线矛兵后面的第二梯队矛兵填补。

但经过准确比对,我们会发现吕斯托的文献依据并不支持他的描述,其他记载的说法也很不一样。从客观角度来看,火绳枪手面对来袭的敌军迅速退到旁边的长矛手后面,然后第二梯队的长矛手上前填补空档,这种操作的可能性是很值得怀疑的。此外,在初始阵形中,第二梯队的火绳枪手被第一梯队挡住,武器派不上用场,我们也看不出他们要如何、在哪里发挥作用。

不过,我此处不会深入这些问题,因为它们毕竟是技术性问题,而且瑞典军阵在军事史和世界史上的要点是毋庸置疑的:火绳枪手增多加上武器进步,我们在莫里斯军制那里已经看到了的这一点。火绳枪重量大大减轻,用不着木叉支撑了,这意味着射速的提升。今天还有人认为火绳枪手自身挡不住骑兵进攻,但纯火绳枪团已经出现的事实反驳了这一看法。早在1630年,钮迈尔·冯·拉姆斯拉(Neumair von Ramssla)就在《军制回忆录与规范》(*Erinneurngen und Regeln vom Kriegswesen*)[3]中写道:"长矛更像是削弱敌人的工具,而不是战争的脊梁。火器赋予长矛以力量。"[4]

苏格兰中校马斯卡姆(Lieutenant Colonel Muschamp)参加过布赖滕费尔德会战,担任一个火绳枪营的指挥官。他这样描述步兵战斗:[5]

> 我首先命令我前方的3门小炮开火,还命令火绳枪兵必须等到进入敌军手枪射程内再齐射。然后,我让前3排士兵齐射,再让后3排齐射,接着发起冲锋,用火绳枪或弯刀杀伤敌人。
>
> 尽管我们已经与敌军展开肉搏,但敌军还是齐射了两三轮。我们刚出击时,敌军步兵前方有4队斗志昂扬的骑兵攻击了我方长矛兵,冲到近前齐射了一两轮手枪,射死了所有苏格兰旗手,于是许多军旗一下子同时落到地上。我们的人适时发起反击。一名身穿绣金红衣的勇敢军官就在我们正前方。我们看着他用弯刀敲打手下的脑袋和肩膀,催促他们前进,因为他们不愿意往前走。这位绅士让战斗坚持了一个多小时,但他被杀的时候,我们看见所有矛兵和单位全都发生动摇,彼此踩踏,他的人纷纷逃亡。我们一直追到了天黑。

一份英格兰文献也清晰描绘了类似的步兵战斗场景，出自詹姆斯二世国王的传记，内容如下：

> 在 1642 年的埃奇希尔（Edgehill）会战中，当王军进入敌军火绳枪射程内时，两边步兵开火了。王军推进，叛军严守阵地，双方离得非常近，以至于有几支部队的长矛都能刺到对面了，尤其是威洛比勋爵（Lord Willoughby）统领的禁卫团和其他几个团。威洛比勋爵亲手用长矛杀死杀埃塞克斯勋爵团军官各一名。当步兵展开激烈近战时，有人可能会觉得一方会溃败，但这种情况并未发生，因为双方好像商量好了似的，交替后退几步，站稳脚跟后继续开火，就这样一直打到夜里。此举实在是不同寻常，若非有许多目击者在场，简直难以置信。[6]

步兵采用线形阵之后，火枪兵最初仍然是回旋战法。火绳枪兵线分为几队，队与队之间有一条"走廊"。第一排开火后从"走廊"退到后方装填火绳枪，第二排上前开火，如此往复。当推进时就是把回旋方向倒过来：前排开火后不动，后排上前。这套流程发展到了两排可以一边后退、一边开火的程度。当然，边退边开火需要很高的装填速度。在布赖滕费尔德会战中，苏格兰部队通过两排并一排的方式将 6 排的阵形减为 3 排，然后第一排跪下，3 排就可以同时齐射。我们不能假定初始阵形的宽度达到了允许直接并排的程度，因此他们一开始肯定有足够的时间和空间来拉大间隔。[7]

长矛单位已经变得太小了，不复雷霆万钧之力，但这并非全部。骑兵战术的发展对长矛产生了反作用。灵活的骑兵方队现在可以轻易冲击推进中的矛兵侧翼，通过两面夹击逼停对手。接下来，长矛阵就会暴露在骑兵的手枪火力下，几乎无抵御之力。于是，长矛兵降低成了火枪手的辅助兵种。

古斯塔夫·阿道夫不仅增加了步兵火器，还增加了火炮数量。他引入一种用皮带加固的轻便火炮，名为"皮炮"（leather cannon）。皮炮何时出现，使用了多久没有确切记载。无论如何，瑞典国王在布赖滕费尔德会战中有大量轻型火炮。[8]

古斯塔夫·阿道夫也重组了骑兵。如前所述，16世纪骑兵是将之前的骑士和骑马兵卒组成明确的单位，以手枪为主要武器进行回旋作战。这样一来，骑兵就放弃了进攻。将方队纵深减到5排或6排的尼德兰军队同样使用回旋战法。现在，古斯塔夫·阿道夫规定骑兵只有3排，以袭步速度和冷兵器攻击敌军，最多是前两排先抵近射击一轮后再进攻。吕岑会战之后，华伦斯坦也废除了回旋。[9]

古斯塔夫·阿道夫的军队，以及三十年战争时期军队整体的纪律状况还需要进一步研究。军队对土地人民肯定是极其残暴的，但纯粹从军事角度来看，他们的军纪要比国土佣仆更好更严。当然，这是军人常年服役、长官严厉约束的自然结果。古斯塔夫·阿道夫据说发明了夹道鞭笞的刑罚，目的是施加严惩又不至于让受罚者不能服役，因为被行刑官施加肉刑的士兵会"丢尽颜面"，不被战友们待见。但夹道鞭笞是由战友们实施的，所以不被认为是丢人的刑罚。[10]

正如祭祀卡彼托山诸神的仪式与严苛的刑罚在罗马军队中并行不悖，古斯塔夫·阿道夫军中士气的基础也不只是长官权威，更有宗教观念的滋养。如前所述，这支军队以瑞典国民为根基，但更重要的是官兵有一种特殊的路德新教的心态。据一位英格兰目击者的详细描述，维特施托克（Wittstock）会战胜利后，巴纳将军（General Baner）举行了持续3天的谢神仪式，用军鼓、风笛、小号、火枪齐射和雷霆般的炮声代替管风琴奏乐。[11]

布赖滕费尔德之于古斯塔夫·阿道夫，正如坎尼之于汉尼拔：艺术打败了技术，技术尽管水平很高，但过于笨拙。坎尼会战与布赖滕费尔德会战甚至在一些具体细节上也有相似性。于是，我们从对战斗过程的一系列描述中得出了对这场决战的一种叙事，这一叙事在世界历史中极为重要，通过新式瑞典军制与旧式西班牙军制的碰撞让两者完全明晰了起来。我们之后会结合战略发展的总体语境来探讨古斯塔夫·阿道夫战略家的一面。

最后谈一谈这位瑞典国王的非凡品性，出自腓力·博吉斯拉夫·开姆尼茨（Philip Bogislav Chemnitz）① 所写专著的第1卷第四篇第60章：

> 因为他不仅关心国王的威严和权力，而且更加看重王国和臣民的福祉，所以他扫除了一切内乱和不团结的根由，以一种特殊的方式将两个相异乃至几乎相反之物合为一体，即臣民自由与国王威严。
>
> 此外，他的军制远胜于前代统帅的地方不只是战功赫赫，而同样在于他更懂得战争艺术，创立了良好的法度。我们不要以为他的功绩全是靠单纯的、盲目的运气，除了

---

① 德意志法学家和历史学家（1605—1678），曾在古斯塔夫·阿道夫帐下服役。

上帝恩典,他靠的是美德、智慧和善行。他能够精妙地营造有利的对敌态势,从敌人面前全身而退,在野地里安心驻扎,迅速地建起设防军营。没有人比他更擅长修建或攻打工事。没有人比他更擅长评估对手,正确判断战争中的偶然状况,在紧要关头迅速找到合适的解决方案,尤其在列阵方面更是无人能及。他对骑兵的原则是不后转、不回旋,摆出3排阵势,一往无前,直插敌阵。只有第一排,最多是前两排会在能看到敌人眼白的距离开火,然后抽出佩剑。最后一排根本不开火,直接拔剑冲击,两把手枪都是留着肉搏时用的(前两排骑兵也有一把备用)。步兵分成团(regiment)和连(company),连又分成明确的队(squad)和列(file),各有长官和副官。编制井井有条,每一名士兵提前就知道自己的站立和战斗位置,甚至不需要军官下令。国王发现,以前那种窄长的营(battalion)中的前排士兵会妨碍后排作战,而且能打穿一线的炮火也会对他们造成重大杀伤,所以他的步兵阵形只有6排,交火时还要两排并一排,于是就只要3排了。这样一来就削弱了敌方火炮的威力,末排士兵也能像前排一样发扬火绳枪的火力。这是通过第一排跪地、第二排俯身、第三排直立的方式实现的,每个人都搭在前排的肩膀上开枪。他发明了一种长矛兵掩护火枪手、火枪手支援长矛手的特殊步兵阵法。同理,各队、各旅都能相互支援,如同一个个小型移动要塞,正面和侧面都有掩护,各部守护彼此。于是,各旅也形成了明晰的梯队,旅侧有旅,旅后有旅,旅与旅之间留出了充分的距离。类似地，步兵旅的侧后方也有骑兵保护。骑兵也与精锐火枪手混编，一方可以退到另一方身后，也可以去救援另一方。国王创造性地使用了猎野猪矛，尽管瑞典军队在德意志作战中没有用这种武器，但在与大队凶悍波兰骑兵对战时取得了优势。他还用皮炮对付普鲁士地区的波兰人，也占据了上风。他在德意志战争期间使用了炮身短、炮口粗的轻便团炮，主要用榴霰弹，而非实心弹。在瑞典军击败蒂伊①军的莱比锡会战中，团炮的威力尤其显著。

从其他方面看，他也是一名战斗英雄，不仅是因为他的决策，更因为他的行动。他思维缜密、决策果断、心志沉稳、精通武艺，既能号令指挥，又可披坚执锐。他既是英明统帅的榜样，也是勇猛无畏的士兵典范。于是，许多人几乎认为他品性不佳，特别是那些既无见识，又没有充分思考的人，他们看不到国王不避危险、不惧死亡的品性源于他对祖国的热爱，这种热爱是超越凡人的，所以眼里容不得凡人的弱点和罪行，而大英雄的品格是卑贱平凡的灵魂永远都比不上的。

---

① 全名为蒂伊伯爵约翰·采克拉斯（Johann Tserclaes, Count of Tilly），生于1559年，死于1632年，三十年战争期间担任天主教联盟的统帅，从1620年以来多次击败新教军队，直到1631年在莱比锡附近的布赖滕费尔德惨败于古斯塔夫·阿道夫。

5　克伦威尔

有人可能会怀疑克伦威尔是否应该在战争艺术史上占有一席之地，因为在战争艺术连续发展的链条中说不上有他的名字。但他作为一名战士的威猛煊赫，他的军队的不同凡响，实在不容略过。[1]

如前所述，英格兰凭借强势集中的王权在中世纪建立了一套高效的军事制度。而在玫瑰战争中①，这套制度耗尽了自身的能量。大军阀们同归于尽。终结内战，君主几乎有无限权力的都铎王朝的根基不是强大的军队，而是完善的警察和密探。

当时出现了常备募兵军队的萌芽，尤其是为了镇压爱尔兰人，但这种军制得不到发展，因为国会担心会进一步强化国王的专权，所以不给军队批钱。

在三十年战争中，英格兰本来可以成就援助德意志新教徒的大业。但正如伊丽莎白女王当年为了不让臣民背上过重的税负，所以

---

① 1455—1485 年间的英格兰内战，起因是兰开斯特家族与约克家族争夺王位。

只为尼德兰反抗西班牙的斗争提供了少量援助,如今她的继承者们也没有干涉德意志,尽管波希米亚人专门将英王詹姆斯一世的女婿普法尔茨选侯立为国王,指望着以此获得英格兰援助。但英格兰只提供了少量援军,装备还是募捐来的。

前面讨论中世纪时就说过(第3卷第二篇第5章),英格兰有保卫国家和维持国内秩序的民兵。每个郡都有与规模对应的一支民兵,有建制和军官。武器存放在专门的仓库里。他们也有一定的训练,夏季每个月抽一天进行。但如前所述,这些民兵单位被称作"练军"主要是因为他们应该训练,而不是他们真的练了。与我们了解的德意志多处的地方民兵一样,他们的军事价值很小。

法理上讲,这些民兵不应该出国作战,在可能的情况下,他们甚至不应该离开本郡。大约150年间,英格兰无疑偶尔会发动战争,但战功寥寥。尽管与德意志和法国一样,英格兰贵族身上还留存着先辈的武士传统,但现在靠征召骑士已经打不赢战争了。如果要招募佣兵,英格兰又缺少赋予国土佣兵战斗力的德意志传统。尽管英格兰冠绝所有新教国家,但由于欠缺军事组织,不管是胡格诺战争,尼德兰独立战争,还是三十年战争,它都不能在欧洲政局中发挥显著作用。结果在三十年战争期间,新教领袖的位子终于被物质资源较少的瑞典夺走。

缺乏高效军事组织的现状当然也主导着内战进程。不管是聚集在查理一世国王身边的军队,还是国会征召的军队,尽管他们势不两立,但组织性还是太差,打不了大决战。双方大概各有六七万兵力,但绝大部分都驻扎在城市和城堡里,参加野战的人数不过一两万。两边都有参加过三十年战争、在尼德兰或瑞典军中服役过的军官和士兵。他们把欧洲大陆发展起来的阵形带到了英格兰,但没过几年就被大众同化了,于是正如世界史中的其他时期(前有胡斯战争,后有法国大革命)一样,真正的军队是在战争本身中锻炼出来的。

完成军队改革、用精兵取代松散的征召民兵和志愿兵的核心人物是克伦威尔(Cromwell)。他之所以成为世界史上的重要人物,正因为他懂得如何在战术上运用又如何在战略上领导这支他手创的军队。作为国会议员,他曾提议将民兵指挥权从国王转到国会。当内战因此爆发时,时年43岁的克伦威尔自封为骑兵队长,在本郡组织了一个骑兵方队。他之前没当过兵。1642年10月23日,国会军在第一场大型会战埃奇希尔会战中失败。撤退途中,克伦威尔对汉普登①(Hampden)说:

> 你的部队大多是年老力衰的仆人、酒鬼和类似的废物。敌军则是绅士子弟和有身份的青年。你觉得这些平庸无能的人能比得上内心有荣誉、勇气和决心的人吗?你必须去找那些心志单纯的人——请不要怨恨我说的话——那些心志不亚于绅士的人。

他接着说,讲荣誉的人只能被有信仰的人打败,他还说自己知道那些人生活在哪里。他还有一次说义人未必在上层,在这一点

---

① 全名约翰·汉普登(John Hampden),议会军领袖,克伦威尔的堂兄,1643年战死。

上，律师比军人更有发言权。

他按照上述精神先编练了一个骑兵队，然后发展成骑兵团。在战争的第四个年头（1645年），他决定以此为模范建立一支新野战军。之前完全没有一支统一的国会军，只有多股由某个郡或某几个郡组成的同盟维持的部队。最强大的同盟由东部的几个郡组成，之前就已经与克伦威尔和他出身的郡联手，现在则提供了"新模范军"的骨干力量。国会承诺为新军定期发饷，军饷不再由各郡负责，改由国库承担。尽管新军人数不过两万人，但国会还是凑不齐军需，于是将余额摊派给了地方当局。

如前所述，直到目前为止，双方的军队还是非常相似的。双方都有在尼德兰军中或古斯塔夫·阿道夫麾下的军官，双方军官团都是由贵族组成的。随着时间推移，国会军偶尔有表现突出的士卒被任命为军官，但还是无关宏旨。新军共有37名团长和将军，其中9人是大领主，21人是乡绅，只有7人出身平民。直到后来，接替先前因为政治宗教观念而拿起武器的贵族的职业军人才多起来。因此，两军的区别不在于一方是贵族派，一方是平民派。"骑士党"（Cavaliers）和"圆颅党"（Roundheads）的称呼会误导人，好像后者在嘲笑对面的老爷们用来装点自己的假发似的。"圆颅党"领袖和军官在画像里全都是长发，包括克伦威尔在内。清教徒剃光头出征的事只发生在内战初期，用当时的一位贵妇人的话说，他们好像要等头发长回来才会再次出征。

内战前几年，反抗军的统帅是两位地位崇高的国会议员埃塞克斯伯爵和曼彻斯特伯爵。随着新军的组建，一位新统帅也上位了。国会一方的将领一直指望打着打着，最后能与国王达成和解。

曼彻斯特伯爵说过："哪怕我们打败了国王 99 次，他还是国王，他的继承者也会是国王。但如果国王击败了我们一次，我们都会上绞刑架，我们的后代会沦为奴隶。"于是，国会通过了"弃权法案"（self-renunciation acts），内容是议员不得统军，将军务和政务分离。国会应任命一位最高统帅，国会选择了托马斯·费尔法克斯将军（General Thomas Fairfax）。他被赋予委任所有军官、团长和队长的权力，但仍然需要国会批准。假如克伦威尔和其他人一样的话，这些手段必定会葬送他的前程。他是一名议员，本来是必须放弃军职的，但他当时已经升到了副将。结果恰恰相反，克伦威尔在军中有崇高威望，没有人敢让他弃权。但费尔法克斯是一名纯粹的军人，不关心政治。克伦威尔身兼议员与军职，对小自己 12 岁的费尔法克斯将军具有极大的影响力，以至于尽管克伦威尔名义上是二把手，却是实际上的大帅。

新模范军的基础是彻底革除民兵习气，建立一支纪律严明的正规军。但他们的军纪的基础是宗教。我们必须时刻牢记，这支军队只占人口的很小比例。它是一个志同道合者的共同体，既是军队，也是教派。有人恰当地将其比作十字军或骑士团。因此，我们打个比方，英国革命军与后来的法国革命军完全不同，与德意志国土佣仆也完全不同。它与法国革命军的共同点是通过一种特殊的宗教政治观念而团结在一起，但它恰好是后者的反面，因为它不是被征召起来的大众，而是选民的团体。国土佣仆也是选出来的团体，但他们是最低下的那一种战士，徒有蛮勇，毫无理想，而独立派（the

第二篇　宗教战争时期

Independent）①的军队是服务于理念的。法国的胡格诺战争期间从来没有形成像克伦威尔那样的统一军队。这场战争经常被和平协议和停战协议打断，交战的军队仍然属于贵族或市民征召兵和佣兵团。

与三十年战争后期的军队一样，克伦威尔军中的骑兵比例在三分之一到二分之一之间，大多自备马匹装备。丰厚的薪水让他们能过上绅士的生活，而且他们中有许多受过教育的人，认为当骑兵是一个好差事。

一位保皇党的老军官曾对一名清教徒军官说："我们的人，有男人的罪，爱喝酒，爱追逐女人；你们的人有魔鬼的罪，也就是高傲和叛逆的精神。"

由于军官来自委任，而非选举，所以军中一直保持着服从命令的原则。克伦威尔说过，"我下令，所有人都要听命令，不听就解职"，"我不会容忍任何人的反驳"，"制服统一是必要的，因为我们的人经常因为制服不一样而打架"²。就连最高层也要服从命令。尽管统军将领经常与手下团长开军事会议，但会议得出的结论不具有约束力，下令还是将军自己看着办。

用克伦威尔的话说，军纪"根植于信仰的激情和真理"。通过操练和演习，军纪被用来组建牢固的骑兵战术单元。内战之初，埃塞克斯伯爵相信自己不必全面操练，他觉得士兵了解最基本的内容就足够了。克伦威尔则不仅要求校官由能者担任，还要求给校官操

---

① 主张废除教阶、教区地方自治的英格兰教派，在内战和护国公时期地位显赫。

练部下的时间。

为国王效劳的骑兵并不缺少勇气。查理一世手下还有一员曾长期参与三十年战争的著名骑兵将领普法尔茨领主鲁普雷西特（Prince Ruprecht of the Palatinate），他是查理一世的外甥，也是"一冬之王"（Winter King）①的儿子。埃塞克斯伯爵一度灰心丧气，觉得永远都组建不成一支能与国王匹敌的骑兵。但是，克伦威尔"铁骑军"（Ironsides）最终占据了优势地位。这不仅基于勇气，也基于纪律，纪律让他们能够在进攻后立即重新集结。赫尼希（Hoenig）②（II,2,435）提出，在鲁普雷西特统领骑兵的最后一战内斯比会战之前的4场战役中，他的骑兵一直有进攻后不能立即重新集结的弱点。赫尼希的结论是，鲁普雷西特不理解重新集结的必要性。我们能相信这个结论吗？一名骑兵将领反复在同一个地方跌倒，怎么会不知道进攻后收拢部队是何其必要，散乱追击乃至劫掠又是何其凶险呢？我相信他是明白的，但明白不等于贯彻。问题在于练兵，这是一项需要持续努力的艰苦工作，清教徒凭借宗教带来的精神力量做到了，保王党就不行了。在马斯顿荒原和内斯比两场会战中，决定胜负的正是双方骑兵的这一点差别。当然，与早先的估算相反，国会军在内斯比还有巨大的数量优势。[3]

对于克伦威尔的具体战役和会战记述可以略过。他的长才不在于统军，而在于前面讲到的建军。[4] 不过，我还是要讲几个有趣的

---

① 普法尔茨选侯腓特烈五世的一个外号，指的是他曾在1619年8月至1620年11月短暂地当过波希米亚国王。
② 全名为弗里茨·赫尼希（1848—1902），德国军官和军事作家。此语出自他的三卷本《奥利弗·克伦威尔》（*Olivier Cromwell*）。

细节，放到当时的整体军制上同样成立。

内战爆发时，长矛阵和火枪阵还是挨着的。我在文献中没有找到两者具体位置关系的记载。长矛兵在战斗中击退骑兵进攻和长矛兵互冲的记述经常出现。与欧洲大陆一样，火绳枪在英格兰也渐渐超越了长矛。经常有记载说火枪兵在近战中把枪当棍子用。弗思（Firth）在其著作[①]第108页指出，火枪兵不穿盔甲，所以行军能力更强，这是他们占据主导地位的一个重要因素。在内战的第一年，强度最大的行军距离不超过10英里到12英里（约16千米到19千米），最远的一次是13英里，也就是不到20千米。后来行军时不穿盔甲了，行军路程远了一些，但还是不超过3德里，也就是23千米左右。

英格兰直到1705年才最终弃用长矛。

支撑火枪的木叉在内战初期还在用，但新模范军已经不用了。

在内战的第一阶段，每次会战前双方都会公布区分敌我的战场标识和口号。在埃奇希尔，国会军的标志是橙色头巾；在钮伯里（Newbury）是帽子上插嫩绿树枝；在马斯顿荒原是帽子上的白布或白纸。由于这些标识物在激烈的战斗中很容易丢失，所以士兵们还有口号，比如"神与我们同在"（与布赖滕费尔德会战中的瑞典军一样）；马斯顿荒原会战中的王军口号是"神与国王"。

克伦威尔在战争期间确定了统一的红衫制服，在英格兰军中沿用了两个半世纪。

---

① 全名为查尔斯·哈定·弗思（1857—1936），英国历史学家。此语出自他的《克伦威尔的军队》（*Cromwell's Army*）一书。

英格兰人进攻时习惯大声高呼,苏格兰人则是沉默地向敌人走去。苏格兰人门罗取笑皇帝的军队进攻时高喊"沙、沙、沙"(Sa, sa, sa),他说这是土耳其作风,好像叫喊就能吓住勇士一样。丹麦人和瑞典人前进时也不说话。[5]

如果清教徒军队的特性在于宗教,克伦威尔的成就在于利用宗教精神为建军立功服务,那么我们最后也不能忽视这支军队的特性对政治的反作用。

统军权最初在费尔法克斯将军手里,接着由继任的克伦威尔掌管。但从军事层面转向政治领域时,做决定的就是军官委员会了。1647年,军队反叛国会,普通士兵也选出了号为"鼓吹会"(agitators)的士兵委员会,目的是递交诉状。国会想在全国推行长老派教会(Presbyterian Church)建制,通过教规保障统治阶级的权力。[6]军队反对此举。军队的民主观念抵制传统国会制度的贵族气质。他们不想臣服于主教,同样不想臣服于长老派。他们捍卫政教分离,支持自由的独立派体系。最终,军队的团结精神占据了上风。国会想在军队完成使命、打败国王后就解散军队,但军中各团不愿意被解散。军官倾向寻求折中方案,但士兵不同意。军官最后不得不顺从士兵,这样才保住了对军队的控制力。就连克伦威尔也在压力下屈服了。军事法庭判处枪决了几个带头哗变的人,恢复了服从秩序。但军队的意愿完全得以贯彻。国王被处死,国会先被清洗,后被废除。这一套确实完成后,士兵委员会就消失了。不过,我们发现后来有不少"鼓吹者"当上了军官。军队统治国家,军队首脑克伦威尔也成了国家元首。尽管这样一支小规模军队提供的政权基础非常狭隘,但克伦威尔依然拥有保有英格兰、苏格兰、爱尔兰三大王国的统治权,因为他运用权力推行积极的外交政策,并在与竞争对手尼德兰和宿敌西班牙的争斗中维护了国家利益。据说克伦威尔有言:"我可以告诉你我不想要什么,但我不能告诉你我想要什么,因为直到我想要的事情成为必须要做的事情之前,我都不知道它是什么。"这句话恰好可以形容他自己。

6　战例介绍

锡沃斯豪森会战
（1553 年 7 月 9 日）

锡沃斯豪森会战（battle of Sievershausen）中的双方骑兵都用手枪，靠近到"能看见对方眼白"的时候才开火。这里还没有用到回旋。双方兵力都很多，莫里斯大概有 7 000 名至 8 000 名骑兵，阿尔布雷希特少一点。不同记载之间有巨大的矛盾。或许从客观层面分析文献能得出一个比较确切的战斗描述。

圣康坦会战 [1]
（1557 年 8 月 10 日）

腓力二世集结的兵力不少于 5.3 万人和 70 门大炮，对科利尼守卫的圣康坦（St. Quentin）城展开围攻。法军主力远在意大利。法国援军企图入城时被敌军优势兵力击败。西班牙军用炮火先轰击德意志和法国步兵，然后派骑兵击破敌阵，圣康坦随之陷落。但此战不寻常的地方在于腓力无力乘胜追击，因为他付不出军饷了。11月，他只能解散大军，或者分兵驻守。

格拉沃林根会战
（1558年7月13日）

在丢掉圣康坦后，亨利二世将大军从意大利撤回，重新占有了兵力优势，因为腓力之前被迫解散军队。于是，亨利夺取加来，蹂躏了弗兰德斯地区。西班牙人尝到了前一年极端行径的报应，如今无可作为。但局势在6个月后再次逆转。法国分兵并入侵卢森堡（Luxembourg），埃格蒙（Egmont）统率的西班牙军凭借两倍优势兵力主动出击，打败了正在围攻加来和敦刻尔克之间的格拉沃林根（Gravelingen）城的法国军队。此战依然是骑兵发挥了决定性作用。

双方都有德意志国土佣仆参战，也都受到了缺乏斗志的批评，指责他们的原因或许是大家都是国土佣仆，不愿意给同胞造成太大杀伤。但法军麾下的国土佣仆并未因此获益，而是与其他人一样被消灭了。除了少数骑兵逃脱，法国全军覆没，多名大领主被俘。

胡格诺战争

德勒会战
（1562年12月19日）

在德勒会战（battle of Dreux）中，新教一方骑兵多，天主教一方则有相当的步兵（瑞士人、国土佣仆、西班牙人、法国人）和火炮数量优势。双方都有几个步兵单位被骑兵击破。胡格诺一方的"黑衣骑兵"猛攻瑞士方阵，但最后还是被击退了。[2] 法军的一个营用长矛兵前布置3排钩铳手的方法顶住了敌方轻重骑兵的进攻，钩铳手起到了迟滞敌军的作用。天主教一方最终胜利。

蒙孔图尔会战
（1569年10月3日）

天主教一方有相当大的骑兵和步兵优势。科利尼企图凭借正面障碍物来掩护部队，却被天主教军迂回绕过。索要欠饷的国土佣仆发起哗变，拖慢了胡格诺军退兵的速度。一个由4 000人组成、侧面有大车为屏障的瑞士营不寻常地顶住了胡格诺骑兵的进攻。胡格诺骑兵被驱离战场后，国土佣仆遭到四面夹击，全军覆灭。天主教一方自称只损失了300人到400人，而据普费弗尔（Pfyffer）[①] 记

[①] 全名路德维希·普费弗尔（1524—1594），瑞士步兵统领，瑞士联邦中的天主教利益代言人，是16世纪后半叶瑞士政界的关键人物。

载，瑞士军只有 20 人阵亡。从文献来看，国土佣仆甚至在死前都没带走几个敌人。[3]

库特拉战斗
（1587 年 10 月 20 日）

库特拉（Coutras）战斗是亨利四世取得的第一场胜利。双方兵力都不超过六七千人，而且似乎只有骑兵和钩铳手真正交战了。亨利让钩铳手结成一个个密集的小单位，站在骑兵之间，还让他们等敌方骑兵距离 20 步以内再开火。

伊夫里会战
（1590 年 3 月 14 日）

伊夫里会战（battle of Ivry）的相关记载给人一种传奇故事的印象，目前还没有批判性的专门研究。尽管战场上有长矛兵大方阵，但真正交战的只有骑兵、钩铳手和炮兵。天主教联军的骑兵被击败后，亨利四世下令开炮轰击敌方步兵。瑞士人投降了，国土佣仆和法国人则惨遭收割。

白山会战[4]
（1620 年 11 月 8 日）

波希米亚的战事拖了将近 3 年时间，没有爆发一场大决战。波希米亚人具有相当大的兵力优势，摩拉维亚人、西里西亚人和一大批奥地利人站在他们一边，匈牙利人也赶来支援。但领导决策上的优柔寡断，让他们以现有的兵力依然不足以夺取维也纳，终于让获得大批援军的皇帝得以转入攻势。教宗出钱，西班牙和波兰国王出兵，天主教同盟首脑巴伐利亚公爵马克斯（Duke Max of Bavaria）亲自统领这支威武雄壮的大军。

尽管如此，决战直到最后关头才打响。巴伐利亚公爵坚持主张利用合兵一处的皇帝军与同盟军的巨大兵力优势，从上奥地利直取布拉格。但之前成功实施过机动和游击战略的皇帝军统帅布阔伊（Buquoi）对深冬时节冒险打会战有很深的疑虑。他宁愿将目标局限于通过机动将敌人赶出下奥地利。但马克斯公爵非要逼迫敌军决战，在布拉格城下夺回奥地利和摩拉维亚。布阔伊屈服了，但我们接下来会看到，这次大胆行动本来是很容易失败的。

波希米亚军由安哈尔特领主克里斯蒂安（Christian of Anhalt）指挥，企图在敌军正面占据一处易守难攻的阵地，从而拖延其进军。意志坚决的联军向北绕了过去。沿着这个方向，来自巴伐利亚的辎重也可以通过波希米亚森林的各处关口被运到前线，事实上他们也做到了。波希米亚军注意到敌军确实是直扑布拉格之后进行强行军，这才再次截住敌军，于布拉格以西约两英里（约3.2千米）处的白山（White Mountain）布下防御阵地。

阵地位置极佳，右侧是围场和一座坚固堡垒，左侧是陡峭的地陷。战线正面是沙尔卡溪（Scharka），它所经之处是湿地草甸，敌军只能从一座桥过河。

蒂利大胆地命令巴伐利亚部队过桥后面对敌军列阵。波希米亚人这时意识到，胜负之机在于扑向巴伐利亚军，赶在皇帝军渡河支援之前将其打垮。施图本福尔（Stubenvoll）和施利克尔（Schlieck）两位团长提醒领主克里斯蒂安注意眼前的有利形势，他想要采纳。但将军霍恩洛尔伯爵表示反对，他指出巴伐利亚军会派火枪手坚守桥近侧的伦普村（Rep）能为主力争取足够的过河时间，而波希米亚人一旦出击就放弃了防御阵地的巨大优势。安哈尔特听从了伯爵的意见，放弃了趁敌军列阵未成出击的大好机会。他或者是决定打一场纯粹的防御战，或者指望着易守难攻的阵地能让敌军在最后一刻知难而退。如果真是那样，波希米亚几乎肯定可以不经一战便赢得战役。

事实上，布阔伊明白山脊上的敌阵不容忽视，他不知道敌军提前挖好了怎样的堑壕，己方进攻时可能会遭遇根本挡不住的枪炮火力，而且在那种情况下，后方只有一条狭路，大军就全完了。因此，他主张从南侧包抄，逼迫敌军撤出阵地。

但马克斯公爵和蒂利两人都想决战，他们最终在列阵完毕后于阵后召开的作战会议上占据了上风。"凡是想打野战的人，"蒂利后来说道，"只能将正脸朝向敌军，让自己暴露在炮火的危险之下。"毕竟，包抄行动的可行性很低，撤出现有阵地的危险性则很高，这是显而易见的。天主教一方无疑具有数量和士气的双重优势。他们有 2.8 万人，波希米亚只有 2.1 万人。他们不断将敌人逼向布拉格城下。[5] 另外，天主教部队在前一晚成功突袭了匈牙利人，让波希米亚国王麾下的这支不少于 5 000 人的力量大惊失色，完全失去了斗志。

趁着敌方将帅开作战会议的时间，波希米亚人在奋力加固阵地。安哈尔特领主在之前行军时就预备列阵于白山，下令在那里挖掘战壕。他曾请求赶在大军前面前往布拉格的波希米亚国王本人监督白山工事。但他们取得的成果很少，因为大军携带的工具已经用完了，首先要向议会政府批准600塔勒的锹铲采购经费。要是多加一把劲，多上一点心，再多几个钟头的时间，白山工事完全可能做到固若金汤，让布阔伊担忧的事情变成现实。

但不仅战壕工程推进不力，他们也没能利用地形优势。右侧有围场的墙和陡坡，是非常坚固的天然屏障，只需较少守军即可。于是，坡度较缓，更易通行的左侧理应加强兵力或布置一支预备队用于反击。但整个阵地一律布置了两个梯队，每个梯队都是由一个个交替布置、间隔相当大的小型骑兵和步兵单位构成的。5 000名匈牙利骑兵本来应该一部留作预备队，一部在最左侧列阵，但他们觉得最左侧会暴露于炮火之下，所以不敢去那边，于是全在最后面当第三梯队。由于前一晚遭受了袭击，他们显然士气受挫。

会战期间在布阔伊身边的耶稣会士菲茨西蒙（Fitzsimon）为我们留下了一份优秀的战记。他说波希米亚的军阵太单薄了，还学究气地援引了李维的观点。右侧围场与左侧山坡的间距约为1.5英里（约2.4千米），[6]而波希米亚全军不超过2.1万人。如果统帅坚定英明，将部队牢牢掌握在手中，那么正如前面所说，他可以派较少的兵力把守围场和右侧，保留一支强大的预备队以防万一，这样就可以弥补地阔人少的问题。但安哈尔特领主克里斯蒂安并非这样的统帅。之前，当巴伐利亚部队孤立无援时，他还会犹豫要不要进攻就证明了这一点。即使他个人能力更强，富有自信，但他并不能掌控部将，更不能通过他们控制各部。

天主教军没有利用数量优势进行包抄，比如他们无疑可以包抄波希米亚军左翼，那里没有匈牙利部队。相反，他们由两侧进攻时的正面宽度似乎还不如敌军，于是纵深就更大了。皇帝军和同盟军分别组成了5个步兵大方阵，按照棋盘样式排成二线或三线推进，骑兵在步兵侧后方。皇帝军的骑兵组成了小方队，同盟军骑兵的单位则很大。[7]

双方在展开期间都开炮了，但无疑并未造成重大伤亡。天主教一方的火炮在山谷中，只能仰射。波希米亚人则只有6门大炮和若干小炮。

如前所见，尽管先展开的是巴伐利亚人，但第一波进攻是由右侧的皇帝军发起的。巴伐利亚军确实必须沿着陡坡佯攻，但与克雷布斯（Krebs）的看法相反，这不可能是他们较晚参战的原因。假如他们与皇帝军同时列阵，那他们不会因为坡陡而晚几分钟参战，结果让皇帝军自己打了胜仗，以至于公爵手下的大部分团根本没交上手，毕竟开战的决策主要是公爵做出的。仗之所以打成了侧面战斗，是因为联军存在意见分歧，于是达成了妥协。他们决定首先发起一场大规模的散兵行动，看看敌军阵地是不是像某些将领害怕的那样牢固严密。这场行动必然要放在更能看清地貌的右侧。因为初步侦察活动立即引发了会战，决策是在很短时间内做出来的，所以天主教军中最先部署、求战最迫切的部队几乎无事可做。

联军本来没有下定战斗决心，这可能也是他们采用窄长阵形的原因。他们不想第一波就投入太多人，而是希望保留大批兵力。

皇帝军沿着缓坡迅速接近波希米亚军左翼，最初遇到了多支骑兵团的反击。但经过一番你来我往，骑兵很快就在敌军的优势兵力面前败下阵来。图恩伯爵（Count Thurn）的步兵团这时也展开行动，但只是在300步到400步远处开枪，然后就转身逃跑了。波希米亚一方的统帅在战记中只看到士兵的胆怯，但史家指出先前有玩忽职守和欠饷的情况，以至于士气低迷，这便能解释这支部队的糟糕表现。局势但无疑还是有一些异样。如前所见，波希米亚军的梯队非常单薄，每个单位都很扁平，间距又很大。这种阵形方便各阵根据具体情况穿插运动，相互配合，但必须有人认清和利用具体情况才行。换句话说，薄阵需要自信而卓越的指挥，上至统帅，下至各团。但事实不是这样。我们之前已经看到阵形是平均摊开的，没有真正因应地形。现在只有站在第一梯队的图恩伯爵部上前，[8]而且上前时相邻的骑兵已经溃退。第二梯队和第三梯队的匈牙利人都没有一齐前进。于是，第一梯队的图恩团前进时撞上了兵力多好几倍的敌军步兵和骑兵。难怪他们停下脚步，转身逃跑了。为什么图恩不先等敌军进入火绳枪的射程之内、可以发挥火枪的全部威力时再把部队带出去，配合附近骑兵发起反击呢？考虑皇帝军的数量优势，反击成功的可能性是很可疑的；前面的两支步兵后面又有三支，还有骑兵队相随。尽管如此，孤零零的一个团上前又没有提前利用防御阵地和防御火力的优势，如此行动对部队的要求太高了，就算再勇敢也不可能成功。令人称奇的是，包括图恩团余部在内的第二梯队没有立即参战，反而在第一梯队顺着间隙往后逃跑时不动如山。

波希米亚军统帅之子，时年21岁的安哈尔特少主克里斯蒂安统领着一支勇敢的骑兵，从第二梯队大胆上前，突袭得手。皇帝军前锋在前进途中遭到波希米亚骑兵攻击，大概本来就陷入一定的混乱。现在克里斯蒂安突然杀了进来，途中遇到一支骑兵，驱策其返身再战，一度击破了一个步兵方阵，用马刀砍倒了一部分敌军。其他几支部队跟了上来，第三梯队的匈牙利人也往前走了。但敌军人数太多了。蒂利将同盟军的骑兵派去支援，很快打垮了安哈尔特的骑兵。匈牙利人甚至没有发起一次真正的进攻。面对天主教军的不断推进——其中波兰人表现很突出——波希米亚的一个个团纷纷逃跑或退入右侧的围场，在那里遭到四面合击，迅速被消灭。

战斗从中午打响，持续时间不超过一个半到两个小时。左侧的一大批巴伐利亚部队根本没用上。

不仅多名亲历者的记述为我们提供了两军阵形的信息，还有名为《日志》（"Journal"）的巴伐利亚官方战报（作者是拉斐尔·萨德勒，1621年刊行于慕尼黑）以及领主克里斯蒂安写给腓特烈国王（收录于1787年的《爱国文献集》，*Patriotic Archives*）的报告中的草图。

《日志》中写道，双方步兵都是方阵，唯一的区别是天主教一方的射手围在方阵四周，包括后方，而波希米亚一方的射手有的在方阵周围，有的在长矛兵单位两侧组成斜向的长队。

在天主教一方，同盟军的骑兵方队要比皇帝军的方队大得多，这样做是恰当的。

在安哈尔特报告的配图中，波希米亚一方的步兵和骑兵都组成了扁平阵形，但射手和长矛手的关系没有说明。巴伐利亚草图中的波希米亚军阵大概是虚构的；巴伐利亚人听说过射手两侧长队的事，据此画了草图，但他们不知道扁平阵形这个关键点，而从波希米亚统帅本人的草图可知其确实采用扁平阵形。

但是，克里斯蒂安为什么摆出稀疏扁平的阵形呢？草图给人的印象是，他首先让所有部队（匈牙利人除外）排成一线，然后一支部队不动，一支部队往前走300步，以此类推。如此一来，第一梯队各部的间隔恰好等于第二梯队各部的正面宽度。因此，与敌军正面接触时，除非第二梯队及时上前堵住缺口，否则第一梯队的每支部队马上会受到两面夹击。按照这种阵形，敌军骑兵对波希米亚步兵的威胁特别大。这样做的解释大概是敌军也没有组成连续正面，而是以间隔很大的窄长纵队行进，克里斯蒂安是知道这一点的。因此，克里斯蒂安很可能指望着第一梯队受到夹击威胁时，不远处的第二梯队能迅速冲上来支援，同时巨大的间隔能赋予每一支部队最大程度的行动自由。

话虽如此，我们还是要问：将各部隔离开来的巨大间隔难道不应该为战败负责吗？假如波希米亚各部没有组成松散的两线梯队，而是组成紧密的一线梯队等待敌军进攻，尽可能高效地发扬火力，[9] 在最后关头尽可能整齐地发起全线反击（当然，匈牙利人还是留作二线预备队），那么取胜的机会当然要大一些。他们有没有可能是被古人所误，受到了罗马军团当年利用了空隙之说的余毒 [利普修斯根据李维（8:8）得出的棋盘阵] 影响？无论如何，下一个时代的军人转向了密集阵形。

一份很可能出自安哈尔特领主克里斯蒂安本人之手，内容是波希米亚军队不足之处的回忆录 [刊载于《爱国文献集》, 7（1787）: 121] 中抱怨说，许多军官能力不足，还嘲笑他们根本不理解的尼德兰战法。假如克里斯蒂安对尼德兰战法的理解和运用果真如文献记载和他本人所绘草图中一般，那我们就不应该太苛责那些有排斥心理的老兵了。身为统帅，克里斯蒂安的问题显然不会比其他任何人小。他还埋怨手下团长太少，因为将军们都是自行任命团长（第119页）。这或许是实情，却再一次反映了统帅的优柔寡断。

此战不同寻常地有许多民族参加。波希米亚一方有波希米亚人、奥地利人、匈牙利人和尼德兰人；天主教一方由德意志人、西班牙人、意大利人、瓦隆人和波兰人组成。

布赖滕费尔德会战[10]
（1631年9月17日）

古斯塔夫·阿道夫在波美拉尼亚海岸登陆后过了大约15个月，他才与身兼皇帝军、同盟军统帅的蒂利在萨克森决战。皇帝一开始派不出足够兵力对付瑞典国王。尽管将同盟军算在内的话，他可动用的兵力确实很多，瑞典国务委员会的一名成员警告说，皇帝的兵力不少于15万，但为了把守开战至今夺取的无数堡垒，这些部队分散于各地。此外，皇帝还在意大利与法国争夺曼图亚公国。然而，皇帝之前在众选侯和天主教同盟的劝说下将瓦伦斯坦撤职，此举拖延了准备反击的工作。9月，也就是古斯塔夫·阿道夫踏上德意志土地两个月后，皇帝用撤职令通知了瓦伦斯坦。

因此，古斯塔夫·阿道夫有时间一座接一座拿下波美拉尼亚和梅克伦堡（Mecklenburg）地区的要塞，期间常常会遇到激烈抵抗；他还可以通过政治手段与新教诸侯盟友磋商，争取他们。1631年2月，他在奥得河畔法兰克福首次与蒂利面对面，但两位统帅都无意求战。通过奔走来回的急行军，古斯塔夫·阿道夫抢在蒂利援兵抵达之前先后夺取了自己右侧的代明（Demmin）和左侧的法兰克福（Frankfurt）、兰茨贝格（Landsberg）。但接下来，蒂利于5月20日强攻夺取了之前宣布支持瑞典的马格德堡，令人惊叹。尽管如此，他们都没有直奔对手而去。古斯塔夫·阿道夫在等待援军抵达并与勃兰登堡选侯和萨克森选侯联络。蒂利则相信身边都是瑞典国王占据的要塞，他不可能压迫对方应战，于是满足于在中欧四处镇压瑞典的支持者。直到蒂利进入萨克森，选侯约翰·格奥尔格率军与瑞典结盟时，会战才就此展开，地点在莱比锡以北约5英里（约8千米）处。

据文献记载，古斯塔夫·阿道夫甚至到此时依然反对应战，只是因为不希望看到国土成为两军来回烧杀掠枪的战场的选侯敦促，他才同意。果真如此的话，瑞典国王独具战略眼光的名声可就要受损了。他指望不上更多援军了，而且躲开蒂利也没有其他重要目标要夺取。蒂利则恰恰相反，他还在等待一支由奥尔德林格（Aldringer）统率的南德意志援军，援军已经抵达耶拿（Jena）近郊，因此几天内便可到达。蒂利本来大可以列阵于埃尔斯特河之后，大概能够拖住敌军足够长的时间。[11]因此，他本人对此应该毫不犹豫，但连胜而骄的手下将士觉得敌军来到莱比锡平原是送上门来的机会，应该与之会战。那么，古斯塔夫·阿道夫再次避战可能是因为什么呢？拖延下去的话，他一无所得，只会丢掉萨克森，丢掉萨克森则万事皆休。如果仔细看他发回国内的9月15日杜本（Düben）重要作战会议报告中的措辞，我们会发现他其实没有说反对会战，只是给出了不应浪战的理由。换句话说，作为一位明智的政治家，他不想表现出一心求战的样子，而是把这个角色安排给了最关切本土不要再受战祸的选侯。如此一来，萨克森人在战斗中会更加卖力，而且出了问题也是他们担责任。

瑞典萨克森联军兵力估计约为3.9万人，皇帝军和同盟军有3.6万人。因此，前者兵力略多，骑兵比对方多2 000人（1.3万人对1.1万人），火炮也多（75门对26门）。但蒂利寄希望于靠质量优势弥补数量劣势，对面的1.6万名萨克森部队大多是征来的新兵，顶不住蒂利的部队。

蒂利出了莱比锡城，命令大军在开阔平原停下并列阵于布赖滕费尔德村右侧的一处小丘，那里在洛伯河（Lober）后方约2千米处，河从阵地正面流过。洛伯河今天只是一条小溪，但从记载来看，在当时肯定很难渡过这条小溪。军阵没有天然界限，左右两侧皆无依凭，但考虑有大纵深的步兵大方阵（terzio）保护侧翼，所以天然障碍物也不是必然要有的。

联军似乎是在远处就展开为宽大正面，从平原上走来，发现敌军阵地时就转向右边并派出前锋在战线之间游击。瑞典国王和霍恩元帅（Field Marshal Horn）在报告中都说，右转的原因是避免敌军利用阳光和风向的优势。这句话含义不是很明确，尽管从韦格蒂乌斯开始，阳光和风向的优势就是军事理论家葫芦里的老药，但弗隆斯贝尔格自称对其一无所知。战阵的正面方向是由完全不同的、更加重要的因素决定，而且在展开状态下转向的难度极大。拿骚伯爵约翰写道："在战斗中试图转向是很危险的，这算是半个逃跑，而且给了敌军侧面进攻的机会。"[12] 古斯塔夫·阿道夫也明言转向没有成功，因为他们必须要在敌人眼皮底下越过一道天堑，也就是洛伯河。但向右运动的结果是两军没有正面碰撞，联军伸到了蒂利军左翼以外。联军不只是物理上延伸出去一块，还潜在地进一步拉大了与敌军的距离，因为除了荷尔斯泰因的一个团，蒂利将全部步兵放在了中间偏右的位置，[13] 骑兵有12个（11个）团在右翼，只有6个团在左翼。于是，古斯塔夫·阿道夫和瑞典军几乎只会遇到骑兵，而骑兵必然布置得非常稀疏，也就是间隔很大，因为整条战线的长度达2.25英里（约3.6千米）以上，一步的距离内不超过5个人。排成一线的4个步兵密集大方阵应该也有很大间距。

蒂利或许可以趁着联军正在渡过洛伯河的机会出击（类似于白山会战中安哈尔特的处境），但他没有那样做，大概是为了让己方炮兵能首先向展开过程中的敌军开火。敌军渡河期间，蒂利左翼被包抄的状况显现了出来。左翼指挥官帕彭海姆（Pappenheim）向左移动，于是左翼的骑兵和右翼的荷尔斯泰因团之间出现了一个缺口。双方都想包抄对方，于是战斗在缺口处爆发了。帕彭海姆远远地绕到了敌军侧面，以至于瑞典第二梯队可以直接上前迎击他。[14]

蒂利军主力对此无法袖手旁观，尤其是瑞典萨克森联军的炮兵现在也开始行动了，他们的火炮数量远多于对手，威力更大。于是，蒂利命令右翼投入战斗，特别是全体步兵。他的4个步兵大方阵齐头并进，配合骑兵击退了萨克森部队。不光是老兵打新兵，还是以多打少，萨克森人怎么可能顶得住呢？帕彭海姆的左翼和蒂利亲自指挥的右翼之间出现了一个大缺口，因此战线上的瑞典主力对面几乎没有敌人。联军向右行进时，瑞典军和萨克森军之间可能也形成了一段空隙。这或许是瑞典人在报告中特别强调右转是为了避免敌方利用阳光和风向的优势的一个原因，是为了应对潜在的批评。

由于帕彭海姆所部骑兵向左运动，萨克森部被击退，所以瑞典军遭到了两面包抄。事实上,菲尔斯滕贝格(Fürstenberg)指挥的一个骑兵团已经绕到了瑞典军后方。既然近 1.5 万名萨克森人已经被驱离战场,蒂利现在拥有了近 3.6 万人对不到 2.5 万人的数量优势。但瑞典部队的战术灵活性,以及瑞典国王及其将领的高超果断指挥弥补了数量上的差距。

甚至在萨克森人败退,皇帝军完成对瑞典军这一侧的包抄之前,帕彭海姆的骑兵就被击退了。与火枪手紧密配合的瑞典骑兵在战术上优越于皇帝的骑兵。[15] 他们放任敌方骑兵来到近处,接着火枪手一轮齐射,瑞典骑兵随之冲上去,一举将敌军击退。就连来到瑞典军后方的菲尔斯滕贝格部骑兵也被转过身来的瑞典第二梯队击退并歼灭。

但决胜的位置还是在瑞典军左翼,皇帝军的 4 个步兵大方阵占据了萨克森人原来的阵地。如果大队步兵配合骑兵向左攻打瑞典军的暴露部,他们要如何抵挡呢?古斯塔夫·阿道夫一看到萨克森人在逃离阵地,就从第二梯队抽调两个步兵旅来掩护侧面,又从另一翼抽调了一个骑兵团来支援,对敌军骑兵发起进攻;敌军骑兵只有 6 个团,如果减掉之前跑到瑞典军后方的一个团,那就只剩下 5 个团了。与另一翼一样,骑兵和火枪手在进攻中密切配合,击败了蒂利的骑兵并将其驱离战场。还没等追击萨克森人的皇帝军步兵大方阵重新集结整队、转到新的行动方向,骑兵已经一败涂地。事实上,有一个方阵跑得太远,扬起了漫天尘土,以致于看不到发生了什么。它在待命期间无所作为,没有参加之后的战斗。但其他 3 个方阵被己方骑兵抛弃,又受到瑞典军多个方向的攻击和威胁,无力施展真正的强项,也就是雷霆般的突击。有人会觉得他们的兵力那么多，各部应该可以相互支援，击退敌军骑兵，然后转入进攻。但这并没有发生。果决领导下的瑞典骑兵肯定不断从四面同时进击，萨克森步兵大方阵被迫消极防御。我前面说蒂利军两面包抄了瑞典军，这句话现在必须重新检视。早在蒂利军左翼形成威胁之前，右翼包抄的部队就已经被击退了，而当瑞典军发起积极抵抗时，左翼的威胁也被解除了。我们可以说瑞典骑兵将步兵方阵钉在了原地，这时瑞典火枪兵也发起进攻，特别是向密集的敌阵开火、几乎发发必中的轻炮兵。[16] 除了更强大的远程武器大大提升了瑞典军歼灭被围敌军的效率这一点，此情此景肖似坎尼会战。

古斯塔夫·阿道夫后来写道，他的7个步兵旅中只有3个实际参战，主要是对付蒂利大方阵的两个旅以及参与击退帕彭海姆部、歼灭菲尔斯滕贝格部骑兵的步兵。

帕彭海姆手下的骑兵尽管数量大得多（可能是7 000人对4 000人），但还是一无所获，因为瑞典骑兵与近战步兵密切配合，且得到了火枪手的有效支援。帕彭海姆没有被彻底击败。他自称重新集合了部队，但无法率领他们回身再战，而到了次日，"他在刺眼的阳光下从敌人面前退走了"。另一侧的皇帝军骑兵处于兵力劣势，不到4 000人对至少5 000名瑞典骑兵，后者还得到了姗姗来迟的两个团的加强。皇帝军步兵的火枪队薄弱，没有做好再次进攻的准备，支援力度很小。于是，皇帝军的两个兵种没有达成战术协作，被步骑协同的敌军各个击破，先是骑兵，再是步兵。

蒂利多次受伤，勉强保住性命，决定退向哈雷（Halle），路线大致是从瑞典军后方，沿着瑞典战线平行方向回退。他身边可能还有菲尔斯滕贝格骑兵残部。该残部绕到瑞典军后方，结果受创。帕彭海姆和没有参加第二阶段会战的第四方阵早已向莱比锡而去,直到次日才与蒂利会合。因为蒂利在德意志西北部还有相当的兵力,所以这次看似诡异的撤退行动其实是他一早就计划好的,一旦战事不利就退兵。类似地,萨克森选侯逃跑时不是朝向后方的杜本,而是向侧面的艾伦堡(Eilenburg)而去。

被俘的蒂利部步兵立即加入了瑞典军,以至于后者战后的兵力比战前还要多。

吕岑会战 [17]
(1632年11月16日)

吕岑会战(battle of Lützen)之前,瓦伦斯坦侵入萨克森并夺取了莱比锡。古斯塔夫·阿道夫从南德意志赶来驱逐他。瓦伦斯坦得到了从马斯特里赫特远道而来的帕彭海姆支援,兵力之盛令古斯塔夫·阿道夫不敢立即出击。同时,国王还指望着格奥尔格公爵统领的一支吕讷堡与萨克森联军来支援,后者在易北河另一边的托尔高(Torgau)附近,于是瓦伦斯坦被夹在了两股敌军之间。古斯塔夫·阿道夫在萨勒河畔瑙姆堡(Naumburg)以北设下守御完备的大营,人数虽居劣势,但瓦伦斯坦还是不敢贸然攻打。两军就这样对峙数日,饱受11月寒冬之苦。最后,瓦伦斯坦决定将部队撤回萨克森诸城的冬季营地。古斯塔夫·阿道夫刚刚发觉便主动出击,希望与格奥尔格会合,或者在敌军集结之前将其击败。瓦伦斯坦派轻装部队拖住瑞典前锋,然后精明地选择了一处适合打防御战的阵地。瓦伦斯坦部没有直接堵住瑞典人的去路,而只派了右翼过去。

不过，右翼边上是小城吕岑和难以通行的沼泽，易守难攻。因此，为了与皇帝军交手，瑞典人必须花时间绕了一个大圈子，不仅给了对方集结更多兵力的机会，也让对方有时间奋力挖掘战壕，加固本来正面就有天堑保护的阵地。当古斯塔夫·阿道夫在进军第一日（11月15日）得知敌军在正面不远处设立阵地时，他命令部队转向敌军，准备次日清晨发起进攻。他有16 300人，包括5 100名骑兵和60门火炮（包括轻便的团炮）。瓦伦斯坦最初只有1.2万人，包括4 000名骑兵、21门重炮和数目不详的轻炮。[18]但迷雾让瑞典军直到上午10时才出击。正午时分，1 400名骑兵加入皇帝军，两时到3时之间又有1 500名步兵抵达，于是总兵力就成了14 900人对16 300人。

早期文献说，吕岑会战中的皇帝军依然采用蒂利在布赖滕费尔德会战中的那种笨拙阵形。这是不正确的。瓦伦斯坦已经抛弃了步兵方阵，改行10排纵深的阵形。他还采用了轻便的团炮，并将火枪手配属给骑兵。[19]尽管如此，瑞典军仍然具有质量优势，他们使用没有木叉的轻型火绳枪，纵深只有6排，更有对新募军队来说总是具有优势的老练军队。

最后，尽管皇帝军阵地坚固，但瑞典人的数量和质量优势还是占据了上风。瓦伦斯坦的中军步兵一直没有被击败，但骑兵损失惨重，以至于他不敢次日再战了，尽管夜幕降临后抵达的4 000名帕彭海姆部步兵让他具有了相当大的数量优势。假如这支步兵早几个小时抵达，当日战局或许会有利于皇帝军。另外，纯粹从战术角度来看，瓦伦斯坦在次日未必不能再战，未必打不赢，至少还可以防守。瑞典人在夜间也稍稍退后，但他们当然还在等待从托尔高来的吕讷堡萨克森联军，[20] 而这正是瓦伦斯坦放弃交战并撤出萨克森的决定因素。

有学者称，瓦伦斯坦明知瑞典军近在眼前却依然命令部队退入冬营的做法不可理喻。但他们不可能冒着 11 月的严寒继续在旷野中扎营了。佣兵们可能会逃亡。他要么退入冬营，要么不经一战便撤出萨克森，让波希米亚境内的皇帝领地供养军队。通过警戒侦察，他排除了突然袭击的危险，而且敌军毕竟尚未合兵一处。最后，古斯塔夫·阿道夫本人也没有必胜把握，战斗也是来回拉锯。如果瓦伦斯坦为了规避会战的潜在风险便直接牺牲萨克森，打算退往波希米亚，那他的思想也太狭隘了。

如前所见，他选择以侧面对敌看似不同寻常，其实赋予了他巨大的战术优势。如果真打了败仗，他去波希米亚的道路就被堵住了，只能撤往西北德意志。他有胆量选择这处阵地必须被视为壮举，证明他具有战略胆识。

我们可以肯定地说，这场会战受偶然因素的影响比其他会战都大。古斯塔夫·阿道夫当然打算天一亮就进攻皇帝军。假如他做到了，必然会打一场大胜仗。但迷雾让瑞典军推迟了进攻。在此期间，皇帝军不仅奋力挖壕加固阵地，而且赶来的援军也让双方兵力几乎相等。反过来看，皇帝一方的最后一支援军，帕彭海姆的 4 000 名步兵尽管前一天晚上就接到警报，从约 19 英里（约 31 千米）以外的哈雷赶来，但这支本来会赋予瓦伦斯坦数量优势的部队还是迟到了，入夜后才抵达，那时战斗已经结束了。最后，尽管瑞典打赢了，但国王的去世还是抵消了战果。

会战期间，阿尼姆（Arnim）统率的萨克森主力还在西里西亚，对付马拉达斯（Maradas）和加拉斯（Gallas）的两支部队。天主教一方还有一支可观的兵力供巴伐利亚选侯动用。尽管吕岑是一场重要会战，但双方都只投入了部分兵力，而且参战兵力数目也是非常少的。

讷德林根会战[21]
（1634年8月27日/9月6日）

1634年瓦伦斯坦遇刺后，由斐迪南皇太子（Crown Prince Ferdinand）任统帅、将军加拉斯伯爵（General Count Gallas）实际指挥的皇帝军与巴伐利亚军联军转进巴伐利亚，围攻雷根斯堡。伯恩哈德（Bernhard）①从上普法尔茨赶来解围，与来自康斯坦茨湖的霍恩在多瑙河南岸会合。令人惊讶的是，伯恩哈德留了一支部队围攻福希海姆（Forchheim），霍恩也在康斯坦茨湖和布赖斯高（Breisgau）留下兵力，以至于两军会合后的兵力似乎还是不足以直接进攻雷根斯堡的围城部队。围城军仍然在奋力攻打，同时弗赖辛（Freising）、莫斯堡（Moosburg）和兰茨胡特（Landshut）也被拿下，雷根斯堡终于陷落了。

皇帝军取胜后分兵两路，斐迪南率军前往正被一支瑞典和萨克森联军威胁的波希米亚，巴伐利亚与天主教同盟的部队则在英戈尔施塔特（Ingolstadt）等待一支正从蒂罗尔赶来的庞大西班牙援军。与我们预想的不同，伯恩哈德与霍恩没有直扑巴伐利亚军，趁西班牙部队抵达前将其击败，而是同样也分了兵，好让部队休整。现在

---

① 新教一方的萨克森-魏玛公国将领（1604—1639）。

萨克森部队撤出了波希米亚，于是斐迪南再次转向，与巴伐利亚军会合后夺取了多瑙沃特（Donauwörth），并将注意力转移到了围攻讷德林根（Nördlingen）上。瑞典人难道要让这座新教重阵也落入天主教一方手中吗？

　　伯恩哈德之前在雷根斯堡就主张尝试解围，如今更是积极请战，尽管他并不否认敌军兵多。霍恩表示反对，事实上直接进攻讷德林根围城部队的决心最终也没有下定。他们原先在讷德林根以西10千米开外的博普芬根（Bopfingen）等待援军，后来决定向围城军逼近，扎营于乌尔姆与讷德林根之间的道路上，既方便从乌尔姆和符腾堡给瑞典军运送补给，也能切断从多瑙沃特向皇帝军前线的粮道。部队从讷德林根正西的博普芬根出发，绕了一个大圈到城西南的阿恩斯贝格山（Arnsberg），全程近10英里（约16千米）。前锋指挥伯恩哈德去往的敌方地点似乎比霍恩预料中更接近讷德林根，因为只有在这么近的距离上才能达到预期目标，即对皇帝军补给线施加压力。但这条路线从博普芬根出发后要经过崎岖的山谷和森林，而且还没等伯恩哈德后面的霍恩部越过这些障碍，皇帝军已经占领了奥布赫（Allbuch）高地，那里本来是联军预定阵地的一部分，是要构成阵地右翼的。正当争夺高地的战斗期间，天黑了。次日上午，霍恩全力攻打奥布赫，左翼的伯恩哈德却按兵不动。[22]瑞典军尽管英勇，还是敌不过敌军的巨大优势兵力。联军终于把之前留在福希海姆城下和德意志南部的大部分部队派了过来，但皇帝军也等来了期盼已久的西班牙部队。如今皇帝军占有数量优势，至少达到4万人对2.5万人的程度。[23]

　　霍恩元帅现在意识到自己既不能夺取奥布赫，继续打也坚持不到傍晚，于是快到中午时就在一队先遣骑兵的掩护下退兵了。伯恩哈德还守着自己的山头，但现在轮到皇帝军进攻了。伯恩哈德部也只得撤走，途中撞上了退下来的霍恩部。通往乌尔姆的道路在左翼伯恩哈德部正后方，霍恩部也没有抵达预定地点，后军沿着路且战且退，于是恰好与伯恩哈德部形成了一个丁字。在种种不利因素之下，新教军全面崩盘，步兵几乎全军覆没，霍恩被俘，伯恩哈德力战得以逃脱。

我们可能会设想伯恩哈德之所以推进到山上敌营炮火范围内的近处，是他知道此举将引发会战，逼迫指挥部中的霍恩元帅不情愿地投入战斗，因为霍恩明白讷德林根危如累卵，随时可能陷落。如果再考虑两位瑞典统帅不知道敌我兵力的巨大差距，这种看法似乎并非全无可能。但实际情况或许并非如此。如果伯恩哈德果真急于战场决胜，那么他从一开始就会避免分兵，而且会趁着斐迪南还在波希米亚时求战。即便瑞典军大胆的迂回行动成功了，不经一战便能占据城市西南方向的有利位置，或者在首日夜晚或次日清晨夺取奥布赫，这也未必就会引发会战。伯恩哈德无疑知道皇帝军有兵力优势，但优势不大。最起码他会假定敌军不敢冒险攻打易守难攻的瑞典军阵地，于是选择撤军，放弃讷德林根。只不过穿过山谷用的时间太长，瑞典军没能全部抵达伯恩哈德预定的位置而不得不夺取之，所以才爆发了战斗。因此，我们必须将此战划为遭遇战，而非酣战。[24]

瑞典方损失了全军的一半以上，约为 1 万人至 1.2 万人。步兵基本被歼灭。天主教一方的损失据说不超过 1 200 人至 2 000 人，这很有可能是真的，因为奥布赫争夺战中新教方付出的代价无疑要多于对方，但瑞典军的大部分损失，尤其是被俘，是在撤退途中造成的。

现有报告中没有详细说明各个兵种的活动及其配合，乃至整体战术局势。但有一个重要且有趣的战略因素应当重申：双方都没有交战的企图或计划，战斗只是在争夺一处高地的过程中，也就是在机动的过程中展开的；如果行动成功，则天主教一方要么放弃围攻讷德林根，要么只得攻打占据极为有利阵地的新教军。

维特施托克会战[25]
（1636年10月4日）

1636年夏，皇帝军与萨克森军联军经过长期围攻夺取了马格德堡，当时巴纳统率的瑞典军还在城北边的韦尔本（Werben），而且自觉兵力不足以解救马格德堡。

现在两军相向而行，都盘算着从威悉河或波美拉尼亚调集援军，但都没有发动决战的坚决意愿。巴纳想侵入萨克森，联军则计划逼退对手，以便依次夺取瑞典手中残存的城池。最后，一度被逼退回梅克伦堡的巴纳绕过敌军，从敌军南边发起进攻，于是会战在普里格尼茨（Priegnitz）地区的维特施托克（Wittstock）爆发了。

此战若真如普遍所认为的那样，那么它会是世界史上最令人惊诧的战斗之一。

巴纳的兵力据说只有1.6万人多一点，至多再多1 000人。对面则有2.2万人至2.3万人，而且阵地在天然屏障之外又有工事加固。眼见敌军正面坚不可摧，巴纳决定分兵两路，同时发起夹击。

如果再假定双方训练程度和战术水平相去不远,而且瑞典军发起进攻时是背靠敌境,那么从计划的大胆程度和胜利的伟大程度来看甚至比坎尼会战还要高。汉尼拔当年之所以能违背兵力弱的一方不能分兵夹击的规矩,是因为他确信己方骑兵有绝对优势,有充分理由寻求决战,但我们实在看不出巴纳为什么觉得有希望打赢,也看不出他为什么非要在此时不惜一切代价打会战,因为他明明可以继续机动而不承担太大风险。

巴纳的优势在于敌军两侧阵地没有天然屏障,不用绕太远即可包抄。另外,敌军正面的森林也使瑞典军的行动变得隐蔽起来。于是,由托尔斯滕松(Torstensson)指挥右翼的巴纳部队突如其来地杀进了敌军战线左侧的萨克森部侧面。但萨克森部稳住阵脚并形成了新的正面,哈茨费尔特元帅(Field Marshal Hatzfeldt)指挥的皇帝军迅速从另一侧赶来支援,于是向那一侧包抄的瑞典纵队和菲茨图姆(Vitzthum)指挥的中军预备队白等了。按照通说的兵力对比,萨克森军与皇帝军联军的兵力必然要有托尔斯滕松的两倍多,我们真是不知道后者怎么能激战3个小时,打得有来有回。

除非假定瑞典兵力至少与联军相等,甚至可能略多,否则这场战斗的计划和行动便无法理解。巴纳在战前几周时间里调来了人数可观的援军,包括1 000多名勃兰登堡守军,守军献城后,萨克森听其去留,而联军还有占领勃兰登堡的克利青将军(General Klitzing)部5 000人没有与主力会合。因此,尽管皇帝军自称以1.2万人对2.2万名瑞典军的说法是遁词,[26]可能与事实差得很远,但瑞典方也不是不可能占据一定的数量优势。

瑞典军右翼就这样逐渐将几乎全部的敌军吸引了过去,虽不能取胜，但尚可坚持。随着夜幕降临，瑞典军左翼现身于联军身后，于是各部已经混杂不堪的联军不敢继续交战，而是趁夜撤出，丢下了大炮，单位也打散了。蒙泰库科利（Montecuccoli）有一句评语（《作品集》2∶58）说巴纳取胜靠的是"日落时终于现身的12队生力军，当时皇帝军全都精疲力竭了"。

即便巴纳没有以少胜多，他作为一线指挥官的声誉也不会受损。他的主要目标绝不是引发决战，但当敌军为了次要目标而力量削弱，而他又觉得力量与敌方相当时，他便抓住了机会。他果断绕过敌军，不怕背对敌境，同时意识到掩护敌军正面的障碍也使其不能发起反击，于是他大胆地分兵合击。他的机动成功了，由此显然占据了上风。前后夹击自然是有优势的，哪怕在兵力相当的情况下，瑞典人最后还是达成了这个目标。防守方避免被夹击的唯一可能性是适时发起反击，赶在另一部干预前将敌军一部歼灭。皇帝军没有做到，于是最终必然失败。但他们的根本错误在于没有见好就收，完成次要目标、夺取勃兰登堡后就集结全部兵力，寻求沙场决胜。当然，联军由萨克森选侯约翰·格奥尔格和皇帝的元帅哈茨费尔特二人同掌，做出大胆决策确实是很难的。另外，攻陷马格德堡后，联军因为缺乏粮饷弹药而无所事事达4周，部队拿不到钱就不上阵。

讲到腓特烈大帝的托尔高大捷时，我们会看到类似的状况。

BOOK III
第三篇

The Period of Standing Armies
常备军时代

1 总 论

理论家和政治家从一开始就并非不知道临时征募佣兵作战的巨大劣势。我们已经看到马基雅维利这样的思想家和弗朗索瓦国王这样的政治家是如何着力于创造更优越的军事组织，又是如何失败的。这一领域实现进步的方式是理论家没有提出过，哲学家没有设想过，任何人不曾预料到的。佣兵团没有被另一种来源的武士取代，而是通过长期服役转化为常备军。这个过程最早发生在西班牙，然后在尼德兰，继而随着三十年战争而遍布于德意志全境，最终于17世纪和18世纪之交传入英格兰。

查理五世退位时[①]留下了6万名野战军和8万名卫戍部队，这种状况最后普及开来。战后解散军队的弊病早就是显而易见的了。人们现在还意识到常备军不仅有政治上的好处，更有提升部队基础战斗力的军事优势。

军事组织总是国家存续的最基本因素。欧洲整体的社会政治

---

① 时为1556年。

格局都随着新的军事组织而转变。常备军成为君主和议会的斗争焦点，由此在整个欧洲大陆将国王提升为绝对统治者，在英格兰则先后让斯特拉福德（Strafford）大臣和查理一世国王上了绞刑架。古代的附庸制度以贵族军官团的形式重新出现。但常备军脱去了国土佣仆凶悍野蛮的外衣，遵守更严格的纪律，募兵以外有征兵为补充，而且随着基本结构的变化，战术阵形也有了更新。

西欧各民族为强大军队建立严整管理制度的过程极为艰难。集武士和企业家于一身的佣兵队长的地位从中世纪一直延续到三十年战争，而且在三十年战争中达到了顶峰，因为国家当时还没有能动的力量来替代这些企业家的能力和活动。

与企业家军人相比，国家制度是软弱无力的。尽管斐迪南二世皇帝治下疆域辽阔，有诸多王国、公国和伯国，但他仍然不能从国土征集一支能与四海为家的冒险家、一再被他任命为统帅的恩斯特·冯·曼斯费尔德伯爵（Count Ernst von Mansfeld）的部下相提并论的军事力量。瓦伦斯坦花费的巨资只有极小部分来自遗产或嫁妆，主要来自贸易和开矿——也就是说，来自合理合宜的国家机关本来可以自行利用的资源。哈布斯堡家族做不到。但巴伐利亚公爵马克斯一流的人物能够自领军队，无须佣兵队长为中介。其他大领主渐渐也做到了这一点。

军队重大变化的一个先决条件，或者说一个副作用，是新型国家治理机关的出现，即官僚机构。官僚的任务是征收税款以充军费，以及凭借对经济状况（最终拓展到全民福祉和农业）的细致掌控而尽可能提高国家的生产力。

国家如今以一种特殊的能动力量的面貌登场了，它不同于管理家族产业的地方领主,也不同于仅仅是国家管理对象的人民。上述区别对战争观念和战争行为也产生了反作用。胡戈·格劳修斯(Hugo Grotius)阐发了战争是军人的事务,与平民无关的原则。

我前面说过,第一个长期维持大规模佣兵的国家是西班牙,因为尼德兰战事必须要有一支常备兵力,甚至在西班牙与法国开战期间也要如此。不过,这支西班牙军队内部长期延续了佣兵团的性质。如前所见,常备军连带的军队新风气是在西班牙的对手奥兰治领主莫里斯统率的尼德兰军队中才发展起来的。古斯塔夫·阿道夫麾下的瑞典军队进一步发展了新军制,但没有完全消除旧佣兵团的品格。随着三十年战争的结束,新军发展的过程基本也完成了。现在各国都有了平时常备、定期发饷、遵守纪律的军队。

接下来我们要考察两个最突出的例子,即法国和普鲁士。[1]

2 法 国

　　学界曾长期认为敕令军团（Compagnies d'ordonance）标志着法国常备军的诞生。但他们只不过是中世纪部队的高度发展和组织化形式，其实中世纪也可以说是有常备部队的，即领主亲兵和城堡守卫。真正意义上的常备军并非起源于骑士及其附属部队，而是15世纪末16世纪初出现的一种新式步兵。但在一段长时期内，法国本土步兵都很少。查理八世、路易十二、弗朗索瓦一世、亨利二世打仗用的都是瑞士步兵、国土佣仆加上法国骑士。就连16世纪下半叶摧残法国三十年的内战主要也是凭借瑞士和德意志雇佣兵。在法国土地上实现骑士向现代骑兵演化的不是法国人自己，而是德意志骑兵。胡格诺战争没有推动法国国民军的进步，反而可以说使其退步了。各方打内战依靠的是基本上随意来去的支持者。引发胡格诺战争的是势不两立的、在宗教战争中尤为强劲的激情，由此带来了独一无二的骑士复兴现象。贵族凭自己的意愿，亲自无偿上阵参战。他们确实作战勇敢，但骑士军制的反面也显明了出来，1590年，帕尔马公爵亚历山大援救巴黎时机动避战。以自愿从军的贵族为主体的亨利四世军队无计可施，终于瓦解。亨利说，他与帕尔马公爵的区别归根到底就是个钱字，如果他的财源多一些，他肯定能让部队保住。兰克观察到，来自波托西的白银在欧洲常备军精神的发展中起到了作用。[1] 美洲金银无疑帮了西班牙很大的忙。但后续事态表明，有序的国家管理和税收制度不仅同样能供应常备军费，效果甚至还要好得多。两者当然也是有联系的。我们必须重申一个前提条件，即发现美洲以来贵金属的增多大大推动了以物易物经济向货币经济的转化，因为在没有高度发达的货币经济的情况下，征税是极其困难的。本作第 2 卷中已经讲述了古典时代货币经济的崩溃，以及欧洲退回以物易物经济对罗马军团瓦解所起到的作用。现在，我们看到了这一过程的反面：随着货币经济的重现，纪律严明的常备军也再次发展起来。

胡格诺战争一直与对外战争相纠缠。直到 1598 年《韦尔万和约》（Peace of Vervins）正式结束法国与西班牙的战争之前，内外战勾连的复杂局面才告一段落，而且亨利四世在和约缔结后只维持了少量军队。大部分骑兵团被解散，保留的团队也大幅缩减，据说一团只有 1 500 个骑兵。[2] 根据一份文献记载，[3] 全军有 6 757 人，大多骑马。另一份文献称，除了国王卫队还有 4 个人数众多的步兵团。[4] 第三份文献说全军有 100 个连（company），当然加起来未必能上万。

法国步兵的基础是由皮卡第和皮埃蒙特地区的"队"（band）逐渐形成的，他们现在被称作"旧军"（les vieilles bandes）。他们与瑞士步兵、国土佣仆不可相提并论，但还是被保留着，并在宗教战争初期改编为团（regiment）。这项举措是由一个偶然因素推动的，即两位步兵副将昂德洛（Andelot）和孔代（Condé）都是胡格诺教徒，一部分"旧军"仍然忠于他们。贸然宣布将两人解职的做法风险太大，于是弗朗索瓦·吉斯（François Guise）改组了忠于国王的部队（开始于1561年，1569年明确完成）。[5] 这就是法国步兵团的起源，团的数目逐渐增加，一直延续到大革命时期。

叙利（Sully）[①]这样描绘内战末期法军的状况：步兵只能靠抓壮丁而来，完全是靠棍棒、监狱和绞刑架维系的。他们领不到军饷，有机会就逃跑，宪兵看管他们就像围攻敌营一样。另一位法国人写道："军队就像一条排水沟，社会机体中的所有杂质都汇入其中。"[6]

1610年，亨利四世准备对信奉天主教的西班牙再次开战（他因此被拉瓦亚克，Ravaillac刺杀）时据说手中有13个步兵团。叙利制订了建军5万的计划，"当年即可成军，需时10个月"，需耗费1 500万法郎。

亨利遇刺后，法国再次陷入了衰弱和内乱，直到黎塞留（Richelieu）时期才逐渐好转。在黎塞留主导下，法国参加了三十年战争，与哈布斯堡家族对抗。但由于法国已经近40年（1598年至1635年）没有正经打仗了，所以军队依然很弱。到了1631年，黎塞留还宣称法国合用的战士太少，因此希望主要靠政治经济手段，而非军事手段参战。[7] 1636年，新教一方在德意志的讷德林根吃了败仗，皇帝方将领加拉斯有可能深入法国本土，约翰·冯·韦

---

① 名为马克西米利安·德贝蒂讷（Maximilien de Béthune），第一代叙利公爵（1560—1641），法国宗教战争时期的胡格诺派大臣，亨利四世的得力助手。

特（Johann von Werth）也可能从比利时进军巴黎近郊。黎塞留号召法国人民奋起爱国，终于逐渐形成了一支真正的法国人军队。法国新军编成，采用尼德兰操术。与奥兰治家族有亲属关系的蒂雷纳（Turenne）也在其中接受了训练。但法国国王的军队中仍然长期以外国人为主。尤其值得注意的是法国国王将魏玛公爵伯恩哈德招致麾下，并在公爵去世后留下了他的军队。1638 年，法国有 36 个本土团和 25 个外族团。

1640 年，黎塞留号称法国有 15 万步兵和 3 万多骑兵。但近年来的法国研究表明这两个数字是相当夸大的，步骑加起来实际连 10 万都不到。[8] 一些连据说常常只有 15 人到 20 人，因为连长要吃空饷，部队集合后就被解散了。

4 年后（1644 年），马扎然（Mazarin）致信蒂雷纳称他希望尽可能招募德意志人，因为法国人部队开小差的比例接近三分之二。[9] 法国要到爱尔兰、苏格兰、瑞典和普鲁士招兵。

1670 年，法军兵力总计 13.8 万，其中 4.5 万是外国人，占比超过三分之一。

1789 年大革命爆发时，法军共有 69 个法国步兵团和 23 个外国步兵团，总计 17.3 万人。但我们无法确定其中实际服役的人数有多少。[10]

我们知道，团最初只是行政单位，是数目不等、人数不等的单元（Fähnlein）的集合体。战术单元是方队或营，它们的兵力和构成也会因地制宜。1635 年，法军的营成为团的下属单位。每个营的兵力相等，但一个团包含的营数有多有少。

旧式敕令兵团向新式骑兵团的转化特别困难。原来的团长不愿意接受改编；旧军中嘲笑轻马载不动重装骑士。第一次尝试（1635年）在 7 个月后不得不被废止，旧军团恢复了独立地位。晚至 1638年和 1639 年还要颁布条令规定骑兵行军时必须全程佩带武器，必须布置岗哨等，违者处死。

尽管有重重困难，新制度还是逐渐站住了，法国贵族也贡献了蒂雷纳和孔代这样懂得利用新军事体系的统帅。

骑兵完全放弃了骑士作战的传统，以至于路易十四要在 1676年下令军官必须穿胸甲，违者开除，士兵可以不穿。进攻时，军官要组成方队的第一排。1715 年之后，除将军以外的军官也不穿胸甲了，与士兵一样只穿皮外套。[11]

新军制的真正组织者是米歇尔·勒泰利耶（Michel Le Tellier）。他于 1643 年就任战争国务秘书，1668 年将职位传给了儿子卢瓦（Louvois）。[12] 就连黎塞留当年也没能真正整顿军事组织。

年幼登基的路易十四上台初期，威尼斯大使南尼（Nanni）在报告里说法国士兵褴褛赤足，骑兵马匹低劣，但打起仗来还是跟疯子一样。

关键因素是军饷。威尼斯大使安杰洛·科雷尔（Angelo Correr）的报告里写道，国王出了 100 枚杜卡特金币，只有 40 枚用到实处，其余 60 枚都被浪费或贪污。微薄又不定期发放的军饷不可能控御军队。

勒泰利耶设立了文官"监军"（intendants）。监军被派给军事主官，地位仅次于统帅，其余军官都必须服从监军。监军出席每一场将军召开的作战会议，参与每一项军事、外交和行政事务的决策。他们要向统帅提出建议。财务、工事、军粮、弹药、医院和军事法庭，这些事项都要听监军的。

为确保军饷到位，勒泰利耶首先规定军饷发放必须有监军或监军下属在场，如军务专员、军务长、军队驻地的市长或士绅。他后来又剥夺了团长发放军饷的权力，改由监军或军务专员执行，而且军饷与阅兵脱钩，改成定期发放，通常是按月发放。

1650年，投石党骚乱期间，勒泰利耶再次授予总督在本省征税的权力和职责，以供要塞驻军所需。但他1652年就撤销了授权，明确规定征税完全由国王负责。

同时，他还规定监军及其手下专员要经常视察，甚至要突击检查，行军期间也要检查，确保全员到位。专员可逮捕违令军官并没收其财产。

到了紧要关头，孔代、杜普莱西斯—普拉兰（Du Plessis-Praslin）和蒂雷纳有时还把自己的钱乃至银器发给士兵，免得他们挨饿，哪怕不足以安抚士心。就连勒泰利耶本人有时也会募集资金，更不用提贪婪的马扎然了。

每当税收体系出问题的时候，勒泰利耶就会向士兵发放代金券，等税收上来了再兑换成现金。不仅黎塞留时期的财务状况不佳，马扎然时期无疑也一样，后者为自己蓄积了大笔钱财，却毫不关心国家财政。路易十四时期，定期发放现金军饷逐渐成为常态。

三十年战争时期，各支部队还像是一个个小小的半独立共和国。副将们自以为拥有同等的权力，互不统属。勒泰利耶建立了军阶概念。他不得不对魏玛军特殊对待，因为这支部队的组织形式不同于法国部队，有自己的气质。

军官任命权逐渐从高官手中收回，所有军官能否留任完全仰赖国王一人的意志。大贵族的首领和子弟仍然以团长（colonel）的身份世代担任团长，而且常常很年轻时就上任。但他们只在作战时履职，平时主要在宫廷中生活。团的实际负责人是中校（lieutenant colonel），由国王按照自己的意愿从队长（captain）中选任，他们是有经验的、逐级晋升上来的军官。

勒泰利耶革除了高级军官身兼数职，领好几份工资的弊政。他还试图制定相关规定，要求军官必须和部队在一起，不得到巴黎寻欢作乐，就算任职宫廷的团长不行，其他军官也要遵行。

他约束了高级军官的奢侈之风，明确了现役军官最多占有的马匹数量：步兵上尉为4匹，中尉为3匹，宪兵为两匹。

法国组建"旧军"时只有少数贵族参加，[13]因此与德意志的情况一样，背景各异的表现优异者都能升到领导岗位。但当局早在16世纪就采取措施以尽可能从传统的、地位高的武士阶层中选取军官，也就是贵族阶层，例如，就连胡格诺派首领德拉努都是这样要求的。[14]从黎塞留时期开始，路易十四逐渐组建了庞大的常备军，由此产生了明显的冲突。政府和国家精神整体都要求军官团完全由贵族组成。但可用的贵族不够多。大批旧贵族陷入贫困，无力承担军官生活标准所需的额外花费。另外，上层资产阶级和实任官员家庭的大批青年有意从军。但贵族试图通过排除其他人担任军官，主张军官由贵族世代相承的手段来维持自身地位。于是，政府也尽可能偏向、维系和培养贵族。如果放任各阶层进入军官团，贵族的特权地位很快就会消失了。由于贵族充任军官，军官团以贵族自居，所以法国人口中存在一个特殊传统阶层，他们有自己的风俗习惯、自己的荣誉观念、自己的权利主张，在国王身边的廷臣配合下，他们牢固地主宰着社会。此外,从特殊世袭阶层招募军官的做法造成并强化了官兵悬隔的现象,将军队割裂为两个根本上不同的部分。欧洲罗曼与德意志各国的军队全都存在这种分隔现象,后来也被俄国的彼得大帝学了去。官兵分离是这一时期真正的特征,并赋予当时的军队以截然不同于古罗马军团,以及16世纪的瑞士军队和国土佣仆的印记。[15]

  一个特殊状况强化了法国维护贵族军官地位的倾向。尽管军官是由国王任命的,但军官将自己的官职卖给他人的情况常有发生,尤其是想要多赚一笔养老钱的中老年军官。这种继承协议被称作"协约"(concordat),价钱非常高。但由此升上来的军官并不总是干材,而且没有什么比庸才居高位更能打击军纪的士气基础了。[16] 路易十五时期的贝利昂元帅(Marshal Belle-Isle)大力打压这股歪风却徒劳无功,而且由于子弟有意参军的资产阶级家庭要比贵族家庭更有钱,所以打压买卖军职就成了打压平民。如果不许资产阶级参军,他们就不能凭借财富与贵族争夺好差事。于是,纵观法国大革命之前的整个时期,我们会发现国王颁布了一道又一道相关敕令,有时允许,有时限制,有时又禁止资产阶级担任军官。黎塞留时期(1629年)有敕令宣称,证明自身能力的士兵可以升到队长,确有才干者还可以再升。尽管看似开放,但敕令的基本态度仍然是军官团以贵族为本。与16世纪的蒙吕克一样,17世纪也有资产阶级出身的卡蒂纳(Catinat)升至最高军职。但从整体来看,尽管身为平民的资产阶级军官人数很多,但只有极少数能爬到高层,而且有时军官团准入条件苛刻到了与禁止无异的地步。平民进入军官团的主要途径是冒充贵族:找到3名或4名贵族签字证明某人出身贵族，有任官资格就可以了，这种证明不难获得。于是，大革命之前几年（1781年）颁布了一道敕令，规定证明必须追溯到四代父系先祖。这意味着新贵子弟也被排除在外，要当军官只能特蒙拔擢。[17]

因此，17世纪形成的军官阶层是中世纪世袭武士阶层也就是骑士的进一步发展。他们的变化不仅包括外在的战法，也有内在的变化，因为他们要遵循更严格的军纪，而且军阶晋升全凭长官判断。1685年《军人操行》（*La conduit de Mars*）一书面世，旨在向军官传授与军官地位相应的职责和行为规范。用雅恩（2∶1255）的话说，它是贵族荣誉守则向军人服役条令转变的标志。书中说军官应当服从条令，但不能忘记自己的地位，而且应该抓住一切发财的机会。书中还说虔诚是有益的。

法国军队的军官比例出奇得高。根据一份关于腓特烈大帝作战经历的总参谋部著作（1∶114），法军在1740年前后的官兵比例是1∶11，因此中尉也全都要装备火绳枪。普鲁士当时的官兵比例是1∶29左右，腓特烈大帝去世时大约是1∶37，现在是1∶50上下。就算1∶11这个数字的依据是错误的，但当时法军的军官数量比现在还是高得多。[18]

如果资产阶级被纳入军官团的过程从未完全停止的话，军队内部至少也有一道从士兵通往军官的独木桥。士官以上，军官以下是"高级士官"（officiers de fortune），类似于海军中的值班军官（deck officier）或近年来的一级军士长（first sergeant-lieutenant）。他们仅被视为士官，但通常出身书香门第。如果表现优异，高级士官可以在中年晋升为军官。他们的专业知识和强烈的责任感对部队凝聚力至关重要，尤其是骑兵，骑兵中有很多大老爷对服役不是很上心。后来出任瑞典国王的贝纳多特元帅（Marshal Bernadotte）就是从高级士官升上来的。他的父亲是一名受人尊重，后来更是引人注目的大律师，这决定了他从年轻时便引来了他人的关注。不过，大革命爆发时 26 岁的他已经参军 10 年，连中尉都没当上。[19] 尽管他后来总算挂上了军官肩章，但基本没有升到上尉以上的指望。

团的兵员是通过征兵充实的，勒泰利耶为此于 1645 年划定了专门的征兵区。1666 年，士兵的服役年限规定为 4 年，队长不得逾期强留，违者降职。

国王有时——1674 年、1675 年、1689 年、1703 年——仍然会颁布强征令（arrière ban）来征召骑士，甚至七年战争期间的 1758 年也征召过。但他们基本上刚到军营报到就会被送回去，说是不堪作战，国王由此有了向贵族征税的一项手段，贵族可以不作为骑兵服役，只要交一笔代役金就算是履行义务了。1639 年，应征贵族必须提供两名步兵代替自己服役。

晚至 1661 年路易十四登基时，法国还没有统一军装。尽管勒泰利耶早在 17 世纪 40 年代就下令制造了制式武器和军装，但是只有部分团的团长为各连配备了制服。宗教战争期间，双方会通过不同颜色的头巾（casque）和外套（hoqueton）区分敌我，经常因长官和其他状况而变。

1666 年，勒泰利耶为火绳枪规定了统一规格，弹丸一磅为 20 枚。

当时只有几座兵营；士兵寄宿于民家，士兵与房东的关系有细致的条令规范，包括常驻和行军借宿的情况。路易十四时期，越来越多的兵营建了起来。

从 1666 年开始，训练场中经常会集合大批部队进行操练，不仅有战术科目，也有拉练比赛。

在后勤方面，勒泰利耶建立了常设仓库，此举对战略行动至为重要。勒泰利耶本人不时会到前线视察监督军需发放。我们之后会谈到这套军需仓库制度的实效。

黎塞留之前已经设立了野战医院。勒泰利耶为其提供了资金，兼用于照料士兵和人道救济。在 18 世纪，法国在这方面被视为典范。监军总管杜韦尔内（du Verney）在七年战争致信克莱蒙（Clermont）司令时称，法国或许是唯一设立野战医院的国家，这既是出于人道，也是因为法国人口太少，必须节约利用。他接下来又说，野战医院当然与驻地医院不同。[20]

旧式佣兵的一大缺陷是随军者太多。士兵惯于带妻子上战场，以便做饭和照料伤病。由于有了规范的军需仓库和野战医院，军队就用不着女人给士兵帮忙了，于是禁止女性随军就成为可能。勒泰利耶甚至禁止士兵娶妻。

不过，常备军中残留着大量佣兵遗风，从抓俘虏索要赎金做法的延续就可见一斑。1674 年，法国与西班牙签订了赎金定额协议：团长 400 法郎，列兵 7.5 法郎。[21]

勒泰利耶也关心退伍老兵的问题。一批老兵被送到修道院，由修道院负责供养，还有一批集中在连队里做事换取报酬。但老兵宁愿开小差去巴黎乞讨为生。平民施舍老兵要受惩罚，乞讨者本人甚至要处以死刑。1674 年，路易十四建立了荣军院（Hôtel des Invalides）。[22]

如前所述，米歇尔·勒泰利耶之子弗朗索瓦·米歇尔继承并完善了父亲的事业，后者的爵位是卢瓦侯爵。1662 年，21 岁的他成为父亲的助手；6 年后（1668 年），28 岁的他继承了父亲的职位，独立担任战争大臣。

1668 年，《亚琛和约》结束了遗产继承战争（War of Devolution），理应裁军。卢瓦没有照例裁撤单位，而是缩减了每个团的人数，将军官和军士全部留任，方便日后扩军，那时只要把新兵分配到各个团就可以了。这项措施才真正实现了常备军的概念，不仅节约了战时组建全新单位所需的时间，而且与新建单位相比，这些老部队还有很大的质量优势。

为了让全部兵力都能积极投入作战，卢瓦于 1688 年设立了民兵团来承担卫戍任务。野战军是志愿入伍，民兵团则由地方提供，所以会有来自这样或那样的征召办法。但民兵团很快也零散承担了一些野战任务，而且在西班牙王位继承战争（War of the Spainish Succession）①中被直接并入了野战兵团。

随着上述过程的推进，野战军也开始转向征兵制，尽管是间接的、温和的和小规模的。但卢瓦在很久之前（1677 年）就曾写到，强征不构成开小差的借口，如果这个理由成立的话，军队中就剩不下人了，因为按照卢瓦的说法，几乎每个人都能提出关于入伍方式的异议。

亨利三世时期②曾有一道命令，说用来吃空饷的冒牌士兵都要砍掉鼻子，德意志地区也有同样的规定。他们不敢惩罚真正的罪

---

① 发生于 1701—1714 年。
② 亨利三世于 1574—1589 年在位。

犯，也就是团长。现在情况有所变化。但这种诈骗行为直到很久以后才根除。到了 1676 年，卢瓦重申了砍掉鼻子的惩罚。

卢瓦对法国军队的最大贡献或许是在军政领域。他勤勉积极，一以贯之地执行完善父亲创造的制度，执法常有残忍之举。他挫败了一切反抗，根除违法之举，警惕地掌控着一切。每当怀疑有错缪失当之处，他都会亲自到场并采取必要的措施。在这个方面，他在一定程度上堪与腓特烈·威廉一世相提并论。

规制完善的法国军队甚至历经西班牙王位继承战争的一次次失败而不倒，并在后来的七年战争中证明了自己。1760 年，斐迪南·冯·不伦瑞克（Ferdinand von Braunschweig）与一支法军交战，后者在组织度和装备水平方面不亚于当年东渡莱茵河的路易十四大军，而且兵力则更胜一筹，不少于 14 万人。[23]

3 勃兰登堡-普鲁士[①]

根本上讲，德意志诸侯对高效军事体系的需求甚至比法国国王还要迫切，因为法国国王至少在战时可以招募大批佣兵团，德意志诸侯的资源却不足以如此。德意志各地不乏建立新军的广泛积极尝试，其两大基础是贵族的传统封建义务和从未被完全忘却的全民守土义务。诸侯任命有经验的军士将领，为其提供固定工资"待金"（Wartegeld），以便有需要时随时率领征召的附庸或市民农夫"代表"出征。巴伐利亚、符腾堡、普法尔茨、萨克森、普鲁士等较大的邦国甚至建立了为数不少的民兵单位。尤其值得一提的是拿骚伯爵约翰（Count Johann of Nassau），他是协助奥兰治领主莫里斯成功建军的威廉·路易的弟弟。他的亲属在荷兰实施的新军思维给他留下了深刻印象，于是他想要将其引入德意志。眼见宗教战争正在

[①] 德国历史上的一个国家，1618年勃兰登堡选侯通过联姻手段夺取了普鲁士王国的继承权，从此两国组成共主邦联。1701年，皇帝将普鲁士升格为王国，于是普鲁士王国取代了勃兰登堡-普鲁士的名号。

酝酿，他建议国会建立一支自己的武装，用国民征召兵取代雇佣兵。但他走得还要更远。

奥兰治领主莫里斯的成绩为他赢得了巨大的声誉，全欧洲的新教军人都聚集到他的营中，目的是学习新的军事体系。

但尼德兰战争艺术依赖的不再是单纯的经验，而是学习与知识。于是，1617年，约翰在自己的首府锡根（Siegen）建立了一所面向年轻贵族和上层市民子弟的骑士军校，教授工程、工事、炮术、战术、数学、拉丁语、法语和意大利语，并延揽约翰·雅各布·冯·瓦尔豪森（John Jacob von Wallhausen）为校长。可惜我们对校长的出身和生平了解不多，只知道他当时在尼德兰，自称"在光荣的但泽城任团长、卫队长"，并于1614年至1621年间发表了一系列长篇军事理论著作。这些文字含有真知灼见，同时常有不加批判的虚构。[1] 他竟然建议骑兵防御时组成圆阵或方阵，[2] 还让步兵组成十字阵和八角阵。尽管如此，他的著作还是相当成功，曾被翻译成法文。但我们看他的文字就会怀疑作者是不是缺乏定性，他刚干了几个月校长就被解职了。锡根军校旋即废止。1623年，约翰伯爵去世，没有造成任何持久的影响。[3]

民兵也没有取得任何成果。这些征召兵在职业军人佣兵面前稳不住阵脚。[4] 西班牙人一来，普法尔茨人就溃退了。在布赖滕费尔德，萨克森人脚底抹了油。巴伐利亚选侯马克西米利安写道，1632年，他手下的巴伐利亚人在瑞典人逼近时"丝毫派不上用场，花在他们身上的钱全白费了"。[5] 符腾堡人参加了讷德林根会战，似乎在那里被歼灭了，可惜除此之外就没有他们战斗情况的明确记载了。

尽管勃兰登堡刚刚通过联姻手段统治了普鲁士、波美拉尼亚以及威斯特伐利亚和莱茵河下游的若干地域，政治前景应当更为广阔，但它参加三十年战争时的战备状况还不如前面提到的邦国。勃兰登堡可征召的附庸共有1 073个骑兵而且编成了连队，但这只是纸面上的数字。1610年，柏林市民拒绝进行打靶操练，理由是开枪太危险了，会吓到孕妇。[6]但用1610年勃兰登堡首相的话说，凭借佣兵打仗意味着"一半敌人在家里，全部敌人在门口"[7]。

1622年，普鲁士最高委员会向乔治·威廉公爵提交了一份"国防方案"，但被驳回了（1623年2月19日），"因为经验再清楚不过地表明，与所有人的期望相反，在普法尔茨组织的国民自卫队在大小战争中毫无实效"[8]。

我们可以这样说，从胡斯战争到三十年战争的200多年时间里，德意志军事组织的理论与实践是彼此矛盾的。理论上，人们还在谈论附庸服役、征召市民和民兵团，但在实践中，打仗靠的是雇佣兵。

1557年，萨克森选侯向代利奇镇（Delitzsch）发布了一道命令："我郑重命令该镇及该镇居民做好准备，有后续命令则可立即启程。"1583年，他命令"我忠诚的伯爵附庸、骑士领主、市民和其他属民及其亲属应随时整装待发"。一个人只有在"重病症状明显"的情况下才可以找同等级人员代役。[9]

要是我们从查理曼时起就有这种命令该多好！法律史和宪制史学者会从中得出怎样的结论，在其基础上又能建立起怎样的制度啊！但它们只不过是空洞的虚言罢了。

16世纪诸侯掌握的少量卫队被叫作"宫仆"。勃兰登堡选侯的卫队有200人或略多。

随着危险的逼近，议会批准建立一支临时的小规模军队。1626年，瓦伦斯坦和曼斯费尔德进逼勃兰登堡时宣称，如果选侯确实能封锁国境，他们就愿意遵守勃兰登堡的中立地位。但选侯没有兵力去封锁国境，而且尽管议会已经批准建立3 000人的军队，那还是太迟了，再说议会也只批准了3个月时间。议会声称没有必要维持军队，因为议会100年来已经为此征收了沉重的赋税，但依然没有得到保护。

于是，两支敌对的军队在勃兰登堡畅通无阻。1628年，瓦伦斯坦据估计在勃兰登堡搜刮到了200吨黄金。勃兰登堡只用2吨黄金就能组建起一支相当可观的军队了。[10]

通过与古斯塔夫·阿道夫结盟，几个勃兰登堡团成立了，但选侯首先要掏钱。

6年后，选侯跳到了皇帝一方，他计划利用皇帝的援助资金组建一支强大的勃兰登堡军队，"效忠于神圣罗马皇帝及其代理人勃兰登堡选侯殿下"。大军的任务是将瑞典人赶出波美拉尼亚，但到了第二年，勃兰登堡大臣施瓦岑贝格就向选侯报告："选侯殿下您要求用这片贫瘠的土地供养2.5万人，那会让国家彻底毁灭。不到5周前，在选侯殿下和加拉斯伯爵副将的大点兵中约有5 000人报到。而根据选侯殿下的官员报告，现在只剩下不到2 000名步骑了。"这种状况的根源自然是筹款不足。如前所见，就连欧洲最庞大、最富庶的法兰西王国当时也是如此。高效的税制不是那么容易建立的，如果议会极力反对就更是难上加难。议会不只是不想出钱，但财政问题的背后是宪制问题。当普鲁士议会驳回了选侯率军保卫议会的提议时，施瓦岑贝格写道："议会如果容忍了就是大傻瓜。事实上，如果选侯如此强势地降临普鲁士，议会必将担忧他会为议会立法，为所欲为。"[11]这样的状况在选侯的儿子统治期间实际发生了，选侯的曾孙更是变本加厉，建立了像"铜石一般"的王权。

据文献记载，大选侯（Great Elector）①即位后马上取消了勃兰登堡军队对皇帝和选侯的双重效忠，从而建立了独立的勃兰登堡军队。于是有人说，三十年战争惨痛经历的真正果实就是勃兰登堡-普鲁士军队的诞生。

这种看法必须予以重大修正。决定高举权杖、让君主权力摆脱并行的议会权力束缚、凭借一支只效忠于选侯的常备军让君主独掌大权的人并非腓特烈·威廉。恰恰相反，鼓吹乾纲独断的人是他父的顾问施瓦岑贝格。时人对乔治·威廉的批评不是他想要的太少，而是他想要的太多了。议会早在1640年就要求施瓦岑贝格"不要将议会当作反贼或奴仆对待"。这位大臣主要被批判的点是在国事上不用心。只要国库里有了钱，他都会先满足自己的欲求，军人却拿不到军饷，破衣烂衫地四处走。议会对施瓦岑贝格暴政的控诉淹没了新君。他没有马上认清病灶，只想结束父亲过于宏大的计划，并出于"国中惨淡，血流遍地"而与瑞典休战。尽管他并不打算完全解散军队，但他还是希望裁军。最后，勃兰登堡保留了125名骑兵和2 150名步兵，他们的用途不是野战，而是守卫要塞，因此全部装备火枪。裁军的主要困难是需要发放拖欠的军饷，选侯为了获取

---

① 名为腓特烈·威廉，是前一段提到的勃兰登堡选侯之子，1640—1688年在位。

所需资源而大幅削减团长工资，从而引发了与团长的冲突。最后，选侯的堂兄恩斯特侯爵（Margrave Ernst）好不容易筹到1 380塔勒，满足了骑兵的要求。施瓦岑贝格创设的军事枢密院和军用金库被解散了，其中的官员当然都是极其可疑的人，[12]团长重新被赋予任命属官的权利。过了一代人的时间（1667年），选侯给儿子们写下了一条建议，"我一直后悔登基之初被人引入歧途，违心地顺从了别人的建议，对我自己造成了极大的害处"，那条建议就是倚重盟友多于自身实力。[13]

选侯最后留下的军队尽管仍然多于议会所愿，但已经不再是一支野战军了，而且在议会的坚持下，除了新夺取的科尔贝格（Kolberg）、哈尔伯施塔特（Halberstadt）和明登三处，其余要塞的守军兵力都削弱到了1631年古斯塔夫·阿道夫现身时的水平以下。

直到登基15年后，腓特烈·威廉选侯才组建了一支真正的军队。那是1655年，瑞典与波兰再次爆发战争，可以说是三十年战争的余波，选侯不得不选边站队。在与议会的持续斗争中，他取得了征收长期税项的权利（1653年征收了为期6年的军费），无须次次报批，他也曾在议会没有批准的情况下强行征税。[14]一项规定臣民应"为必要的堡垒、要塞、戍所之守军与维持费提供赞助"的帝国法令（1654年）帮了选侯一把。同样重要的是选侯花大力气整顿和理顺了行政制度，用度不再盲目，而是有的放矢。于是，选侯于1656年在普鲁士组建了一支1.4万人至1.8万人的统一军队，兵员来自他治下的每一片土地。他率领这支军队加入了查理十世的瑞典军——当然是半胁迫的——并参加了华沙会战。

1660年《奥利瓦和约》（Peace of Oliva）缔结后，不包括卫戍部队在内的野战军再次削减到 4 000 人，但平时也要维持常备军的观念成为基本原则。直到此时为止，选侯的所有举措都只能理解为建军的前提是发生战争或出现战争威胁。但时至今日，尽管议会反对，但选侯明言效仿瑞典的"常备军"（miles perpetuus）还是建立了。[15] 腓特烈·威廉去世时留下了组织严密的 2.9 万人大军。

勃兰登堡–普鲁士军队的发展史就是普鲁士国家的历史。

普鲁士行政制度的基础是将领土划分为以区长（Landrat）为首的区（Kreise）。区长由本区贵族担任，由本区大地主推荐，由选侯任命。区长的职责是监督居民与驻扎或过境部队的关系、分配供应军需的任务、分配寄宿兵舍、制定运输规范、征税充军饷或赔偿军队造成的破坏。

区长的上级是前身为高级军事委员会（Superior War Commissariat）的军务局（War Chamber），负责税务和转运的日常规范管理，监督楼房、仓库、要塞等军用设施的建造，发放军饷，维护道路桥梁。1723 年，腓特烈·威廉一世将军务局与王室领地管理局合并为至今尚存的区政府（Bezirks-Regierungen）（1723 年）。

起初，元帅是整个军事系统的首长，军令军政一手抓。后来军政事务被剥离出来，先由一人掌管，后由一个委员会负责（1712 年），即全国军政委员会（General Commissariat）。仿照之前对地方政府的做法，腓特烈·威廉一世将全国军政委员会与全国王室领地委员会合并为国家政府（General Directorate）（1723 年）。不仅是战争部，还包括大部分现有的部，特别是财政部和内政部。因此，从历史来看，普鲁士中央政府脱胎于军事管理机关。[16]

瓦伦斯坦之前不仅要求占领区提供住宿和军粮，还要出包括军官在内的军饷,最高级的军官薪资可是一笔巨款。如有缺额,士兵就去自己抢。民政机关与军事长官在协作中形成了一套行政制度,既能供给军需,也不至于让土地荒废,经济生活仍然可以继续。平时政务(征兵除外)保留在民政机关手中,有序收税,改良税制。[17]对勃兰登堡尤其重要和有效的一项是普遍消费行为税(general excise tax),也就是1667年仿照尼德兰模式引入的国税。

常备军一经建立便开始迅速膨胀。最初是因为与路易十四作战的需要,继而是因为波诡云谲的大北方战争,等大北方战争结束后是腓特烈·威廉一世为争取大国地位的初步努力,最后是因为腓特烈大帝的开疆政策。因此,找到兵源和财源同样重要。

金钱来自于日益完善、愈发苛刻的税收系统、对领地更加深入和系统的盘剥,以及强大的国家控制力,最后还有外援的助力。自1688年起,海权诸国愿意为德意志诸侯提供资金,使其出兵对抗路易十四。1688年至1697年间,勃兰登堡获得的外援不少于654.5万塔勒,相当于军费总额的三分之一。[18]有一伙廷臣痛斥优秀卓越的大臣丹克尔曼(Dankelmann)并促成其倒台,他们提出的一个问题是:外援肯定让选侯富得流油,可他们的经济状况为何还是那么窘迫?

兵源比财源更麻烦一些。志愿兵是不够用的。三十年战争期间就偶有强征入伍的记载。蒙泰库科利(《作品集》2:469)提议仿照耶尼切里的模式,将收容所中的"孤儿、私生子、乞丐、贫民"送去军训场,训练成士兵。这一提议从未实行,找教官训练老百姓耗费太大,成效太小。只有将强征入伍制度化这一条,没有别的办法。

军官看到合适的人就会抓过来,用虐待手段迫使其入伍。另一种做法是摊派,规定文官必须为本区的团提供一定数目的新兵。这些措施的随意性打破了一切法律观念,对国家危害甚大,而苛政与腐败是其必然的结果。文武官员都利用征兵权抓壮丁,然后收钱放回。1710年2月10日的一份命令中写道:"军官大胆妄为,频繁拿士卒做'正常买卖',或者收钱放回,或者将其卖到其他连团。"[19] 农民再也不愿意运货进城,因为害怕自己被抓住送给募兵官。为了逃避兵役,小伙子成群结队地出境。1706年,波美拉尼亚总督报告道,征兵手段和其他负担会将臣民"彻底毁掉"。1707年,明登上报称当地找不到年轻的农场工人了,因为征兵把年轻人都赶到邻省去了。1708年的一份条例规定,适役男丁"凡无助于公益者均应秘密征召并送往要塞",再由总督送交募兵官。到了腓特烈·威廉一世①国王时期更是变本加厉。尽管他上台时正好是对法战争结束前后,而且除了短暂参加北方战争,他并未发动耗费巨大的战争,但他还是需要更多人力,因为他将军队规模增加了一倍。征兵征得人都跑了,经济也要毁了,各省当局纷纷以此诉苦。人民暴力抗征,总审计官抱怨说抗征造成了大规模的流血事件。尽管国王给别人下令防止暴力发生,但他本人主张强征那些不顺从的市民、农民以及"行迹不端"的仆人,还针对征兵自愿原则做出警示,说应该"革除征兵过程中的过分极端之举,以平民怨",所以"不过分的暴力行为"似乎是可以的。在现实中,一切照旧。

但在时人和这套制度的创造者都没有意识到的情况下,一个关

---

① 普鲁士王国的第二代国王,1713—1740年在位,绰号"士兵王",他的父亲是勃兰登堡选侯腓特烈三世,建立王号后称腓特烈一世。不要将他与前文提到的腓特烈·威廉选侯混淆,后者是他的祖父。

于军队与国家统帅的关系,以及以国家统帅为中介的军队-国家关系的重大理论变革发生了。

除了依靠征兵的正规军,腓特烈一世国王于 1701 年组建了地方民兵,承担传统的本土守备任务,兵员来自被"入伍"的市民和农民。腓特烈·威廉一世登基后马上解散了这支军事价值极低的民兵,但他坚持从军是义务的原则并将其实施到了常备军上。在必要性的强迫下,志愿募兵变成了强制征兵,完全没有道德或法律的依据。腓特烈·威廉一世宣布(1714 年 5 月 9 日敕令),青年男子"因其自然的出身、特定的秩序、至高上帝的命令,有责任和义务奉献自己的财产和鲜血";"永赎决于上帝,其余万事决于我"。有人认为这是宣告了普遍兵役制的伟大原则。但这种看法是错误的。它只是宣告以国王为具象的国家拥有对臣民的无限权力,可以随需任意驱使。敕令中完全没有号召全体国民为国战斗的观念,而且最反对这种观念的不是别人,正是腓特烈·威廉一世本人。在他眼中,当兵和其他职业一样,只有受过必要专业训练的人才能干。兵就是兵,而且要尽可能当一辈子兵。要是志愿兵足够用的话,腓特烈·威廉一世是完全满意的。他强征臣民入伍并宣称臣民有从军义务的做法只是同样观念的延伸,路易十四在法国做的也是同样的事。[20] 但正是通过迈出的这一步,军队与人民建立了一种前所未有的连结。而且从实际角度看,腓特烈·威廉一世的征兵行为是 100 年后颁布的普遍兵役制的前身。

当时经常有规定某团从某区募集兵员的协议,于是国王后来颁布了一份将这种做法普遍化的命令(1733 年),史称"军区条例"(canton regulation),颇有传奇声誉。[21]

想法看起来很简单，以至于我们不禁会想它为什么这么晚，直到国王上台的第十二年才有人想到。[22] 当时的基本观念仍然是志愿募兵（recruitment），甚至到了后来已经完全是征兵的时代，"募兵"的说法依然沿用。但是，给团乃至连一级规定募兵区的做法赋予了队长一种截然不同的性质。许多队长就是地主或者地主的亲戚，之前更愿意从自家地里"招募"农家子弟。这种主从关系并非毫无价值，但现在已经破败了，募兵个人的热情非常有限。大举推行划区改革的动因是队长们公然抢夺兵员，偷募成风，由此产生纠纷。

新制度最大的好处是限制了队长随意抓壮丁的行为。此外，当局颁布了法令保护上层阶级和某些对国家经济有特殊贡献的人群。贵族、文官的儿子、家产达到 1 万塔勒的市民工商业者的儿子、经济领域的官员、自有田宅的农民及其独子、父亲是神职人员且正就读神学院者、从事有益于国王信奉的重商主义思想的各业工人，这些人都享有"军区条例"的豁免权。豁免范围后来大大拓宽了。但界限常常模糊不清，或者比人们认为的更加宽泛。例如，神职人员的儿子只在就读神学院期间有豁免权，换言之，并非所有神学生或神职人员的儿子都有豁免权。柏林市不是"募兵区"，但军官依然可以"随处征募出身低下的无业者，例如鞋匠、裁缝和类似平民的儿子"。因此，任意性还是相当大。要不是有一个外部因素施加了明确的标准，那简直是完全不可忍受的。这个因素就是对"高个子"的偏好，尤其是腓特烈·威廉一世时期。士兵身高不得低于 5 英尺 6 英寸（约 1.68 米）。由于这项限制，绝大部分小伙子从一开始就不属于适役人群。反过来看，5 英尺 10 英寸（约 1.78 米）、5 英尺 11 英寸（1.8 米）乃至更高的人很难免于征募，哪怕符合豁免资格。据说，母亲会对正在窜个子的儿子这样说："别长个子了，免得被募兵官捉去。"

个子高的人未必就特别勇敢、坚韧和健康，甚至未必体魄强壮，所以这似乎只是君王的脾气罢了。根本原因无非是壮实威武，样子好看。罗马军团也有同样的现象（第2卷）。但这样做的好处是征兵有了一个客观准绳，也可以缓和引发民怨的任意性。在涉及生死的问题上，人还是希望由命运裁决，而非由人拍板。19世纪实行抽签法也是同样的原因。

队长最早会把10岁的男孩编入兵册，只要他觉得其"发育前景良好"。这些男孩可以佩戴一种特殊的帽饰（Puschel），还会领到一张证明，免得被其他队长抢走。

七年战争后，腓特烈国王颁布了新的入伍条例，扩大了豁免范围，取消了队长的征兵权，将征兵工作交给一个团部与民政当局组成的联合委员会负责。只征收高个子的条款保留了下来，甚至由此引出了农家有数子则由个子最矮的一人继承田地的奇特规定。[23]

过去的佣兵军队只要有机会就会抓丁补充兵力，不管领主是谁。现在征兵让部队有可能达到满员，但完全没有杜绝征募外国人的现象。恰恰相反，军区划分其实只是权宜之计，因为如果没有征兵作为补充，那么境外招兵的数量和质量都满足不了要求。当时的看法是境外招兵多多益善，因为那样就保存了本国的劳动力。臣民赚钱交税的用处比从军打仗来得大。1742年，腓特烈大帝设定了一个目标：外国人组成的连要占到三分之二，本国连为三分之一。[24] 募兵工作在蓄养军队很少，甚至根本没有军队的德意志地区进行，尤其是在自由市招募。在波兰和瑞士也招来了很多兵。为了替国王招募到合用的高个子士兵，普鲁士募兵官只要有可能就要花招骗人，甚至会动用暴力，而且不以为耻。就连德意志小诸侯的保镖都免不了被普鲁士国王"征去"。另一个大宗来源是由于种种原因逃亡的士兵，主要是逃兵惧怕惩罚，脱离了部队又不愿做或找不到平民的活计。从一份偶然传下来的1744年花名册可得：雷特贝格团（Rettberg Regiment）某连共有111名外国人，其中65人"曾效力于其他势力"，也就是逃兵。另一个连有119名外国人，92人是逃兵。

历次战争中，腓特烈大帝一直在邻国募兵，甚至在梅克伦堡、萨克森、安哈尔特、图林根和波希米亚这些敌境征兵，乃至于强迫战俘为自己效力。皮尔纳（Pirna）投降后，他甚至企图将萨克森军官撤职，然后将萨克森全军纳为己用。结果当然很糟糕，一批萨克森营爆发兵变，射杀长官，逃向奥地利。

1780年，国王下令犯了伪造文书罪和煽动群众罪的犯人服刑完毕后应充军。

这样招来的兵自然会大批逃亡。国王几乎每一份军事文书都会涉及防止逃亡的问题。用伏尔泰的话说，普鲁士是一个"有许多条边境线的王国"，大部分城市距离边境只有不到两天路程，这一状况在平时为逃兵行了方便。士兵必须随时彼此监视，甚至农民也有堵截、抓捕和送还逃兵的义务，违者处以重罚。

腓特烈国王在1763年5月11日的一封训示信中写道，军官应该研究地势。我们可能会设想这是为了作战，但比对一下我们的设想与这封信的实际内容，18世纪和19世纪军队在训练状况乃至精神气质方面的区别就会整个显现出来。信中说：

国王陛下还发现大部分军官在驻地行为懒散，甚至不了解所有军官搜寻逃兵时都必须掌握的知识，也就是驻地周边的地势。因此，国王陛下命令团长给下属军官放一天假，任务是了解周边山地、山谷、狭径等处，各团换防时均应照此办理。

到了战时，行军扎营都必须时刻想着防止逃亡。夜间不得行军，林畔不得扎营，步兵穿越森林时应有骠骑兵从旁随行。曾于1745 年陪同腓特烈上阵的法国大使瓦洛里（Valory）在报告中写道，由于害怕士兵逃亡，指挥官甚至不敢冒险将巡逻兵派到几百步以外。[25] 这种状况甚至影响到了战略行动，1735 年，腓特烈·威廉一世听从德绍领主利奥波德（Leopold of Dessau）的建议，拒绝率军穿过摩泽尔沿岸荒地，因为逃亡的风险非常大。[26]

士兵的背景和品性如此，果真能作战，果真能取胜吗？早在三十年战争中已经有大量战俘加入胜利者的军队。这些佣兵完全不在意为谁而战，战争是他们的天职和生计，能做到转换阵营毫无内心波动。被抓来的 18 世纪壮丁一定程度上依然如此。但现在有很大一部分士兵的心里有很大意见，而且随着军队的扩大，这些人的比例也越来越高，他们不可能成为旧式佣兵那样的合用军人。用强征来的、不情愿的人组建有战斗力的部队只有一种可能性，也只有一种可以理解的方式，那就是现在守纪律的常备军是从以前的佣兵团转换来的。

国土佣仆的桀骜之气是不可能彻底消除的，因为总会有部队解散、长官丧权的那一刻。服从只是暂时的约束，而非终生的习惯。随着团的常备化,军纪也有了一个全新的基础。就算是三十年战争时期的佣兵团对待外面的百姓无法无天,但由于作战需要的律令,军队内部还是有一套完善的上下级服从关系的,是有真正的军纪的。到了现在,军纪不仅平时也要遵守,而且越来越强化。前面已经讲过奥兰治领主莫里斯重新发现了操练的艺术,也可以说他将操练发展成了一门真正的技术,后来瑞典人借鉴了他的做法。如今这门技术不断完善,被用来保证军官控制部下、士兵服从长官意志。齐步走、持枪姿势、踢正步、精准规定的站岗任务、齐射、敬礼规范都是向士兵灌输服从长官意志的手段。但将一支部队练出战斗力需要花费很多工夫、采用有力的方法。蒂利希(Dilich)[①]早在1607年就区分了单兵与单位,他说必须先练单兵,再练单位——从排、连、营再往上。德意志地区最早的操典是由黑森领主莫里斯(Landgrave Maurice of Hesse)创制的。瓦尔豪森的《步战的艺术》(*Kriegskunst zu Fuss*)第70页中就写道,如果已经告诉一个人一次或两次入列的方法,但他还是做不到的话,"那就应该好好揍他一顿,不打就学不会,那就用打而让他学会"。这种情况在当时肯定已经相当严重了,因为拿骚伯爵约翰认为有必要指出,长官在操练中通过任意踢打或鞭打来惩罚士兵是一种恶习。[27]他认为惩罚士兵只应该用"管教"或"杖责",因为会少一些令人畏惧的虐待。

腓特烈·威廉一世在1726年条令的第4章第11款第222页中规定:

---

① 全名威廉·蒂利希(1571—1650),德国工程师和建筑师。

新兵入伍 14 天内不得承担站岗或其他任务。在此期间，新兵至少要自己形成操练的意识，以便正常执勤，而且应当有人向新兵和善地说明各项规定，不得呵斥和辱骂，以免新兵初到军中便消沉畏惧，而使其乐意从军、喜爱从军。操练过程中不得突然重击新兵，更不能殴打或实施其他虐待，尤其是对待愚笨者和非德意志人。

腓特烈大帝曾明确规定："操练期间不得殴打、推搡或斥责任何人。操术是凭借耐心和方法学会的，而不是靠殴打。"[28] 但他又说："当一名新兵抗议或拒绝执行指令，或者态度恶劣时……则必须加以控制，但仍然要用合理的手段。"在现实中，所有报告都表明操练过程中的殴打现象太多了。但操练绝不是没用的把戏。一名连长能在操练中让部下听到口令就立即做出相应的动作，到了战场上就能指望通过下口令让士兵顶着敌军火力前进，而且为腓特烈的军队赢得胜利的战术进步正是以精确的连队动作为基础的。

哪怕士兵心不甘情不愿，他们也能通过纪律和操练结合成坚强的战术单元。他们必须服从长官的命令，与其他人共进退。纪律越好越可靠，士兵的意愿和其他品格就越不重要。于是，常备军的各个特征称得上是相辅相成：人数多，军中就有不情愿、不好战的成员；通过纪律将这些成员锻炼成可用之兵，也让更多这种人融入军队成为可能。底子越差，阵形就必须越紧密。军纪让个人几乎完全消融在了战术单元中。另一方面，操练带来了纪律，纪律又让操练得以精确化和细密化，如此不断推进，个人几乎成为机器上可以替换的齿轮。哪怕是最初赤裸裸地骗来或者野蛮地拉来，入伍时完全违背自身意愿的人也会习惯这种生活,或多或少具有所属单位的精神和自豪感。

在普鲁士军队中,不仅普通士兵要遵守严格的纪律,军官也一样。莫尔维茨会战(battle of Mollwitz)之后,年轻的国王进行了多项军事改革,尤其是针对骑兵。他的手段极其严厉,以至于据说有400多名军官请辞。[29]

腓特烈本人说过,尽管他的军中有不可靠的恶劣分子,但就连普通士兵身上也具有强烈的军人荣誉感。事实发展也证实了他的说法。他在《战争原理》(*General-Prinzipien von Kriege*)一书中这样描述自己的军队:

> 我军素质卓越,敏捷非凡,瞬间即可结成战斗阵形,而且行动迅速灵活,几乎不可能遭到突袭。论起火枪手,哪一支部队的火力能有我军强大?我的对手们说,站在我军步兵面前就像面对来自地狱的怒火。如果只用刺刀作战,哪一支步兵能如我军这样稳健向前,毫不动摇?你到哪里能找到更临危不乱的队伍?若要转向冲击敌军侧翼,我军则立时可成,运转自如。
>
> 在一个军人地位最高、贵族中最优秀的人效力于军队、军官都是有出身的人、就连平民百姓和市民农夫的儿子都来当兵的国家,军人必然会有荣誉感。我军的荣誉感确实很强,因为我亲眼见到军官宁愿死守岗位,也不逃跑活命,更不用说就连普通士兵都容不下身边有表现怯懦之人了,而放在其他军队里,这种人肯定不会被开除。我见

过身受重伤却不离开岗位,甚至不愿意下去包扎伤口的军官和士兵。

今天的我们很难放下当兵是年轻人的事的观念。而旧普鲁士军队约有半数在 30 岁以上,50 岁以上者不在少数,个别人甚至年逾花甲。据估计,士官的平均年龄约为 44 岁。[30]

随着平时常备军扩大而来的一种看法是通过给部分士兵放假来减少开支。这种做法早在腓特烈·威廉一世时期就得到了系统的发展,后来更是逐步加强。军队不仅会放本国人回家,甚至会给外国士兵以"暂离人员"的名义放假。被放假的士兵会找平民的行当,于是腓特烈·威廉一世在条令中表示希望他们"不要遗忘本职,保持军人本色,而不会变回农夫或市民"。军队只在 4 月至 6 月的训练期才会集合。一直服役的人主要负责站岗放哨。[31]

与之前的法国军队一样,普鲁士军队在 17 世纪下半叶也产生了官兵悬殊的现象,这是常备军的自然之理。普鲁士的官兵差距比法国还要大,因为市民出身的军官更少,而且没有介于官兵之间的"高级士官"一级。普鲁士军中逐渐形成巨大官兵差异的具体过程有待进一步研究。[32] "军官"一词最初的意义比较宽泛,包括士官乃至军乐队成员。后来士官和军官有了区分,依据是士官与士兵来自同样的社会阶层。于是,现代意义上的军官团独立出来,几乎清一色是贵族。《痴儿故事集》(*Simplizissimus*)① 中有一段抱怨,鲜明

---

① 德国讽刺小说,作者为格里美尔斯豪森,书中讲述了一名三十年战争中的小人物的人生悲喜剧。

地体现了上述演变过程。文中将军阶描绘成一棵树，士兵坐在最下面的树枝上，上面是"砸背人"（Wamsklopfer），接着写道：

> 他们顶上有一段光溜溜的、没有枝丫的树干，树干表面有一层神奇的涂料，还有用妒忌心做成的特殊肥皂，无论上帝赋予他多么强的爬树能耐，一个人只要不是贵族就爬不上去，再有男子汉气魄，再有本领，再有知识都不行。那段树干上面坐着连队里的官（Fähnlein），有的年纪尚轻，有的老大不小。年纪轻的是被表亲推上去的，不过岁数大的有一些是自己爬上去的，有的是踩着名为"贿赂"（Schmieralia）的银梯子上去的，有的是运气好，恰好没有其他人选，于是一步登天。

再说一遍：上述过程在所有欧洲国家都发生了，但没有一个国家像普鲁士这么极端。腓特烈·威廉一世即位后马上下令，"非贵族者不得任命为枪队兵长（准尉）"。西班牙王位继承战争结束后，他将市民出身的军官一概解职。[33] 腓特烈大帝考察枪队兵长时只要发现里面有平民，就会亲自用手杖把他赶出队列。只有才干非凡的平民才能得到他的青睐，例如，他器重的沃伊什将军（General Wunsch）就是一名符腾堡牧师的儿子。

炮兵和骠骑兵不如步兵和重骑兵严格。炮兵其实仍然被视为介于技师和军人之间，而骠骑兵作为轻骑兵是一群无畏的冒险者，基本不被允许结婚。腓特烈说，骠骑兵应该用马刀寻求幸福，而不是用刀鞘（指阴道）。对于其他军官，除非新娘家里很有钱而且也是贵族出身，否则他也不会被准许结婚。

年轻贵族（容克）通常十二三岁就参军了。

1806年，普鲁士线列步兵中共有131名平民军官，其中83人任职于卫戍营，只有48人在野战团。但与法国一样，普鲁士也有伪造贵族头衔参军的人。有记载表明，枢密院官员会想办法将三封关键的证明书加到朋友的人事档案里。

起初，军官与全国总司令的关系与国土佣仆中一样是双边契约，当时叫作"协议书"（capitulation）。德夫林格（Derfflinger）① 甚至曾以协议书被破坏为由拒绝随大选侯参战。下级军官由上校任命，但后来逐渐改由总司令本人任命。

从少尉（ensign，本意为掌旗官）和中尉（lieutenant）直到元帅，或者说从列兵直到元帅的整套军阶制度几乎在所有欧洲国家都是一样的。这套制度中能看到西班牙、意大利、法国和德意志的影响，诸国又有彼此借鉴。³⁴ "司马"（marshal）一词经历的变迁最令人注目。它的本意只是管马厩的人，但后来有了许多文官的执掌。在法国，它一直有铁匠和骑兵军士的含义，但也有跃升为最高统帅的头衔。"军司马"（field marshal）的头衔出现于16世纪，意思是骑兵团长，与"步兵团长"对应（在锡沃斯豪森会战中，阿尔布雷希特·阿尔喀比亚德手下有3名军司马）。但因为一开始战斗人员都是骑兵，所以军司马也会担任军政主管或军营主管。蒙泰库科利（2∶210）给出的军阶排序是：主帅、副帅、军司马、骑兵司令、炮

---

① 全名为格奥尔格·冯·德夫林格（1606—1695），勃兰登堡-普鲁士元帅，曾受大选侯腓特烈·威廉重用，但两人关系时好时坏。

兵司令、副司马。

普鲁士是一个通过联姻继承而偶然形成的国家，领土东至波兰（后来的俄国①），西临尼德兰，将各处领地统合起来的不是内部利益，而完全是王室。普鲁士王室创造了军队和官僚系统，两者又造就了国家的统一。军官团对最高统帅的效忠就像骑士附庸效忠于领主一样。因此，军官团的形成是旧武士贵族传统的延续，这种传统在勃兰登堡、普鲁士、波美拉尼亚、西里西亚这些边境和殖民地区当然要比易北河以西的德意志故地强大得多。腓特烈的著作中一再表示平民不适合当军官，因为他们天性慕利益而轻荣誉。但他并没有简单地说贵族适合当兵，他要求贵族必须服役，而且腓特烈·威廉一世曾派骑马钦差从贵族庄园里把男孩抓走，然后带到军官预备学校，令父母神伤。为了留住孩子，一批父母徒劳地出示证据表明自己不属于普鲁士贵族。但国王坚决执行命令，还告诉家长自己会好好照看他们的孩子。³⁵ 腓特烈用同样的方式强征西里西亚的年轻贵族。

但军官预备学校基本不超过国民学校（Volksschule）②的水平，普鲁士军官团中真正接受过高等教育的人凤毛麟角。贵族中间仍然流传着古代哥特人酋长的观念，即害怕校长教鞭的人不会成为勇猛的战士。据说德绍领主利奥波德（Leopold von Dessau）不给儿子莫里斯提供任何教育，就是要看看孩子靠纯粹的天性能

---

① 指的是一战前的沙俄。波兰在18世纪被俄国、普鲁士、奥地利瓜分。
② 前身是17世纪德意志地区独立于教会学校的世俗学校，1717年普鲁士国王腓特烈·威廉一世推行以"国民学校"为名的义务教育，接收7岁至12岁的儿童。

达到什么程度。腓特烈本人喜欢与法国人做伴。难怪贝伦霍斯特（Berenhorst）①在1741年就能写下按列（column）排序，当时的贵族老爷们会问另一个人："到底什么是列啊？列的意思不是我跟着前面的人走，他走我也走的意思吗？"³⁶甚至到了19世纪下半叶，我国军中以低地德语（Plattdeutsch）为母语的参谋和将军中还有分不清与格和宾格。我对这一点有亲身体会。1879年，我打算送我的学生，一名年轻的王子去军官预备学校，于是找军事训练和教育系统的首长，一名骑兵将军谈这件事，他向我保证："我特别重视语法。"②

在国土佣仆时期，军官和士兵要遵守同样的军事条书。贵族军官团的形成带来了特殊的规定。腓特烈·威廉一世登基后不久便为士兵和士官制定了新条令（1713年7月12日），1726年又专门为军官颁布了服役要求，规定军官在服役期间要毫无疑问地服从，"除非荣誉受到侵犯"。腓特烈大帝后来明确了这条规定，说受辱的军官在服役期间不得闹事，"但服役期满后可寻求适当的补救"。

国王凭借贵族军官团确保了军队的忠诚和战斗力。由于军纪的作用，军官团牢牢地掌控着部下，士兵面临险境也会服从命令，因为他们惧怕长官甚于敌军。国王对几个单位在曹恩道夫会战（battle of Zorndorf）中的表现不满意，于是建议军官实行杖责。罗马百夫长当然也是用葡萄藤制成的手杖控制部下，罗马军团就是被这件器

---

① 全名为格奥尔格·海因里希·冯·贝伦霍斯特（1733—1814），普鲁士军官，当时闻名的兵学家。
② "语法"（Grammatik）在德语中是阴性名词，所以定冠词应该用die，但这位将军用了阳性的定冠词der。

具练出了军纪,击败了希腊人和蛮族,打垮了汉尼拔和高卢人,征服了全世界。

我在这里要重申,国土佣仆当年有权选择一位"兵头"或者"使节",作为士兵的"喉舌、父亲和受托人",代表他们与军官交涉。他上任时会向众人承诺:"永远把他们当作自己的儿子,为他们说话,让统帅注意到每名士兵的需求和病痛。"他在军饷问题上也会代表士兵的利益,哪怕他"一意为士兵讲话",让统帅不悦。士兵们则承诺会一体支持他:"兵头代表士兵做的每一件事都是士兵的事。"瓦尔豪森早在三十年战争之前就反对过兵头,要求废除这个职位:"'兵头'在部队中弊大于利,不过是煽动士兵,鼓动哗变。"[37]这种状况与18世纪的差别是多么大啊!人们越是意识到纪律好的军队优于纪律差的军队,愉悦感和个人权利便越是被迫让位于这条战争的法则。要求服从长官意志不仅击败了旧式国土佣仆的反对,更创造出一套与同一个世纪产生的人性观念背道而驰的严厉机制。普鲁士军官对下属有无限的权力,甚至不受投诉权利的约束。只有一种考量会让哪怕性情粗暴的长官也会关怀下属,跟下属讲道理,那就是士兵可能会不堪虐待而失去服役能力或逃亡,因为如果出了这种事,长官就必须自己出钱招人顶替。这个因素在禁卫军中不存在,因为征兵费用由国王而非长官承担。但正因如此,腓特烈认为在禁卫军条令中应该加入前文引述过的那一条,即军官实施的惩罚必须合理,而且教训士兵时不能说:"他就让魔鬼带走吧,反正国王会再派一个过来。"如果军官"把手下打坏了",他不仅要赔偿手下,还要在斯潘道(Spandau)军人监狱服刑6个月。长官应该善待手下,但"他们又不花长官的钱,所以长官也对他们不闻不问"。

萨克森元帅的著作中也表达了长官的利益必须与部下的利益相关，如此他们才能爱兵。他在《遐思录》（Mes Rêveries）一书中反对由议会募兵，因为长官会任由士兵荒废。

但夹道鞭笞把人打死的情况并不罕见。

读者们肯定已经注意到，勃兰登堡-普鲁士军队的编制在很大程度上基于法国模式。事实上，法国文化在当时就是世界文化，德意志地区的教育更是完全处于法国人的影响之下。被逐出法国，来到德国定居的胡格诺教徒为勃兰登堡军队提供了一批特殊的补充力量。1688年，勃兰登堡的1 030名军官中至少有300名是法国人，比例远大于四分之一。1689年，腓特烈三世选侯亲自率军在莱茵河畔征战时手下有12名将军，其中4人是胡格诺教徒。军事用语中也有许多来自法语。

我们通过比较18世纪的法国和普鲁士军队会发现，尽管两者在基本要素方面有相似之处，但也有相当的差别。

法军操练只要掌握必要的步法就可以了。普军则是每天都要操练，而且军官和士兵在服役期间会不断接到任务。军官必须住在部下附近，以便收到通知后立即整队。[38]

普鲁士军官团是一体的，法国则有贵族军官和市民军官的区别，贵族中又分为宫廷贵族和地方贵族。法国有一些未经严格军官训练的优秀青年团长和将军。这可能是一项优势，因为真正的帅才有可能年纪轻轻便被提拔上来。但归根结底，这正是鸢尾花旗帜下的法国王军的一大病灶。西班牙王位继承战争和七年战争中的廷臣将军们与曼特农夫人（Madame de Maintenon）和蓬帕杜尔夫人（Madame de Pompadour）通信交流作战计划，彼此内斗不休，欠缺杀伐决断的气质，而从长远来看，行事果决正是领兵打仗的最关键因素。他们欠缺的不是个人的勇气与斗志，而是一个人整体上的真正的军人气魄。若要问法军为什么在七年战争中虽然占据极大的数量优势，但与汉诺威、不伦瑞克、黑森这三个只得到普鲁士和英格兰些许援助的德意志小邦交战时却一无所得，答案会一而再，再而三地回到这一点。[39]

普鲁士和法国军队的士兵都有很大比例是外国人。但法国是将外国士兵单独编成团；普鲁士当然也会临时组建小规模的外国人单位，如胡格诺教徒、波斯尼亚人、匈牙利骠骑兵和波兰枪骑兵，但大多数情况下，外国人会与军区征召的士兵编到同样的团里。1768年，普鲁士军队据说有9万名外国人，本国人则只有7万名左右。[40]法军以本国人为主，这似乎是一项巨大的优势，但放在18世纪并无军事意义，因为恰恰是本国的渣滓才参军。尽管如此，这一区别对世界史的意义很大。法军的国民军性质虽然对战斗力没有特殊的好处，却足以避免实行普鲁士那样近于野蛮的严厉军纪。法军的惩罚手段里没有打人这一条，军官和士官的无限制殴打权利就更不用说了。[41]而在各种坏分子聚集的普鲁士军队中，打人是不可避免的。

法军在七年战争中屡战屡败、军纪动摇，于是战争大臣圣热尔曼（Saint Germain）试图采用普鲁士的治军手段，将打人加入惩处措施，以此改善军纪。法国人的自尊心接受不了，此议遂寝，但军纪就此彻底败坏。在法国整体君权衰落、人民主权观念得到接受的时代，军纪更是一败到底。开辟世界史新纪元的法国大革命之所以能成功，正在于军队抛弃了国王，加入了群众运动。由外国人组成的瑞士团依然忠于国王，法国团却背弃了他。甚至在全面战争爆发后，先后由拉斐特和杜穆里埃推动的遏制军纪败坏、恢复军队秩序的尝试全都因为军队的抵制而失败。在军队中，国民自豪感比忠于国民军总司令更重要，国民军总司令这个职位与国民概念是对立的。普鲁士不是一个民族国家，普鲁士军队也不是国民军队，从而避免了这种内部冲突的出现。普鲁士军队的弊病在另一个完全不同的方面，并在1806年以骇人的方式呈献了出来。

我们还必须认识到普军和法军的最后一个区别：与其人口和经济实力相比，普鲁士征召军人的强度要比法国大得多。

法兰西王国兵力最多的时候似乎是1761年，也就是七年战争的最后一年，当时有14万人在德意志，15万人在本土和殖民地，总计29万人，[42]占总人口的1.2%左右。大革命爆发前夕，法军只有17.3万人，79个法国人步兵团加23个外国人步兵团，仅约相当于总人口的0.7%。

1740年12月，普鲁士有近10万兵力，占224万人口的4.4%。[43]腓特烈大帝去世时为20万人，占人口的3.3%左右，不过当年服役时间超过10个月的士兵连一半都不到（82 700人），但即便按后一个数字算，普鲁士军队占人口的比例依然是法国的两倍。[44]

4　操练与 18 世纪的战术变化

　　三十年战争中的步兵是长矛手与火枪手混编。火绳枪射速太慢，精度太差，火枪手在开阔地带无法抵御骑兵进攻，而要靠长矛手保护。但即便是认为长矛相对于其他所有武器都有一定优势的门多萨也曾说过，长矛兵很少在野战中交手，发挥主要作用的是火器。那是 16 世纪末的情况。到了三十年战争期间的 1630 年，兵学家钮迈尔·冯·拉姆斯拉写道："长矛更像是削弱敌人的工具，而不是战争的脊梁。火器赋予长矛以力量。"

　　步兵用长矛和刀剑作战会被当作稀罕事记录下来，[1] 例如文献中写道，在 1642 年的莱比锡会战中，"帝国步兵直接向瑞典长矛兵冲了上去"。格里美尔斯豪森（Grimmelshausen）在《斯普林菲尔德异闻录》(*Der seltsame Springinsfeld*)（1670 年）打趣道："不必要地杀死一名长矛手就是谋害一名无辜者。长矛手只会伤害往矛上撞的人。"尽管如此，长矛手还是保留了下来。到了 1653 年，大选侯还下令卫戍部队中必须有三分之一装备长矛（从野战部队转过来的）且要勤加操练。[2]

在昂泽姆会战（battle of Enzheim）（1674年）中，长矛仍然发挥了一定作用，因为蒂雷纳为了抵挡德意志军的一次大规模骑兵进攻而结成了一个长矛兵大方阵，将火枪手围在中间。敌军骑兵不敢上前硬冲。[3]

但到了17世纪、18世纪之交，长矛逐渐退出了欧洲军队。在这段过渡期用来帮助步兵抵御骑兵的猎野猪矛或拒马并无多大实效。[4]

火绳枪与长矛混编被单一的带刺刀燧发枪取代。这也赋予了常备军与旧式佣兵团完全不同的面貌。通过将"锥子"插入枪管将火枪转换成矛的想法由来已久。[5]但决定性的发明在17世纪中期之后才出现，也就是套在枪管外面的筒状插槽，如此便可同时充当火器和近战武器。但这种刺刀上起来还是很麻烦，直到允许士兵在刺刀装牢的同时便捷装填的刀格（cross arm）发明，这种新技术才完全实用化。

燧石大约在同期取代了火绳。[6]燧石具有明显的优势，尤其在雨天。但因为燧石发火不是次次都能成功，所以勒泰利耶在1665年的法国军事条令中严厉禁止使用这种新武器。检查中发现的燧发枪要立即销毁，然后由该单位的长官自费更换。因此，当时出现了一种既有火绳又有燧石的火枪，但燧发枪很快就胜出了。一系列小改进——药锅、火门、药锅盖、铁通条取代木通条、方便插入通条的环[7]、枪托，尤其是弹药纸包——不断提升着火枪的效能，到18世纪初就形成了沿用一个多世纪的形制，期间只有少许变化。德意志解放战争中使用的火枪几乎与七年战争一模一样。①

从三十年战争后期开始,火器的持续使用和改进就让步兵逐渐抛弃了盔甲,行军能力的提高也反映了这一点。

由于常备军中的士兵训练水平更好,他们能够越来越有效地运用越来越进步的火器。摆成 6 排的火枪手要通过回旋战法才能用上所有火枪,过程中很容易陷入混乱。现在 6 排阵被减到了 4 排,普鲁士军队最后减到了 3 排,这样只要让第一排士兵跪下,所有火枪就能同时开火了。⁸ 腓特烈大帝甚至试图让阵形更加密集,将 4 个人占据的宽度从 4 步压缩到 3 步。⁹ 通过持之以恒的训练,这种阵形能够将火力的迅猛度提升到最高。考虑单发射击的精度极低,普鲁士军队从一开始就不指望瞄准,甚至根本不训练瞄准,而要尽可能快速地集体开火,也就是听令齐射。腓特烈依然规定开火不应该太急,"因为开火前一定要看到目标",但瞄准后来甚至直接遭禁。另一方面,众人同射如同一人是重中之重,许多人同时开火被认为具有令敌人丧胆的效力。

在丰特努瓦(Fontenoy)(1745 年),法国和英格兰汉诺威联军的禁卫军靠近到 50 步远时都没有开枪。双方军官都将第一枪大度地让给对方。英军发出的第一轮齐射造成了极大杀伤,法国禁卫军几乎全被消灭,余者逃之夭夭。

沙恩霍斯特在《战术学》(第 178 段)说零星开火必须小心避免。开火必齐射。因为与不同位置的 50 人依次被击倒相比,同时

---

① 德意志解放战争是 1813 年德意志各邦反对拿破仑统治的战争。七年战争发生于 1756—1763 年。

击倒10个人更能让一个营迅速撤退。另外，开火是要消耗弹药的，弹药打光了，火枪也就没用了。燧石会变钝，枪管会塞住，只能用蛮力才能将弹药捅进去。最后，军官会失去对部下的控制。

齐射最好由整营（battalion）或分排（platoon）进行。一个营站成3列横队，分为8个排。各排以极快的间隔按第一排、第三排、第五排、第七排、第二排、第四排、第六排、第八排的顺序开火，火力接连不断，骑兵找不到突入的空档。但这种理想状况只能才操练场上达到。根据劳埃德（Lloyd）的说法[10]，腓特烈本人说逐排开火是最好的，如果确实能做到的话。贝伦霍斯特回忆道，只有第一次齐射或许能按规定进行，或者有两三个排能按次序开火。[11] 他写道：

> 接下来就是随意射击，枪声此起彼伏，人人都是装好弹药就扣扳机，排和列都乱套了，前排士兵就算想跪下也做不到，从最底层直到将军的所有军官都不再能驾驭人群，只能等着看部队到底是往前进还是往后退了。

这段描述带有贝伦霍斯特一贯的讽刺夸张风格，但有一点说得没错，那就是操场上精准无误，实战中或多或少会出偏差。[12]

进攻的规范方法是步兵全线推进，逐排连续开火，最后上刺刀冲锋。但现实中几乎从来没有到拼刺刀这一步；对面真的攻到近前时，守军早就放弃阵地了。腓特烈说过，应该向士兵灌输逼近敌人对自己有利的观点，他保证敌军那时不会继续作战。[13] 我们会发现这些战术完全符合军队的构成：普通士卒别无选择，只能服从。士卒左边有一名军官，右边有 名军官，后面还有一名军官，就这样被带着往前走。听到命令时齐射，最后打散队形冲向敌军，基本不会真正交手。这种战术不太依赖于士兵的意愿，只要军官管得住士兵，而且连危险人物也敢招进来。

关于齐射速度有一些不经之论。例如，冯·伯恩哈迪将军（General von Bernhardi）在《当代战争》(*Vom heutigen Kriege*)（1：22），1912 中写道，18 世纪的普鲁士步兵一分钟能开火 10 次。但这显然是不可能的，于是有人怀疑这里指的不是单兵单发，而是排的齐射；也就是说，不是同一个单位每分钟开火 10 次，而是一个营每分钟有 10 次整排齐射。但原文的意思确实是单兵一分钟就算不能开火 10 次，至少也能开火 8 次。事实上，七年战争时期听令齐射的射速上限是每分钟两到 3 次，之后也不超过 4 次。

步枪射程很近，最远 300 步。400 步外的敌人基本不可能被击中。[14]

最大的难题是行进间射击，甚至一直延续到今天。理想状况是各排推进过程中且停且开火。但这在实战中是做不到的，因为经验表明一个单位只要停下开火，再想动起来就难了，而且在第二次和第三次西里西亚战争①之间形成了一种观念，即步兵进攻时最好不开火，只在防御和追击时开火。这样一来，进攻前的火力准备完全由轻便的营炮完成，营炮由炮组拖曳伴随步兵前进。由于火枪的有效射程只有 300 步，通常的开火距离是 200 步——事实上，与

---

① 普鲁士和奥地利争夺西里西亚的战争，分别发生于 1744—1745 年和 1756—1763 年。

奥地利军作战时只有100步[15]——那么问题就来了：当进攻方来到这么近的敌方时，最好的办法难道不是立即发起冲锋吗？站着不动开火只会让敌军的火力更有效。《遐思录》一书曾激发腓特烈作诗探讨战争艺术，作者萨克森元帅在书中建议不开火，直接进攻。德绍的莫里斯公子（Prince Maurice of Dessau）曾表示（1748年），他这辈子的愿望就是国王陛下能命令他"不上弹向敌人前进"。事实上，腓特烈在七年战争初期曾下过不开火进攻的命令。战史部（Military History Section）的研究中称，不开火进攻是德国步兵战法经历的最激进的变化，且不利于自身，《军事周刊》(*Militär-Wochenblatt*) [40 (1900) : 1004] 中以更强硬的口吻表达了这一观点。不开火进攻被说成是国王犯下的致命错误，布拉格和科林的惨败就是有力的证明。但《军事周刊》(94 : 2131) 的另一位论者表示反对，他说国王之所以禁止开火，说到底只是为了限定开火次数，此说是正确的。[16] 他主张国王希望尽可能限制开火次数，但也假定部队如果无法推进，他们还是可以开火的。在洛伊滕会战中，普军再次进攻就是用的火枪。1758年12月，国王甚至直接驳回了不开火进攻的看法。因此，禁止开火并不构成战术的根本性变革，而只是在尝试如何完成一个没有明确合理解决方案的任务。

根据一份高质量文献[17]，我们还要补充一点：尽管普军发射了大量弹药，但他们对敌人造成的杀伤并不比敌人对他们造成的杀伤更大。因此，与严谨操练和踢正步相比，射击练习为普鲁士军队带来的主要是间接收益，也就是强化纪律、训练士兵保持秩序、维持战术单元的稳固。

既然步兵已经从方阵变成了线型阵，经验又表明单线太容易被击破或穿透，于是步兵组成了前后两线，也就是双梯队。我们从第二次布匿战争中了解到了梯队布置。但古代与现代梯队战术的起源和发展过程有所不同。尽管武器不一样，但是采用梯队的原因和目的却是相同。第二梯队固然用不上自己的武器，却可以堵住第一梯队的突破口，[18]支援薄弱点，实施侧翼包抄，必要时还可以击退来自后方的进攻。第一梯队越是单薄（只有3排），就越是需要第二梯队的支援，某些情况下甚至会有第三梯队、第四梯队。与第一梯队不同，第二梯队不必组成连续的战线，营之间可以留出间隔，因此单位数较少。梯队的间距在150步至500步不等。[19]

  为了给这种阵形下极为脆弱的侧翼提供一定程度的支撑，两个梯队之间会布置一个朝向侧面的营，于是阵形整体类似于长矩形。

  纵深越小，正面就越宽大，这对发挥武器威力极为有利，尤其是进攻方成功包抄对方的情况下，但实施难度很大。然而，让一大群人排成整齐的一字长蛇，然后迈步前进，保持队形不散在平整的操场上都不是易事，那么到了不平整的地形上，更是只有训练有素的长官和久经操练的士兵才能做到。劳埃德有言，一支部队以紧密战斗阵形往往要用几个小时才能前进1千米多一点。博延（Boyen）（1∶169）在回忆录中写道，亲身经历让他明白一个在会战当日展开为线列的营很少能有序行动，甚至根本无法有序行动。指挥官的声音在乱糟糟的环境中传不远。在1797年面世的《战争艺术史》（*Geschichte der Kriegskunst*）一书中，作者霍耶（Hoyer）写道：

  因为组成规整的一字长蛇并非易事，从纵队部署为线阵更是近乎不可能，所以最精明的战术家对两者都进行了实验。经过努力，他们展示了行军进退时排成各类纵队、要冲锋时再展开为一排或两排线阵的做法。这对部队提出了前所未知的灵活性要求。

普鲁士军队不仅将不知疲倦的热情投入到常规训练中，更努力追求完满、速度和敏捷，寻找更完善的新阵法。国王本人、将军们、为普鲁士效力的不伦瑞克和安哈尔特公子们乃至军官团整体都充盈着同样的激情。这种创造性活动最了不起的产物就是斜线阵。[20]

随着步兵为了加强火力而不断缩减阵形纵深，不仅有序行动的难度大幅度提升，侧面和侧翼的概念也愈发重要。方阵的正面和侧面有着同样的强度。而线阵越薄，侧面就越脆弱；线阵越长，侧翼便越是尤为关键。于是出现了不以正面硬攻决胜，而是攻击侧面或侧翼的思想。

早在三十年战争中，防守方列阵时会利用地形屏障来掩护侧面（1620年的白山会战），原因正在于此。还有人试图攻击敌军侧面（1636年的维特施托克会战）。[21]

西班牙王位继承战争出现了侧翼交战。进攻方不是同时攻击对方的整个正面，而是减少一翼的兵力来强化另一翼，企图凭借后者打垮对面的敌军，尽可能实现包抄。赫希施泰特（Höchstädt）会战似乎是按照这样计划的，但没有实施出来。拉米伊（Ramillies）和都灵（Turin）两场会战都是侧翼交战，但更多是因为特殊地形条件而非战法本身。但马尔普拉凯（Malplaquet）会战的计划完全是侧翼交战，但由于若干失误，实际仗并没有那样打。

军事理论也开始探讨这个新问题了。之前就有从古典学问出发研究侧翼交战的，人们也不断从古典时代吸取养分。现在伊巴密浓达的斜形阵被想了起来，还有韦格蒂乌斯的一段话：

> 两军碰撞时，我军左翼后撤，脱离敌军右翼，退到所有远程武器的射程以外。这时，由精锐步兵和骑兵组成的我军右翼压向敌军左翼，通过肉搏战将其打穿或包抄，以便从后方攻击敌军。左翼和右翼反过来也一样。

如果不算普鲁士公爵阿尔布雷希特的教条著作，[22] 那么第一位现代军事理论家似乎是蒙泰库科利。他在 1653 年面世的《论战争艺术》(*Von der Kriegskunst*)（德文本于 1736 年出版，《蒙泰库科利作品集》2:68）中给出了一条规则："精锐要布置在两翼，强势一翼发起进攻，弱势一翼拖住敌军。"他在其他地方也表达了类似的思想（2:352）。

克芬许勒（Khevenhüller）在 1738 年出版的《兵事要略》(*Kurtzer Begriff aller militärischer Operationen*)中有一段显然基于蒙泰库科利观点的话："最优秀的人要放在侧翼，先让最强的一翼出击接敌，兵力较弱的部分则要晚一些进攻，用散兵或地利拖住敌人。"

法国人福拉尔（Folard）写过一部波利比乌斯专著，腓特烈大帝下令并亲自参与制作了该书的摘要版。摘要版在腓特烈大帝最重要的大作出版之前面世，题为《战争中的新发现》(*Nouvelles découvertes sur la guerre*)，书中详尽探讨了留克特拉会战和曼提尼亚会战（第 2 部第 7 章），指出了斜线阵的优势，赞扬了伊巴密浓达的天才。

腓特烈从另一位法国人弗基埃（Feuquières）身上学到的东西甚至比福拉尔还要多，他将前者的不少文字直接搬到了自己的训令中。但就我所知，弗基埃没有提到斜线阵。因此，斜线阵思想在腓特烈上台时已经存在了，而且有过实践。但相关理论要么不完善，要么传播不广。至于实践，尽管有过几次尝试，但尚未取得重要成果。尽管如此，我们必须假定斜线阵在有文化的军人圈子中肯定是老生常谈了。这是一个流传中的概念。恰在此时，老元帅皮伊塞居（Puységur）（1743年去世）为完成自己的大作《战争艺术》（*Art de la Guerre*）做了最后一次尝试。他早在近半个世纪前就动笔了，直到1748年才被他的儿子出版。这部著作中清晰而详尽地讨论了斜线阵（ordre oblique）（1748年版，1∶161及之后；2∶45及之后；索引，2∶234）。腓特烈曾写自己基本上读过每一本军事史著作，他首次上阵时头脑中无疑是有斜线阵观念的。国王在莫尔维茨会战中的布置是右翼强于左翼，特别是重炮放在了右翼，而且用他自己的话说，他"削弱"了左翼。[23]但这并不是一场真正的侧翼交战，因为决定胜负的不是强大的右翼，而是损失轻微的左翼的前进。因此，通常的看法是普鲁士军在莫尔维茨的斜线攻势根本就不是斜线阵的实例，而只是巧合。我也曾长期认可这一理解，但根据赫尔曼（Herrmann）和凯贝尔（Keibel）的研究，我得出了此说不正确的结论。无论如何，从莫尔维茨会战起，斜线阵就成为主导观念，腓特烈奋战决胜的会战中主要也是采用斜线阵。

斜线阵思想的应用表现出了国王实战战术的鲜明个人特色与创造性。这种观念的理论与实践早在他之前就有了，但并未结出任何果实。想法本身很简单也很古老，但用起来很难。

强化一翼，弱化另一翼当然简单。但如果敌人料到了，他们要么会如法炮制，要么会冲击我军较弱的一翼。直到采取攻势的一翼顺利包抄敌军，斜线阵才算大功告成。但敌军不会轻易暴露侧面，而会尽可能在对方可能来攻的方向摆出一个直角。于是，进攻方不得不绕一个大圈子，或者在敌人眼皮底下调转方向。再加上线列战术的基本要求是正面尽可能连续完整，难度就更上了一层。[24] 皮伊塞居说过，过去各营是棋盘式排列，留有间隙，但许多大战正是输在这一点上，因为敌军可以顺着间隙包抄各营。[25]

他接下来说，于是人们把间隙缩小了，但步兵营和骑兵队完全不留间隙的那一种阵形无疑是最强的。腓特烈时代普遍采用的正是这一种阵形。所以，他要做的是在连续正面推进的同时，由倾斜布置的骑兵和炮兵找机会包抄敌军。[26]

当然，斜线阵本身不会带来任何优势。只有当进攻的一翼实力强于对面，而削弱的一翼能够牵制住数量更多的敌军时，优势才会显现。因此，优势兵力下的斜线阵不仅必须全线推进，而且行动必须要快到对方来不及反制，进攻的威力源于突然性。斜线阵的最高境界是包抄敌军正面。

在德军总参谋部资料中，斜线阵概念仅限于步兵和完整连续的步兵正面。据说，腓特烈国王是在第二次和第三次西里西亚战争之间才产生了这个想法。按照这种理论，斜线阵就是侧翼战法（wing battle）的一个特殊亚种，两者要做严格的区分。原则上讲，明确细化术语含义不能算错。但区分严格到这种程度是没有文献依据和可行性的，因为历史和实践中的界线是流动的，骑兵和炮兵都没有被排除在外。[27] 因此，我倾向这样来界定：斜线阵是侧翼战法的一种特殊形式，其中战线整体形成了一条间隙尽可能小乃至于连续的正面。侧翼战法的一大要义是一翼在前，一翼在后，实施进攻的一翼加强兵力并伺机打击敌军侧面乃至后方。因此，上述特征也适用于侧面战法（flank battle）的亚种斜线阵。斜线阵作为侧翼战法的亚种是符合当时的基本战术的，而且从斜线阵的内在逻辑来看，它也是从当时的基本战术衍生发展而来的。加强进攻的一翼可以在步兵第一梯队前面添加一个梯队（当时叫作"攻兵"），也可以在后面配置一支预备队，也可以加强骑兵或炮兵。

前面已经讲过，我们绝不能认为部队展开成简单的线列是随便就能做到的事，而是战术的一大成就，那么展开成斜线就更是如此了。起初，腓特烈只是命令一翼走得比另一翼快。但这自然不会奏效。正面必然会产生断裂，而当营长试图填补空隙时，阵形就乱套了。在1746年到1756年的10年间，腓特烈从理论和实践两方面入手，孜孜不倦地寻找斜线阵最恰当的实现形式。[28] 为了做好斜线阵，他接连构思和检验了不少于8种不同的方法。终于，他找到了他眼中最好的一种方法：梯次进攻。

之后一直到1806年，普军都以极大的热情来发展运用梯次进攻战法，即各营不是排成一线，而是排成类似阶梯的样子。但这种战法的重要性被大大高估了。分析到最后，其结果不过是各营在极短的时间间隔内依次投入进攻，相邻两营之间不会超过几分钟，最后每个营都与率先发起进攻的营齐平。唯一一场大体按照这种斜线梯次进攻概念来操作的战斗是洛伊滕会战。即便在洛伊滕，发挥决定性作用的也不是梯次进攻，而是国王将普军出其不意地转向奥地利军左翼,且没有引起对方的注意。他实施的是纵队变梯队,普军原本分四路纵队前进,每个纵队各包含第一梯队和第二梯队一部,另有前出的第五路纵队,接着国王命令各路纵队以排为单位调转特定角度,沿着敌军正面走了 2 英里(约 3.2 千米)多,直到抵达奥地利军左翼边缘的对面。这时,之前留有相当大间隙的各排组成线列。[29] 如此一来就形成了 3 个梯队(包括前出梯队在内),后面还有骠骑兵为第四梯队。普军以此阵冲击奥军,虽然没有达成迂回或包围,但仍然凭借 4 个梯队的纵深占据了数量优势。各营以梯次进攻,而非同时进攻这一事实并无特殊意义,国王在自述中甚至只是顺便提了一嘴。[30] 可以说,各营依次出击增强了普军正面在奥军正面前方组成的斜线阵进攻时的力度。但普鲁士军之所以形成了泰山压顶之势,是因为全军结成密集的窄小正面攻向奥军左翼,而完全不碰奥军右翼(奥军正面全长达 4 英里,约 6.4 千米)。于是,奥军右翼还没来得及援救,左翼就败了。尽管普军只有 4 万人,奥军则有 6 万以上,但普军在会战的每一关键处都具有数量优势。

因此,关键因素不是梯次进攻,甚至不是斜线阵,而是让普军指挥官带领部队秩序井然地沿着敌军正面逼近敌军一翼的战术机动能力,以至于敌军竟来不及出击扰乱。

敌军并非对类似观念一无所知。罗斯巴赫会战(battle of Rossbach)的情况与洛伊滕会战恰好相反。希尔德堡豪森(Hildburghausen)和苏比斯(Soubise)试图迂回普鲁士军,但行军途中遭到部署完毕的普军进攻,普军杀入奥军纵队,彻底将敌军冲垮,自己几乎没有损失。假如奥军在洛伊滕会战中没有坐守,而是找准时机出手,那便必然会取胜。

从三十年战争到西班牙王位继承战争之间的步兵战常会演变成一系列缠斗,诸军各自为战,彼此关系不大。操练的精确化和战术单元意识的不断强化也改变了战斗的性质。作战中要尽可能避免纠缠于一地,因为那样会破坏战术单元。腓特烈明令禁止将士兵部署在房屋中。赫普芬纳将军(General von Höpfner)在《1806年战争史》(Geschichte des Krieges von 1806)第480页中准确地描述了腓特烈的战术:

> 这些战术完全依赖于首次冲击。全军以线列推进,各营进行几轮齐射后直接上刺刀。一击不成便大事去矣。大王将全部兵力投入到一次进攻时,无疑是知晓这种战法的弊端的。但他知道的破解之法只有预备队和梯次进攻而已,这样手里最起码还有一支可用之兵。但这不是为了猛攻,而是为了对付没有一触即溃的敌人,接下来马上就是双方投入全部兵力的平行交锋。

明确的界线当然是不可能画出来的。哪怕是在腓特烈的时代,首次进攻也未必能决定胜负;战斗有时会拉得很长,但总体而言欧根(Eugene)和马尔伯勒(Marlborough)①的部队打起仗来更接近拿破仑,而非腓特烈,这是一个值得注意的现象。这两位统帅和他

---

① 欧根指的是奥地利将军萨伏伊的欧根(1663—1736)。马尔伯勒指的是英国著名将领,第一代马尔伯勒公爵约翰·丘吉尔(1650—1722)。两人比腓特烈大帝(1712—1786)大致早两至三代人。

们的部队行动更灵活。恰恰是因为普鲁士军队的操练制度太完善，对步法和动作做了严格的规定，所以他们才墨守成规，作战时难以放开手脚。

普鲁士军队将线列战术发展到了登峰造极的地步，但不仅没有消除，反而加剧了这种战术的内在缺陷。地形稍有不平，队形整齐、一齐开火的步兵营就会陷入混乱，而且他们也不能在村庄或森林里作战，要遇到奥地利军中出身山野、深知如何在破碎地形作战的精锐克罗地亚轻步兵更是雪上加霜。这些非正规军从隐蔽地点开火，普军的齐射无可奈何。在罗布西茨（Lobositz）和科林会战中，他们在正面战斗中也发挥了重要的作用。另外，普军在洛伊滕取胜的部分原因或许正是克罗地亚部队显然不在场。

七年战争开始时，国王组建了 4 个散兵营作为轻步兵，战争结束时有 26 个营。但普鲁士散兵比不上奥地利的潘都尔兵（pandours）和克罗地亚兵。这些边民仍然过着半蛮族的生活，与土耳其人冲突不断，为奥地利女大公玛丽亚·特雷莎提供了独特的战士资源，而普鲁士国王是没有这个好处的。他一再抱怨这些毫无纪律的部队观察普军路线，采用旁敲侧击的游击战法，对普军造成了严重杀伤。文献中对普鲁士散兵实际成效的描述不完整且不确切。尽管他们取得了个别战果，但国王本人对其评价不高。1779 年 5 月 24 日，他给陶恩钦将军（General Tauentzien）写信说，散兵营的军官"总体上行事拖沓、资质低劣"。对他来说，这些单位只是无法避免的恶，而且由于腓特烈本人没有正确理解散兵的性质，也没有给予其适宜的训练，所以他们更不能做出了不起的成绩了。若想打好散兵战，士兵要么有强烈的好战倾向，比如克罗地亚兵、潘都尔兵和哥萨克，要么有强烈的作战意愿，以便通过系统训练习得军事素养。但普鲁士军官团的思想里不存在此种训练的空间。在不伦瑞克的斐迪南这样的大人物笔下，奥地利潘都尔兵和克罗地亚兵"总是像盗贼一样躲在树后面，从不像真正的勇士那样在开阔地露面"[31]。国王本人的看法也差不多。他怎么能在自己的军中系统地培育如此可鄙的精神呢？但散兵毕竟是不可缺少的，于是就出现了这么一个丑恶的怪胎。

普鲁士散兵营的兵员素质不比线列步兵营更好，反而更差。散兵营里没有本国人，只有冒险者、逃兵和无赖，他们与正规步兵的唯一区别是缺少赋予后者力量的要素——军纪。你可以教被拉来的壮丁按要求走整齐的队列，但不能这样要求独立射手，他们要凭借自己的眼力和心意寻找掩护，要一心一意地前出作战。迈尔（Mayer）、吉夏尔（Guichard）和哈尔特伯爵（Count Hardt）等个别将领竟然能带着这些近乎匪帮的部队取得战果，这真是怪事。[32]除了散兵营，普鲁士出于类似目的还组建了猎兵（Jäger）连，但猎兵连的成员是可靠干练的本国林务官子弟，参军后有希望进入林务局工作。

我们前面追溯了直到古斯塔夫·阿道夫为止的骑兵发展历程。他摒弃了回旋战法，将手枪降低为辅助武器，命令骑兵以阔剑为主要武器，结成密集阵形发起冲击。后来的发展也是沿着这个方向。成败全在于排成密集队形要尽可能长，冲击要尽可能迅猛。但这是非常困难的，需要极大量的操练，而且马上操练的难度非常大。因此，希望节约马的气力的上校们命令士兵只在短距离进攻时用快步，或者只在最后关头才用低速袭步。尽管欧根亲王下令以全速袭步进攻,但他无力贯彻。腓特烈·威廉一世不理解骑兵。他练出来的卓越步兵在莫尔维茨会战中证明了自身实力,但普鲁士骑兵在此战中毫无战绩,被奥地利骑兵彻底击败并驱离战场,当然,奥地利骑兵确实多一些。腓特烈国王为骑兵注入了新的精神,在下一年的霍图西采会战(battle of Chotusitz)中,普鲁士骑兵的表现焕然一新。在七年战争之前的10年间,普鲁士骑兵的战果越来越大。1748年,腓特烈还觉得骑兵从700步外开始进攻就可以了;到了1755年,他就要求1 800步了,而且最后一段必须用全速袭步。他要求手下的指挥官永远不要被动挨打,永远要主动出击。"当这样一面密不透风的巨墙猛烈地发起突袭,敌军不可能做任何抵抗。"赛德利茨(Von Seydlitz)据说有一句异曲同工的话,他说骑兵打胜仗,不靠马刀靠马鞭。他还有一句话:"6人一队进攻,谁被挤到后面,谁就是混蛋。"密集战术单元能将单个骑兵团围住,以至于腓特烈国王希望尽量不打肉搏战,因为"那样就要靠普通士兵决胜负了",而那是靠不住的。因此,不仅骑兵方队内部要尽可能紧密,马刺靠着马刺,甚至膝盖靠着膝盖,而且第一梯队的方队之间几无空隙。攻势要打穿敌军的第一梯队,赶跑敌军,接着再击破敌军的第二梯队,再之后腓特烈才允许士兵展开肉搏战。[33]

在七年战争中,奥地利骑兵据说还是先开枪,再拔刀。[34]

法国骑兵发展受阻的原因是,直到舒瓦瑟尔公爵(Duke of Choiseul)整编(1761年至1770年)之前,马匹和装备都属于队长,而队长是希望尽可能避免磨损和消耗的。法军只允许采用慢步和快步,全速袭步进攻的战法是1776年由圣热尔曼伯爵首次引入的。[35]

冯·德马维茨将军（General von der Marwitz）对袭步进攻有这样一番论述：[36]

> 队伍只能一往无前。有一半人或许被射死，或者掉进路上的坑里，几百人摔断脖子。但队伍绝不能止步或掉头，因为那样会造成混乱喧闹，成百上千匹马紧靠在一起往前冲，骑术再好的人也控制不住坐骑，大家会一哄而散。但就算有某个人控制住了坐骑，他也绝不能停下，一旦停下就会被后面的人踩在蹄下。因此，进攻切不可犹豫，一旦发起进攻，要么打开缺口，要么全团溃散。

两支骑兵对冲会是什么样呢？

如前所述，拼刺刀几乎从来不会发生。同样地，根据文宁格将军（General Wenninger）的研究，[37] 两个骑兵方队以密集阵形全力对冲的情况从未发生过。在对冲的情况下，双方都会崩溃。

普兹列夫斯基将军（General Pusyrewski）在《战斗研究》（*Untersuchung über den Kampf*）（1893年出版于华沙）中表达了同样的意思：

> 从来没有真正的对冲，一方造成的士气冲击迟早会让对方垮掉，哪怕直到近在咫尺时才发生。在马刀第一次砍下之前，一方已经败逃了。如果是真正的对冲，双方都会被摧毁。在现实中，胜方几乎会完好无损。

冯·德马维茨将军声称，骑兵进攻与步兵进攻的情形完全不

同。他在《文集》(*Schriften*)(2∶147)中写道:

> 凡是参加过骑兵进攻、真正向敌人冲锋过的人都明白,没有一匹马愿意冲入从对面冲过来的队伍,反而每次都会掉转马头。如果不想进攻彻底失败的话,每一名骑手都必须阻止坐骑这样做。

换句话说,他必须迫使坐骑向前。
为了做到这一点,法军骑兵采用密集阵形,但行进缓慢。
这种会战用的骑兵很不适合执行重要的侦察任务,甚至追击都不行。一直有人说当时的军官不理解如何将骑兵用于侦察。1744年,腓特烈进入南波希米亚时觉得自己与外界失去了联系。尽管他有近2万骑兵,但在很长一段时间里都无法确定奥地利军的位置。1759年,同样的事情发生了多纳伯爵(Count Dohna)身上,他当时的任务是进波森(Posen)去对付俄国人。(总参谋部著作,10∶175)中写道,当时的人似乎认为骑兵昂贵又难以替代,不应该脱离直接控制,而且就算偶尔真的派出巡逻兵独自去远处,也没有办法保证他们能及时回报。然而,这种窘境或许还有另一个更基本的原因,那就是骑兵里有许多不可靠的人,当然远远不像步兵那样多,但还是让人不能放心地派出去四处巡逻。与步兵一样,训练的宗旨不是发扬个人武艺,而是组成紧密的战术单元。但侦察任务需要训练单兵的独立自主和个体主动性。因此,骑兵能力强悍却片面主要不是因为将帅无能,而是整体军制的自然结果。
腓特烈很早就认识到了这一短板,于是与步兵的情况一样,他组织了一支特种骑兵来填补。这就是骠骑兵，他们不算作正式的骑兵。腓特烈的父亲只留给他9队骠骑兵，腓特烈将其扩编至80队。他要找的是好打仗、好冒险和好战利品的人，而且如果赋予其一定自由度的话，他们不会逃跑，反而恰恰因此可以用来防止其他单位士兵逃亡。但出于同样的原因，骠骑兵过于松散，达不到他对会战骑兵的要求。在洛伊滕会战中，他们在步兵后面组成了第四梯队。他们在追击战中特别受倚重。

但甚至在七年战争之前，骠骑兵的训练就已经类似于其他骑兵团。

1755年12月，腓特烈的野战部队里有超过四分之一是骑兵（骑兵3.1万人，步兵8.4万人）。在16世纪上半叶，步兵的比例曾经要高得多；到了下半叶，随着骑士完成了向骑兵的转换，骑兵数量再次攀升，到了三十年战争时期已经占到了全军的一半乃至更多。在常备军中，廉价的步兵再次增多。大选侯时期的勃兰登堡-普鲁士军队只有七分之一是骑兵。之后骑兵再次增多，至腓特烈时期达到顶峰。

与其他两大兵种一样，炮兵也在不断进步和强化。腓特烈的一项创举是组建了骑炮兵。骑炮一会倾向轻型机动化，一会倾向加大口径，结成炮组来加大威力，具体细节这里就不深究了。最大的变化，即重炮大幅增多的源头不是普鲁士人，而是试图通过重炮来抵御凶猛的普鲁士人的奥地利人。情非得已之下，腓特烈不情愿地效仿了奥地利的做法。在莫尔维茨会战中，奥军有19门火炮，相当于每千人1门；普军则有53门，相当于每千人2.5门。在托尔高会战中，奥军有360门炮，相当于每千人7门；普军有276门，相当于每千人6门。

5 战　略

马基雅维利探讨了中世纪战略向现代军事思想与实践的过渡。我们已经发现，这一新发展的起点是近战步兵战术单元的重现，从此之后才又有了完整意义上的真正的战略。[1]有一种经常被重复的说法是，战争在中世纪纯粹是运用蛮力，但从文艺复兴开始就变成了一门科学，此说引发了一些无论从哪个方面看都必须斥为虚假的想法。中世纪战争绝非只有纯粹的蛮力，之后也没有变成科学。战争从来都是一门艺术，永远不会成为科学。艺术与科学的关联仅在于理论思考——也就是科学思维——有助于艺术理解自身，进而更好地训练出艺术大师。如前所见，战术发展确实受到了科学研究的影响，而战术本身并没有变成一门"科学"。至于这一点在战略问题上是否同样适用，或者在多大程度上适用，我们会在之后的论述中逐渐知道。

《马基雅维利》一章中已经写到，从战略的本质中引出了一个中心问题，那就是战略的两种形态——歼灭战略与消耗战略。这个问题必然主宰着一切战略思想与战略行动。

凡是战略，第一条自然原则就是要集结兵力，寻找并击败敌军主力，接着乘胜追击，直到失败者屈服于胜利者的意志，接受胜利者的条件，最极端的情况就是占领敌国全境。这种战争行为的前提是优势足够大。所谓足够，可能只是足以赢得第一场大捷，但还不足以占领敌国全境，甚至只能围攻敌国首都而已。另一种可能的情况是双方旗鼓相当，从一开始就预期只能取得有限的战果。一方可能觉得彻底击败敌方的希望不大，不如用尽各种手段疲敝敌方，令敌方最后宁愿接受胜利者的条件。在这种情况下，投降条件会比较宽大。这就是消耗战略的本质，它的首要问题永远是要不要寻求有风险和有代价的决战，战胜的预期收益是否超过代价。在歼灭战略下，统帅的主要任务是殚精竭虑地为自己的部队创造最好的决战条件，尽可能取得大胜；而在消耗战略下，统帅要考虑的是在何处、以何种方式能抓住敌军的破绽，同时确保本军、本土、本国国民不受伤害。他要考虑应不应该围攻某座要塞、占领某个省份、切断敌军补给线、突袭敌方孤军、离间敌方盟友、为自己争取盟友，但最重要的是击败敌军主力的条件和时机是否出现。因此，会战在歼灭战略和消耗战略中都有作用，但区别在于，会战在歼灭战略中高于其他手段，其他手段都服务于会战，而在消耗战略中会战只是多种可选手段之一。大力压迫敌军，使其甚至不经一战便接受我方条件的可能性发展到极致就是纯粹的机动战略，不流血的战争。但如此纯粹之又纯粹的机动战略不过是语言游戏，在世界军事史上从未真实发生过。就算一方真想这么打，他也不知道对方会不会也这样想，会不会一直这样想。因此，即便统帅想避免流血，决战的可能性也始终存在，所以消耗战略完全不等于纯粹的机动战略，而应视为一种具有内在矛盾性的战争样式。消耗战略的原则是两极化的，或者说是双极的。

我们探讨古代战争时已经了解了歼灭战略与消耗战略的对立，现在新生的战争形式一下子把这个问题带回了前台。瑞士人走出大山，进入周边地区时当然只有一条原则，那就是尽快找到敌人，进攻敌人，击败敌人。但这条原则也可能对其不利。我们知道，瑞士人总是希望赶快回国，列国君长也总是难以筹措到长期聘用瑞士人的资金。因此，如果一方坚守不出，躲避瑞士人的进攻，那就有希望在没有风险、不打会战的情况下赢得战役。1513年，正在围攻诺瓦拉的特雷穆耶接到瑞士援军逼近的消息时就是这样想的。他本来可以赶在援军和诺瓦拉守军合流之前迎击援军，但他没有这样做，而是率军离开，四处游走，企图避免与瑞士军接触，但最后还是被赶上打败。然而，经验很快就表明这种战场上的胜利永远不能带来战争的胜利。那么，打会战真的符合逻辑吗？如前所见，以马基雅维利的智慧，他也卡在了这个难题上，找不到破解之法。他本人的逻辑倾向歼灭战略，但以韦格蒂乌斯的著作为代表的古代文献推崇消耗战略。在现实和理论层面上，消耗战略一直占上风。皇帝军取得的帕维亚大捷具有极大的直接影响；被俘的弗朗索瓦国王被迫接受了《马德里和约》中极为苛刻的条件。但不过几年光景，此战的成果固然没有全部丧失，但主要成果确实是都没了，于是我们不禁要怀疑这笔投资到底值不值。

1525年的帕维亚会战是那个军事史时期的最后一场完整意义上的大决战。战争并未消失，但有的战役从头打到尾都没有一场真正的会战，即便会战真发生了也打不出个结果，比如1544年的切雷索莱会战。

　　回避会战的统帅不难找到敌军难以接近的阵地，就连兵力优势相当大的敌军也不愿冒险强攻。天然屏障之外还有工事加固。因此，一场战略攻势未必总会达到会战的高潮，而常常将锐气消磨在单纯的抢占空间上，也就是占领某处要地。最受青睐的目标是攻取要塞，占据要塞能让胜利者主宰整片周边地区，如果签订和约时还想拿回它的话，还会给敌军出一道收复要塞的难题。依赖战场上的运气是兵家大忌，这种思想越是在将领头脑中根深蒂固，敌军连勉强凑合的阵地都不会强攻的心理预期越是盛行，上述做法便越是可行。但运气好的话，靠机动游走也能达到占地拔点的目标，而只要战败没有同时导致丢失大量领土或要塞，敌方在会战中遭受的直接损失很快就能恢复。一方甚至可以靠单纯维持现状来接近战争目的，因为这样双方都不得不投入大量资源，如果对方钱包更快见底，便有可能因此屈服。一位瑞士军事史家在1664年写道："战争口阔鼻宽，钱花完了，仗就没得打了。"[2] 每一场战争都会受到经济因素的强烈影响，因为打仗不能没有粮草和军械。但依靠佣兵的战争是最极端意义上的经济战，因为佣兵组成的军队只有经济这一根支柱。因此，从马基雅维利到腓特烈，谁兜里有最后一块钱，谁就是胜利者的说法屡见不鲜。[3] 但马基雅维利当年已经把这句话颠倒了过来，说有兵就会有钱。这两种说法同样正确，也同样错误。如果钱占上风，战略就会倾向机动；如果兵更重要，战略则会倾向会战。同理，作为达成政治目标的工具，军队本身总要面临风险，而且在任何情况下都会有或多或少的损伤。歼灭战略下不需要担心损伤，因为我们指望的是一战定乾坤，尽早结束战争，而且不必惧怕反作用。但消耗战略下必须小心地衡量自身损伤。因为如果一场胜利乃至接连胜利都不能结束战争,那就会出现一个问题:胜利本身的意义是否抵得过弥补得胜之师损失的花费。因此,君主在战争中经常告诫前线统帅不要过分冒险,且不以打胜仗为主要目标,而是"保全军队",这是巴伐利亚选侯马克斯写给梅西元帅(Field Marshal Mercy)信里的说法。当巴登藩侯路德维希(Margrave Ludwig of Baden)鲁莽地攻击土耳其人时,皇帝的大臣们就谴责他浪费兵力,每次战役都需要配备一支新军。尼德兰的商人政府用兵尤其吝啬,但就连腓特烈大帝也在《战争原理》第1篇描述完普鲁士军队的卓越素质技能后写道:"如果他们为取胜付出的代价不是与敌军相去不远的话,这样一支军队足以统治全世界。"

这一因素在联军作战中最为紧要。如果打胜仗的一方已经做出了牺牲,之后或许不得不承认胜利的果实会落到盟友而非自己手中,尤其是在胜利者不再有实力来完整保护自身利益的情况下。

在两端摇摆的战略下,野战工事是一项重要的临时工具。当然,早在穆尔滕和南锡会战中,大胆查理就已经用野战工事来抵御瑞士军了。第一场真正的现代会战,法国与西班牙在南意大利打响的切利尼奥拉会战(1503年)是围绕着西班牙军在正面匆忙建起的一堵墙和挖好的一道沟展开的。从那时直到旧制度落幕,野战工事都发挥着作用,而且常常是决定性作用。在骑兵再度占据重要地位的胡格诺战争中,德拉努告诉我们,士兵每天晚上都要挖沟,以免敌军从远处发起突袭。古斯塔夫·阿道夫也一样,他认为凡是驻扎超过一夜的营地必定要修建工事。胜负常常就在于一方能不能早几个小时抵达战场,然后建起让敌军不敢强攻的野战工事。皇帝军之所以在 1620 年输掉白山会战，就是因为布拉格没有赶快把必要的铁锹送上来。道恩（Daun）① 对抗腓特烈大帝时手不离锹。腓特烈起初反对野战工事，因为他的部队是靠速度对付突袭的，而且他总是喜欢发起进攻，工事只会是累赘。他有时甚至会激烈抨击野战工事⁴，他与时人在实践和理论两方面都不同的地方不多，这是其中一条。尽管如此，他还是在《战争原理》第 8 篇中说："我军会在营地外挖一圈壕沟，就像罗马人当年那样。"他的用意不过是防止敌军优良的轻步兵发起夜袭，以及防止己方士兵逃亡。在围城战中，国王愿意用堑壕来保护后方，但即便如此，他依然认为主动出击，迎战敌方援军是更好的办法。在最危急的时刻，比如输掉会战之后或者敌方有 3 倍兵力优势，工事便不得不修。于是，1761 年俄军与奥军终于在西里西亚会师来攻时，腓特烈依靠在本泽尔韦茨（Bunzelwitz）挖壕保全了自己。七年战争后，他在著作中一改故态，大力推崇野战工事，这无疑是根据本泽尔韦茨的经验。⁵

有时，依据战术工事的坚固程度或战或不战的决定不是在前线做出，而是由后方政府裁决，尽管请示上报、信件往来可能会耗费数日数周的时间。1544 年，昂吉安公爵从上意大利派掌营官蒙吕克回巴黎请求国王允许开战。蒙吕克顶着大臣的反对拿到了许可。昂吉安打赢了切雷索莱会战，却是有胜无果。

七年战争中道恩与维也纳、俄军指挥官与圣彼得堡之间也是如此。

---

① 全名利奥波德·约瑟夫·冯·道恩（1705—1766），奥地利王位继承战争和七年战争中的奥军元帅。

1546年的施马尔卡尔登战役是机动战的反面典型,新教诸侯联盟行动过于怯懦,尤其是皇帝手中无兵的开战初期。[6] 但兰克讲过,我们不能指望每次都有沙特林怒斥腓力领主不愿做出艰难的最终决定,说在他眼里,每一处渡口和水沟都太深,每一处沼泽都太宽。一旦形成了这种战略态度——我们知道当时就是如此——那么率领一支各怀鬼胎、号令不一的军队采取重大行动就是很难的了。而皇帝即便在占据数量优势的时候也仅仅满足于游走机动,最后取胜靠的也不是战斗,而是政略,即通过说服莫里斯公爵入侵萨克森选侯的领地。这样一来,松散的施马尔卡尔登同盟便失去了集结军队包围南德意志的能力。针对这一点,记述此战始末的阿维拉写道:[7]

> 皇帝从来没有机会在平等条件下交战,遑论优势。但即便有平等条件,他也不能开战,因为这样一场胜利会带来重大损失,而受损的军队是不能让他控制德意志的,尤其是德意志城市的,哪怕他打了胜仗。[8]

胡格诺战争中有极其血腥的会战,但战略意义仍然仅相当于小规模战斗,因为就算天主教一方兵力强盛得多,战场上旗开得胜,但还是不足以夺取敌方的全部要塞,从而使其屈服。

正是因为这一点,西班牙才用尽办法也没能收复反叛的尼德兰。

三十年战争战略的决定因素是错综复杂又频繁变动的政治局势、为数众多的要塞城市、与受到影响的广大地域相比总是居于数量弱势的军队。古斯塔夫·阿道夫胆略非凡，敢从偏远小国瑞典出兵攻打皇帝，笼括德意志全境，但就是这样一位大权在握、积极主动的英雄人物也只能步步为营，稳扎稳打。克劳塞维茨称他为"虑事周全，明智博学的统帅"，又在另一段写道："古斯塔夫·阿道夫绝非侵略攻杀的莽夫，他偏爱严谨有道的机动战。"直到登陆德意志15个月后，他才发动了布赖滕费尔德会战。克劳塞维茨认为瓦伦斯坦"能量充沛，几乎不知畏惧为何物"，"深得全军敬畏"，但他从来没打过一场攻势会战。托尔斯滕松倒是不断求战，但基本战略上并没有越出消耗战的框架，也不可能越出。三十年战争有太多的矛盾悖论，从战略角度看非常有趣，而且还带来了一些至今没有得到充分研究的变化。此战中有时会集结起极为庞大的军队，例如在 1627 年，皇帝麾下至少有 10 万之众，1630 年的兵力也差不多。1631 年底瓦伦斯坦回归时，他手中有 3 万至 4 万人，而到了 1633 年春，他的总兵力是 10.2 万人，其中在明斯特贝格（Mün-sterberg）的主力是 4.3 万。战役结束时，他总共还有 7.4 万人。[9]

尽管如此，真正上阵的兵力很少。白山会战中，皇帝与天主教同盟联军约有 2.8 万人；古斯塔夫·阿道夫在布赖滕费尔德有 3.9 万人（包括萨克森军），在吕岑有 1.63 万人。瓦伦斯坦纽伦堡大营并没有人们常说的 5 万至 6 万人，只有 2.2 万而已。[10] 托尔斯滕松的兵力不超过 1.5 万至 1.6 万人。大量可用战斗员都用来把守众多要塞城市。野战军中骑兵的比例提升到了一半，甚至会达到三分之二。1645 年的扬考会战（Jankau）中，皇帝军有 1 万名骑兵和 5 000 名步兵。

战区反复变动，从波罗的海、北海到多瑙河、康斯坦茨湖，从维也纳乃至锡本布尔根（Siebenbürgen）①到巴黎近郊。由于军队人少，可以沿途就地补给，而且天主教一方和新教一方在南面北边都有拥护者提供后勤基地，所以有长途行军的能力。因此，战略态势总是在很大程度上由政治观点决定，以至于战争艺术史著作大可略过具体细节，除非是分析具体会战，尤其是著名会战时必须涉及的内容。

路易十四的历次战争开启了一个战略的新时代，特征是军队规模扩大，军需补给的问题随之而来。中世纪军队人少，自带粮草不算困难，也可以沿途征收。反过来看，从行军距离和相对薄弱的补给手段中也能得出军队规模很小的结论。随着军队的扩大，粮草问题越来越多地被谈起。[11]编写于16世纪30年代并广泛流传运用的《军官手册》（Aemterbuch）或《战争条令》（Kriegsordnung）[12]中写道，"后勤是打仗的第一要务"，接着就是详细的粮草计算过程。普鲁士公爵阿尔布雷希特的《兵书》（Kriegsbuch）中也能找到类似的计算。根据书中的估算，90 801名战斗员5天需要面包共490车，熏肉、黄油、盐、豆、燕麦、大麦共383车，100桶葡萄酒和1 000桶啤酒共433车。另有45 664匹马所需的燕麦。[13] 1543年，纽伦堡军人约阿希姆·伊姆霍夫（Joachim Imhof）从查理五世的军营中写信抱怨说诸物皆贵，因为有些士兵拦路抢劫了运输补给的市民和农夫；只有肉价便宜，因为牛是强征来的。[14]法军早在1515年就有野战烤炉了。[15]巴伐利亚公爵马克西米利安为1620年的波希米亚战役设立了多处仓库。他在林茨（Linz）征收了300桶面粉，

---

① 特兰西瓦尼亚的德文名，今为罗马尼亚中西部。

总计7万配克（约636立方米或63.6万升），奥地利要出220辆四马大车负责运输。开姆尼茨的《三十年战争史》（Geschichte des 30jährigen Krieges）一书中充斥着对行动后勤的担忧。阿尔布雷希特公爵指出了水道对后勤的重要性。[16]

到了路易十四时期，军队兵力达到了三十年战争时期的三四倍。我们一开始可能会觉得，既然兵多了，统帅应该能取得更大的功绩，征服更大的土地了。但如果双方的兵力同等增加，那么情况会恰恰相反。大军是笨重的，不仅是行动迟缓，更因为无法就地取食，没有补给就无法生存，除非行动神速，这就需要一套严密的后勤供应体系。再加上我们前面说过的一点，兵力的扩大导致进来了许多靠不住的人，这些人只是因为军纪和严密监视才留在军中，于是后勤需求的压力就更大了。要是让这些人就地取食，一大半都会逃跑。因此，从仓库有序支取粮草就变得必不可少，但仓库往往会束缚军队的行动。这一结果又反作用于问题的源头：依赖仓库拖累了行军，于是军队更加无法就地取食，更加依赖仓库。

据理论家估计，军队最多离开仓库5天路程；路线中间距离部队两天路程、距离仓库3天路程的地方要布置野战烤炉。野战烤炉生产的面包只够吃9天。如果有大车往来输送，装卸休整需要一天的话，那么部队每隔5天就能吃上一次新面包，同时还有一点应对不测的富余量。富余量是必须要有的，因为连日降雨会让车辆无法上路。

威斯特法伦（Westphalen）描述了1758年雨季的情形："部队在看得见仓库和烤炉的地方开始缺粮。运面包的车不到5千米的路就要走几天几夜的时间，即便是这样，途中还不得不丢掉一半的货物。"[17]

在 1692 年的比利时，卢森堡（Luxemburg）①想赶上昂吉安却做不到，不得不在苏瓦尼（Soignies）停留了 3 周时间，因为他的车队不足以将粮草从蒙斯（Mons）的仓库运上来。蒙斯离昂吉安不到 18 英里（约 29 千米），离苏瓦尼只有 9 英里（约 14.5 千米）。

1745 年，腓特烈大帝说指挥军队的不是他，而是面粉和草料。他还有一次（1757 年 8 月 8 日）对基斯元帅（Field Marshal Keith）说："荷马说士兵是面包造就的。我赞同。"

在军队规模扩大、内部改制的同时，战争的舞台也发生了变化。因为大部分城市拆除了工事，只有少数城市修得固若金汤，要经过漫长而艰难的围攻才能夺取，于是，省出来的守军就被充实到了野战军中。[18]

查理五世当年从意大利、德意志、尼德兰出兵，无数次深入法国腹地，三十年战争依然如此。但在路易十四任用沃邦（Vauban）重新为一连串边境城市修建了工事之后，这样的入侵便不再可能了。腓特烈后来以类似的方式修建了西里西亚要塞群，目的是保住这片新得的领土。

三十年战争期间无数次出现类似于腓特烈作战时的战略局势，尤其是当托尔斯滕松担任瑞典军统帅的时候。但托尔斯滕松和他的 1.5 万名士兵取得了远胜于腓特烈的成就。霍博姆在柏林大学的就职典礼演讲中提出并比较了两人，大有教益，我之后探讨腓特烈的战略时会加以介绍。[19] 我们马上能注意到，区别不在于古斯塔

---

① 指的是卢森堡公爵弗朗索瓦-亨利（1628—1695），法国将军。

夫·阿道夫和他的后继者们，不管是魏玛的伯恩哈德、巴纳、托尔斯滕松、弗兰格尔还是卡尔·古斯塔夫，对战略的本质，尤其是野战的价值和重要性有着不同于腓特烈的理解。相反，区别完全源于军事和政治条件，源于军队规模、性质和战法的不同。

因此，打个比方，发展过程不是从一个机动战为主的时代逐渐转向基于决战的战略，而是理论与实践在一个时期偏向一端，在另一个时期偏向另一端。

三十年战争一直到最后都有激烈的会战，但路易十四的前两场战争都是纯粹的机动战。唯一真正的会战，即1674年的塞内夫会战（Seneffe）是意外发生的，而且一直没有决出胜负，因为孔代不愿意用军队去冒险，于是没有继续战斗。要不是有这场会战，1672年至1679年的战争就只有围城、行军和几场小型遭遇战了。

路易十四的第三场战争（1688年至1697年）再次表现出了紧张和激情，但唯一有重要影响的会战是1690年的爱尔兰博因河（Boyne）会战。詹姆斯二世在此战中被威廉三世击败，斯图亚特家族永远失去了王位。1690年的弗勒吕斯（Fleurus）会战、1692年的斯滕凯尔克（Steenkerken）会战和1693年的内尔温登（Neerwinden）会战虽有大量伤亡，却没有任何实际战果。

1689年出现了一种可怕的新战法，即整体有序地摧毁了位于边境的普法尔茨，目的是阻碍敌军从这个方向发起进攻，帮助法军保卫其有意守住的美因茨和菲利普斯堡两处要塞。这项措施尽管残酷，却仍然没有达到目的，因为德意志军围攻并夺回了美因茨。1704年，联军企图在巴伐利亚采取同样的办法，甚至已经开始实施了。欧根亲王（Prince Eugene）写道：

因此，分析到最后，我认为唯一的办法就是彻底夷平巴伐利亚及周边所有区域，让敌军再也没有从巴伐利亚或周边区域继续作战的机会。

接下来是西班牙王位继承战争。尽管有1704年的赫希施泰特会战、1706年的都灵会战和拉米伊会战、1708年的奥德纳尔德（Oudenaarde）会战和1709年的马尔普拉凯会战这几场大仗，但战争的结果不过是让法国退回原有疆界。与此同时，瑞典国王查理十二试图通过连续痛击敌人来击败他们。

波兰王位继承战争（1733—1735）则并不激烈，全程没有大决战。

西班牙王位继承战争有规模极大的决战，但只是偶尔发生，而且在马尔普拉凯会战后就绝迹了。与此相比，腓特烈大帝登场后发生了众多会战，于是有人认为腓特烈一扫首鼠两端的战略，应视为后来被拿破仑发挥到极致的歼灭战略的发现者和创造者。这种看法是错误的，我们之后会具体讲。归根结底，腓特烈之所以频频决战，并不是因为某项特殊的新原则，而只是大王本人雄才伟略，崇尚大决战罢了。但他自认为能够借以赢得他欲求的会战，并为了打赢会战而开发的战法是斜线阵。他写道，若攻敌侧面，3万可破10万。普鲁士军队拥有冠绝全欧的灵活迅捷，于是国王自以为能够在敌军来不及防御的情况下攻其侧面，他对前代战争艺术的改良正在于此。这不仅将他推向追求会战的一端，也将七年战争与之前的有征无战，乃至于古斯塔夫·阿道夫、马尔伯勒、欧根的战争截然分开。但是，腓特烈的战争行为依然在消耗战略的范围之内，而且在敌军通过选择阵地、修建野战工事、增加炮兵来应对斜线阵带来的侧面遇袭风险时，他甚至比以往更加偏向机动战一端。

即便在他具有质量优势和局部数量优势时，腓特烈国王依然受到一些因素的掣肘，使他无法乘胜追击，逼迫敌方签订和约，也就是无法采取歼灭战略。这些因素在后文中会出现并探讨，此处只是略谈几点。

首先，他的军队中有大量不可靠分子，因此他不得不时刻注意士兵逃亡的危险。他最伟大的著作是1748年面世的《战争原理》，开篇就是14条防止士兵逃亡的规则：不得在森林旁边扎营；在森林中行军时，步兵身旁必须要有骠骑兵巡视；尽可能避免夜间行军；必须以排为单位行军；在峡谷中行军时，入口和出口都要布置军官，军官要立即整队。

他专门强调不得夜袭。

将单位打散，派到乡间征收物资是想都不要想了。腓特烈极少在急行军期间向沿途居民索要军资。另外，行军不应过远过难，否则个别人会掉队，掉队又会传染给其他人。

这种军队是不可能进行战略追击的。就连直接追赶眼前的敌人都会受到极大限制，因为维持秩序被视为重中之重。曹恩道夫会战的作战指令[20]中明确要求第一梯队从速"消灭敌军，继续有序前进，由第二梯队负责打扫战场"，可还是明令禁止跑步追击被击退的敌人，而要"以有序的步伐跟进"。距离更远的追击任务基本上只由小分队执行，目的是尾随撤退的敌军，贴近敌方行军纵队和拦截敌军辎重。但部队取胜后要做的第一件事是收拢和集结。毫无疑问，腓特烈这样的统帅明白乘胜追击极为重要，在霍亨弗里德堡

（Hohenfriedberg）和洛伊滕会战后尤为重视追击，但霍亨弗里德堡会战后的追击毫无战果，洛伊滕会战后也是效果平庸，尽管负责指挥的是齐滕（Zieten）。萨克森元帅在《遐思录》中竟然说："除了谨慎行动，取胜之后的其他行动都是好的。"但腓特烈更加现实，建议追击要谨慎，因为反击太容易出现了。[21]他写道："一支军队最不适合作战的时刻莫过于刚刚打了胜仗之后。人人得意忘形，众人欣欣然于逃脱了之前面临的危险境地，没有人热衷于马上再次面对危险。"

不可能追击歼敌这一点反过来又作用于会战决策本身。风险无论如何是很大的，损失是惨重的，预期收益却或多或少因无法追击而受限。如果说有人特别担心反击，以至于主张给敌人留一条逃跑的金桥的话，那就更加证明考虑当时的状况，统帅不会轻言会战有益。1536年，弗朗索瓦一世只是静观其变，便迫使已经来到马赛近郊的查理五世离开法国，翻越阿尔卑斯山撤军，结果遭到法国人民的谴责，说他没有趁皇帝撤退时加以杀伤。后来，伊奥韦斯问起国王这件事，国王答道他不完全信任手下的国土佣仆，而且他是遵行古人的原则：不仅要给逃跑的敌军修桥，还要在桥面铺上金子。

腓特烈不理会这些问题，但即便在他的条件下，战略攻势也是短暂的。他最多只在一次演习中要进攻敌国首都维也纳，但他从没有把维也纳视为作战目标。布拉格（距离厄尔士山口55英里，约88.5千米）和奥尔米茨（距离上西里西亚边境37英里，约60千米）才是他真正的目标。甚至去奥尔米茨以南47英里（约76千米）的布吕恩（Brünn）似乎都是一项极为重大的行动。1744年，他从布拉格出发去了70英里（约113千米）外的布德韦斯（Budweis），他后来亲口承认那是一次错误。

当然，法军在奥地利王位继承战争中远达林茨和布拉格。但他们的基地不是法国，而是盟国巴伐利亚。

如果战略攻势时间短、推进慢的话，那就很容易主动或被迫转入守势。攻势与守势快速交替、彼此交融。战略进攻未能一举强力夺取并保持主动态势。[22]

这一基本状况最重要的实际影响就是冬季休战的惯例。对士兵来说，冬季作战的条件非常严酷。除了条件艰苦和患病造成的伤亡，还有逃兵增多，因为佣兵们觉得长官要得太多了。如果统帅相信将军事行动坚持到底能迫使敌方议和，那就会愿意承受这些损失。但如果指望不上，他就要考虑损失是不是大于预期收益了，而且双方的想法都一样，军事行动就逐渐平息下来，各自撤回冬季营地。双方会将主力撤回，然后布置岗哨以防备可能的突袭。事实上，双方有时会达成在特定时间内停止进攻的协议。吕岑会战和洛伊滕会战的主导因素都是撤回冬季营地。与洛林公爵查理一样，瓦伦斯坦以为当年的战事已经结束，当听到敌军逼近的报告时他根本没有发动会战的想法，于是命令部队在防御阵地展开（11月6日和12月5日）。为了争取一定的优势，战役有时会延续到12月乃至1月。新一轮战役往往到6月才开始，以便在原野里找到马吃的青饲料。实际发生的冬季战役应视为例外。[23] 冬季休战期是部队全方位休整的时间，尤其是征募兵员，拉壮丁（如果身在敌境，甚至会就地招兵）并进行操练，以便新兵在战端重开时能补充到各单位。军队里没有专门训练新兵的团；冬季休战期可以说替代了新兵团的功能，还有能够将全部合适兵员送上战场的好处。

意外和偶然在所有战争行为中都扮演着重要的角色，而统帅最重要的素质之一就是果断，以此驾驭晦暗不明的不确定性。这一因素在腓特烈的时代变得尤为重要，因为又长又细的步兵线列太脆弱了。在极短时间内，在一瞬间，会战胜负便决出了。战场容不得拖延，为援军赶来争取时间，改正错误，或者在不蒙受惨重损失的情况下脱离接触。[24] 统帅从远处就能尽收眼底的地形很少见。战场上可能藏着会打乱阵形的障碍物，如池塘、沼泽、悬崖，如此一来，部队必然会失去秩序，进而败北。统帅应该允许会战展开吗？决断是很难的。我之后会举例说明。

在腓特烈的时代，即便敌军露了破绽或提供了有利战机，利用机会还是有难度，因为线列战术要求将全体兵员展开为密集队形，不方便随机应变。索尔会战和罗斯巴赫会战倒是有临场变阵，但它们恰恰是腓特烈国王之统帅天才与普鲁士军队之战术素养的特殊证据。

接下来对 16 世纪至 18 世纪的军事理论做一概览。

G. 杜贝莱在 1535 年提出，为将者如果不是完全确信自己占据优势，那便不应冒险开战，而应拖延时间。

拉扎勒斯·施文迪（Lazarus Schwendi）（1522—1584）主张主战务求稳妥，不可过分冒险，哪怕手握胜算。"明明可以拖垮敌军或待其断粮却非要打会战，这是愚蠢的行为。但若是以寡击众且不可持久，那倒是有理由铤而走险，试试战场上的运气。""一味防守，败则损失惨重，胜亦无所得。"

西班牙人门多萨于 1595 年写道 [《战争艺术》德文版（*Kriegskunst*），第 146 页]：

此外，哪怕被逼到万不得已的地步，也要尽力避免开战。不要带领全军投入战斗。哪怕打了胜仗，那也没什么好高兴的，因为取胜的代价很大，伤亡者众。朝着战场要谨慎地、缓缓地爬过去，脚里要像灌了铅一样。

1607 年，奥兰治家族的威廉·路易向堂弟莫里斯建议："我们行事不应受制于战场上的意外……除非极为必要，否则不应进行会战。"[25] 他举出了坎尼会战前法比乌斯·马克西穆斯的做法为依据。

蒂利希《兵书》（*Kriegsbuch*）（1607 年）第 2 部第一篇中告诫道："若无万分必要与十成把握，不应接受会战，因为会战胜负难料却必有损伤，不战亦无得远胜于战而败损。"但他说这句话的意思不是应该彻底避战，那就太蠢了。他说仗在有利的条件下可以打，要先祷告上帝；节气要合适；天不能太潮，以免打湿火药；要在敌军疲敝而我军尚有锐气时，或者趁着其他有利的机会。

1612 年，J. 德比永（J. de Billon）在《兵道要纲》（*Die fürnembsten Hauptstücke der Kriegskunst*）（1613 年德文版，第 160 页）中向统帅提出了这样的建议：

> 统帅在训导好士兵之前不应率领他们上阵打仗，更好的办法是疲敌，通过机动和绕圈子压倒击败敌人，而非寄托于战场上的难测运势。会战凶险，如无绝对必要则不应开战，等士兵习惯了拼杀和危险，锻炼成了坚兵，之后方可开战，因为新兵刚上阵会怕得要死。

1620年的一份小册子写道:"布阔伊伯爵以不愿带着士兵去送死而为人称道。"[26]

钮迈尔·冯·拉姆斯拉是三十年战争时期的一位高产的军事学兵学家,他提出了会战适宜时机的问题。他列出了55条理由,其中一条是"别无他法之时"。

蒙泰库科利(1609—1681)写道:

> 凡是相信不打会战就能推动战局、夺取重要目标的人都是自相矛盾,至少是异想天开、引人发笑的。当然,我知道名将拉扎勒斯·施文迪主张不应该冒会战的风险,企图纯取守势,从敌人手中偷来一定的优势(施文迪其实没有说得这么极端!——德尔布吕克按)。但如果部下意识到了这一点,那是何其灭自己威风、长他人志气啊!为上阵搏杀做好准备是绝对必要的。当然,永远不要在莽撞无虑的情况下被诱入会战,更不要被逼入会战,但应该认清合适的战机。人称拖延者的法比乌斯绝非避战如虎,而只是在有胜算时才出战。

蒙泰库科利在另一段中写道(1:328):

> 打赢会战赢得的不只是一次战役,更是一大片疆土。因此,一个人只要懂得严阵出战,那么他之前在行军途中犯的错误都可以被容忍;但如果他会战无方,那么即便他在其他方面证明了自己,依然不能体面地结束战争。

蒂雷纳曾向孔代建议，与其围攻和夺取城市，不如多在野战中伤敌。

丹尼尔·笛福在《计划论》(*Essay on Projects*，1697年，原书引自费舍尔译德文版，第118页) 中声称："发现敌人，就地消灭。"这在英国内战时期还被奉为圭臬，现在崇尚的却是"如无明显优势，绝不要交战"。他说，战争因此变得旷日持久，结果是最能打仗的不是剑最长的人，而是钱包最厚的人。

巴登藩侯路德维希在1694年战记中讲述了这样以此行动："殿下下定了决心，只要敌军求战，他便奉陪到底。于是，这份意愿让敌人们明白了他奋战的决心，绝不让祖宗之地变成一片废墟。"实际结果是几次侦察行动。[27]

腓特烈大帝极为赞赏弗基埃（1648—1711）的回忆录，以至于把书发给军官并命令他们用餐时朗读给部下听。他本人的军事著作常有与弗基埃类似的内容。后者写道：

> 因为会战是军队的首要任务，往往能决定整场战争的胜负，至少几乎总能决定战役的成败，所以除非形势严峻到了非战不可的地步，且有重大的开战理由，否则不应进行会战。寻敌求战的理由包括：己方具有数量和质量的双重优势；敌将存在利益和观点分歧，或者能力平庸、麻痹大意；解围；己方不取得一场胜利就有军队瓦解之虞，或者敌方援军将至；我方作战已经得利；最后一个理由，我方相信会战能立即结束整场战争。反之，若有下列情况则应避免交战：取胜得到的益处恐怕不及失败带来的害处；

数量或质量方面不是敌军的对手;己方正在等待援军;发现敌军部署于有利位置,或者拖延回避交战有可能让敌军自行瓦解。

西班牙的圣克鲁斯伯爵(marquis of Santa Cruz)(1687—1732)的兵学巨著《反思录》(*Reflections*)中写到了"必须寻求会战的条件"。他认为,战场上能导致战败的偶然因素五花八门,人数优势和素质优势都不能确保胜利。"没有任何事物比会战结果更加不确定……如果阵地不是十分有利,或者不确切知晓敌我兵力,那就不应该冒险开战。"

欧根亲王赞扬了这位理论家,腓特烈也将其奉为"经典"兵学家。

皮伊塞居元帅(1654—1743)的《战争艺术》(1748年由其子出版)一书因编排严谨而享有盛名,然而并没有从根本上探讨会战的必要时机。不过,他的论述的一大特点是将蒂雷纳和恺撒归为一类统帅,而没有注意到两人战略的内在差异。

福拉尔(生于1669年)有一段被腓特烈大帝收入文摘的话:"古今最伟大的将领从来不算敌人有多少,只问敌人在何处,直奔而去开战。"[28]

奥地利元帅克芬许勒伯爵(1683—1744)写过一本《兵事要略》,书中阐发了"或战或否"的理由。开战的理由:(1)有胜算;(2)解救被围的城市;(3)支援遭到攻击的友军;(4)要缓解粮草军需匮乏的问题;(5)不给敌方待援的时间;(6)利用敌人露出的破绽,例如行军时侧面暴露、身处狭谷、分散兵力或其他类似原因。避战的理由：（1）战败的损失大于战胜的收获；（2）敌军有兵力优势；（3）己方兵力未聚齐；（4）敌军占据地利。注：敌军常因无人统领或将领失和而自行败亡。另一段写道：

> 一名统帅若能使敌军四处移动、折返往复、疲于奔命，然后抓住有利时机，一举破敌，那便是懂得了战争艺术的真义。

腓特烈大帝的不同言论异常清晰地展现了消耗战略在两极间摇摆的性质。在他的一生中，他的话有时偏向一端，有时偏向另一端。

1745年霍亨弗里德堡会战之前，他自称别无他法才被迫开战。在一封写给萨克森元帅的信（1746年10月3日）中，他承认1744年之役的失败是因为自己操之过急，但他说自己已经吸取了教训，不会再犯了。"法比乌斯总能变成汉尼拔，但我不相信汉尼拔能效仿法比乌斯。"

他在《战争原理》（1748年）的《发动会战的适当时机与方式》（*Wann und wie man Bataillen liefern soll*）一章中写道：

> 会战决定国运；战争当然总会迎来决定性的时刻，要么从战争的窘境中退出，要么让敌人处于类似的窘境，要么解决不打一仗就永远不会结束的争吵。
>
> 理性的人行事必有好的理由。一军之将更不能轻易发动会战，而没有要通过会战达成的重要目标。

因此，会战的理由可以是迫使敌军从你的城池下撤围，或者将敌军赶出占领的省份；也可以是进入敌境，或围攻敌城，最终目的是粉碎不愿求和敌人的顽强抵抗，或者惩罚敌人犯下的一个过错。

当你强行军至敌军身后，切断其与后方兵力的联系时，或者威胁一座敌方极为看重的城市时，这便会迫使敌军会战。但进行此类机动时务必要特别小心，还要小心不要陷入类似的不利境地，也不要占据可以被敌方切断与仓库联系的阵地。

在上述准则以外，我还要加上一条：我国不适合打持久战，战争一定要短促主动，因为长期战争会不经意间损害我军引以为傲的纪律，会减少我国的人口，消耗我国的资源……一句话，兵事上一定要遵循犹太公会的原则，一人身死好过全员覆灭。

写于 1750 年前后的《战争艺术》(*Art de guerre*) 有言（10：268）："若无强有力的理由，绝不要参加死者数量骇人的会战。"

腓特烈于 1755 年写《兵论总纲》(*Pensées et règles générales pour la guerre*) 时无疑意识到了酝酿中的风暴，书中没有直接建议寻求决战，反而在关于战役方案的一篇中说，好的战役方案能够凭借"军队战斗力、时机或最初占据的位置所确保的"优势而决定战争的结果。文章接下来说："战争计划的价值在于让自己承担很少的风险，却将敌人置于失去一切的危险之下。"

1753 年，腓特烈为帐下军官制作了福拉尔长篇著作的节录本并亲自撰写导言。他在导言中说，当时可资战争艺术研究的古典著作只有寥寥几本。"《恺撒战记》给出的教导与我们从当代潘都尔战争中看到的差不多；恺撒出征大不列颠的行动无甚新鲜；只有恺撒在法萨卢斯会战中对骑兵的运用是当今将领用得上的内容。"这句话似为无稽之谈，乍看不知所云。但我们试着去理解它就会发现，它是一个清醒务实、不囿于旧说的人做出的反应，是对一种错误教条的反对。如前所见，那个时代的理论家想要将恺撒塞进消耗战略的套子里。腓特烈发现这是不正确的，他通过比较恺撒的教导与潘都尔战争意识到了问题，但他当然不能发现问题的根源，于是便做出了这样的反应。

写于1759年秋的《论查理十二的军事才能》(*Betrachtungen über das militärische Talent und den Charakter Karls XII*)中说道，国王有很多次本来是可以少流血的：

> 非战不可的情况当然是有的，但只有当我方战胜得益大，战败代价小，当营中或行军中的敌军疏忽大意，或者当一场决定性胜利便可迫使敌方求和时，我方才应该做出开战的决定。此外，大部分轻易被引入会战的将军肯定是因为不知道还有别的办法。这是才能平庸的迹象，而绝不值得褒奖。

国王在《七年战争史》(*Geschichte des Siebenjährigen Krieges*)导言中说道恩的战法"无疑是好的"，接着又说：

……为将者坚持攻打山中或不规则地形中的敌人是错误的。在情势的逼迫下，我有时不得不采取这样极端的行动，但在敌我兵力相当的情况下，为将者可凭借机诈智谋为自己创造一定的优势，而不必以身犯险。优势可以积少成多。再说了，攻打守备严密的阵地是一项困难的任务，很容易被打退击败。如果取胜付出的代价是 1.5 万人到 2 万人，军队就危急了。就算你有充足的新兵，但新兵能弥补损失的兵力数目，却替代不了老兵的素质。补充兵员会减少国内人口。军队素质会变差，而且如果战事连绵不绝，你迟早会发现手下是一帮训练差、纪律差的农民，你甚至不敢领着他们与敌人照面。逆境中或可打破规矩，放手一搏，万不得已才能铤而走险，正如医生无药可用时才会给病人催吐药。但除了这种情况，我认为将领都应该注意保存实力，行动必有合理依据，因为少依赖偶然才是战争中的智者。

5 年后（1768 年），国王在一篇军事论文中阐发了同样的观点，而且更加强调机动战略的优势。他写道：

认为野战与阵地战同样危险的看法大错特错。火炮在开阔的平原威力骇人。如果你进攻时敌人就把炮位都布置好了，你刚开始布置炮位，敌人的炮弹已经打过来了，这可就糟了，此间的差别大极了。

他说，在下一场与奥地利的战争中，他准备这样打：

我会首先夺取一大片足供军需的土地，既养活了自己，又损害了敌人，接下来选择对我最有利的作战区域；我会赶在敌军来到附近之前尽快修筑防线。我会将哨骑派到尽可能远的地方，侦察四周地形；我会尽快制作所有适合敌军扎营的区域，以及所有通往这些区域的路线地图。这样一来，我便了解了当地的地理，地图能让我明白奥地利人可能扎营的地点中哪些打得下来，哪些打不下来。我不会挑起大战，因为夺取一处阵地必定要付出相当代价，也因为当地多山，追击不可能取得决定性战果，但我会重点加固自己的营地；我会精心修建工事，我的所有作战计划都要以全歼敌方偏师为目标，因为消灭一路偏师可扰乱敌方全军。歼灭1.5万人远比击败8万人容易，而且尽管风险小了，成果却几乎一样大。

他说，攻打完备阵地中的敌人就像领着一帮手持木棍的农民去打全副武装的军人。

国王在1775年战役方案（Projets de campagne）中写道："永远不要只为了击败敌人而发动会战，而应该执行不发动会战就会受阻的作战方案。"

国王的言论不曾脱离两端摇摆的消耗战略框架。法国大臣舒瓦瑟尔、法国驻奥地利大本营全权代表蒙特泽（Montazet）、奥地利大臣考尼茨（Kaunitz）、弗朗茨一世皇帝以不同的方式表达了同一条原则,即主要问题是消灭腓特烈的军队。我们可以将其解读为歼灭战略的体现。1757年7月31日,弗朗茨皇帝在写给弟弟洛林公子查尔斯(Charles of Lorraine)的信中说:"我们绝不能想着征服土地,要一心一意消灭他的军队,因为如果消灭了他的军队,各地自然会变成我们的。"腓特烈从没有说过这种话。恰恰相反,劳埃德将军和其他人当时确立了一种观点,认为军事行动可以像几何学一样严格,发动战争可以从头到尾不打一场会战。腓特烈的著作中也找不到这种观念。他有时偏向会战一端,提出普鲁士的战争一定要短促主动,战争成败由会战胜负决定;有时又偏向机动战一端,将自己打的会战描述为孤注一掷,说发起会战是欠缺才智的表现,还建议截击敌方偏师,不建议打会战。但如果有人认为这是自相矛盾,那就完全搞错了。马基雅维利同时点出了歼灭战略和消耗战略的原则,这里确实有无法解决的矛盾。腓特烈则是消耗战略心态的明白无疑的代表。消耗战略的本质里包含着这样一种可能性:依据具体形势,甚至单纯因为心情,一个人这时强调或运用一种方法,那时又强调另一种方法。腓特烈本人常说,他遵循与蒂雷纳、孔代、卡蒂纳、卢森堡、欧根亲王、德绍公子利奥波德这些法国伟大统帅一样的原则。[29] 后面还可以加上韦格蒂乌斯以来的所有将军和军事理论家,只有观点自相矛盾的马基雅维利除外。

腓特烈与同时期人的理论差异在于,腓特烈在个人军事生涯的顶峰(1757—1759)比当时的大多数人都更靠近会战一端。我们不能说"所有人",因为前面已经看到,有的言论甚至比他还极端。

但从纯理论上看,还是更倾向于机动战略。萨克森选侯于1752年颁布的条令中写道:"会战是战争中最重大也最危险的活动。

在没有堡垒的旷野中输掉一场会战可能就会决定战争的结局，所以少有人冒此风险，更没有人推崇会战。良将的本领是通过机警、稳妥的机动达到战役的最终目的，同时不涉险境。"

1759年5月，亨利王子（Prince Henry）在国王的催促下侵入法兰克尼亚，摧毁了皇帝军的仓库。雷措（Retzow）评论道，此次得手"对国王的价值肯定比打赢一场会战还要大。因为如果将军精干的话，即使会战失败，他依然能在战后短时间内集结兵力一雪前耻了，而如果粮草尽丧，那便不可能发起重大行动了"。

从文艺复兴到腓特烈大帝的这段时间里，所有兵种的战术都在变化，一个时期有一个时期的全新面貌。大纵深密集方阵变成了窄长线列；像比武赛场上一样骑着高头大马交战的重装骑士变成了以袭步进攻的密集骑兵方队；炮兵的数目和威力提高了上百倍。但在这三个世纪里，战略基本原则一直没变。圭恰迪尼讲了1512年拉文纳会战之前，西班牙总督为了掩护罗马涅诸城免受法军围攻、堵截法军去往罗马的道路是如何机动的，讲了后勤供给在机动过程中的作用，讲了会战是如何引发的，还讲了法军的大捷没有留下任何长期影响。这些内容都完全可以放到17世纪或18世纪的某次战役中。

世界政治格局必须经历一次深刻而彻底的变化，另一种战略才会出现。

6 战略概述及战例介绍

赫希施泰特会战[1]

（1704年8月13日）

西班牙王位继承战争爆发时，路易十四具有极大的数量优势，由此萌生了类似于拿破仑的彻底降服对手的念头也无可厚非。他与巴伐利亚选侯马克斯·埃马努埃尔（Elector Max Emanuel of Bavaria）结为盟友，计划从意大利和德意志集结兵力攻打维也纳。

然而，当马尔伯勒违逆本国政府意愿，率领英国与尼德兰联军向多瑙河迈进时，路易十四的对手们最终占据了兵力优势。

双方周旋了相当长的一段时间。尽管联军强攻拿下施伦贝格（Schellenberg），借此重创巴伐利亚，得以在多瑙沃特渡过多瑙河，但发动大决战就要难得多了，因为双方的统帅权都是割裂的。一方由马尔伯勒和巴登藩侯路易（Louis of Baden）共掌帅印，之后欧根亲王又带来了第三支军队。另一方的两名统帅是埃马努埃尔选侯和法国元帅马尔桑（Marshal Marsin），后来塔拉尔（Tallart）又带来了一支部队。

法军与巴伐利亚军扎营于奥格斯堡城下，阵地固若金汤。英国与尼德兰联军虽有极大兵力优势却无计可施，只能对巴伐利亚国土进行有组织地蹂躏，逼迫选侯因子民苦难而求和。

选侯不为所动，马尔伯勒的军队最后似乎只能打道回府了。为了多取得一些战果，他决定派出偏师围攻英戈尔施塔特。但当法军与巴伐利亚军出动反制时，欧根和马尔伯勒决定抓住眼前的机会，趁敌军在新阵地建好工事之前予以打击。"我军身处险境，"马尔伯勒写道，"只得采取这样的强力手段，如果不说是孤注一掷的话。"

这句话再明白不过地展示了消耗战略的本质，因为联军只需要调回围攻英戈尔施塔特的 1.4 万人就能获得相当大的数量优势（6.2 万人对 4.7 万人）。有人说他们没有动用那 1.4 万人只是为了摆脱这支部队的统帅，与其他两人关系糟糕的巴登藩侯路易。这个理由本身就十分可疑，而且与围城部队初定由路易指挥的事实相矛盾。在这一时期，我们还会看到更多大股兵力被派去执行次要任务，结果没赶上决战的实例。

联军只有微弱的数量优势，取胜的主要原因是统帅指挥水平高。法军和巴伐利亚军遭到攻击时大吃一惊，野战工事尚未完成。他们的位置并不差，欧根本来想包抄北边的敌军左翼，结果过不去，而且他的第一波攻势被击退了，假如守军这时强力转入反击，胜算是很大的。我们从马拉松会战时起就知道，没有哪一种手段能强过时机恰当的防守反攻。但这对指挥官的要求很高。至关重要的中军指挥官是法国元帅塔拉尔，他不仅水平有限，而且掌握不了两位同僚的部队，而反攻必须要三人齐出才可以。他们只打算打一场防御战，无意进攻。于是，布林德海姆（Blindheim，英语中通称"Blenheim"）和上格劳海姆（Ober-Glauheim）两个村子有大批兵力把守，没有预备队来发动进攻了。[2]

在这种情况下，冷静机敏的马尔伯勒在第一波进攻被击退后将部队换了下来，以极大优势兵力从两个村子中间穿过，击溃敌方中军，从后方威胁和进攻两村。布林德海姆守军最后被迫投降。

应当注意的是，在施伦贝格与赫希施泰特两场会战中，守军都是在忙着修建野战工事时遭到进攻的。

都灵会战[3]
（1706 年 9 月 7 日）

法军围攻都灵，并派遣一军前出至阿迪杰河（Etsch）和加尔达湖（Lake Garda）以为屏护。欧根亲王集结了一支兵力略多的军队，绕过法军，迫使其后退，然后带着 3.4 万人以非比寻常的速度（16 天走了 260 千米且途中频繁与敌军接战）扑向波河南岸的都灵城区。摩德纳公爵为他提供了一些补给。与此同时，由奥尔良公爵统率、本来要在阿迪杰河击退欧根的法军也到了，现在双方兵力大致相当，都是 4 万人左右。因此，法国人觉得一边打击援军，一边继续围攻都灵力不从心。于是他们试图用野战工事来抵御援军，挖了一圈外壕。

援军从南面来，绕着围城军走了一圈，终于在临阵抱佛脚修建的外壕西北侧发现了一处尚未完工的位置。这里夹在波河的两条支流多拉河（Dora）与斯图拉河（Stura）之间，进攻方投入了 3 万人，而该地段的守军只有 1.2 万人至 1.3 万人。联军推进时的纵深不少于 5 个梯队，甚至可能有 6 个梯队，⁴ 步骑各三。最后，联军发现可以包抄法军阵地右翼，于是走过浅浅的斯图拉河河床，从后方发起进攻，一举击破，令法军全线崩溃。都灵守军此时也杀了出来，消灭了逃跑的敌军。

被击败的是奥尔良公爵部，但拉费伊拉德（La Feuillade）指挥的围城军与眼前的溃兵一样陷入恐慌，纷纷往法国方向跑，根本无力战斗，大部分火炮都丢掉了。

如果拉费伊拉德能从围城军中抽出哪怕 6 000 人去支援奥尔良公爵，让公爵能组织起一支预备队，那么奥地利军大概就达不成进攻目标了。但拉费伊拉德不相信敌军真的决定攻打工事防线，反而以为敌军只是在机动，目的是切断围城军的补给。另外，他相信要塞即将陷落，那可是他个人的功劳，于是不愿意削弱任何一处的围城兵力。然而，年轻的奥尔良公爵的顾问马尔桑元帅也不敢激烈反对拉费伊拉德。拉费伊拉德的岳父是战争兼财政大臣沙米亚尔（Chamillart），能在宫里给马尔桑造成很大麻烦。法军就这样输了，原因是号令不一，将帅失察，问题甚至比两年前赫希施泰特会战时还要严重。反观对面的两位统帅，欧根亲王与堂弟萨克森公爵配合无间。欧根亲王全无私心，甚至不许在捷报中提到自己的名字。

理论家们从法军此次战败得出的结论是，围城军靠外壕抵御援军的做法在原则上就是错的。通过对战斗经过的细致研究，我们知道这个结论站不住脚，因为外壕并未受到直接攻击，而是被包抄了。面对这种情势，估计换成德绍公子利奥波德指挥的勇猛普鲁士军队也无济于事。如果外壕守备严密，指挥得当，法军完全有可能取得当年阿莱西亚城下那样的成功。萨伏伊两兄弟背对敌境攻打坚固阵地的决定算得上战略上的弥天大勇，真正是天命使然。

1708 年

1706 年，马尔伯勒打赢了拉米伊（Ramillies）会战并进行了出色的追击作战，从此比利时落入了英国手中。但 1707 年战局没有大的变化。1708 年，在怨恨尼德兰政府的当地居民帮助下，法国夺回了布鲁日和根特。1708 年 7 月 11 日，马尔伯勒主动出击，赢得了奥德纳尔德会战，但局势依然没有向好的方向发展。[5] 尽管英军统帅提议进入法国内地，甚至有人将其解读为马尔伯勒意图进攻巴黎，但欧根立即表示反对，尼德兰的支持也争取不来。马尔伯勒在 7 月 26 日寄给朋友戈多尔芬勋爵（Lord Godolphin）的信中将情况和盘托出，[6] 信中指出了向巴黎进军的希望何其渺茫：农村居民会带着家当躲进要塞，入侵者会进入一片荒无人烟的土地，上面如棋盘般分步着一系列堡垒。"要是我能将敌人从要塞里引出来打一仗该多好！"据他说，打赢奥德纳尔德会战的最大好处是动摇了敌军的士气。

因此，尽管法军吃了败仗，但还是保住了在弗兰德斯的地位，还占领了布鲁日和根特。联军既然无法进攻法国手中的要塞，便决定围攻里尔，可以说将法军主力甩在了身后。围城行动一直拖到了深冬，外城陷落后又要攻打内城要塞。法国大军赶来后绕着围城军走了一圈，寻找适合进攻的部位，但最后发现围城军为了掩护自身修筑的外壕无懈可击。法军多次企图通过拦截辎重队来迫使联军撤围，但都失败了。里尔陷落后，联军连同根特与布鲁日夺回了弗兰德斯。

战役基调完全是由成功的围城战而非围城战之前的野战奠定的。如果有人认为联军在野战中背对敌境，也就是非要分出胜负的话，那就完全搞错了。尽管马尔伯勒无疑打赢了，尽管欧根亲王的军队正在赶来，已经到了附近，尽管马尔伯勒愿意再战，但他觉得不管是现在或是以后，他无论如何是没有能力逼迫对方决战，也无力利用歼灭敌军的战术成果。这是一场实施宏大消耗战略的战役，双方都调集了无比庞大的军队。联军打赢这场战役还是靠指挥得当，马尔伯勒和欧根团结一致，对面的法军则将帅不能齐心。法军统帅是年轻的王太子勃艮第公爵，旺多姆元帅（Marshal Vendôme）担任他的顾问，后来又加上了贝里克公爵（duke of Berwick）的第三支部队，还是自行其是。于是，前线不得不一再请国王裁决，因为他明确要求若无国王下令，"不得做出任何重大决定"。这样做的前提是战事进展缓慢，反过来又拖慢了进展，因为前线几乎不可能违抗国王的重大决定，于是联军得以在身后近旁就是敌军主力的情况下推进围城战。决定结果的不是会战，而是阵地和野战工事，会战根本没有发生。

马尔普拉凯会战 [7]

（1709年9月11日）

里尔是一座边境城市，归属法国不过40年。但法国人在丢掉里尔后已经精疲力竭，以至于路易不仅愿意放弃战争的真正目标，为孙儿争取西班牙帝国的宝座,甚至连阿尔萨斯也可以不要。但联军提出的割地要求太过折辱,于是他决定打下去,而且投入了一支甚至比前一年更强大的野战军。这支军队的战略任务只能是继续打防御战,而联军制订的目标也不过是再夺取几座边境要塞,就像前一年夺取里尔那样。联军首先拿下了图尔奈(Tournai),继而攻打蒙斯,这两座比利时境内的城市当时还在路易手里。统领全国兵马的维拉尔元帅(Marshal Villars)没能阻止图尔奈陷落。当联军转向蒙斯时,他赶快追了上去,本来有可能趁着欧根远在蒙斯另一侧、无法直接援救的机会攻击马尔伯勒,但维拉尔当然不知道欧根到底在另一侧的哪个位置。马尔伯勒甚至大胆到率军朝他走了一段距离。难道要拿法国的最后一支军队冒险吗?那样就彻底违背了国王的想法和意图。于是,维拉尔仅仅占据了要塞近处的马尔普拉凯村,联军必须先把他赶走才能实施围攻。村子本身的位置不是非常有利,于是法军尽快修建了工事。为了集结全部可用兵力进行决战,联军给了法军整整两天时间。最后,联军拥有了11万人对9.5万人的优势兵力。

联军本来想打一场侧翼战。联军将以极大优势兵力攻击并包抄法军左翼,同时以较弱兵力拖住中部和右翼。根据一些报告,包括普鲁士王太子腓特烈·威廉一世在内的几名将军于会战前日下午与法军将领进行了一个多小时的会谈,并趁此机会查探了敌军工事。他们大概没有看到什么重要军情,但他们在会战部署过程中的两军眼皮底下会谈一事体现了那个时代的军人气质:对他们来说,战争和会战是更激烈的赛场比武。

作战计划无法执行。法军列阵于两座森林之间的空地上,宽达3千米。战线正面或侧面的森林虽然会妨碍进攻方行动,但也会隐蔽其行踪。联军派了一支强大的迂回纵队穿过西北侧的森林,但没有成功。他们似乎在森林里迷路了,最后只发挥了加强侧翼兵力的作用。于是,联军没能突破工事极为牢固的法军左翼。联军左翼指挥官奥兰治少主本来就兵少,任务是拖住敌人,结果却发起猛攻并被击退,法军只要发起反击就能彻底将他消灭。但工事有利于防守,也会妨碍出兵进攻。此处的法军指挥官,勇猛的布夫莱尔元帅(Marshal Boufflers)没有下定转守为攻的决心。于是,法军还是被联军步步逼退,最后撤离战场。

但联军接下来为攻打工事付出了不少于3万伤亡,法军则损失不到1.2万人,只从战场退后了5英里(约8千米)且占据了一处新阵地。法军不再有能力阻止围城了,蒙斯最终告破。法国丢了一座城,却借此继续打了一整年,而且年底的局势好于年初。战术上看,联军无疑打赢了马尔普拉凯会战;然而之前就有人确切地指出,如果从整体上考察1709年战役,那么法国仍然赢在了战略上,我也是这样认为的。这是一个内在的矛盾,但人生本就充满着矛盾,消耗战略更是如此。

1710—1713年

马尔普拉凯会战是西班牙王位继承战争中的最后一场大型会战。战争之后又打了4年,双方只是围攻和夺取小边塞。联军起初占据了上风,但英国和尼德兰后来抛弃了皇帝,与法国单独议和,于是主导权到了法国手里。法军最后甚至再次渡过莱茵河,围攻并夺取了弗赖堡，欧根无力阻拦。

1741 年[8]

腓特烈出其不意地入侵并占领了西里西亚，率军驻扎于上西里西亚边境。这时，奈佩格（Neipperg）统领奥地利军以惊人的胆色插入普鲁士诸军之间一条无人守备的道路，以尚在手中的尼斯（Neisse）和布里格（Brieg）两座要塞为行动基地，阻断了国王亲自指挥的普军主力的退路。腓特烈后来在写给德绍公子利奥波德的信中写道，他当时"别无可能"，只有进攻敌军。普军步兵有近两倍的优势（1.8 万人对 9 800 人），炮兵近 3 倍（53 门对 19 门），但骑兵少得多（4 600 人对 6 800 人）。[9] 由于奥军有骑兵优势，莫尔维茨会战（4 月 10 日）一度胜负难料。奥军骑兵将普军骑兵逐离战场。腓特烈在回忆录中写道："资深军官们以为末日已经到了，部队弹药已经打光，不得不投降了。"为了最起码保住国王本人的性命，什未林元帅（Field Marshal Schwerin）说服国王离开战场，绕圈躲过奥军，投奔西里西亚境内北边的普军阵地。但是，据说当惊魂未定的国王离开后，什未林成功指挥步兵和炮兵再次开始推进，奥军在连绵不断的优势火力面前只得退却。即便奥军骑兵之前打败了普军骑兵，但在火力下阵形已经溃散，不能再以密集单位攻击敌军步兵了。

普军右翼比左翼靠前这一事实对会战结果显然没有任何影响。尽管会战失败，但奈佩格还是从普鲁士手中解放了西里西亚，而且以尼斯为基地在西里西亚支持了一整个夏天。腓特烈尽管将兵力优势扩大到了不少于 6 万人对 2.5 万人，却依然不敢再次出击。[10] 他也不能通过机动战将奈佩格逼出要塞。于是，国王只得试图利用政治手段继续战争，将法国卷进来对付玛丽亚·特蕾莎。法军刚刚抵达，他就与奈佩格秘密口头达成了克莱因施伦多夫停战协定，规定奈佩格在国王佯装围攻 14 天后交出尼斯要塞，国王承诺撤出下西里西亚和中西里西亚。

总参谋部著作中严厉批评奈佩格并褒扬腓特烈，因为腓特烈曾一天之内行军近 19 英里（约 31 千米），并且自始至终以决战为行动的基础。奈佩格则受到了一味囿于成规的谴责（第 82 页）。我们可以看到这一批判受到了普鲁士爱国主义的强烈影响。兵力较弱的奈佩格已经尽到了人事。

奈佩格成功率军插入普军退路的手段令人惊叹。腓特烈当时已经出了包围圈。9 日，在保加雷尔（Pogarell）修整一天，而奈佩格正是利用这一天进至莫尔维茨，再次列阵于普军正面。关于停留的原因，国王在写给德绍的信和回忆录中都说是他认为当时下雪天潮，步兵——包括火枪——派不上用场。第二天时来运转，天气暖和了一些，阴云散去，于是我们看到步兵确实是决定性因素。总参谋部著作中对上述状况的描述有误，尤其是行军过程。

1742 年

假如普鲁士凭借巨大的数量优势在西里西亚击败奈佩格部，继而向维也纳进军，那么法军肯定会一同前往，维也纳也会陷落。可惜普鲁士按兵不动，法军实力不足以进攻维也纳。不过，法军还是去往布拉格并将其攻陷。这时,腓特烈再次展开行动,撕毁了《克莱因-施伦多夫休战协定》。

奥地利似乎要被瓜分了。波希米亚归巴伐利亚,摩拉维亚归萨克森。法国元帅布罗伊(Marshal Broglie)制订了雄心勃勃的计划,准备在塔博尔-布德韦斯(Tabor-Budweis)四面合击奥军。但腓特烈不同意。他只想去没有敌军的摩拉维亚,而且已经开始与奥地利秘密谈判了,因为他根本不急于拆分奥地利,给萨克森扩大疆土,让法国洋洋自得。[11] 从战略角度看,冬季战役有意思的地方是它让我们看到在恰当条件下,一名腓特烈同时代的人构思并提出了秉承歼灭战略精神的方案,反而是腓特烈出于政治原因否决了该方案。

奥军企图突袭正在来回机动的普军,于是霍图西采会战(1742年5月17日)展开了。奥军被击败。[12]

于是,玛丽亚·特雷莎为了拆散普鲁士与法国,决定将上西里西亚连同克莱因施伦多夫协定中交出去的地区割让给腓特烈。

1744 年

普军再次离开,英军赶来支援奥军后,法军被逼回莱茵河以西,似乎不得不再次放弃阿尔萨斯了。这是普鲁士国王第三次举兵,夺取布拉格并进入波希米亚南部。奥军被迫撤出阿尔萨斯,但并未直取普军,反而现身于普军北侧,切断了他们的交通线。腓特烈无力通过会战手段解决问题。尽管他有近 2 万名骑兵,但这批骑兵不适合大面积搜索和侦察敌军动向。腓特烈有很长一段时间完全没有敌军的消息,而当他终于与敌手面对面相遇时又发现对方地形十分有利,他不能出击。于是,他丢弃辎重返回西里西亚,还撤出了布拉格城,连重炮都不要了,这次撤军几乎让普军土崩瓦解。士兵成群逃亡。一场会战都没打,比较大的遭遇战几乎也没打,特劳恩(Traun)就取得了辉煌的胜利。腓特烈决心再也不这样深入敌境了。

总参谋部著作,尤其是冯·勒斯勒尔少校(Major von Rössler)的一篇演讲(《军事周刊》1891年第3期副刊)高度评价了1741年至1744年间腓特烈国王的进攻计划,认为其充分体现了歼灭战略的精髓。在理论方面,这几年确实是国王最接近会战一端——如果你愿意的话,也可以说是歼灭战略——的时期,但其实差得还很远。他从来没有专门将敌方军队设定为攻击目标。只有1744年攻打维也纳的计划(未实际执行)中隐约包含着这样的意思,计划中设想集合全部友军并于波希米亚南部击败奥军,但并不要求立即向仅略超过90英里(约145千米)以外的敌国首都进发。计划中写道大军接下来要"将脚踩在敌人的咽喉上",但《书信集》(*Korrespondenz*)(3:135)中已经明白地点出了具体实施办法:"进抵多瑙河,如有必要甚至可推进至维也纳周边。"除此之外,腓特烈很可能压根没把这个宏大计划当回事,因为他无意消灭奥地利,事实上是避免打大决战,哪怕法国人建议他这样做。

总参谋部著作对腓特烈战略的根本误解自然会一再产生个别的错误。事实只能不断被歪曲或掩盖,但我们用逻辑终究会推导出作者意在颂扬,实则是批判,因为再多花招也不能将腓特烈的作战方式强行塞进假定的框框里。对1744年的评述很好地体现了这一点。1898年马克斯·莱茨克(Max Leitzke)在海德堡大学通过的博士论文《普鲁士政治史与1744年战役新论》("Neue Beiträge zur Geschichte der preussischen Politik und Kriegführung im Jahre 1744")对国王提出了批评，于是总参谋部著作就出来维护国王。

1745年

假如奥地利在1744年乘胜追击，入冬后坚持作战，我们实在看不出普鲁士能如何自救。但奥军的士气和物质条件都不足以实施冬季战役，于是腓特烈赢得了时间，不知疲倦地重建军队。现在，他将战略主动权交给了对手，决心用一场会战来洗雪前一年机动战的败绩。忠诚的大臣波德维尔斯（Podewils）力劝国王不要将国运托付给难测的战果。但国王解释道，他已经别无选择；会战就好比重病患者的催吐剂。他假定奥军开春后会企图从波希米亚突入西里西亚，然后他就可以利用两地交界处的山峦带来的优势。他没有试图把守各处隘口（我要提醒读者回想一下本作第1卷中关于温泉关会战和扼守关隘的论述），而决定放敌军入关，然后在西里西亚与奥军对阵。但他预先详尽观察了山势，为奥军可能走的每一条路线都做了预备。他勘察了道路和桥梁，而且做了分兵部署，一旦发现萨克森与奥地利联军走出一处隘口，诸军便能以最快的速度集结对敌。奥军试图通过夜间行军来突袭普军，结果没有成功，因为他们低估了夜间展开部队的难度，直到上午8时才开始进攻，普军那时早就知道敌兵来袭，遂严阵以待。普军必须先把国王亲率离营的部队叫回来，但这支部队没走多远，于是及时返回参战，决定了战斗有利于普鲁士。而在6月4日的霍亨弗里德堡会战中，腓特烈的预备工作做得非常好,凌晨4时就可以攻击敌军左翼了。战斗进行到9时基本就结束了,敌军全线退回山中。这场大捷完全要归功于国王指挥得当。战略头脑、用心预备、执行果断这些方面都做得非常好。腓特烈的统帅声名是从这场胜利才起步的。莫尔维茨会战还是靠什未林才打赢的;国王在霍图西采会战中指挥出色,但表现得不是很明显,奥地利人甚至辩称自己没有被打败。而1744年以满盘皆输告终。但现在霍亨弗里德堡会战为国王带来了永不磨灭的盛名。而且打个比方,我们不能说国王的胜利是沾了敌军犯蠢的光。当然,为了避免遭到奇袭,奥军肯定要在抵达当晚占领某些高地,扼守斯特里高河(Strigau)的各处渡口。但他们入夜后才下山扎营,而且几乎不可能摸清四周的方向。山中行军的速度或许可以快一点。但说到底,奥军必须要做的第一件事就是看普军有没有在关隘出口守株待兔,如果在的话,奥军就是一个接一个地把自己送进敌人嘴里。但如果他们打算第一晚在山上休息,以便次日下山时少走些路,这样就更危险了,因为他们的行踪瞒不过普鲁士人,一出山口就会马上遭到攻击。奥军统帅洛林公子查尔斯绝不会想到,普鲁士全军竟会在次日日出前就严阵以待。正是这一完全出乎意料的状况展现了普鲁士国王的才能与想象力。人们常常对战略主动权是多么推崇备至啊!霍亨弗里德堡会战则告诉我们,原理的意义都是相对的。腓特烈之所以取得了战略胜利,恰恰是因为他迫使对手主动采取战略攻势。行动的实施过程表明,此举的原因不是欠缺进攻精神,而是出于明智的算计。

腓特烈追了逃跑的敌军3天。接下来,军事行动陷入僵局。奥军占据了易北河与阿德勒河后面的一处坚固阵地,普军与其对峙了一整个夏天,将近 4 个月,期间一直没有引发大规模军事行动。于是我们看到,在当时的条件下,霍亨弗里德堡这样的重大战术胜利也只能带来很少的长远实质性益处。腓特烈在霍亨弗里德堡会战中的兵力已经不弱于奥地利与萨克森联军(约 6 万人),会战造成对方损失 1.4 万至 1.6 万人,己方损失 4 800 人,所以他现在的兵力远多于对手。如果他秉承的是歼灭战略原则,那早就会对丧胆的敌军穷追不舍,尽快再次发起进攻。由于奥军丢掉了三分之二的火炮,只剩下 41 门对付普军的 192 门,所以从现代评论者的角度来看,普军甚至攻打阿德勒河-易北河阵地也不是不可能,即便不能正面强攻,迂回总是可以的。但国王绝不会有这样的想法,因为他前一年才经历了深入敌境、与补给基地失去联系的处境,即便是他这样的军队也是危险万分。军需总管冯·德戈尔茨(von der Goltz)之前就极力告诫国王不少出山进入波希米亚,因为农用大车没法将物资运过去。[13]

没过多久,战略主动权再次落入奥地利人手中。上西里西亚和马尔克(the March)受到萨克森威胁,腓特烈不得不派兵前往,于是削弱了手中的兵力。奥地利则补充了兵力。奥军轻步兵让普军无法就地抢粮。9 月,腓特烈退回苏台德山口,但在他撤军之前,查尔斯公子再一次尝试击败他。普军现在只有 2.2 万人,驻扎在纳霍德山口(Nachod)和特鲁特诺夫山口(Trautenau)之间的索尔(Soor);奥地利与萨克森联军有 3.9 万人,远胜于普军。

查尔斯公子计划像霍图西采和霍亨弗里德堡中那样突袭普军。他的部队向普军谨慎推进,企图在夜间展开于敌军营地的正前方。9 月 30 日凌晨 5 时,国王接到了第一份报告。但他与往常一样已经起床并召集将军讨论次日要下达的命令。他立即意识到撤退已经是不可能了，尤其是普军现在只有森林和悬崖之间的狭径可以走，通往特鲁特诺夫山口的路已经被奥地利掌握。若要自救，唯有出击。国王当场下令部队展开向右翼靠拢，意图在右翼形成两线梯队发起进攻，只有一个梯队的左翼起初要保持不动。普鲁士的军纪让国王的命令迅速得到贯彻。

假如奥军此时凭借兵力优势全力开战，那么普军实难自守。贝伦霍斯特后来写道："普军取胜是对战争艺术的蔑视。"沙恩霍斯特答道："他们是通过尊重战争艺术取胜的。"尽管查尔斯公子想要突袭营中的普军，但他并不打算直接攻打，而是等着敌方仓皇逃跑，从而带来歼灭敌军的机会。奥军轻步兵已经到了普军营地的另一侧，冲进去大肆劫掠，甚至在国王率军出战时夺走了国王本人的全部行李。决绝果断让普军赢得了胜利，统帅的谨小慎微让奥军输掉了会战。[14] 由于奥军本身还在展开过程中，而且原本打算静观其变，于是就等着普军来攻，甚至挤在一条山脊上的奥军骑兵都没有主动出击，而是留在原地挨打。奥军骑兵被打退了，普军从这一侧继续出击，支援正面进攻，遂击破奥军中央，奥军右翼随之退走。

与霍亨弗里德堡会战一样，索尔会战是指挥才能、果断决策、优秀军纪的杰作。但索尔会战的战略影响甚至还不如霍亨弗里德堡会战。两场胜利都让普军脱离了十万火急的险境，但也仅此而已。一个从歼灭战略角度看完全无法理解又令人惊讶的事实是，胜利者留在战场上耀武扬威了几日，之后竟然退兵了。腓特烈去了西里西亚，被击败的奥军返回了之前被占领的营地。

奥军也没有被吓倒，几周后便再次大举迈进。萨克森军号召奥军一起翻越劳西茨山（Lausitz），进攻勃兰登堡。出了萨克森边境，3天便可来到柏林城下。11月21日，腓特烈从侧面的西里西亚插入劳西茨山，从而阻断了敌军的行动，又命令带着一支掩护部队在哈雷的老将德绍出兵攻打萨克森军。

上述行动引发了一种令人惊奇万分的战略局面。查尔斯公子率领奥军从波希米亚最北边驰援萨克森。普鲁士国王在易北河北岸，德累斯顿近在眼前，但他没有与经莱比锡赶来的德绍军会合，而只派莱瓦尔德将军（General Lehwaldt）带着8 500人经迈森前去。国王本人与主力在一起，他认为有必要与西里西亚保持联系，还要保护仓库和通往柏林的道路。12月15日，德绍在德累斯顿正面不远处的凯塞尔斯多夫（Kesselsdorf）进攻萨克森军，当时奥军已经到了他身后。萨克森军与奥地利军再要几个小时就能会师，那样德绍便输了。腓特烈极其严厉地批评了他，近年来的作品中依然有人鹦鹉学舌，说这是因为他没能加快脚步转向托尔高。但具体研究已经表明，老元帅在每个时刻的做法都是完全符合情势和命令的，而他与国王的看法差别只是因为两人相距遥远、通信速度慢和局势复杂。[15]多地协作不可避免地会有摩擦。腓特烈显然是想打赢一场会战的，假如他为此而牺牲几天的自身安全和联络渠道，不是只派出莱瓦尔德的部队去，而是率领全军渡过易北河去迈森与德绍会合的话，那么德绍面临的险境本来是可以避免的。腓特烈后来在回忆录中说，如果德绍被打败了，那么他会立即提兵再战，将败兵放到第二梯队。就此而言，我们必须说国王不仅是消耗战略的追随者，更是一名完全信奉消耗战略原则的统帅。如果战败后两军还有可能会合，那就表明让两军不能在会战前会合，以利于会战的各个次要原因的重要性被高估了。这是一场危如累卵的会战。如果打输了，那么批评者不会放过腓特烈国王，事实上也不能放过他。他本人经常讲集结全部兵力打会战的原则。尽管如此，他本人不仅在此处违背了这条原则，而且后来也违背过，不光是他违背，欧根和马尔伯勒在赫希施泰特会战中也违背了，这在前面已经讲过。问题恰恰在于：指挥官为了发动一场会战，能从另外的地方抽出多少兵力？在评估这些理由时，信奉两极战略的指挥官与信奉单极战略的指挥官是完全不同的。如此便可以解释腓特烈在凯塞尔斯多夫会战中的行为了。[16] 至于他是否高估了在当时的特殊情境下应该按兵不动的理由，这个问题的意义就不大了。

腓特烈与托尔斯滕松

现在对前文概述的腓特烈诸战役与托尔斯滕松的几次战役作一比较。[17]

托尔斯滕松在阿尔特马克（Altmark）接手瑞典军指挥权后突然出兵（1642年），穿过西里西亚进入摩拉维亚，夺取格洛高（Glogau）和奥尔米茨（Olmütz）两座要塞并留兵驻守后再次启程，于1642年11月2日在莱比锡击败了一支皇帝军。次年，他二入摩拉维亚，没能发动会战便撤回，接着遵照本国政府命令击败了丹麦。加拉斯统率的皇帝军一直尾随他到荷尔斯泰因（Holstein）。这时，托尔斯滕松再次返身侵入波希米亚，意图"夺取多瑙河畔的据点"，接着"奋力返回"基地（"交通线"）。几路皇帝军集合了起来，萨克森军和约翰·冯·沃特统率的巴伐利亚军也加入了进来。

于是，扬考会战于 1645 年 3 月 6 日爆发了。双方兵力大致相当：哈茨费尔德（Hatzfeld）指挥的皇帝军有 5 000 名步兵、1 万名骑兵和 26 门火炮；瑞典军有 6 000 名步兵，9 000 名骑兵和 60 门火炮。双方打得都很英勇。瑞典军凭借将领素质和服从号令取得了胜利，因为皇帝军在不利于发挥己方骑兵优势的地形上接受了会战，而且诸将各行其是，不听统帅调遣。[18]

托尔斯滕松进抵维也纳门户，夺取了桥头堡狼穴（Wolfsschanze）以及多瑙河畔的两座要塞科尔新堡（Korn-neuburg）和克雷姆斯（Krems）。但他手里只有不到 1.5 万人，无力夺取维也纳，甚至围攻布吕恩 4 个月后也失败了。克雷姆斯和科尔新堡之后分别留在瑞典人手中数月和一年半时间，奥尔米茨直到战争结束都属于瑞典。因此，托尔斯滕松达到了"插入皇帝心脏"的目的，但这不足以直接迫使皇帝议和。与腓特烈一样，托尔斯滕松明白自己比敌人善战，也追求决战，但他并不比腓特烈更能利用决战的成果赢得战争。两人都只能依循消耗战略的原则行事；托尔斯滕松取得的成绩比腓特烈大，但腓特烈还是更快地达到了目标。这要如何解释呢？

如前所见，托尔斯滕松的军队比腓特烈的军队灵活得多，既有兵少的原因，也有兵种构成——以骑兵为主——的原因。但托尔斯滕松之所以进退举止比腓特烈大胆得多，还有一个特殊的原因。腓特烈明白军灭即国破。因此，他的行动更为谨慎。1741 年的时候，他没有强攻固守坚垒的敌军。1742 年，他只打防御战。1744 年，他最远只敢走到布德韦斯，而且之后不经一战便撤出波希米亚。1745 年，尽管打赢了霍亨弗里德堡会战，但他只走了 3 天就又停下了。托尔斯滕松敢在波希米亚腹地作战，敢一路推到多瑙河，是因为在最极端的情况下，他或许确实冒着丧军的风险，却没有亡国之忧。当年古斯塔夫·阿道夫渡海时，瑞典国会就得出了丧师于德意志无损国防的结论，因为本国手里还有30艘大船和民兵。[19]开姆尼茨在布赖滕费尔德会战前的作战会议上表达了同样的想法。[20]"瑞典与这里相距遥远，还隔着大海，本土危险不大，也没有险要的障碍要越过。"因此，腓特烈的速胜不能只用战绩来解释，还要看政治局势。经过一年半的战争，玛丽亚·特雷莎愿意将一个广大富庶的省份割让给他，好腾出手来抵御其他更强大的对手。腓特烈的前两场西里西亚战争都必须综合战略和政治两方面来解释。如果说一贯有人认为，腓特烈时代的政治军事行动以倾向于不打持久战、短促痛击对手、尽快达成有利和议为特征的话，那么这种看法更多反映了普鲁士国王的真诚愿望，而非实际行动。人们以为他追求的短促痛击在哪里呢？在莫尔维茨，他是因为断了退路而不得不战；在霍图西采，他是被攻击的一方；在1744年，他根本没打会战；在索尔，他也是被攻击的一方。短促痛击只有两次，霍亨弗里德堡会战和凯塞尔斯多夫会战。但1745年签订的和平协议完全称不上有利，而只是承认了占领状态。要想正确评价腓特烈作为战略家的水平，我们还必须牢记一点：他的宏图伟业以政治为决定性因素，大胆却谨慎的战略只是权宜之计。

蒂雷纳

三十年战争期间，与托尔斯滕松同时期的法军统帅是蒂雷纳。讲述战争艺术史必然要提到他，因为传统上认为他是第一个将后勤摆到决定性地位上强调的统帅,他宁愿放弃一次有利的行动,也不愿危及军需供给。因此,他大体上被视为机动战略的创始人,精明主动但避免交战。克劳塞维茨对他有一句经常被引用的评语(9:193),说他的战争艺术恰好只适合他那个时代,而放到当代战争中就像廷臣的阅兵用剑摆在骑士用剑里面一样扎眼。尽管这段描述和比喻既生动又恰当,但还是会给人留下错误的印象。蒂雷纳的母亲是奥兰治家族的公主,他本人信奉尼德兰的军事思想,将按时发放粮饷视为最神圣的战争准则之一。因此,他只是因循而已。但在三十年战争的统帅中,他或许确实比同时代的人更多考虑后勤体系。1644年,当他已经迫使梅西将军退出弗赖堡,积极追击大有可能成功的时候,他决定放弃。他在回忆录中解释道:"与常年在德意志服役的老兵们一样,我们的全体步兵都习惯直接领到烤好的面包,不习惯自己烤面包,所以我们不可能跟着敌人去符腾堡,因为我们在那里没有准备好军需站。因此,我们没有渡过莱茵河。"

在回忆录的其他地方,他也一再强调后勤,1654年阿拉斯解围战就是一个例子。

蒂雷纳的统帅生涯可分为两个时期:前期是从三十年战争末期和投石党战争至1659年《比利牛斯和约》签订;后期一直到他1675年去世为止,包括路易十四亲征之初的前几场战争。如前所见,后期的军队规模达到了前期的两三倍大,于是后勤体系逐渐成为重中之重,腓特烈大帝时期也是如此。因此,沿用克劳塞维茨的修辞,当时所有统帅手中的实战用剑都变成了阅兵用剑,但阅兵用剑也是锋利尖锐的,放到勇猛精干的击剑士手中也是凶器。蒂雷纳也懂得如何运用这把剑,发挥杀敌的威力。他没有巴纳的维特施托克会战那样的大战，也没有托尔斯滕松那样的长途远征，但他在1674年通过机动战将大选侯逼出了阿尔萨斯，正如1744年特劳恩以同样的方式将腓特烈大帝赶出了波希米亚。如果遭受失败，他会立即占据一处易守难攻的阵地，让敌军不敢再靠近（例如，1652年投石党战争期间进驻奥尔良），在这一点上酷似腓特烈大帝。他偶然谈过一次会战的重要性（针对1646年的战事），说会战胜利的主要成果是掌控了一片地区，从而增强了自己，削弱了敌人。因此，蒂雷纳虽在战略发展史和伟大统帅的行列中占据一席之地，却不能被视为某种特殊战法的模范。我们更不能认为他代表着一种与腓特烈对立的理论，毕竟后者从未自称与法国元帅们有原则上的分歧。

查理十二

　　关于查理十二，我计划另写专著，这里只给出几条思路提示。就战略而言，查理十二仍然属于三十年战争的时代，因为他统率的军队人数少而多骑兵，能够驰骋于广大地域，且动机中的政治因素大于军事因素。1707年，查理离开萨克森，此时的他站在权力的巅峰，手下有16 200名步兵和20 700名骑兵（包括龙骑兵）。他在波尔塔瓦（Poltawa）会战中共有16 500名战斗员，上阵者12 500人。与三十年战争的情况相反，瑞典国王面对的不是旗鼓相当的对手，敌军虽素质低劣，但人数却大得多。俄军尚在组建过程中，且苦于本国士兵与大多来自外国的军官之间的对立。波兰国王的军队是一支缺乏纪律的中世纪征召军。指挥萨克森军的舒伦贝格（Schulenberg）将军向国王汇报说，他的部下一看到瑞典人就溃散了。[21] 考虑部队素质的差异，再加上作战地域的广大以及当地的农业、道路、气候状况，那么对查理十二的征战史就必须要用完全不同于路易十四或腓特烈的标准来看待。出身维特尔斯巴赫家族旁支，头戴瑞典王冠的他不仅是世界史上当之无愧的最伟大的英雄之一，也是一位会战指挥得当、以个人的风姿与绝对的信心激励部下的伟大将军。不过，若说他是一位与古斯塔夫·阿道夫、腓特烈、拿破仑并列的战略家，则还是有所欠缺，光靠"不屈不挠"或"冒险家"这样的词是不能奠定战略家地位的。问题在于寻找并确定客观形势与主观品性之间的相互作用。前面讲过的双方军队差异和瑞典政治状况都必须纳入考量。强大的瑞典领土遍及波罗的海沿岸，甚至在北海边也有大片疆土，却仍然没有明确的政治方略，以至于老首相奥克森谢尔纳（Oxenstierna）竟然于1702年建议国王与波兰国王兼萨克森公爵奥古斯特（August of Poland-Saxony）议和，然后把军队租给外国君主，以为这样会增添国王的声誉。

事实上，当年强悍的瑞士兵卒也是在这种状况下没落的。

1756 年

腓特烈的权势与功业在七年战争达到了顶峰。他的战略原则一如过往。

他参战时知道自己占据无可置疑的优势。在10年的和平期，他大大提高了军队的规模和素质，远远超过了对手。他加固了西里西亚的要塞。他的国库里有1 600万塔勒现金，而且他预计可以立即征服富庶的萨克森选侯国，合普鲁士与萨克森两国之力每年有

750万塔勒的盈余，而腓特烈估算一场战役的开销不会超过500万塔勒。政治上，他明白哈布斯堡王朝与波旁王朝向来彼此嫉妒，于是估计法国只会给予奥地利微薄的援助，没有能力输送大量资金。他相信自己有英国相助，足以拖住俄国，即便拖不住，俄国也取得不了多大的战果；俄国与奥地利加起来都不能与他争锋，因为两国的经济太弱了。即便考虑弗朗茨皇帝拥有耶路撒冷皇帝的头衔，于是以个人名义给妻子预支一笔钱，那也用不了太久。

按照国王的估计，他的形势简直太有利了，以至于我们会有一个疑问：这难道不正是转向歼灭战略的恰当时机吗？普鲁士各团6天内即可完成动员；萨克森还没等集结军队就会遭到突袭；奥地利当时可以说毫无预备，而且先要填补平时空架子单位的缺额。1756年7月底，政治条件已经成熟，腓特烈本来有能力以压倒性的优势冲入波希米亚。在他兵临维也纳城下之前，我们看不出奥地利要如何做出普军无法克服的抵抗。

但国王甚至连考虑过这些想法的迹象都没有。起初，当法军威胁要立即出兵时，他将进攻推迟了4周，这便给了奥地利备战的时间，也让萨克森得以将军队集中于坚固的皮尔纳大营。但腓特烈的算计是，如果他直到8月底才开战，那么法军当年便不能出动了。他之所以愿意接受以上劣势，是因为他本无意打一场歼灭战，只打算占领萨克森和北波希米亚一部。若非如此，法国的威胁自然会迫使他不要推迟进攻，反而要尽快动手，赶在法军长途跋涉到萨勒河之前解决奥地利。在这种情况下，"短促痛击，尽快以有利条件议和"（10年后便发生了这样的事）的原则是恰当的。但腓特烈的想法完全不同。他要求普鲁士参战应短促主动的要求不能按照现代意义去理解,而必须联系前一个时代那种延绵 10 年、20 年乃至 30 年的战争。

因此,腓特烈在这一年只是在皮尔纳俘虏了萨克森军队(1.8 万人)并控制了萨克森就满意了,不仅拒绝与奥军决战,甚至再次撤出了波希米亚。他通过这第一次战役发现,战争要比他设想中更艰难。由于普鲁士骑兵违反国王命令,擅自出击导致失败,10 月 1 日的罗布西茨会战实际上一开始是败了。国王本来已经离开战场,后来又被叫了回来,因为普军经过苦战从奥军轻步兵手中夺取了一处前哨阵地,普鲁士将军们以为那是奥军的主阵地。他们当时就以为会战打赢了。事实并非如此;奥军主阵地毫发无损,奥军与普军打得旗鼓相当。但普军最后还是成功了,因为布朗(Browne)没有意识到己方占优,于是就不接着打了。他的计划不是与普军交战,而是突然进至易北河对岸,也就是通过机动给萨克森军创造突围的机会,突围后来没有达成。[22]

10 月 16 日萨克森军投降后,腓特烈当年对奥地利发起一场歼灭战役不能说是一丁点可能都没有。他仍然具有相当大的优势,10 万以上对 8 万。但这纯粹是教条的看法。腓特烈根本没考虑过,普军的内部结构也不允许采取这样的战略。

1757 年

1756 年冬至 1757 年春,奥地利、俄国、法国三大国针对盛气凌人的普鲁士结成了令人畏惧的同盟。反普同盟酝酿很久了,但腓特烈不曾料到会以这种形式达成,而且直到腓特烈本人出兵时同盟才完全形成。

起初,腓特烈打算保持守势,放弃没有坚固要塞掩护的西里西亚,将主力有序地调入萨克森,视具体情况待奥军或法军于某地逼近时再扑上去。因此,与之前在霍亨弗里德堡一样,他将主动权让给了敌军。这时,温特费尔德(Winterfeld)建议国王自己抓住主动权,4月就入侵波希米亚,在法军现身前击败奥军。国王反驳了他。奥军兵力可能不亚于普军,且与普军一样分为四路驻守于西里西亚和萨克森边境。这个季节的野外找不到人马所需的粮草,所有物资都要随军携带,普军的处境很艰难。若是一路奥军,尤其是位于埃格河下游、正对厄尔士山脉的布朗一路在坚固的要塞里,要是国王率军从德累斯顿前来,顿兵坚城,最后因粮草不继而被迫折返,那么其他几路普军就都危险了,整场行动也就失败了。于是,腓特烈完善了温特费尔德的计划,命令什未林迫使敌人向他靠拢,从永本茨劳(Jung-Bunzlau)出西里西亚,威胁布朗部身后,从而使其撤出坚城并为国王打开道路。这样一来,腓特烈便有望夺取奥军仓库,深入敌境,估计还能找到机会击败某路奥军。

计划取得了巨大的成功,但与料想的方式不同。什未林抵达永本茨劳时运气不错,刚好保住了城中的奥军仓库。若非交了这次好运,他必将陷入绝境。尽管如此,他现在依然无法按预定方向前往利托梅日采(Leitmeritz)或梅尔尼克(Melnik),因为奥军在另一侧威胁着他,他也不能丢掉夺过来的永本茨劳仓库。[23] 因此,国王的计划证明是不可行的,但其实也不必实施,因为布朗被突如其来的敌军吓坏了,已经放弃了帕什科波尔河(Paschkopol)畔埃格河后侧的坚固阵地,向布拉格撤军了。

于是，四路普军得以在布拉格城下顺利会师，奥军没能合兵一处趁着普军尚未会合发起进攻。恰恰相反，布拉格城中只有四路奥军中的三路，普军却集合了全部兵力。

奥军现在决定寸步不退，在布拉格城东列阵会战，结果被击败并困守于布拉格城内（5月6日）。但在他们即将被迫投降之际，援军到了。这支援军切断了普军与西里西亚的交通线，从而迫使普军在极为不利的条件下进行会战。6月18日，普军在科林战败。

考虑腓特烈在这场战役中明确有寻求会战之意，而且最终意图是包围敌军主力并一举将其全部消灭，于是我们可能会以为国王在这场战役中转向了歼灭战略。那看起来可能很了不起，但细究下来，上述看法不会抬高反而会贬低国王的声望，既没有正确看待国王作为统帅的伟大之处，也不尊重事实。

假如腓特烈意在歼灭，那就不免会受到转变思想太迟的批评。在战争的第一年，奥地利人还没有做好准备，他或许有能力通过歼灭战达成自己的目标；但到了1757年，普军的数量优势已经不够大了，实际结果已经证明了这一点。

另外，我们还不得不假定国王没有充分意识到自身计划的性质和规模。开战前不久，他将计划透露给了盟友英国国王和在普鲁士统军的莱瓦尔德元帅（4月10日和16日），但只字不提决战，只讲了自己准备夺取奥地利的军需仓库。他希望借此将奥地利人完全赶出波希米亚全境，或者按照他在另一封信中的说话，他希望将奥地利人赶到布拉格城南的伯劳恩河（Beraun）对面。对他来说，整场战役就是一场"奇袭"，打算在5月10日之前就解决战斗，以便调头对付法国或俄国。

再次，假如他心口不一，其实是打算一击打垮奥地利，那么腓特烈在估算双方兵力上就犯了大错。因为即便他打赢了科林会战，也俘虏了被困在布拉格的军队，他能不能迫使无所畏惧的玛丽亚·特雷莎议和也是极大的未知之数。[24]

因此，1757年战役应当与腓特烈的所有其他战役一样，也就是从消耗战略的视角去理解，再加上一个补充条件，即腓特烈在此役中最接近会战一端，因而最接近歼灭战略。他的基本观点没有变化，他也没有突然从一个极端转向另一个极端。有人批评他最初的战役方案"怯懦"到不可理喻，他的弟弟亨利则在科林会战后讥讽他"法厄同①陨落了"，两种批评意思相反，同样无理。如前所见，腓特烈最初的计划是让敌人先出手，然后他再各个击破。普军自己直扑向最近的敌人，也就是奥地利军，于是越出了计划的限度。最后又发生了完全意料之外的事情，奥军主力在布拉格会战后被困城内，让普军有可能将这支部队全部俘虏。腓特烈甚至在会战当日早晨都想不到这种可能性，因为奥军面北列阵，左依布拉格，因此正常情况下战败后应该穿过布拉格往南跑。凭借巨大的数量优势，腓特烈让基斯带着三分之一军队去布拉格城西，这支部队堵住了奥军从这个方向穿城撤退的路线。腓特烈还命莫里斯公子带着3营步兵和3队骑兵从布拉格上游方向渡过莫尔道河（Moldau），以便继续攻击撤退中的奥军。[25]这项行动由于浮筒不足失败了，但腓特烈本人也没抱多大希望，在回忆录中根本没有提及这道命令。由于奥军

---

① 希腊神话中的太阳神赫利俄斯之子，驾着父亲的太阳马车漫天乱窜，于是宙斯发出一道闪电，让他连人带车掉进了海里。

预计的撤退路线距离莫尔道河近 4.5 英里（约 7 千米），莫里斯手下的 4 000 人大概发挥不了决定性作用。不过，腓特烈的这道命令证明他想要尽可能发扬战果，这一意图也近于歼灭战略。但当奥军的正面显然不可能从北面击破，普军只能绕弯从东边进攻时，战局整个就变了。奥军的应对手段是背靠布拉格城组成新的正面，最后被赶回了城内。普军直到次日才意识到这一点，自己都觉得惊讶，那时才意识到前日的胜利竟然取得了这么大的成功。于是，迫使奥军因饥饿而屈服，进而俘虏奥地利全军的想法萌生了。但国王仍然在消耗战略的框架下行动，因为他考虑的不是得手后进军维也纳，逼迫奥地利求和，然后全力对付法国。相反，他的假定是自己要继续与奥地利交战，只计划派 3 万人去对付法国。

但正如克劳塞维茨所说，困住敌方全军的大好运气到头来是命运的恶作剧。腓特烈后来在文中将战役计划的失败归咎于"布拉格会战完全是靠军队赢得的，将查尔斯公子全军赶进布拉格，而围城也化为泡影"。因此，认为腓特烈从一开始就准备围歼敌军，并为此提前派出基斯到布拉格城西的看法完全是误解。按照国王的作战原则，基斯部最初的真实目的与他在凯塞尔斯多夫会战中留在易北河北面的目的是一样的。他那时是为了保护去往柏林和西里西亚的道路交通，现在则是为了掩护与萨克森的交通线。由于他没有过河，所以他还有阻止奥军从这一方向撤退的任务，而且如果奥军沿着设想中的路线从莫尔道河对面撤退，他还要派兵去支援那边的莫里斯公子。[26]

因此，战役并不是按照预定方案实施的。方案的基本思想竟然证明是不可行的，即什未林从西里西亚赶来，威胁布朗侧翼，从而迫使其撤出埃格河畔的阵地。尽管如此,军队素质和战略最后还是带来了胜利,不单纯是交了好运。普军大胆的行动达到了突然性,成效惊人,一举令敌军丧胆,将帅不敢直缨其锋,放普军进入国境,丝毫没有抵抗。吊诡的是,敌军后来又在布拉格寸步不让,让入侵者如愿有了打一场会战的机会。

这位御驾亲征的国王有他一贯的逻辑,计划中容不得任何幻想,而现在正有人批评他怎么不去幻想。如果他最后去追求不可能达到的目标,然后失败了,后人就不会去苛责他,而会说:"我就是喜欢知其不可为而为之的人。"如果他竟想用小心谨慎浇灭命运赋予他的天才之火,他怎么可能还是那个不断挑战命运,不在任何厄运面前低头的英雄呢?

另外,他打科林会战的原因不是"让困守布拉格的敌军胆寒",也不是他以追求会战为原则,而是因为道恩已经逼近到眼前,腓特烈再也不能一边围城,一边保护通往西里西亚的道路沿线的仓库[位于布兰迪斯(Brandeis)和尼姆堡(Nimburg)]了。一个事实展现了腓特烈战略与歼灭战略的整体根本区别:甚至是离开布拉格去迎战道恩时,他也没有主动出击的愿望或计划,而只打算通过机动逼退奥军。奥托·赫尔曼有一个说法特别贴切,他说腓特烈认为自己有必要为在科林出击道歉。换作另一位统帅,他或许就要为没有出击而道歉了。因为腓特烈没有仓库就坚持不下去,也不能像拿破仑和克劳塞维茨所说的那样必须让道恩继续靠近,以便抽调围城部队来加强兵力。他没有别的选择,要么攻打道恩已经设好的营地,要么从布拉格撤围而去。万分紧急之下,腓特烈决定冒极大的风险攻打道恩。

但科林会战不是因为某个个别失误才失败的,而是从一开始就不可能打赢,我们今天已经能看明白了。道恩是5.4万人对3.3万人而且占尽地利,不仅难以接近,而且从远处就能发现进攻方的一举一动。腓特烈曾先后在索尔会战(2.2万人对3.9万人)和洛伊滕会战(4万人对6万人)以少胜多,但索尔会战是一场奇袭,敌方或者在整条战线上,或者在成功突破的位置上完全没有料到普军会进攻,且奥军将领没有及时应对。而到了科林会战,奥军将领有能力也确实采取了及时应对,尽管是最后一刻才反应过来。腓特烈自以为再多4个营的步兵就能取胜,这是不可采信的欺人之语。[27]

普军撤出波希米亚后,腓特烈又想起了最初的战役构想,即不在冬季主动出击,等敌军靠近再动手。假如他自始至终贯彻这一构想的话,他在艰苦的战争中无疑会过得好一些,因为攻势战略已经不可能成功了。但是,他在布拉格和科林损失的数目可以用新兵替换,老兵的素质却补不回来。因此,现代评论者批评腓特烈的首次行动,执着于贯彻战役计划的看法似乎是完全错误的。但情况并非如此简单。将首次行动称作"怯懦"当然是大错特错。战役方案甚至上升到了战术攻势的程度,而且如前所见,采取战略攻势不过是腓特烈一直都有的想法更进了一步。即便实质成果得而复失,但士气上的收获仍然有着不可估量的价值,敌军将领对普鲁士国王做出的决策怀着非同寻常的尊重和真诚的敬畏。科林的失败并未损害腓特烈的声望,就连胜利者道恩元帅都没有看轻对手。事实上,腓特烈的声望反而更高了。他没有一蹶不振,而是愈发确信机动不足以取胜,必须努力逼迫敌军打会战。

于是,他向法军挺进并在萨勒河不远处的罗斯巴赫击败了他们，然后转向奥军并在下西里西亚的洛伊滕败之。在罗斯巴赫会战中，他打败了具有两倍兵力优势的敌军。他本人找了很长时间战机而不得，这时希尔德堡豪森（Hildburghausen）和苏比斯决定先出手。正当两人包抄对手的途中，普军突然从营中冲出，杀入敌方行军纵队侧面。法军和皇帝军还没列好阵就输了。

在洛伊滕会战中，面对6万到6.6万名奥军，4万名普军悄无声息地来到部署完毕的奥军左侧面前，尽管没能直接冲进去。腓特烈将军队排成4个梯队，因此正面很窄，而奥军为了利用两侧的地势屏障而连绵5英里（约8千米）。因此，普军在进攻地段具有数量优势，还没等奥军右翼来援，左翼已经被击败。守势思想为奥军招来了灾祸。当普鲁士国王忙着对付法国时，奥军在布雷斯劳（Breslau）城下击败贝沃恩公爵（duke of Bevern）并夺取了这座城市，还拿下了施韦德尼茨（Schweidnitz）要塞。但他们没有凭借数量优势在冬季再接再厉，逼迫敌军决战，反而计划进入冬季营地，当普鲁士国王逼近时，他们觉得只要在合适的防御阵地对峙即可。他们没料到国王竟敢攻打阵地（12月5日）；他们本来以为普军会撤退，而且会满意于这个结果。[28] 于是，诸般情势有点像索尔会战；那时奥军也相信只要摆开阵势就能达到主要目标，根本不用实际交战，或者之后才需要交手。这就给了更坚决的对手以可乘之机，抓住侧面进攻的战术优势，化人数较少的劣势为局部的兵力优势。坚决战胜了麻木。假如奥军在洛伊滕会战中攻击正在向侧面移动的普军，就像腓特烈在罗斯巴赫会战中对法军做的那样，人数占优的奥军肯定会取得胜利。他们在理论上并非没意识到这一点。1757年春，弗朗茨皇帝就是这样建议即将赴任的皇帝军总司令，他的弟弟查尔斯的。²⁹ 但他没有果断实行。在布拉格，奥军再次放任普军向侧面行动而没有干预。在科林，奥军也没有干预，但普军的机动还是失败了，因为奥军及时注意到了普军朝向侧翼的动向，于是凭借巨大的兵力优势延伸了正面宽度。

在洛伊滕会战中，决定性因素还是指挥，但普军军纪为指挥提供了合适的工具。秩序好、速度快、战术机动性强的部队确保了每一条命令的执行。腓特烈国王能够先以四列平行纵队向奥军中部行进，等到逼近时再决定攻打敌方左军还是右军。接下来的转向和展开进行得非常迅速，奥军还没明白是怎么回事就遭到了攻击。除了普军，当时没有一支军队能做到这样。

腓特烈与对手们的区别不在于理论，而在于执行，这一点无论如何强调都不为过。俄军在这一年的指挥表明，腓特烈的对手们绝非缺乏理论洞见。

圣彼得堡"大会"向奥普劳克辛（Apraxin）下令："我们认为，如果莱瓦尔德顺利离开该国（东普鲁士）并与国王会师，那么占领普鲁士乃至更远的区域都毫无价值。"因此，奥普劳克辛的目标是击败莱瓦尔德。据此，斯比尔斯基将军（General Sibilski）指挥的俄军游击队接到了包抄并拖住普军、直到大军赶到将其击败的任务。³⁰

1758 年与奥尔米茨会战

腓特烈发动 1758 年战役时的基本构想与前一年如出一辙。他之前入侵波希米亚是为了在法军现身之前尽可能沉重地打击奥军，现在，法军的直接威胁已经没有了。英国在罗斯巴赫会战的鼓舞下在德意志组建了一支军队，足以拖住法军。但俄军不久前逼了上来，情势危急。正当普军转身对付瑞典时，俄军于冬季在无人抵抗的情况下占领了东普鲁士，预计仲夏前后便可饮马奥得河。因此，腓特烈的想法是通过某种方式让奥军留在远处，以免其与俄军会合，那样他就能放开手脚，等俄军来到近处的平原地带时尽快将其击败，而奥军却帮不上忙。

腓特烈不可能像前一年那样入侵波希米亚。普军主力在西里西亚，要做的头一件事是夺回施韦德尼茨要塞，那是敌军手中仅存的前一年战果。奥军驻扎于工事守备完善的斯卡利采（Skalitz）阵地，与紧靠山口的普军主力正面对峙。假如腓特烈计划进入劳西茨山区乃至萨克森，再从那里发起入侵的话，奥军肯定会有所察觉并再次选择适当地点，挡在他的面前。于是，腓特烈不打算去波希米亚，而是经上西里西亚去摩拉维亚，围攻奥尔米茨。国王曾多次想到，在与奥地利的战争中，入侵摩拉维亚比入侵波希米亚对自己更有利。[31] 但这些考量与1758年战役无关；我们尤其不能以为腓特烈计划以劣势兵力进军维也纳。与手握15万大军的前一年不同，他现在只有12万野战部队。[32] 另外，如果他像前一年那样夺取了布拉格，他就不得不想办法将摩拉维亚北部也收入囊中。他现在的想法是，如果他拿下奥尔米茨并将奥军主力引出波希米亚，那么他的弟弟亨利——亨利在萨克森统率着2.2万部队——或许就能夺取布拉格。因此，这一年的战略构想和前一年一样并非攻打敌方首都，而是占据靠近普鲁士边境的区域和要塞。如今波希米亚守备森严，于是普军侵入了另一个几乎边界洞开的奥地利省份，一开始几乎没有遇到敌人，让对方决定是要立即上前迎战，还是严守阵地，来日再战。波希米亚也好，摩拉维亚也好，地理并非决定性因素，突然性才是。腓特烈通过入侵摩拉维亚调动了敌军，使其离开守备完善的斯卡利采阵地。现在，他相信在有利态势下引发会战的机会已经到来，或者甚至都不用打会战，单凭夺取奥尔米茨就能长时间拖住奥军，而他则趁此时机转向俄军，凭借主力将其击败。

1757年，他对布拉格只能围而不攻，因为城中的大军让他不可能挖壕逼近城墙。如今，腓特烈有望用正规攻城手段拿下奥尔米茨。

该计划相当类似于前一年的计划，只是做了因地制宜的妥善调整，而且与前一年一样，终究在敌方因地制宜的应对之策下失败了。

与前一年一样，最初的奇袭取得了成功。为了弥补洛伊滕会战中的损失，奥军与普军同样有大量工作需要完成。当腓特烈夺取施韦德尼茨后于4月19日突然离开要塞，5月4日在未遇抵抗的情况下现身奥尔米茨城下时，普奥两军都没有做好准备。但为了达成奇袭，普军不仅没能带上，甚至都没有准备好重型攻城器械。直到过去了两周多（5月22日），富凯（Fouqué）将重炮和弹药带上来时，攻城才正式开始。普军在此期间无所作为，因为道恩没有为了解救奥尔米茨而匆忙进入会战，只是从斯卡利采大营转移到摩拉维亚边界，于5月5日占据了利托米什尔（Leitomischl）的一处坚固阵地。尽管那里距离奥尔米茨只有50英里左右（约80千米），腓特烈从原地只要两三天就能赶过去，但他并没有像现代军队自然会做的那样直扑利托米什尔的奥军，事实上他也做不到。道恩的阵地用普鲁士战术攻打似乎难度很大，而且即便道恩觉得阵地不够牢固，他也可以再退一步，将不得不等待攻城器械到来的普军引离真正的目标奥尔米茨。

因此，尽管近处就有一支未被击败的敌军，腓特烈还是得尝试攻城。

他的尝试失败了。有人认为是攻城器械部署过程中出了几项失误。这或许是实情，但不应该过分强调。大规模军事行动总会有类似的困难发生，奥军才是决定性因素。腓特烈早先携带的军需弹药不足以展开攻城。据滕佩尔霍夫（Tempelhof）估计，仅运输攻城器械 30 天之用的弹药车就需要 26 580 匹马，其余物资另算。腓特烈不可能凑齐这么多马，因此只能分批往前线运送补给，同时奥军主力就在附近，四处派出小股部队骚扰普军。

腓特烈本人认为，他之所以被迫于 7 月 1 日撤围，是因为奥军在奥尔米茨以北 14 英里（约 22.5 千米）的多马施塔尔（Domstadtl）抓住了普军的一支大型辎重队。事实上，道恩元帅当时已经成功实施了另一次国王尚不知晓的机动，此举会让普军无法夺取奥尔米茨，哪怕他们庞大的运输队顺利抵达了前线。攻城战刚刚打响，已在利托米什尔停留 17 日的道恩元帅便向前移动到了距离奥尔米茨只有一天路程的几处精心选择的地点，先向东去耶维奇科（Gewitsch），再往南去多布拉米利采（Dobramilitsch）和切利霍维采（Weischowitz）。国王兵少，无力攻打这些地方。但就在普军辎重队于多马施塔尔被消灭当天，道恩夜行军加强行军在 24 小时内走了 28 英里以上（约 45 千米），占领了流过奥尔米茨城的莫拉瓦河（March）左岸（即东岸），国王完全没料到敌军会有这么一手。普军在这一侧的围城部队一直很薄弱。奥军出现时，普军不得不完全撤出左岸，过河后甚至把桥都毁了。[33] 道恩现在就在奥尔米茨边上,随时可以增援城内,因此普军不可能发动强攻了。但腓特烈得知此事前就因为多马施塔尔的惨重损失而下令并实施撤军了。

按照现代战略观,腓特烈没有理由不在某处渡过莫拉瓦河,集结兵力攻打道恩。毕竟,他迟早会找到某个步兵和骑兵单位可以发起进攻的位置。但我们发现腓特烈甚至不曾考虑过这个想法。从当时的情况看,会战胜利带来的收益与失败的风险,与预期损失的规模无法相比。因为他已经损失了庞大的辎重队,就算打赢了也不能接着攻城或继续进行摩拉维亚战役了。

道恩不流一滴血,只靠精明的行军机动和阵地选址便挫败了腓特烈,此举必得称赞。他既没有让国王得偿所愿打会战,又使其不能继续攻城。

但正是这种作风,这种让奥军统帅通过巧妙机动挫败普鲁士国王的本领,让他无法利用命运伸长手臂去拿送到他眼前的胜利果实。

腓特烈经波希米亚退往柯尼希格拉茨(Königgrätz)。他不知道道恩已经到了莫拉瓦河对岸,与他近在咫尺,还分兵两路,自领一路在前扫除可能出现的拦路奥军分遣队,另一路在后保护庞大的辎重队,由之前负责攻城的基斯元帅统率。我们今天看当时的总体局势,会觉得道恩没有抓住机会全力出击简直不可理喻;普军花了7天时间才走到直线距离37英里(约60千米)外的斯维塔维(Zwittau),而且已经受到了奥军分遣队的严重威胁。我们看不出普军如何才能逃脱惨败。国王与后面的基斯部有整整一天的路程,无力救援。普军怕极了奥军追上来,这从军中流传的奥尔米茨守军指挥官马沙尔将军(General Marschall)说的一句话就能看出来,将军接到追击撤退普军的任务时说:"这些人已经够不幸了,让他们平静地离开吧。"[34]

但战争讲的是风险,道恩打算发挥无险而胜的本领。这项本领刚刚为他带来了一次漂亮的胜利。前一年,兵力占优的他不敢为了解救布拉格而攻击普军,而是逼近敌军,断其粮道,引诱敌军出击,然后在科林大败之。这一次连会战都没打一场,他应该孤注一掷,冒着普军及时反应过来、集结兵力迎击的风险,或者那位能立下不世之功的国王刚注意到奥军前进便突然转身,在奥军再次找到良好防御阵地前就发起进攻的风险出手吗?道恩对普鲁士国王分兵的做法——这该说是大胆还是愚蠢呢?——没有确切的了解。对信奉现代战略的人来说,道恩似乎行为迟钝,而且如果他有大将之风的话,那么即便从当时的战略原则来看,他必然会意识到决定性地击败普军的时机已经到来,须甘冒大险乃至投入全部筹码出击。当然,我们要不厌其烦地说,两极战略的本质就是根据具体情况选择谨慎机动或大胆会战,但只有非常了不起的人才能突然从一端转向另一端;道恩并非兼通两道之人,如果他一味进攻的话,那就自求多福吧!这一次在普军从奥尔米茨撤退时,进攻会让他大获全胜,但4周或6周前,要不是他老成持重,他就会为了解救奥尔米茨而攻击普军了。换句话说,他会正中腓特烈下怀,很可能遭到失败。为了正确评价一位统帅,我们不能只看一次孤立的行动,而必须从整体上考察他的品性,必须合理看待他的那些在一种情况下不利,在另一种情况下又为他带来成功的品性。

由于奥军没有追击,所以普军毫发无损地抵达了柯尼希格拉茨,而且令人吃惊的是,他们现在占据的阵地大体上就是3个月前奥军大营的位置。即便是现在,腓特烈已经把全部辎重翻山送回了西里西亚，他也愿意邀战道恩，但奥军总是将阵地设在腓特烈不愿冒险攻打的位置。玛丽亚·特雷莎写信给前线统帅说，他现在可以冒险开战了，有失败的风险也没关系，因为普军正要转身对付俄军，奥军一定要提前削弱普军。这句话是多么震撼，又是多么独具雄风啊！为了杀伤敌军，协助友军，玛丽亚·特雷莎愿意自己承担损失，而且可能损失比敌人还要大！有人可能会觉得双方必然会交手了，因为腓特烈当然同样渴望会战，付出巨大代价也在所不惜，以便抽出更多部队对付俄军。但在维也纳写下豪言壮语容易，在敌军面前做出英勇决断就难了，而且女皇将道恩誉为通过拖延行动挽救了祖国的当代法比乌斯，还为纪念他而铸造了印有"Cunctando vincere perge"字样（意为"他发扬了拖延制胜之道"）的硬币不是没有道理的。道恩收到女皇的信后无疑加快了脚步，还研究了普军的阵地位置，结果却发现普军阵地过于坚固。他也认为其他的一些做法不可取，比如率军来到野外向普军挑战。对腓特烈来说，时机似乎也不是非常有利。于是，双方在柯尼希格拉茨和纳霍德之间又兜了将近4周的圈子之后，腓特烈离开了波希米亚，转身对付俄军。

　　柯尼希格拉茨物资吃紧时（普军逼近时，奥军将利托米什尔仓库中剩下的物资付之一炬），国王命令士兵自己收割庄稼，自己给谷物脱粒，自己捡麦穗，然后送去烤炉。每个团每天都具体规定了上交谷物的数目。[35]

　　对腓特烈来说，波希米亚-摩拉维亚战役无疑是以战略失败告终，而且阿兴霍尔茨（Archenholtz）写道，国王自己的军官们都认为整场奥尔米茨行动是一个错误。要是他像1757年春天制定的原始方案中那样按兵不动，带领主力在劳西茨山区或下西里西亚等待奥军或俄军来到近前的平原地带，然后再出击，那岂非再妥当不过？

既然战役最终失败了，那么说干脆不打这场仗最好的事后诸葛之论在当时或现在都很容易说出口。哪怕浪费的资源和直接的伤亡不算太大，36 哪怕班师过程的顺利弥补了撤围奥尔米茨对士气的损害，但要是采取守势的话，普军根本不会有伤亡，而且腓特烈在曹恩道夫会战中的兵力也会更强。因此，腓特烈不实施摩拉维亚行动确实会更好。

客观因素就谈这些。但战略问题从来不是只靠客观因素就能解决的。统帅的主观认识也必须考虑。当道恩没能抓住普军撤退的机会时，我们的解释是道恩就是道恩；现在腓特烈也是同理，只不过方向反了过来。假如腓特烈在洛伊滕会战胜利后按兵不动，等待次年7月再看敌军来不来，那他就不是腓特烈了。他看到入侵摩拉维亚有机会取得正面战果，所以他不可能不去试试运气。维也纳最高战争委员会的一份证词写道，普鲁士国王"终究会通过机动迫使道恩接受会战，不管道恩布阵于何处，而我们知道普鲁士国王的机动水平一贯高于我军"。37 腓特烈难道应该因此从一开始就告诉自己道恩不会被拖入会战，而且由于奥尔米茨距离普鲁士边境只有37英里（约60千米），所以道恩肯定会切断围城部队的补给吗？毕竟，事情有可能不是这样发展的，而且普鲁士国王有不会放过一个机会的观念，事实上，归根到底正是这个观念让哪怕数量优势巨大的敌人也对他敬而远之。正是在这个时候，劳登（Loudon）给朋友写信说世界上几乎没有普鲁士国王办不到的事。38 前面讲道恩的时候说过，成功将腓特烈从奥尔米茨调动出来的是道恩，后来不懂得抓住腓特烈退兵时几乎穷途末路的机会的还是那个道恩；同理，就算胜率渺茫也要发动摩拉维亚战役的是腓特烈，凭借积极作风给敌人留下深刻印象，以至于他在战役失败时几乎毫发无损的也是那个腓特烈。

1758年8月25日的曹恩道夫会战也没有如腓特烈所愿一锤定音。俄军稳住了阵脚，沿着普军正面退走，腓特烈却不敢再次发起进攻。另外，俄军尽管放弃了诺伊马克（Neumark），却又去围攻科尔贝格（Kolberg）了。假如国王没有发起进攻，而是听从鲁蒂斯将军（General Ruits）的建议，抓住与大军分开的俄军辎重队，那么国王是有可能成功的。他在会战后确实尝试这样做了，还说了一句与他的其他言论矛盾的话，"那比会战要好"，但他的尝试失败了。曹恩道夫又打了一场虽无实质成果，却有士气方面的好处的会战：敌军一直处于害怕遭到攻击的恐惧中，于是意志陷入了瘫痪。

但当腓特烈过分依赖士气因素时，道恩却成功鼓起了勇气。1758年10月14日，他在霍基尔希（Hochkirch）向营地选址不慎的腓特烈发起进攻并大败之。腓特烈这一次亡羊补牢的办法也不是打赢另一场会战，而是精心规划，快速行军，令奥地利人无法利用和保住占领西里西亚、萨克森境内多处要塞的优势。

1759年

腓特烈在战争的第四年转变了战略，决定采取战略防御的方针；他其实在1757年就有过这样的考虑。他现在打算留在包括萨克森在内的国境之内，让敌军自己过来。我们知道1757年和1758年的两场宏大攻势分别在布拉格和奥尔米茨失败了，但之后的防守行动都成功了。腓特烈在1758年底写了一份备忘录，说失败的原因是奥军防守能力提高了。据说奥军已经凭借筑营术、行军战术和炮火成为防御大师。奥军布阵通常是两侧皆有依凭，周围由无数火炮支撑，部队排成三线：一线正面有缓坡，以便最大限度地发扬火力；二线在高处的战壕中，是战斗最激烈的位置，骑兵夹杂其中，只要来攻的敌人有动摇迹象便立即上前出击；三线的任务是增援敌军重点进攻的地段。火炮放在两侧，就像要塞的布置一样。骑兵在开战前夕发起进攻的做法仍然常见，但在这样的阵地和炮火面前似乎已经完全失去了可行性。现在，骑兵一开始会留在手里，等到最后的紧要关头和追击时再投入战斗。

  腓特烈现在寄希望于奥军因为要夺取西里西亚，迟早会被引到平原地带，从而带给他翘首企盼的进攻机会。谨慎的道恩没有这样做，于是腓特烈最后不再管他，试图去攻打诺伊马克城下的俄军。他尝试了3次：1758年8月25日在曹恩道夫，1759年7月23日在卡伊（Kay），1759年8月12日在库诺斯道夫（Kunersdorf）。1758年曹恩道夫会战的结果已经是不如人意；普军在之后的卡伊会战和库诺斯道夫会战更是彻底被击败。

库诺斯道夫会战[39]
（1759年8月12日）

  俄军和劳顿部布阵于奥得河右岸的法兰克福城下。腓特烈自南边来,从俄军身边走过,然后在俄军阵地以北渡过奥得河。由于俄军北边有低洼地掩护,他又绕了俄军一圈,以便从东南边包抄进攻。

普军计划纯粹从侧面进攻,起初取得了很大成效,俄军战线似乎注定要被席卷了。但攻势最终还是失败了,因为俄军正面的南侧也有多处池塘和溪流掩护,普军的进攻正面非常狭窄,尤其是1.3万名骑兵完全无法发挥作用。为免阵形分散,国王不愿意让左翼绕过正面障碍物进攻。于是,俄军一次又一次从没有受到攻击的半边战线投入有生力量,终于凭借数量优势打垮了普军。克劳塞维茨(10:99)有言"或许可以说,国王在这里掉进了他自己挖的斜线阵的陷阱里",总参谋部著作证实了这一点。

库诺斯道夫会战中的侧面进攻比洛伊滕会战时还要明确,因为普军将全部兵力展开于俄军东翼。两场会战中的兵力对比情况大致相同。令普军在洛伊滕取胜,而在库诺斯道夫落败的区别有四点:第一,洛伊滕会战中的奥军正面非常长,受到攻击的一翼无法得到未受攻击的一翼的支援;第二,库诺斯道夫会战中的俄军阵地要有利于防守得多,正面本身和正面前方都是如此;第三,俄军已经占据阵地8天,修建了工事和鹿角;第四,由于正面有屏障,俄方中军没有受到攻击,因此很容易增援受到攻击的一翼。

国王因此经常被人批评,尤其是拿破仑,批评他没有在库诺斯道夫动用更多兵力,毕全功于一役。总参谋部著作(10:84)罗列了他没有那样做的理由,却反而模糊了最重要的一点,即这些理由只有在腓特烈确实且必须依照消耗战略原则行动的假设下才适用成立。假如腓特烈愿意让事态发展到暂时放弃萨克森的地步,他本可以在卡伊会战中派亨利王子率军支援韦德尔（Wedel）。假如他愿意冒失去一部分西里西亚的风险，他本可以将富凯调至施冒特采芬（Schmottseifen），这样在库诺斯道夫决战时就能兵力大增。但总参谋部著作中最不能接受的一点（第85页）是，它说腓特烈不可能任由局势发展到让道恩有可能"带着大部队跟在自己后面"。事实上，这句话或许应该整个倒过来。如果道恩直接尾随腓特烈，他就会离开自己的坚固阵地，最终给普鲁士国王送上期盼已久的机会，也就是在野战中攻击奥军。俄军无法干预，因为他们还在奥得河对岸。这样一来，局势便类似于1815年的拿破仑，他当时希望在两天之内用同一支军队先后击败普军和英军。但腓特烈不能指望部队达成这样的功绩。曹恩道夫会战前的事件也应当这样来评判。

普鲁士挺过了库诺斯道夫会战的失败

我国考察七年战争时往往几乎只从腓特烈国王的功绩和战略角度出发。但我们也可以反过来说：七年战争真正的根本问题在于，腓特烈何以能在库诺斯道夫战败后存活下来？这个问题不能用敌人的无能、不团结、"愚蠢透顶"挽救了他来解答。萨尔特科夫（Soltikoff）和道恩绝非行事没有理由的无能之辈，这些理由值得我们去理解。

腓特烈国王预计敌军打赢会战并会师后会发起追击，攻打并消灭他的军队，占领柏林，从而结束战争。按照现代人的看法，这大概是理所当然的。维也纳最高战争委员会也是这样要求的。委员会致信道恩，要他切勿再让敌军脱离双眼与双手所及的范围，应奋力追击并彻底消灭敌军。但尽管普军遭遇惨败,达成这一任务也绝非易事,更非理所当然。腓特烈本人的证词不够可信。哪怕他确实相信万事皆休,希望退位并将最高统帅权交给芬克将军(General Finck),但那只是因为他碰巧是一个比诸如拿破仑这类人敏感得多的人,惨败给他留下的震恐印象不能作为评判局势和对手行动的客观准绳。

库诺斯道夫战场上的普军有近 5 万人。尽管会战当晚国王身边只剩下 1 万人,但大半部队其实保全了下来,而损失固然足够惨重,但也仅限于 1.9 万人和火炮。除了这些人外,国王还有亨利王子和富凯手下的两支部队,外面还有几股小部队,加起来约有 7 万人。因此,尽管普军遭受了骇人的失败和重大的损失,但可用之兵依然有很多,可战可走。会战后敌军没有直接发起追击,于是失散人员在之后几日里重新集结于战场 28 英里(约 45 千米)外的菲尔斯滕瓦尔德(Fürstenwalde)。这并非稀罕之事,因为我们知道追击在任何时代都是很难的,在当时的重要性很低,甚至普军也是如此,而且俄军和奥军在库诺斯道夫会战中也蒙受极大损失(1.7 万人)。[40]

如果他们过一段时间再恢复行动,那就必须攻打国王在施普雷河(Spree)后面的阵地,而且国王后面还有劳西茨山中亨利王子的部队。鉴于俄奥联军有极大的数量优势,因此攻打无疑是可行的,但前提是两军统帅同心同德,坚决果断。经验表明,盟友之间极难实施这种合作;不仅是将军们有不同意见,不同意见的背后更有巨大的利益分歧。对俄国人来说,针对普鲁士国王的战争只是一场外交战,他们没有任何承受无止境的风险和损失的内在驱动力。

他们不愿意为了奥地利人牺牲自己。而向腓特烈国王发起进攻总是有风险的。

萨尔特科夫有过他再也不愿意承担任何风险（总参谋部著作，11：82）、甚至不愿意与敌人再有半分瓜葛（总参谋部著作，10：305）的惊人之语。卡伊和库诺斯道夫两场会战的胜利已经让俄军精疲力竭，不再有大举行动的充沛士气，而如果俄军不配合，奥军本身尽管仍然具有数量优势，却还没有强大到能让奥军觉得继续进攻风险不大的地步。因此，道恩只是秉承了个人品性和从一开始拒绝重拳出击、速战速决时就设定的原则。虽然攻打腓特烈国王、攻打亨利王子或进军柏林的想法得到了反复考虑，但这些冒险行动最终还是被否决了。奥军统帅宣称，就是攻占柏林也不算真正的收获，因为奥军在物力耗竭的马尔克地区没有冬季营地可驻扎。因此，两位统帅同意先等待皇帝军占领普军撤出后的萨克森，夺取德累斯顿（事实上也做到了），继而占领西里西亚的冬季营地，攫取大捷的果实。

趁库诺斯道夫大捷之威彻底降服普鲁士的想法必须被视为另一种看法的对应物，即腓特烈国王应该将亨利王子的部队也调来攻打俄军。这两种行动都不符合那个时代的整体状况与思维框架。如果我们不要求腓特烈做其中的一件事，那也不能要求道恩做到另一件事。两人都没有做出不可理喻之事；相反，他们是按照自己的原则行事的，这些原则是我们已经知道的。在库诺斯道夫会战中被击败的不是普鲁士全军，而只是普鲁士的一半军队。联军现在利用大捷保住了萨克森和西里西亚，这已经是相当大的成就了，联军可以假定下一场战役就能迫使普鲁士屈服。

计划无法付诸行动，因为联军意见不统一，腓特烈国王则积极大胆地运用仅存的兵力,于是敌军最后退回了前一年占领的冬季营地,只保留了德累斯顿一城。不理解两极战略性质的现代理论家通常对机动评价不高。让他们研究一下普鲁士在霍基尔希会战失败后是如何通过机动保全下来的吧,库诺斯道夫会战后也一样。战后3周后,局势发展到了俄奥两军真的计划攻打国王军残部和柏林的地步,这时亨利王子没有从南方背刺联军,反而向南而去,远离联军,其目的是攻击联军交通线并夺取联军仓库。道恩立即折返,放弃了进军柏林的计划,俄奥两军再次远远隔开了。

现在夺取西里西亚的计划实施了,奥军主力正在萨克森。要想能留在西里西亚,俄军至少必须占领格洛高。但在俄军抵达这座要塞之前,腓特烈国王已经强行军赶到了一处让俄军必须先攻击他,然后才能展开围城的阵地。尽管俄军有很大数量优势(劳顿部还在),但他们无意挑起攻势,更不用说他们本来在同意征服西里西亚的整个计划时就不太情愿。对他们来说,西里西亚距离他们在维斯图拉河下游和东普鲁士的基地太远了。奥地利人把他们拉到这么远的地方主要不是为了议和时获得西里西亚,而是因为它对奥军行动来说距离最近、最方便,后勤也有保障。但俄国人觉得不仅让他们长途跋涉,还要让他们暴露于来自马尔克和波美拉尼亚的侧面攻击之下,这个要求实在是过分无理。他们认为前进这么远甚至可能丢掉东普鲁士。[41] 因此,萨尔特科夫从来没有认真对待奥地利提出的围攻格洛高的建议。要不是腓特烈国王最后鲁莽地派芬克插入奥军后方,导致芬克在马克森(Maxen)投降的话,那么库诺斯道夫战败的影响肯定就完全消除了。[42]

1759年秋,国王怀着最大的真诚反躬自省,他在想自己爱打决战的倾向是不是正道。他反思了瑞典国王查理十二的命运，写下了前文引述过的观察成果。他说，查理十二有很多次本来是可以少流血的：

> 非战不可的情况当然是有的，但只有当我方战胜得益大，战败代价小，当营中或行军中的敌军疏忽大意，或者当一场决定性胜利便可迫使敌方求和，我方才应该做出开战的决定。此外，大部分轻易被引入会战的将军肯定是因为不知道还有别的办法。这是才能平庸的迹象，而绝不值得褒奖。

他接着说没有智慧的勇气一无是处，而且从长远来看，思虑周全的头脑胜过不假思索的大胆。

因此，他从那时起不再想着与俄军交手，哪怕是在非常有利的条件下。他执拗地将注意力集中于寻找奥军破绽，但我们通过细致考察会发现在战争的前五年里，他在洛伊滕会战后其实只与奥军有过一场激战，那就是托尔高会战。之前在列格尼茨（Liegnitz）采取主动的不是他，而是敌军。

列格尼茨会战与托尔高会战

（1760年）

在维也纳政府的催促和女皇的命令下，道恩终于决心攻击普军了。奥军和俄军分别从两侧进入下西里西亚，中间现在只隔着一条奥得河。

腓特烈只有 3 万人，奥军有 9 万人。7.4 万名俄军被亨利王子的 3.7 万人拖住了。腓特烈自觉兵少不足以一战，只打算继续机动，保护布雷斯劳和施韦德尼茨两城不被围攻，就这样熬过夏天。就在这时，奥军的进攻计划挽救了他。在维也纳的催促下，道恩构思的方案不只是进攻战，更是一场歼灭战。奥军要趁夜三面合围，一举打垮国王的军队。普军自己也在夜里扑向劳顿指挥的 2.4 万人，在清晨时分奥军主力抵达前将其击退，于是这一路军再也不敢继续按计划完成行动了。因此，我们看到认为道恩完全不懂歼灭战思想的看法是绝对错误的。想打歼灭战容易，但道恩比谴责他的人更明白，对普鲁士国王实施这个方案是非常困难的。

列格尼茨会战的胜利让国王摆脱了眼前万分危急的形势。随着这一年走向终点，他再次试图通过一记重拳扭转命运，遂于 1760 年 11 月 3 日进攻托尔高阵地中的道恩。他无论如何都不得不试着从敌人手中夺回萨克森，而且好像是要为自己开脱似的。他在回忆录中告诉我们，他必须用这一战赌普鲁士的国运，因为他之前没能将道恩从托尔高阵地中调动出来。胜利付出的代价极大，成果却依然有限，因为奥军只后退了 3 天路程且继续控制着德累斯顿。

斜线阵的进一步发展

斜线阵可以理解为侧翼战法的一个子类，也就是按照当时的基本战术，以密集单一战线实施的侧翼战法。它只成功过一次，或者更合理地说，它只有一次是胜利的充分条件，那就是洛伊滕会战。腓特烈在洛伊滕会战之后只打过三场大规模阵地战，1758 年的曹恩道夫会战、1759年的库诺斯道夫会战两场是对付俄军的，还有一场是对付奥军，即1760年的托尔高会战。国王在洛伊滕会战后发展了自己的战法，不只是沿着敌军正面行进至敌军一翼发起侧面进攻，甚至会整个绕过敌军侧翼从后方进攻，如果敌军没有同样转向的话。但由于敌军转过来了，所以机动的目的就没有达到，事实上打成了正面战。在曹恩道夫会战中，双方甚至这样来回转了两次。

在库诺斯道夫，俄军侧翼——我们简直不知道该叫它左翼或是右翼——被完全围住，但由于国王谨守正面必须严密的原则，所以一大部分俄军并未遭到攻击。这部分俄军不断向遭到攻击的友军派出增援，最终磨尽了普军进攻的锐气。

在托尔高，腓特烈采用了一种全新的战法，我们仍可称之为侧翼战法的发展产物。他放弃了严密的正面，将大军分为两路，亲率一路沿着半圆形路线包抄位于北侧的奥军右翼，前后夹击奥军。这样做的难点在于，他不能确保前后两路同时发起进攻。他们既不能约定具体时刻，因为包抄行动的用时没有办法准确估计，又不能依赖会受到风力和天气影响的信号。国王率领的外侧纵队要走的路程不小于18英里（约29千米），还要途经森林。不管是国王进攻早了，还是齐滕进攻迟了，两路没有在同一时间出击。[43] 但仗还是打赢了，因为拉齐（Lascy）指挥的一大批奥军由于不确定齐滕会从何处进攻，于是一直留在左翼，令右翼孤军奋战。与国王一路交战已经深深震撼了奥军，现在齐滕又从另一面攻来，奥军再也顶不住了。

两年前（1758年6月23日），不伦瑞克公爵斐迪南（Ferdinand of Braunschweig）曾在克雷菲尔德（Crefeld）用完全相同的办法攻击法军,他将部队分为间隔很大的三路,其中一路是抄敌人的后路。尽管法军统帅克莱蒙王子兵力优势极大,处事却不够果断,没能亲率部队去迎击孤立的某一路敌军。他甚至在主力没有真正交手之前就下令撤退了。[44]

拿破仑严厉批评了克雷菲尔德和托尔高两场会战中的分进合击,说这种做法违背了战争艺术的所有法则。孤军是有可能被打败的。他还说托尔高会战是腓特烈唯一一场没有显示出天才的战斗。

而我们会发现拿破仑的判断完全可以反过来看,认为分进合击恰恰是创造精神,它让一种已经失去活力的传统作战样式得以回光返照,拿破仑的批评忽略了不同时代战术的区别。道恩在托尔高会战中趁着国王绕路包抄时攻击齐滕,这确实并非不可能做到,但道恩做出这一决策并迅速实施的概率不如腓特烈放手一搏的概率大。

1761—1762 年

尽管在列格尼茨和托尔高打了胜仗,但腓特烈在 1761 年的处境比库诺斯道夫会战和马克森会战后还要恶劣。

他无力再战;他让部队躲在野战工事后面 [博莱斯瓦维茨(Bunzelwitz)],逐渐丢掉了格拉茨(Glatz)、施韦德尼茨和科尔贝格要塞。诚然,奥军也到了强弩之末的地步,于是玛丽亚·特雷莎决定裁军(1761 年 12 月),她供养不起钱粮了。每个团裁掉两个连;军官半薪解职,在其他连找到空缺职位者除外。[45] 尽管如此,奥地利依然有信心赢得战争,而 1762 年 1 月 5 日女沙皇叶卡捷琳娜(Czarina Elizabeth)的驾崩彻底改变了局势。俄国不仅退出了与奥地利的同盟，还站到了普鲁士一边。

由于俄国转换阵营，腓特烈现在具有了数量优势。但他不再寻求决战，而是从一开始就以成功的机动为战役的基础。1761年底，奥军夺取了施韦德尼茨要塞，并以其为基础设立了西里西亚冬季营地。普军被推回了布雷斯劳。国王没有动用就是山这一侧集结的部队向奥军发起孤注一掷的进攻，而是派出一大批部队（1.6万人）去上西里西亚，通过包抄行动迫使道恩撤回施韦德尼茨后面。[46]

腓特烈试图将敌军引出阵地，一开始是通过攻打左翼的一处哨所，但被打退了。接着他又北出特鲁特诺夫山口，入侵并蹂躏了波希米亚。但道恩没有被冲昏头脑；他及时保住了位于布劳瑙（Braunau）的仓库，同时留守施韦德尼茨。入侵波希米亚本来很容易招来马克森会战那样的失败。

于是，腓特烈退出了波希米亚。这表明他绝不单纯是因为实力虚弱和不够果断才采取机动战的。

他将部队交给维德（Wied）指挥。维德之前一直在与奥军左翼周旋。经过连续3天的夜间行军，普军绕过施韦德尼茨后扑向奥军右翼，出其不意地袭击了位于比克斯多夫（Burkersdorf）和洛伊特曼斯多夫（Leutmansdorf）两地的哨所，它们与奥军主力距离约为2.5英里（约4千米），负责掩护主力侧面。奇袭取得了成功，尽管路途极为崎岖。道恩此时不得不远遁山中，普军终于能对施韦德尼茨展开围攻了。由于围城战一直延续到10月9日，所以它标志着战役的结束。腓特烈此举绝没有背叛自己的原则，而是他认为当时的形势可以让他免于风险和成本巨大的会战，于是便顺势而为。6年前，他为了夺取萨克森而开战，如今看来这个目标无论如何是达不成了。现在的问题只是维持现状罢了，不打会战似乎就有可能做到这一点。当然，会战胜利能加快最终的决断，但经历了那么多的腓特烈现在已经很靠近他的战略中的机动一端了，于是他放弃了在有利条件下打会战的机会。他早已放弃了普鲁士打仗必须"短促主动"的观念。

1778 年

普鲁士入侵波希米亚的路线几乎与 88 年后（1866 年）完全一样。腓特烈从西里西亚出纳霍德山口，亨利王子从北面的劳西茨山出发。1866 年，这次向心攻势引发了柯尼希格拉茨决战；1778 年，列阵于易北河上游和伊萨尔河（Isar）之后的奥军让普军陷入了僵持。1866 年的奥军也一度占据了同样的阵地。时代已经完全不同，战略也随之变化，这从事件的反差中就能看出来。1866 年，普军能够发动一场决战，结束了战争；战斗总共打了 7 天。1778 年，双方只是对峙观察和小规模推进，普军 3 个月后越过波希米亚边境的山地回去了，还将这场战役称作"马铃薯之战"，因为它依靠的是采收当时才大规模种植的马铃薯。与 1866 年一样，双方兵力大致相当。

国王统帅腓特烈留给后人的印象自然主要是，他不得不与兵力优势巨大的敌人交手，不仅稳住阵脚，还击败了对手。而为了理解他的战略，我们当然也必须考察那些他与敌军兵力相当或多于对方的战役，这些战役其实是占多数的。在他的 12 次战役中，他有 4 次（1741 年、1742 年、1756 年、1762 年）显著兵力占优，有三次半（1744年、1745年、1778年和1757年前半段）大致与敌军兵力相等，剩下的四次半（1757年后半段、1758年、1759年、1760年、1761年）中敌军兵力占优。

7 战略家腓特烈

尽管战术从文艺复兴至腓特烈大帝之间发生了深入乃至地动山摇般的变化，但战略原则还是原样。大纵深的密集步兵方阵变成了窄长的线阵；长矛兵和斧枪兵变成了火枪手；单打独斗的骑士变成了紧密团结的骑兵方队；稀少笨重的大炮变成了数不清的炮组。但将道在几百年间保持了同样的样貌。我们一次又一次见到同样的情形，见到在同样的动机下、以同样的方式做出的决策。双方很少直接向敌人扑过去决一胜负；双方或者自觉较弱的一方常常要寻找难攻不落的阵地；会战打响或者是因为一方认为时机有利，比如在敌方修好野战工事前发起进攻（1620年白山会战；1704年赫希施泰特会战），或者是围攻要塞时。1512年拉文纳会战、1634年讷德林根会战、1709年马尔普拉凯会战都是由此而起：较强的一方计划围攻要塞，对方为了阻挠围城而在附近占据有利位置，结果遭到攻击。科林会战与上述会战的区别只在于围城军往外走了一段距离去打援。反过来的情况也有，援军攻打兵力更强但忙着围城的敌军：1525年帕维亚会战、1706年都灵会战。七年战争多是围绕攻城守城展开的，如布拉格、奥尔米茨、德累斯顿、施韦德尼茨、布雷斯劳、屈斯特林（Küstrin）、尼斯、格拉茨、科瑟尔（Kosel）、科尔贝格、格洛高。查理五世与弗朗索瓦一世之间的争斗、三十年战争、路易十四的历次战争都是如此。在做出决策的方式上，古斯塔夫·阿道夫打布赖滕费尔德、吕岑会战的决定与腓特烈大帝打洛伊滕、托尔高会战的决定如出一辙。每一个时期、每一场战役、每一位统帅的决策都表现出了同样的个人素质，这是值得深思的。古斯塔夫·阿道夫在吕岑攻击瓦伦斯坦是不想让他在萨克森过冬，腓特烈在洛伊滕和托尔高攻击奥地利人分别是不能允许他们在西里西亚和萨克森过冬。尽管形势有类似之处，但也有相当的差别，因为腓特烈两次面临的危险都比瑞典国王大得多。另一方面，远征与灵活性为托尔斯滕松的战略赋予了别具一格的风味，但基本原则与古斯塔夫·阿道夫并无差别。甚至统帅个人的征战经历中都能找到令人印象深刻的相似点：欧根和腓特烈的最后一场大战都是损失惨重而战略价值有限，前者是马尔普拉凯会战，后者是托尔高会战，于是两人在之后的战役中再也不主动寻求决战了。用一个古已有之的典故来形容，马尔普拉凯会战是一场"皮洛士式的胜利"，托尔高会战也好不到哪里去。因此，从世界军事史的角度来看，我们应该提的问题不是腓特烈为什么在1760年以后如此靠近机动战一端，而是为什么明明有伟大统帅的成例在前，他仍然禁不住会战的激情。我们已经看到，是普鲁士军队素质的提升及其战术机动性最终引发了看似可行的斜线阵思想，同时让一位天才而大胆的统帅看到了发动决战的希望。

如果说会战本身最大的战术成果也是有限的，不能指望就此达成和议，但会战的附带好处却非常重要，令统帅无法忽视它们，甚至可以为了这些好处而保存兵力，回避大会战。在三十年战争中，绝大部分可用兵力都被用来把守无数座设防的城池，参加会战的兵力都很小。在欧根和马尔伯勒身上——腓特烈也一样——我们一次又一次见到决战有兵力缺席的现象，而从理想角度看，这些兵员本来是可以参加决战的。腓特烈在1748年的《战争原理》中阐述了一条原则，说同时受到多面进攻时，"必须将一个省份牺牲给一方敌人，同时集中全部力量猛攻其他敌人，迫使其参加决战，用尽全力击败之，然后再派兵去打别的敌人"。当他预料到的形势在1756年真正出现时，他却不愿牺牲一个省份，因此也没能集中全部"力量"。他在《战争原理》中还说："这种战争必然要求士兵大量行军，令士卒疲惫，由此会将军队毁掉。而且这种战争旷日持久，结局不会好看。"因此，他只是在一定程度上应用了后世理论中所说的"内线作战"原则。尽管他特别看重以会战决胜负，但他知道自己做不到真正的歼敌，因此保护本国省份和具体行动中的仓库对长期战争的意义并不小于会战。因此，当他又一次提到集结全部兵力于一处的理论观点时，那对他来说只是绝望中的最后手段，目的是光荣地死去。1761—1762年冬是形势危险到极点、外部支援完全断绝的关头。1762年1月9日，在收到女沙皇去世的消息前几天，他集中兵力的方案说给了弟弟亨利王子听，亨利答道，集中全部兵力于一处就是将别处的所有省份和仓库都牺牲给敌人。国王本人也是同样的想法，尽管他的基本原则是会战兵力要尽可能大，但他总是只用部分兵力打会战，因为还要有掩护部队。假如他不考虑防御因素的话，那么他原本可以将更多兵力投入到凯塞尔斯多夫、布拉格、曹恩道夫、库诺斯道夫的战场上。在他围攻奥尔米茨时,俄军进抵奥得河畔,威胁到了柏林。亨利王子想率领萨克森的部队与多纳伯爵部会合,与俄军作战,夺回莫拉瓦河流域。但保护萨克森对国王来说太重要了,于是该计划没有执行。同样的事情一再发生,表明这不是偶然失误,而是原则问题。集中全部兵力的做法容易被视为畏途,因为兵力越大,驾驭越困难。二三十个营一字排开,整齐前进的难度高到无可衡量。[1] 人们考虑的不是集中尽可能多的兵力,而是应不应该给军队规模定一个上限,加大兵力会不会成为最好不要的累赘。人们会思考最优兵力的大小,也就是一支军队正常应该有多少人。马基雅维利当年认为是2.5万人至3万人。他说,这么大的军队能够安居阵地而不至于被迫出战,因此能够拖垮兵力更大的军队,大军毕竟不能持久集结。[2] 蒂雷纳只想指挥兵力不太大(最多两三万人),但骑兵占到一半的军队。[3] 类似地,蒙泰库科利不想指挥3万人以上的部队。"会战斗智多于斗力,"他写道,"所以人多未必就是好。"过分庞大的军队是无用的。[4] 兵力上限后来有所增加。萨克森元帅说是4万。弗莱明(Fleming)写于1726年的《德意志军人全说》(*Der volkommene Deutsche Soldat*)第260页写道:"一支坚定守纪的四五万人的军队无不可为;说实话,它是有希望征服全世界的。兵力再多就是赘余,徒增麻烦和混乱。"半个世纪后,吉贝尔(Guibert)将上限加到了7万。[5] 甚至到了拿破仑时期,莫罗(Moreau)据说还讲过正常兵力是4万的话,圣西尔元帅(Marshal St. Cyr)则宣称统领10万以上的大军非人力可为。[6]

　　正常兵力的观念与集中全部兵力打会战的原则是南辕北辙的。

不靠兵多的话，会战怎么打赢呢？假设双方的能力和勇气相当的话？

克劳塞维茨后来强调的主旨是：最好的战略是兵力务多，首先是总体兵力，其次是投入决战的兵力。传统兵家绝没有将其视为理所当然的真理，以至于迪特里希·冯·比洛（Dietrich von Bülow）认为有必要专门论证数量优势的好处；这从避免被包抄的重要性就能自然得出来。"如果一方兵多且懂得如何妥善运用这一优势，那么敌军就算更精锐、更勇敢也是无济于事。"[7]

由于训练更精良，作战更积极，军国一体的普鲁士在每一个环节上都优于奥地利；同理，腓特烈的战略归根结底也优于道恩。普鲁士军队的机动素质更高，步兵开火更快，骑兵冲锋更猛，炮兵更灵活，行政制度也更可靠，从5个边境军区先后拓展到7个和9个。这一切都统合于一位身兼统帅之职的国王身上，他既不对更高的权力者负责，也不对高于自己的最高军事委员会负责，总能凭借大胆灵活夺取战略优势。

我们知道领袖能造成怎样的奇迹。但历史一次又一次地提醒我们，偶然这个完全盲目的、无法算计的因素扮演着极为重要的角色。偶然因素在本卷考察的时代中愈发重要，到腓特烈时代达到了顶点。特奥多尔·冯·伯恩哈迪（Theodor von Bernhardi）在《腓特烈大帝》（*Friedrich der Grosse als Feldherr*）取笑了腓特烈同时期那些视决战为偶然的人。他认为腓特烈国王与对手，以及他与亨利王子和不伦瑞克公爵斐迪南这些部下的标志性区别正在于此。但他忽略了一个事实：腓特烈本人参加会战时经常称之为碰运气，与同时期的所有其他将军别无二致。[8]这位作者还忽视了偶然因素在18世纪条件下对决策的影响程度比任何时代都大，不管是之前或之后。

为了发挥火器的威力，指挥官们将步兵线列拉得极窄极长。但窄长的线列非常脆弱，任何地形起伏障碍都能轻易打散扰乱，如山坡、沼泽、水沟、池塘、树林。此外，它们的侧面也是敏感部位。阵形的纵深越大，士兵转向侧面御敌就越容易。阵形越浅，则火力越强，但前进转向都越难。

因此，会战胜负主要取决于进攻方能否顺利实施包抄，并在良好秩序下将线列推到敌军阵前。此外，进攻方必须尽可能做到奇袭，否则敌军可能会组成新的正面。

这一切的成功与否很大程度上由地形决定，指挥官无法预先准确掌握，通常也不能彻底侦察清楚这个要素。若要借夜行之便，部队在黑暗中也难以找到正确方向。

普军对敌素质优势的一大基础就是凭借更大强度的训练、更优良的纪律，从而更容易克服上述困难。因此，腓特烈才敢说一旦侧面机动成功，3万人便可击败10万人。他在索尔和洛伊滕确实以这种方式击败了兵力优势极大的敌军。

然而，预测前提条件有利或不利到什么程度是不可能的。

奥军打输了霍图西采会战只是因为夜间行军耽搁了太长时间。成功的夜间行军则为普军带来了霍亨弗里德堡的胜利。

在凯塞尔斯多夫会战中，我们必须承认普军赶在奥军抵达前向萨克森军发起进攻是纯粹的运气好。

在罗布西茨会战中，奥军本来其实已经打赢了，只是布朗没有乘胜追击，反而趁夜撤军，普军这才免于覆灭。

布拉格会战时，道恩正在率军与主力会合的途中。战斗过程中，普埃夫拉（Puebla）率领的先头部队已经抵达战场，这支部队就在普军后方 7 英里（约 11 千米）的地方。部队有 9 000 人，在这场拉锯战中本来可能对普军发起决定性的一击。

在洛伊滕会战中，由于一连串山丘的存在，普鲁士军得以隐蔽迂回至奥地利军左翼，而之前的科林会战就没有这样的条件。

在曹恩道夫会战中，一支 1.3 万人的俄军已经到了战场以北两天路程的地方，本来有机会与俄军大部队会合。

假如应该从南侧大迂回俄军的冯·卡尼茨将军（General von Kanitz）纵队成功渡过爱希穆勒河（Eichemühlen-Fliess）的话，普鲁士原本有可能打赢卡伊会战。

在库诺斯道夫会战中，腓特烈顺利率全军杀入俄军侧面，但由于地势易守难攻，他只得将优势拱手放弃。地形问题是他没有预料到，也不可能预料到的。

在托尔高会战中，一切都取决于彼此完全隔离的国王部和齐滕部之间的配合；两军直到最后关头才配合上。

正是在这一点上，我们必须着手理解普鲁士国王特殊的了不起之处。读了兰克的《普鲁士史》(*Preussische Geschichte*)，利奥波德·冯·格拉赫将军（General Leopold von Gerlach）在 1852 年的日记（1∶791）中写道腓特烈的"战功常常小得不可思议，但也有光辉时刻"。格拉赫眼中小得不可思议的战功正是消耗战略的本质，而 19 世纪的军人已经不能理解消耗战略了。凡是在这样的背景下看待腓特烈的人都不免下批判的断语。如果一个人认为腓特烈根本上是信奉歼灭战略，那便踏上了完全错误的轨道；这样一来，除了极少数例外，腓特烈的形象必然是一个走一步看一步、不敢将自己的原则贯彻、得出结论并付诸实践的软弱者。只有将他视为消耗战略的信徒,我们才能充分认清腓特烈的伟大之处。如前所见,腓特烈对决战作用的评价与前人和时人并无不同。他完全是消耗战略的心态,但他在军事生涯的顶点非常靠近决战一端,因此有人会认为他是歼灭战略的代表人物和拿破仑的前身。他们以为这是给腓特烈套上了光环,其实对他大为不利。腓特烈的国家和军队中缺少遵行歼灭战略原则的若干必要条件,他在每一步都必然达不到歼灭战略的要求。如果我们认为他信奉歼灭战略,那就没有用适合他的标准去衡量他,于是即使最辉煌时刻的他也会显得渺小而局限。他的晚年生涯确实是走下坡路了。但放在正确的框架下,以消耗战略为基础来看待的话,我们会看到勃勃生气与神妙鬼才。如前所见,消耗战略的本质里有一种不可去除的主观成分;要我说,腓特烈的军事行动比世界军事史上的任何一位统帅都更具主观性,我相信这样说是合理的。他一再禁止手下将领召开军事会议,甚至在让多纳伯爵总领对俄作战时以死相威胁(1758年8月2日信)。他相信懦弱的一派总会在军事会议中占据上风。但他要求即使在局势不明时也要勇于冒险。军事会议懦弱正是因为太客观。如果可以用艺术来比拟的话,我们会想到十七八世纪是幻想如天马行空、任由主观心理驰骋的巴洛克和洛可可艺术的时代,古典艺术则局限于客观的格式。就此而论,我们不能说腓特烈是一位洛可可式的英雄,因为"洛可可"一词必然会带有雅致媚俗的味道,那与腓特烈是格格不入的。这个说法更适用于七年战争期间的法军统帅们。对腓特烈来说,上述比拟只适用于反对一种观点,即他的将道处处尽显严谨章法。这么说吧,他的决策完全出于个人意志,从来不受自然必然性的规定。他本来可以不在 1757 年大举入侵波希米亚，而是取守势，将主动权让给对手。他经常有本可以进攻，结果却没有进攻的情况，[9]而在罗布西茨、曹恩道夫、卡伊和库诺斯道夫，他本来也可以不主动出击的。理论上看，拿破仑的决策当然也可以说是这样；但从现实角度出发，拿破仑的决策是被一种内在法则决定的，决策的目标是法则的必然逻辑推论。算计过程中的主观性越强，决断的责任就越重，难度就越大。英雄本人并不认为自己的决断是理性算计的结果，而视为对命运的、对机会的挑战，我们前面已经看到了。他的决断往往会对自己不利。但如果他真的要通过危险的决断来彰显自己的伟岸，那么他就必须用失败不移志来证明自己。我们比较腓特烈和早他一代的欧根亲王就会发现，普鲁士国王的统帅生涯要跌宕起伏得多。欧根亲王的经历有一定的"黏性"，往往要经过多年才能达到巅峰；腓特烈则在一年内打了四场胜负交替的大战——布拉格、科林、罗斯巴赫、洛伊滕会战——而且走出败仗带给他的声誉比打胜仗还要大。毫无疑问，他在布拉格俘虏奥地利全军的企图是用力过猛，在科林向两倍于己的奥军发起进攻的做法也是极为鲁莽。但这种虽败犹胜的仗有着超出军事领域且几乎独立于军事领域的意义，那就是敌方统帅对他的深深敬畏。他明明经常露出破绽，可敌人为什么很少抓住有利机会呢？他们是不敢。他们以为他无所不能。如果说决胜须谨慎确实是两极战略的题中之意的话，这种谨慎在腓特烈的主要对手道恩身上已经达到了懦弱的地步，每当他知道自己在与腓特烈本人交手时都是如此。战争不是下棋，而是一场体力、智力、精神力的较量。即便是考察不伦瑞克公爵斐迪南与法军交战的经历，我们也会注意到，这位腓特烈思想的门徒比敌人优越的地方只是在战略上更加大胆,愿意承受敌军回避的风险。1759年,斐迪南以 6.7 万人对 10 万人;1760 年以 8.2 万人对 14 万人。决战的规模与血腥程度不及腓特烈对抗俄奥两国的主战场,但对战双方的区别是一样的。

以亲弟弟亨利王子为首,当时有一批人对国王大加批判,因为他造成了不必要的流血;他们说他的战争艺术总是以搏杀为要。吉贝尔认为(1772 年)他取胜靠的不是会战,而是行军。[10] 后人则宣称他的天才之处正在于他是同时代唯一一个认清了会战的本质并借此为自己赢得优势的人。其实,国王后来承认同时代批评他的人是对的。他宣称自己的弟弟亨利王子是唯一一名不曾犯错的指挥官;他在最后几场战役中放弃了会战原则;他在记述七年战争时说道恩的战法是正确的。我们也已经看到,七年战争的胜负不是由会战结果决定的。假如腓特烈没有先后打布拉格、科林、曹恩道夫、库诺斯道夫这四场会战,他本来更容易在战争中挺下来。但这是一种非常肤浅的见解。这几场仗确实可以不打,它们的缘起确实不是内在的客观必然性,而是个人判断,是统帅的主观心理。但罗斯巴赫会战和洛伊滕会战是绝对必要的,而且对决定打这两场仗的统帅看来,布拉格、科林、曹恩道夫、库诺斯道夫会战也是必须要打的,这是主观的必然性没错,但也是内在的必然性。科林战败后,亨利王子用"法厄同陨落了"这句话来讥讽他。假如普鲁士真的一蹶不振,假如国王没有找到振作的力量,那么亨利的比拟就是正确的。但因为他自身是有力量的,所以他不仅可以冒险驾车环绕太阳,他也必须这样做。假如他不与命运交手,他就不是他了。尽管从客观角度看,他在 1759 年之后采取的稳健防御战略更有利,但从内在来看，他不可能在发动七年战争时就采取这种战略。其实他在1757年本来考虑过采取守势，但当温特费尔德让他看到攻势有可能取得辉煌胜利时，这般灿烂前景便让他按捺不住了，事实上，他不可能按捺得住。我们必须从这个视角去理解他，也必须从这个视角去解读对他的种种矛盾评价。同时代的流俗之见只看到他英雄的一面，于是将他封神；同时代的专业人士对他大加鞭挞；后世军事史家无疑感觉时人的鞭挞是荒谬的，却被自己的认知引进错误的范畴，于是得出了无法可解的内在矛盾。

腓特烈在七年战争史著的导言中写道，他有时是在必然性的逼迫下寻求决战的。特奥多尔·冯·伯恩哈迪的观点恰恰相反，说必然性迫使国王回避会战。腓特烈百年之后，普鲁士总参谋部推出了一套全面详尽的腓特烈战史，可他们不再能理解他的战略，等到出版工作已经进行了很久，已经有多卷付梓时才发现整套书的根本出发点是错误的，难道还有比这更惊人的事吗？惊人固然是惊人，这却是事实，甚至并不违反常理。一门艺术的历史观察与实践状况常常会有这样的歧异。

对实践者来说，历史研究尽管有价值，但也是危险的，因为历史研究会让许多实践者眼中的绝对律令看起来只有相对的合理性，而为了在行动中有完全笃定的信念，实践者必须有这些绝对律令。只有精神极为强健之人才能综合两者。因此，我想要用布卢门塔尔元帅（Field Marshal Blumenthal）的观点来结束本章。他当然是歼灭战略最坚定的拥趸（1870年时，他从一开始就要求在围攻巴黎的同时大举进攻法国内地），而他有一次表示赞同我对腓特烈战略的看法，还说腓特烈的战略有复兴的可能。

BOOK IV
第四篇

The Period of National Armies
国民军时代

1　革命与入侵

七年战争结束后,欧洲政治格局陷入了僵化。打了7年大战,欧洲没有发生国界变化,列强关系也没有变化。列强已经意识到一国不可能击垮另一国。于是,各国努力以不诉诸武力的方式达成协议。第一次瓜分波兰是通过外交谈判进行的,剥夺了属于波兰的西普鲁士、加利西亚和东部边境的大片土地。政局如此,战略和整体交战状况也是如此。如前所见,腓特烈大帝在七年战争期间就愈发偏向机动战一端。他在七年战争的最后两场战役(1761年战役和1762年战役)和1778年的巴伐利亚继承战争中没有再打会战,尽管他在1762年占据数量优势,1778年兵力与敌方相当。军事理论也是一样,认为完全回避决战是可能的,而且之前就在各处发展的纯机动战法如今又得以完善。

1771年,法施(Fäsch)所著的《战争艺术的法则与原理》(*Regeln und Grundsätze der Kriegskunst*)(1:213)中引用了蒂尔潘·德克里塞(Turpin de Crissé)的一句话:"为将者绝不可让自己陷入不得不战的境地,也不应该打会战,除非在必要的情况下。但如果决心打会战，那就必须怀着少流血，而不是多流血的意图。"

萨克森上尉蒂尔克（Saxon Captain Tielcke）在1776年讲道，学问不仅改良了风俗，而且"战术越是臻于极致和完善，军官的见识和力量越强，会战乃至战争本身就越少发生"。[1]

曾在法军、普军、奥军、俄军供职的英国将军劳埃德编写了首部全面分析七年战争的著作。1780年，他写道：

> 明智的将军总是倾向于根据这些知识（对地势、工事修建方法、扎营方法、行军方法的了解）来运筹帷幄，而非任由事态发展到要靠难测的会战结果来决胜负的地步。懂得这些知识的人采取军事行动就像几何学一样精确，而且发动战争时总能避免陷入不得不会战的境地。[2]

劳埃德绝非庸碌无为之人。例如，他精彩地阐明了一个事实（1：320），即一切机动只有一个合理目的，那就是在一点集中多于敌人的火力。

吉贝尔伯爵是一位聪慧的法国兵学家，写过多部广为阅读的战术学著作。腓特烈国王对他真心倾慕，1773年时允许他观摩普军演习。据说他曾在1789年写过，大规模战争已经终结，今后再也不会有会战了。（不过，我没能找到出处。）

既然人们认为战争要依靠机动，于是就找起了机动战的原理、法则和方法。为了确定哪些位置易守难攻又方便运送补给，地理学研究展开了。特别有利的位置或要塞被称为国之锁钥。国家按照山川形势划分为若干"区域"，野战军在跨越山川前必须先在附近某处集结。战术与工事的样式法则也进入了战略领域。战斗中必须防备敌军从后方进攻的观念也被用到了战略中,而某些战略形势下恰恰是相反的观念才适用,也就是我军有可能在其他敌军还没来得及靠近并干预之前就击败一路敌军的形势下;而在战术层面,只要枪炮可以开火,从后方进攻总是有效的手段。既然居高临下在战斗中有利,[3]于是就得出了占据分水岭具有决定性意义的战略原则。一支军队在作战期间的补给来源地叫作基地,人们努力确定基地与作战行动应该是怎样的关系。离基地越近,补给越容易这条简单的真理被披上了学究气的数学公式的外衣。我方基地用一条线代表,从基地线上某点出发经过我军至敌军的线叫作"作战线";如果将我军与基地线的两端连起来,我们就得到了一个三角形。这是一条随意的规定,但当有人说一支军队与基地的距离不得超过一支(与基地构成的)三角形顶角不小于60度的军队与基地的距离时,这听起来好像就是一条很重要的道理了。

约翰·戈特弗里德·霍耶(Johann Gottfried Hoyer)的《战争艺术史》(*Geschichte der Kriegskunst*)(1797年)——顺便说一句,它是一部价值很高的历史著作——属于"科学与艺术史丛书"(Geschichte der Künste und Wissenschaften),被划分在"数学"条目下,这一事实反映了当时的心态。战争艺术被视为数学理论定律的实际应用。

上述思路的最后一支是迪特里希·海因里希·冯·比洛(Dietrich Heinrich von Bülow),他是后来获封登讷维茨伯爵的比洛将军(General Bülow von Dennewitz)的弟弟。他认为军事行动的目标不是敌军,而是敌军的仓库,由此得出了机动战略本质的终极结论。"因为仓库是军队的心脏，所以破坏仓库就能消灭集结起来的军队。"他相信，在敌军侧后方进行战略机动能够抵消对方用武器能取得的一切胜利。由于步兵的作用只是开火，火力线决定了一切，因此用不着再考虑身体和心理素质了，"因为娃娃也能射死巨人"。

尽管上述思想看似荒谬，但我们还是必须考虑其中的基本观念，纯粹的机动战略是前一个军事史时期的现实结果。另外，这些倾向于将万事万物体系化的作者们还是创造了几个非常实用、被军事理论家沿用至今的概念，比如"作战线"和"基地"。[4] 这套军事体系连同其提倡者已经失去了灵气，还产生出了萨尔登（Saldern）和陶恩齐恩（Tauentzien）这样的将军，前者在思考步兵一分钟应该走75步还是76步，后者在法国大革命战争期间（1793年）下令："梳辫子的人必须跟在穿燕尾服的人后面。佩剑必须高过臀部。戴假发时必须露出两绺真发。"

据霍耶称，[5] 普军在大革命战争中实现了从3排步兵线列到两排的进步，但在三年战争期间——尽管当时发生了大量战斗——普军连一场真正的会战都没打过。那时的人们很少会想到新时代的浪潮即将来临，这从前面引述的一批著作面世时新时代已经到来中就可见一斑，如霍耶的《战争艺术史》是1797年，比洛的《新军制神髓》（*Geist des neueren Kriegssystems*）是1799年。

普鲁士大王去世仅仅3年后，法国国内就爆发了大型运动，这场运动将逐渐席卷整个欧洲。革命胜利的决定性因素是军队从王室一边倒向了共和派。革命胜利进而不仅改变了法国军队的品格，战术和战略也依次有了变化，从而将战争艺术史带入了一个新时代。

法军在西班牙王位继承战争中的一再失败并未彻底动摇军队架构,而且在路易十五时期还取得了吞并洛林的重大对外成就。法国同时采取了两大举措:一方面要跃升为欧陆霸主;另一方面要与英国争夺美洲和印度的主导权。前者是通过与普鲁士结盟,后者即七年战争,与奥地利结盟。两次行动都失败了。法军规模庞大,装备精良,统兵者也不缺少个人层面的勇气和技艺。但七年战争中指挥法军的廷臣将军们没有能力发动战略所需的大决战。我认为可以这样说,研究七年战争西线的历次战役对研究法国大革命的起因是非常好的铺垫。[6] 这里讲的并非是战役暴露了统治阶级和高层人物的暴虐或渎职。尽管他们满脑子贵族思想,但朝廷和将领还是有足够的雅量将监军总管的重任交给了一位资产阶级文官、旅店老板的儿子杜韦尔内。尽管有人控诉他,他还是取得了很大的成就。但最高层到处都是才智平庸之人,军队指挥也受到权谋私斗的影响。

法军统帅经历的连番失败侵蚀了士气的脊梁——军纪。事实上,法军从来没有达到普军意义和方法上的军纪。普军那种严苛精准,日复一日,奉行不断的操练在法国是闻所未闻。法军军纪向来只能维持表面秩序,带领部队投入战斗而已。现在军队打完七年战争回国了,光荣没有多少,只有大量尖刻的嘲笑和自嘲,军队中已经剩不下多少权威了。战争大臣圣热尔曼大力重建军纪,仿效普鲁士,用没开刃的刀抽打的惩罚方式代替关禁闭。但军官和士兵都表示反对。尽管士兵主要招募自社会中的坏分子,但他们也不愿意遭受鞭打;军官则不愿意使用自己不赞同的手段。因为当时法国文学中散发出的人文精神也影响到了法国贵族,不仅士兵军纪废弛,军官中也是如此。重建严格军纪必须要自上而下地贯彻,必须像普鲁士那样对士兵和军官一视同仁。这靠战争大臣下令和援引普鲁士军队的光辉范例可是做不到的。

1758年,圣热尔曼写信给监军总管杜韦尔内:"服从是团结人民、建立社会和谐的纽带;没有服从,则万事失序,混乱与灾难接踵而至。"但正如纪律会产生威势,威势也是建立纪律的一个因素。波旁王室已经失去了威势,而随着圣热尔曼强化纪律的努力归于失败,弊病反而更强,激发和强化了反抗的精神。尽管路易十四的绝对专制确实约束了封建贵族固有的桀骜不驯,却并未完全消除之。随着王权衰弱并遭到质疑,反抗精神焕发新生,与民主精神携手共进,甚至将军官都拉到了反抗运动一边。于是,王室在1789年没有可用于镇压群众运动的兵力,公权力随之落入国民会议(National Assembly)之手,后者为国家制定了一部新的宪法。

根据新宪法,军队维持原有的募兵制。国民议会几乎一致认为义务兵役制是暴政并加以否决。由于宪法基于分权原则,所以军队依然由行政机关掌握,也就是由国王掌握。此举是理论的要求,但理论往往不符合实际。有人说国王担任军队首长对新生的自由极其危险,因此他的行政权被多方限制。他只能任命一部分军官,其余军官由一套复杂的年资加选举的制度产生。除了不得超过1 800人的禁卫军以外,国王不得在国民议会会场方圆37英里(约60千米)以内驻军。外国人团要解散。常备军以外要设立另一支武装力量,即名为"国民卫队"的民兵组织。国民卫队不受国王调遣,而由人民选举产生的市长控制。国民卫队的兵力极为庞大,因为所有成年选民名义上都属于这支部队。

但由于舆论反弹,国王无疑会再次掌权,假如没有外战掺和国内运动的话。

尽管有种种政治与民族分野，但针对法国大革命这样的运动，欧洲依然算得上一个团结的整体，甚至在法国国境之外也必然会产生强烈的反响。说各国国王联合起来扼杀新生的自由法国当然是不正确的，但他们确实企图通过威胁施加压力，保护群聚于边境的流亡者，而且对阿尔萨斯境内德意志领主尚存的封建权利没有报以同情。这一切都被法国民主派拿来作为向弗朗茨皇帝宣战的理由，他们指望着宣战不仅能振奋国民精神，还能实现法国吞并比利时的长久野心。但奥地利得到了普鲁士的帮助，后者放弃了腓特烈的政策，与奥地利联手对抗法国的社会动乱，以为这样能开辟通往权力与征服的新路。

革命让法国军队陷入了无力行动的涣散状态。随着革命的发展，运动初期支持反抗的军官团完全失去了立足之地。大部分军官无法适应新观念和新状况，也抛下部队出国了。

法军入侵了几乎不设防的比利时，但刚看到敌人就溃散了，他们以为遭到背叛，还杀死了军官。在奥军和普军抵达前，法国有3个多月未采取任何军事行动。与此同时，征召的国民卫队一定程度上充实了正规军，但这些民兵营大多毫无用处。尽管如此，法军还是顶住了。不伦瑞克公爵统领的普军加上辅助部队有8.2万人；奥地利刚刚结束了一场与土耳其的战争，在比利时的兵力还很薄弱，只有4万人左右。但普奥两国入侵的预期是大批法国民众忠于王室，会将德意志部队当作解放者欢迎。事实证明，这完全是幻想。普军夺取隆维（Longwy）和凡尔登（Verdun）后，法军统帅迪穆里埃在阿尔贡地区（Argonne）后面布置防御阵地，甚至被普军团团包围也坚守不退。迪穆里埃有6万人，普军第一天有3万人，第二天有4.6万人，余部用来防备身后尚未夺取的法军要塞[色当（Sedan）、蒂永维尔（Diedenhofen）和梅斯（Metz）]。普军的问题是要不要在背对敌境的情况下冒险打会战，一旦战败就会被歼灭。而且即便打赢了，考虑民众的敌对心理，普军也不可能向巴黎推进。当然，法军没有进攻的能力，但他们人数更多，还有大批火炮。迪穆里埃明察局势，表现出了值得高度赞扬的果断，决定严守不动。双方进行了一轮死伤合计不超过200人的火炮对射后（1792年9月20日），普军决定放弃进攻，终于决定班师。

换作腓特烈，他会在瓦尔米（Valmy）发动进攻吗？如果我们想到他在科林、洛伊滕、曹恩道夫、库诺斯道夫和托尔高的大胆进攻，那么或许会给出肯定的答案。但如果想到他总是告诫不要深入敌境太远——他称之为"尖端"——而从波希米亚推进到布德韦斯对他来说已经算是"尖端"，再加上他从来没有认真考虑过威胁维也纳，那么回答时可能就会有所犹疑，不会将普军退兵的决策归因于并无事实依据可言的主观将道。

我们或许可以反过来问：这一决策，或者说犹豫不决的基础真的是扭曲的理论，也就是不流血战争的观念吗？这种观念可能有一定的心理影响，但不能视为决定性因素。关键点是普军意识到反抗的强度远远超出了预期；本来指望法国人民支持，结果泡了汤，而且入侵军队的兵力不足以实施进军巴黎这样的宏大行动，就连腓特烈也会是同样的看法。

入侵失败了。法国打退入侵靠的不是革命的资源，不是征召民兵，而主要是旧王军的残余，特别是他们的物质资源——要塞和火炮。尽管旧王军因为革命而陷入混乱，实力削弱，而少数志愿兵和辅助兵编成的营只是杯水车薪，但普奥联军的攻势也远远弱于当年欧根与马尔伯勒合起来的力量。因此，1792年战役的战略结局是双方实力的自然结果，不应批判苛责或发个人感慨。

2　革命军

直到入侵已经被击退,法国才逐渐形成基于新政治理念和新状况的新军事体系。

首先,之前已经有志愿兵营加强传统的佣兵军队。他们在击退侵略军的战斗中表现不佳。但普军撤退后,杜穆里埃在比利时转向奥军时已经接收了大批志愿兵援军,以至于他在蒙斯附近的热马普（Jemappes）能够以3倍优势兵力和大量火炮攻打不到1.4万名的奥军士兵（1792年11月6日）。但法军顶着火力推进时非常凌乱,一开始还被奥军击退,但他们的兵力优势太大,奥军无力利用战果。奥军最后撤出战场,不得不将整个比利时都丢给了法国。[1]

反击在4个月后到来了。1793年3月18日,法军在内尔温登被奥军击败,退回了边界。但与此同时,国民公会（National Convention）早于2月24日决定将志愿招兵改为强制征兵,首批征召30万人。兵员由各地自选或抽签决定。因此,这部法律很接近义务兵役制,但遭到大部分法国人民的反对并遭到否决。国王被处死时,旺代（Vendée）风平浪静。但现在农家子弟要为反宗教的共和国打仗,于是整个乡村都起来举事了,外省大城里昂、马赛、波尔多闻风而动,83省中有60个随之而起。只有巴黎所在的塞纳河盆地和战区对国民公会保持忠诚。奥地利、英国、普鲁士、皮埃蒙特、西班牙军队自外犯境的同时,一场残酷到骇人听闻的内战席卷了法国腹地。尽管如此,因为对手内部不和,共和国顶住了外敌;由于1791年和1792年由志愿兵组成的民主化军队依然效忠,共和国打赢了内战。春季四处招兵之后,法国在夏季顺利推行了理论上的普遍兵役制(levée en masse)(1793年8月23日)。全体18岁至25岁的未婚适役男子均应征入伍,不得找人代替。于是,据欧马勒公爵估计,法军战斗员数目在1794年1月1日增长到了77万人,当然肯定没有传闻中说的百万大军,其中约有50万部队对付外敌。[2]

　　这让法军具有了远超旧列强佣兵军队的兵力优势。法军在1793年9月8日的翁斯科特会战(hondschooten)和1793年10月16日的瓦蒂尼会战(Wattignies)都占据数量优势,分别是5万对1.5万和4.5万对1.8万。但他们没能赢得真正的优势,因为实施恐怖政策的政府无力维持人群秩序。9 000名旧军官中有三分之二(约6 000人)离开了军队;只有屈斯蒂纳(Custine)、博阿尔内(Beauharnais)和比龙(Biron)3名将军留了下来,而且都上了断头台。因此,法军必须自下而上地形成一支新军官队伍。国民公会长期对旧王军满怀疑窦,所以不愿意放弃独立的志愿兵营,为建立新军官团平添了困难。曾拿下美因茨的屈斯蒂纳将军按照当时的惯例威胁要枪毙逃兵、哗变者和煽动者时遭到了战争部长布绍特(Bouchotte)的批评,因为自由人下令的效果不能用恐惧来保障，而要通过同胞兄弟之间的信任来达成。屈斯蒂纳答道，自己是一名优秀的共和主义者，不会把一个傻瓜奉为神灵，哪怕那个人是部长。于是，屈斯蒂纳就上了断头台。不过，曾任上尉并于1793年8月被公共安全委员会征辟为战争部长的卡诺（Carnot）议员整合了旧式线列步兵团与志愿兵营，重建了一支堪用的军官团，而且成功对无序、浪费、贪污行为进行了一定的约束。完全无用的兵员再次被遣散。在开战后的第三年（1794年），战争本身让法国形成了一套新的军事体系。在其过渡时期种种对立的特征和现象同时存在。埃利将军（General Elie）曾说，新编营上战场时高喊着"共和国万岁""山岳派万岁""必胜"，但子弹刚飞过来，口号就成了"我们输啦"，敌军进攻时又成了"自己逃命吧"。掌管战争部后，卡诺不得不将2.3万名军官解职，因为留在军中的大部分人都是奔着当官去的，不想当兵。但另一方面，革命军在少数指挥得力的情况下打得很好，甚至在1793年也一样，土伦围城战就是一个例子，围城军司令是良将迪戈米耶将军（General Dugommier），国民公会派来的政委是愤世嫉俗但勇猛积极的巴拉斯（Barras），炮兵主官是波拿巴少尉。[3] 旺代内战的情况非常类似，举事的农民军和共和国的国民卫队都一样。冯·博古斯拉夫斯基将军（General von Boguslawski）写过一本很好的相关著作（柏林，1894年），书中全面可靠地介绍了征召民兵取得了哪些成就，又有哪些事是做不到的。

　　随着战争的拉长，法军的弱点逐渐被克服，稳定的编制重新出现，但这些单位还是反映了革命的精神。

　　1796年，时任中尉，后升任将军的萨克森军人蒂尔曼（Thielmann）就从大革命战争前线写信给国内说道："正在与我们交战的大国很快就会为我们规定战争的法则，掌握和平的进程了。我们对这个国家唯有钦佩而已。我昨天俘虏了一名骠骑兵军官，他举止高贵，我们中间恐怕没有一个人像他一样。"[4] 1808 年，他在一份备忘录中记载道："德意志士兵比法国士兵更信宗教，但法国人更守道德，因为荣誉原则对法国人的影响要比对德意志人不知道高到哪里去了。"

新军的民主化还带来了一项特殊的优势，那就是军官的要求降低了。辎重队的规模得以大幅缩减，因为军官现在只允许携带必要的行李。毫无疑问，文献中对下至中尉的旧军官带上战场的细软有所夸大，但当官兵差距缩小时，军官在明面上的奢侈品自然不能比士兵高出太多。一名普鲁士中尉配一匹坐骑和一匹驮马，[5] 上尉有 3 匹到 5 匹驮马，而且部队后面跟着一大堆超编车辆是常有的事。当然，普鲁士有人说法国军官用不着那么多器物，因为法国军官的社会阶层其实与士官无异，而普鲁士军官可是贵族，如果与普通士兵等量齐观，他们会觉得受到了侮辱和折杀，跌份。[6]

不仅是军官，法国士兵在保卫祖国时也必须忍受传统佣兵不可能忍受的匮乏之苦。军队取消了帐篷，士兵露宿野外，而每个普鲁士步兵团后面都会跟着至少 60 匹运帐篷的驮马。[7]

新军制也带来了新战术。

尽管有些许差别，但 18 世纪军队基本都是由职业军人构成的，一面是遵循传统骑士荣誉和忠诚观念的军官，一面是大体上麻木不仁的士卒。军纪将他们铸造成紧密的战术单元，组织越紧密，声望就越高。最理想的类型是 3 排齐射线列。共和国新军不再是为主子效力的佣兵,而是充盈着一种特殊的观念,一种崇尚自由、平等、保卫祖国的新世界观。这些思想丝毫没有因起初的志愿从军被法定兵役取代一事而失去力量,反而产生了一种根本上不同于旧式雇佣兵,并能练成卓越精兵的可造之材。但在这个过程中,我们应该记住甚至大革命前的法国团就已经具备了一定的民族精神。当然,这种精神还没有军事上的威力,事实上在大革命期间甚至导致了军纪糜烂和旧军队瓦解,但它接下来导向了新的共和精神,推动了转折的进程。新战术也是如此。[8]

一开始,共和国新军自然试图采用传统的阵形,但达不到要求。他们缺少线列推进和齐射开火所需的纪律和操练。既然士兵不可能排成线列行动,于是就编成了大纵深的纵队,纵队前方和两侧有挑选出来的枪法好的人提供火力,甚至会有整个的散兵单位。

这不是一种全新的战法。不仅克罗地亚兵和潘都尔兵在与腓特烈大帝交战时惯用散兵战法且取得了巨大成功,普鲁士也出于同样目的组建了独立营。法军早在奥地利继承战争中就已经将独立的轻步兵连加入到线列步兵团。但这些单位的主要用途不是在战斗中支援线列步兵,而是执行不太适合正规步兵的次要作战任务——侦察、巡逻、劫掠。在美国独立战争中,民兵击败了英国正规军,这方面他们的经验要更进一步。美军在火绳枪兵以外组建了专门的轻步兵营,燧发枪营,而且每个连都有一定士兵装备来复枪。发明于15世纪的有膛线的枪(Büchse)优点是精度高,滑膛枪的好处则是装填快;两者的区别类似于弓和弩的区别(第3卷)。但许多理论家认为装填速度更重要,因为认真瞄准在激烈的战斗中本来就不是常事,而且随便打出的几发滑膛枪弹的威力也要比用心瞄准的一发来复枪弹更大，尤其是前者采用密集阵形的情况下。

　　法国革命军的散兵后面是作为后备力量和决胜冲锋力量的纵队。散兵战法有先驱者，大革命战争中的纵队战术也一样。但前者诞生于实践，后者则起源于理论。为了增强火力，步兵战术的发展历程导致阵形不断变浅。但浅线列不仅是为了射击，也是为了最后的冲锋。由于行进间开火难度大，所以普军有时甚至有不开火直接冲锋的计划。这种做法很快就被放弃了。但有理论家指出深纵队的冲锋威力不可与浅线列同日而语，尤其是法国人福拉尔。纵队必然会突入线列并将其击溃。甚至有人主张重新为纵队配备长矛，取代装有刺刀的枪。沙恩霍斯特的长官兼导师利珀伯爵（Count Lippe）是这种观点的代表人物，沙恩霍斯特年轻时也表示赞同（1784 年）。[9] 1778 年的一次由当时最有才干的法军将领之一，布罗伊公爵指挥的法军演习也是先火力准备、后纵队冲锋的做法，预示了新的战法。[10] 事实上，早在七年战争中的贝尔根会战（battle of Bergen）（1759 年 4 月 13 日）中，布罗伊手下的步兵就已经这样做过了。在七年战争到法国大革命战争之间的一整代人的时间里发生了一场围绕线列与纵队优劣的论战。尽管线列一方总体上占据上风，但 1791 年的法军操练条令——当时已经是大革命期间了，但革命精神尚未触及条令——除线列以外还给出了几种纵队阵法，包括在中军后面布置一个营的纵队。条令本身没有从中得出任何进一步的结论；条令完全是按照线列战术的精神起草的。纵队似乎只是流于表面，并未有机地融入步兵战法。[11] 但革命军在实践中抛弃了自己不赞同的长线列。革命军采用了虽不严整却仍然实用的纵队阵形，手段是加入了早已存在、但如今得到大力加强的散兵。纵队不仅有冲锋威力大的优势，而且行动灵活性远胜于长线列,能够轻松找到敌人看不见、敌炮打不到的掩护物。

我们可能会说,新战法的特点是融合了原有的线列步兵战术和轻步兵战术,并从理论中吸纳了纵队。但这就引出了一种错误的看法,即新战法是有意识的创新。与国家制度不同,战法在文献中全无有意识创新的迹象,而只有对传统作战样式的去粗取精。于是,一种全新的战法形成了,而其中每一个元素都能找到相关联的既有传统。[12]

甚至在军纪恢复,紧密阵形重新出现时,法军也没有出现新的编制体系。拿破仑没有发布新的操练条令;法军才真正按照1791年条令那样来训练,这些条令一直延续到1831年。因此,大革命在战术领域不仅与传统直接相关,甚至在发展过程中寻回了某些失落的传统。军纪尤其是如此。大革命时期几乎所有升到顶层的法国将军(莫罗是一个显著的例外)在革命前就已经参军了,大部分与拿破仑一样是青年中尉。即使在革命的迷乱漩涡中,操练源于军纪、军纪决定战斗力的观念也保留了下来。新晋将军们刚刚重新控制住军队,便大力严格执行了这一思路。1797年和约缔结后,波拿巴马上下令研究条令,并规定早晨进行单兵操练,傍晚营操,每周例行团操。他在视察过程中不仅热情极高,而且"像营务长一样一丝不苟"。[13]当上军长后,他不许新兵直接入团,必须要身心两方面都适于军队之后才可以。[14]

拿破仑有一道关于黑人士兵入伍的命令,以一种奇特的方式证明了法国新军中新与旧、军国主义与民族精神之间的融合。他当时身处埃及,与本国断了联系,兵士日渐稀少,于是他给德塞将军（General Desaix）写了一封信（1799年6月22日）："将军公民，我希望购买2 000名或3 000名16岁以上的黑人，每营插入约100人。"

只要散兵还仅仅是辅助，那么散兵跑得太远、导致统帅手中没有足够兵力发起突击的危险就永远存在。因此，军队重建秩序后就着手限制散兵作战。散兵、线列、纵队并行不悖，根据需要交替运用。因此，与某些人的设想不同，新旧战术的根本差异在外人眼中并非显而易见，当时的人也几乎没有意识到眼前发生的变化，尤其是法国人自己。我们从一批文献中都会发现，人们很少投入脑力去系统性地发展新阵法。散兵战法当然要求训练枪法，但枪法训练在现实中的比例很小，以至于到了1800年翻越大圣伯纳山口（Great St. Bernhard Pass）前几日，波拿巴的总参谋长贝尔蒂埃（Berthier）还不得不下令："自明日起，全体士兵都要进行几轮实弹射击，要学习掌握正确的持枪瞄准方法，还要掌握装填方法。"同年（1800年），前面提到过的霍耶的绝妙著作《战争艺术史》在德意志问世。作者问道："（1792年以来的）这场战争果真对战争艺术有所促进吗？"回答是："我们不可能给出不加限定的肯定答复。"（2：891）作者接着列举了几条：用炮增多；山地战中适当的散兵运用；侦察气球的使用。"因此可以说，与任何一场战争一样，这场战争发展了战争艺术，但绝没有让战术发生天翻地覆的变化。"他有一段话谈到了旺代战争中的散兵。他认为纵队只是乌合之众，这一观点表面上看确实是正确的。他认为（第1017页）："这场战争中的野战工事比过去任何一场战争出现得都要频繁。"他在另一段（第1卷前言）中提到了火枪的进步、火药的强化、之前就有的早期光学信号机。最后（第886页），他还认为革命军中打胜仗的将军是那些知道(旧法军将领早已发现并录入战争部档案中的)边境要地、会看地图、会利用地图的人。

纵观这一段发展历程，我们会发现大革命时代的军事史意义根本不在于火枪和火药的改进；这些进步微不足道，甚至可以说腓特烈与拿破仑打仗用的是同一种枪。此外，气球观测在当时取得的成就最多可以用"有点意思"来形容。没有人认为大革命战争的重要特点是野战工事，或者将革命军将领的胜利归功于他们懂得如何从地图中发现以前的将军们找到的要地。在我们看来，唯一的决定性因素就是新的军队组织形式，它首先带来了一套新战术，进而诞生了新战略。受过专业训练的明智之士霍耶只在山地战和旺代战争中发现了新战术，对新战略则是一无所知。

随着全面战争的临近，法国想请不伦瑞克公爵斐迪南担任全国总司令，此人后来领导过反法同盟军并于1806年在奥尔施塔特（Auerstädt）被击败。腓特烈曾极为看重这位勇猛的公爵，以至于他被誉为当世第一名将。正如哥特人将王冠献给敌军统帅贝利撒留的幼稚计划证明哥特武士毫无政治观念，[15]法国人的想法也证明他们丝毫不知本国的革命即将带来一个全新的军事纪元。

新战法的伤亡比线列战术小得多，后者的密集阵形或会招来葡萄弹，后者在齐射中会导致两败俱伤。当时已经有人注意到了这一点。1802年，沙恩霍斯特在给一本法国书的书评里提出，[16]大革命战争中少有高级将领阵亡。七年战争中的普军完全是另一番光景。在战争的前几年，这支规模非常小的军队就失去了什未林和基斯两名元帅以及温特费尔德等几位名气最大、资历最老的将军。另外，七年战争中一场会战（例如布拉格会战、曹恩道夫会战、库诺斯道夫会战、托尔高会战）的阵亡人数就比大革命战争中的一场战役（包括4场到10场会战）还要多，甚至包括波拿巴的意大利战役。

据我回忆，甚至在1813年，普军也只有沙恩霍斯特一名将军阵亡。但拿破仑战争中总体的伤亡数量是再次大大提升了。[17]

旧列强只把法国的新战法当作退化，而且是有意识地排斥。1796年10月，当时波拿巴已经打赢了意大利战役，但茹尔当（Jourdan）和莫罗被迫撤出德意志，奥军次帅兼军需总监马克（Mack）起草了一份历数旧战法优点的备忘录。他说奥军在地势不平、无法以密集正面进攻的弗兰德斯同样惯于"散兵进攻"。另外，只要步兵在前进过程中因战况激烈而保持不住原本的阵形，他们用不着下令就会自动变成散兵。作者反对这种错误的做法，因为它会削弱进攻造成的压力，会抵消出其不意的初始优势，而且一旦敌军骑兵现身，沉醉在胜利中的散乱队伍必败无疑。马克接着又说：

> 一支训练有素且坚定的正规步兵，如果以密集的正面、精准的步伐勇敢地前进，再加上火炮掩护，那么散兵是挡不住它的。因此，步兵绝不能因为零散或分段射击而拖慢脚步，一定要尽可能快地直接向敌人发起冲锋，而且要一直尽可能保持队形。这种战法是避免流血的正道；开枪也好，散兵也好，都只会徒增伤亡而不能决定胜负。

普鲁士自然也是类似的想法。有一份大概写于1800年的备忘录清楚地表明了这一点，1856年发表于冯·弗兰泽基将军（General von Fransecky）写的一本关于格奈森瑙的著作中（《军事周刊》附录第63页），内容如下：

> 散兵是一切战法中最自然的一种。换句话说，它最贴近人活下去的本能。不能像某些人试图证明的那样推出，散兵是目标最明确的一种战法。战争本身当然不是人的本性；贴近本性就是远离战争，战争艺术的目标绝不是贴近本性。有一句话讲得再贴切不过："坦诚地说，散兵身上有我们所有人体内潜藏的天生痞子气，必须努力压抑住。"我们身边有很多嘈杂的反对声。有人向我们高喊，法国军队的巨大成就！法国散兵作风大胆；意大利战斗中的密集纵队进攻！这一切难道不是证明了相反的结论吗？我们要冷静地回答：我们不会这样做。不管我们多么尊重经验，但类似的一般性实例还是太少，不足以动摇我们健康的判断力。但这给了我们一个教训：一个习惯了总被保护的人，当他失去保护，直面危险时会害怕。不过，为了回应这些声浪，我们还是应该试着澄清其中的混淆。对于那些向我们高呼法军战功的人，我们要提醒他们的是：法国散兵在1793年打了进去，又在1794年退了出来，1799年打进去，1800年退出来，他们当初怎么打进施瓦本的，后来就是怎么撤出施瓦本的。这些事本来不值一提，但看见那些不再考虑或者不愿意考虑这些事实的人，我还是要提一提。我们对法国散兵的勇猛有如下评论，如果那是真勇猛的话。每一种危险都对应着一种勇敢。令荷兰人无法

理解的是，怎么会有人把性命托付给未驯的野马，却能在风暴肆虐的大洋上镇定自若。习惯了站在队列中的人当然不会像法国散兵那样在要塞炮火下匍匐前进；他会特别害怕被俘，害怕被骑兵击杀踩踏。反过来看，一名失去了惯常的栅栏、战壕、单兵掩体等屏护的散兵脑子里也只会想到逃跑和寻找掩体。

这两种不勇敢源于各自对某种危险的陌生，本身还不足以证明前述观点，即散兵作战会从整体上削弱勇气，或者削弱无畏的精神。为了证明这个观点，我们要给出下列内容。如果说散兵变得越来越勇敢了，那是因为他意识到危险没有以前自己认为的那样大，而且他每天都会变得更机诈，更有手段。因此，他并不是更无畏了，而只是学会了如何娴熟地对抗危险。而在散兵不能对抗危险，只能无畏地直面危险时，我们就会看到他们天生的痞子气滋长得是多么大。

最后，对于法军在意大利以大无畏的精神面对险境，在无掩护的情况下以密集队形进攻，所以完全不符合上述结论的看法，我的回复如下：首先，我们对当时的危险程度所知甚少，无法知晓法国人当时表现出了多大的无畏勇气，又要击败怎样的敌人。对这些战斗的描述都是夸大多而细节少。一般来说，一支部队在战斗中的勇敢程度要用伤亡数目来评价，而根据众所周知的数据，法国大革命战争在这方面与七年战争不可同日而语。其次，这里讲的不是冲锋过程中激发出来的那种蛮勇，那是法国人的天性，因为他们比其他民族更容易激动；相反，这里讲的是冷静地蔑视致命危险，能在连续战斗的过程中阵形不乱，岿然不动，就像罗克鲁瓦会战中的西班牙旧军和莫尔维茨会战中秉承利奥波德精神的普鲁士军队一样。因此，我们的结论依然成立。

散兵习惯了自己的战法，于是失去了肉搏战所需的勇气。由此可见，线列步兵如果不想失去自身用处的话，那就绝不能以散兵形式作战。

主张引入散兵的人宣称，破碎地形上只能采用散兵作战。此说的依据大错特错。

当营长领着一个没有散兵经验的营穿过树林，哪怕树林极其浓密也要保持队形，向敌人进军时，士兵不可能整排整列地走，而一定要散开队形，每个人自己往前走，这是完全清楚的。那么，这就是散兵吗？绝对不是！营长这时是要展开散兵进攻吗？更不是了！密集阵形进攻的本质在这里丧失了吗？恰恰相反！营长的打算是接近并击溃敌军，与所有进攻一样。在一马平川的地形上进攻炮兵的步兵营不会真的一直保持队形，但此举仍然符合密集进攻的精神。

如果线列步兵绝不能以散兵形式作战的话，那么平时就无须教授散兵战法；实话说是绝不能教授，因为到了战时，在那些临时用一下似乎无伤大雅的情况下也绝不能用散兵战术。

当几十万名法国散兵从本国腹地涌出时，他们会扫荡我们的传统原则，这也没什么奇怪的。有人或许会被这种情况吓倒，头脑有一点糊涂，但真正的男人必须回归理智。

屡次失败后，旧列强也更明白了，接纳了法国的新战法。当然，甚至这些国家在此之前就已经有了新方向的萌芽，那就是为连配属轻步兵和装备来复枪的精确射手。这一过程随着条令的革新而自然推进，奥地利率先于1806年修改条令，之后是普鲁士（1809年和1812年）。假如碰巧只有法国和普鲁士操典保存了下来，有人就会以为有文献证明散兵战术是普鲁士人在1812年发明的。如果又有人发现腓特烈大帝早在1770年的《营战要术》（*Eléments de castramétrie et de tactique*）中就规定第一排线列步兵前面要布置一个独立散兵营，而且他在死前不久下令组建轻步兵营，那我们就更容易信服了。事实上，这些独立营的用意不是杀伤敌人，而只是吸引火力。我们也已经知道，轻步兵并非新式正规步兵，只是辅助兵种罢了。革新战术必先革新国家，偶然流传下来的个别记载只有在客观上符合整体发展进程时才能被证实和确认，这种分析方法在战争艺术史领域尤为重要。学者们从李维的记载（8:8）中得出罗马人很早就懂得如何以小型战术单元进退交战的结论，看到偶然保存至今的查理曼晚年敕令就以为不得不得出那时就有封建制度的结论，这岂不是误入歧途！相反的类似情况也有。古代战术最深远的变革是第二次布匿战争期间从人多势大的方阵转向梯队阵形。但是，与西庇阿同时代的波利比乌斯却很少谈到，正如与波拿巴同时代的霍耶不讲线列战术转向散兵战术一样，尽管我们不得不承认两位作者都身居高位且受过专业训练。关于封建制度的起源，我们甚至没有一份基于一手史料的记述。3世纪罗马帝国时期军团的衰落也是类似情况。这些变化尽管惊天动地，但仍然有一个过渡的过程，躲过了时人的眼睛。非专业作者（比如李维）只言片语中留下来的错误认识偶尔会让学者曲解实情，这种遗毒只有经历几代人的努力才能消除。

本书一开头就讲过，一切军事艺术都在两端，或者说两种基本力之间游走：一是个体的勇气和武艺；二是战术单元的坚定团结。全靠个人武功的骑士代表一个极端，腓特烈大帝手下的齐射步兵营代表另一个极端，后者中个体成了被塞进机器的齿轮，就连狂躁之人也能融入进去，发挥作用。就此而论，有章法的散兵可以说兼具战术单元与个人斗志的两方面优势。因此，这一变革的前提是有愿意参战的当兵材料。自愿应募的旧式佣兵有参战意愿，但这种军队必然规模小。规模一大，素质就差。保卫祖国的新观念不仅进一步扩大了兵力，而且大大提升了群众的参战意愿，以至于可以从中发展出新的战术。

在炮兵领域，格里博瓦尔（Gribeauval）早在法国旧王政时期就显著改进了造炮工艺。人们已经越来越了解哪些部位可以少用铜铁，减重而不损害强度。直到那时，重炮还会在战斗开始前移入预定位置，通常不会转移阵地。因此，让民夫运输重炮还是可行的。但先锋部队带的是专人拉动的轻型营炮。现在，格里博瓦尔大幅减轻了野战炮的重量，士兵自己就能用为此配发的皮带拉炮。大革命为法军带来了普军样式的骑乘炮兵。拿破仑刚刚掌握指挥权就把炮兵辎重人员纳入军事化管理。之前的农家子弟在进入敌军火力范围时太容易自己骑马跑掉了。现在，运炮的人员和马匹都经过了系统训练，火炮可以按需跟随步兵上战场，于是由专人拉动的野战轻炮就被废弃了。如果说机动性的大幅强化确实大大提升了炮兵重要性的话，可与骑兵一样，炮兵的重要性还是相对下降了，因为只有步兵能沾到军队规模扩大的光。腓特烈大帝晚年的千人火炮占有量达到了7门，到大革命战争时期落到了两门乃至一门，德意志帝国时期逐渐回升。拿破仑在瓦格拉姆会战（Wagram）中的步炮比例是千人两门炮多一点（395门比18万人），1812年约为千人3门炮。[18]但是，机动性的提升让一种新的火炮部署原则成为可能。炮兵火力被集中于一点，为步兵突破做准备。奇袭时的成功率还要更高。这一观念同样甚至早在大革命前的法军中就有教授。[19]

旧军最大的常备编制是团，每场会战都要专门下令规定哪位将军负责哪个梯队或梯队一部。散兵作战的预计作战时间更长，而且常常需要多兵种协同配合，因此设立常备编制是有益的。于是，法军先后设立了师和军。这看起来是纯粹的外部安排，其实却反映了一种全然不同的会战指挥精神。腓特烈打的会战是最高统帅亲自下令，全力发起冲击，务求速战速决，也必然会速战速决。现在，一场会战分成了多个甚或许多个独立的行动，分别由师长乃至军长负责，按照个人判断运用不同的兵种，包括散兵、密集步兵、轻便炮兵。只有最高统帅随着会战发展，根据具体情况做出的总攻决定才能决出胜负。

梯队阵形尽管没有被放弃，但重要性还是降低了。保留和运用预备队对会战进程的重要性则与日俱增。交战胜负不再是一锤子买卖，而是前线打响后从后方增强火力、投入或保留兵力。圣西尔元帅写道："打赢会战只在于关键时刻强化前线兵力。"

如果不过分细究个别表达的意思的话，腓特烈的会战与拿破仑的会战的区别可概述如下：[20]

腓特烈	拿破仑
军队构成单一整体	军队分成军和师
梯队或梯队一部的长官只负责传达总司令的命令，以及骑马走在部队前列，做出不畏死亡的表率	中层指挥官有独立的任务，有机会运用自己的军事技能和职业判断
统帅按照一个具体构想来展开部队，发起进攻	统帅一开始会将部队全线展开，然后在不同时间决定在何处、以何种方式继续作战和寻求决战
没有或只有少量预备队；第一次进攻威力最强；偶然因素很大	预备队兵力雄厚；最后一次进攻威力最强；偶然仍然是重要的，但不能掩盖数量和指挥优势

统帅将会战分成多个独立的行动，分别交给部将负责，这样就将自己从具体布置行军中解放了出来。约米尼（Jomini）说，拿破仑会在地图用圆规规定各军的行军目标，张开的半径是7个至8个小时的直线行军距离。1805年，法军从布伦走到多瑙河畔的直线距离是465英里(约748千米)，平均每天12英里（约19千米）。

与散兵一样，这种新的作战类型也为法军带来了另一个极为重要的特征。旧军依赖仓库提供的补给是有定数的。大军永远要携带18日份的口粮；士兵本人要携带3日份的面包，每个连配备的面包车装有6日份的面包，军需长掌管的辎重运输系统下的面粉车装有9日份的面粉。[21] 不这样安排的话，严格的军纪便无以为继。在18

世纪,这种军队的个人主义色彩愈发浓厚,也愈发强调军务管理机关要确保将士兵照顾好。维持军纪的直接需求与国家的整体组织形式在这一点上达成了一致。战争是官府的事,与臣民无关;如果本地没有战事的话,臣民用不着关注战争。士兵有严令在行军和驻扎期间都不得骚扰乡间百姓。法军不太在乎安民。在法军看来,战争是全民的事,全民都在流血,因此战争期间可以从民间索取一切所需。只要仓库供给不上,士兵就会从当地居民强夺物资,不管在什么地方。这种征收很容易变成抢劫,会打散编制,而且会在军中蔓延,鼓励聚众剽掠。假如腓特烈大帝允许这样做,他肯定会担心士兵纷纷逃亡,大军作鸟兽散。他只有几次特别紧急的情况下才允许士兵就食于寄宿的人家。法国革命军初期也深受逃兵之苦,但那与口粮无关,而且当时也完全没有遏制逃亡的纪律监察手段。靠不住的人渐渐离开,军队还留下了相当一部分人,他们继续服役是出于个人意愿。当然了,他们的不守军纪也让人想起了三十年战争中的佣兵团。

　　1796年,拉阿尔普将军(General Laharpe)向上级波拿巴报告说,他的部下比当年的汪达尔人还要恶劣;一天之内有两名旅长辞职;波拿巴亲自致书督政府,称耻于统领这样一群形同窃贼的暴民。当然,人们以为法军会给各民族带去自由,法军是在民众的欢呼雀跃中开进米兰的,但米兰人对法军暴行失望至极,8天后便揭竿而起;但起义被燧发枪压制下去了。莫罗于1796年7月17日从德意志发回的报告与波拿巴从意大利发回的报告别无二致:"我在尽最大努力遏制劫掠,但部队已经两个月没拿到军饷了,而且我们走得太快,辎重队跟不上;农民跑了,士兵就把空房子扫荡一空。"7月23日，茹尔当也发出了类似的报告："士兵蹂躏乡间，无以复加；我领导这样一支行迹败坏的军队都要脸红。军官表示反对就会受到威胁，而且真有开枪打军官的事。"尽管如此，将军们还是逐渐整顿了军纪。此举不仅是出于人道，也对军事行动有利。茹尔当在上述报告中已经指出，走投无路的当地人正在拿起武器，用不了多久，交通线就非得有兵力保护才能通行了。打了胜仗以后就四处征收抢劫的士兵现在遭到了攻击。随着秩序的恢复，法军捡起了旧战术和后勤体系中合理的成分，只有在紧急情况下才会纵容士兵抢掠。然而，尽管法军规模远胜以往，但辎重队却一直小得多。考虑军官行李少了，帐篷也取消了，那么吕斯托估算1806年法军步兵的辎重队只有普军的八分之一或十分之一或许是正确的。[22]

腓特烈曾给基斯元帅写过一封信（1757年8月11日），内容是他正等着一批辎重到位："它寄托着国家最后的希望。"拿破仑绝不可能说出这种话。

就我所知，当时的文献中不曾提到由于18世纪下半叶马铃薯种植面积和产量的扩大，所以为大军提供口粮的任务比以前容易了。马铃薯在七年战争中还没有发挥任何作用。20年后的巴伐利亚继承战争被戏称为"马铃薯战争"。在1813年秋季战役中，马铃薯无疑极为重要。[23]

不管拿破仑整顿军队秩序取得了多么大的成就，后勤制度的旧伤疤还是时不时被揭开，只要有一点问题出现，兵士四散和缺乏纪律的弊病就会马上重现。[24]

拿破仑既完善了革命，同时也终结了革命。他行使大权不是因为与生俱来的权利，而是人民的选择。在一次大选中，法国人民几乎全票选举他为执政，后来又将他推上皇位。尽管君主制复辟，但军队保留了共和国时期新养成的重要品格。官兵分野不再具有阶层性质，而在于教育程度与能力资质的高低。而且哪怕是完全没受过教育的人，确有能力者也能做到上尉，优异者甚至可以升到最高级军衔，这进一步在官兵之间建立了桥梁。有一句话说得好，每名士兵的背包里都有一根元帅节杖。当然，我们不能由此认为拿破仑手下伟大的元帅们都是从底层人民拔擢上来的；事实上，大多数元帅与波拿巴本人一样在革命前就是职业军人了。他们的出色战绩有不小的一部分原因是大革命扫清了一切传统束缚，让他们在兼具年轻人的强健体魄和雄心壮志的年纪走上了领导岗位，从而立下不世之功。拿破仑本人接过意大利远征军统帅权时年仅 27 岁，他手下的元帅当上元帅时大多只比 27 岁大一点，甚至还不到 27 岁。

全体 20 岁至 25 岁（分为 5 个年龄段）青年男子均应服兵役的义务在 1798 年得到了重申，但 1800 年又开放代役，对普遍兵役加以限定。甚至早在 1800 年之前，普遍兵役制也不曾实际贯彻，因为有大批青年男子逃避兵役，或者即便入了伍也会跑回家。对此，管理制度的力度和完善程度还不足以遏制，而且之前有一段时间允许过代役，但后来又废止了。1798 年和 1800 年的法律建立的允许代役的征兵制本质上是一套弹性很大的制度，实际管得很松。尽管每年每个年龄段的适役男子至少有 19 万人，但拿破仑在 1801 年至 1804 年间每年实际只征召 3 万人服现役，外加 3 万名每年集训 15 日，每月择一周日操练的预备役人员。士兵年满 25 岁退伍。

自 1806 年起，兵员需求越来越大。由于战事连绵不断，25 岁退伍的规定无疑已经不再遵行。1812 年至 1814 年间的实际（而非额定）征兵力度没有留下相关的正面史料和确切数字。只有一点可以肯定：甚至早在1805年之前，当时非常温和的征兵措施就遭到了强力抵制，必须要强制执行。不应征报到者被叫作"顽民"，地方上有专门的宪兵队负责追捕扭送到团里，不然会把士兵安排到顽民父母亲属家里住宿，要么由社区整体担责任。[25]

因此，现实情况与大革命理想化的普遍兵役原则有很大差别。我们可能会说这种征兵只不过是恢复了旧制度：反复连续应征的专业代役人组成了一支职业佣兵队伍，当然还要加上历代路易国王拉来的壮丁。要是与普鲁士军队比较的话还要更贴切，各区征上来的兵员占到全军半数，发挥着重要作用。然而，尽管是以碎片化的形式，但法兰西共和国军队的很多精神还是延续到了拿破仑的军队中，不仅是军官团精神风貌和官兵关系为之一新，军队主体本身的性质和精神也起了变化。他们根子上就不是雇佣兵，而是法兰西祖国的儿子和卫士，甚至在他们不情愿地履行职责时也是一样。矛盾只是相对的，不是绝对的；民族精神甚至在旧法国军队中就存在了。但征兵人数增加得太多了，我们可以乃至必须将新旧对照视为一项根本区别。

根据军区征兵条例，我们大可以说普鲁士征兵与法国同样严格，甚至更加严格，但法国征上来的兵与普鲁士完全不同，原因在于法国人口是普鲁士的五倍，而且普鲁士军区下的国民尽管对国王和国家忠心耿耿，却必然缺少祖国观念的独特加持，因为普鲁士只是一个偶然形成的王朝国家，并非民族国家。最后应当注意的一点是，尽管本国人占到了普鲁士军队的半数乃至更多，但他们仍然只是短期服役，招募来的外国人才会长期服役并因此为全军打上了自身的烙印，也就是一个具有或多或少荣誉感的武士阶层，而非保家卫国的战士。

最能体现上述区别的莫过于比较前文引述过的腓特烈最重要的一部训令中关于防止逃亡的条款，以及拿破仑在奥斯特里茨会战（battle of Austerlitz）前向部队发布的命令。腓特烈的训示如下：

> 防止逃亡是每一名将军的重要职责，为此必须采取以下措施：不得在森林旁边扎营；时常到帐中视察；在森林中行军时，步兵身旁必须要有骠骑兵巡视；储藏粮草的地方要有轻步兵站岗，天快黑时要加上相同数量的骑兵；外出找秸秆和水源时，士兵不得出列，而要由军官整齐带队；聚众劫掠必须严惩；开拔时不得在部队拿好武器、列好队伍之前撤去村庄里的哨兵；不得夜间行军；行军期间不得允许士兵脱离本排；穿越森林时，步兵要有骠骑兵随行巡逻；随时警惕任何军需品的匮乏，包括面包、肉、白兰地、秸秆等。

拿破仑在1805年11月24日的命令则是这样：

> 目前不要声张。各军长应尽力列出无故掉队、聚众劫掠者的名单。长官应向士兵宣扬这些人是可耻的家伙，因为法国军队中对不身犯险境、不分享胜利荣耀的人的最重惩罚就是同袍的谴责。如果有这种人，皇帝确信他们会愿意集体回到军队中来。

国民会议早在1792年9月19日和1793年5月25日就下令废除了释放战俘换钱也就是"赎金"这种旧式佣兵军队特有的做法。

到了拿破仑统治末期的1812年和1813年，他不得不采取愈发严厉的征兵手段，同样深受逃兵之苦。事实上，我们可以说1812年和1813年战役输就输在逃兵上。由于逃回后方的士兵不绝如缕，他来到莫斯科时的兵力已经衰弱到无力再战了。如果说他发动1813年秋季战役时的兵力仅仅略少于反法同盟军，可两个月后的莱比锡会战时就只比敌军的一半多一点了，个中缘由当然有很多，但尤其重要的一条就是法军方面闻所未闻的大批逃亡。

腓特烈的军队在七年战争中也是逐渐衰弱，我们也看到了他是如何试图用增加炮兵来弥补步兵的不足。如前所见，拿破仑身上也发生了相同的事情，尽管程度上有差别。腓特烈军中的内部变化带动了战略的调整，而我们之后看到，拿破仑的战略没有变化。

用最简单的话说，建立于革命期间、由革命缔造的新军制与旧制度的区别有三：兵力大幅扩张、采用散兵战术、从民间征收物资。最后，我们还应该注意到，这三个让新军制超越旧制度的特征不是同时，也不是从一开始就发挥作用的。尤其是随着初期的普遍兵役制产生的庞大兵力后来一度回落，以至于拿破仑在早期几场战役中仅仅与敌军兵力相当。

共和国时期将军与拿破仑时期元帅

杜穆里埃（Dumouriez）：生于1739年，七年战争时已为军官。

克勒曼（Kellermann）：生于1735年，七年战争时已为军官。

塞尔旺（Servan）：生于1741年，大革命爆发时任参谋官。

卡诺（Carnot）：生于1753年，大革命爆发时任工程兵上尉。

乌沙尔（Houchard）：生于1740年，大革命爆发时任龙骑兵上尉。

奥什（Hoche）：生于1768年，1784年进入禁卫军，1792年授中尉。

马尔梭（Marceau）：生于1769年，1785年入伍，1789年升中士，1792年任志愿兵营长。

皮舍格吕（Pichegru）：生于1761年，本为数学教师；1783年入伍，大革命爆发时为高级士官。

莫罗（Moreau）：生于1763年，本为律师，1791年任志愿兵营长。

茹尔当（Jourdan）：生于1762年，1778年入伍，1784年随团赴美参战；一度沿街乞讨；1791年任志愿兵营长。

谢雷（Scherer）：生于1747年，曾在奥地利和尼德兰军中任军官；1791年任法军上尉。

克莱贝尔（Kléber）：生于1753年，本为建筑师；曾任奥军中尉；1792年任志愿兵营军官。

塞吕里耶（Sérurier）：生于1742年，曾任高级士官，大革命爆发时任上尉。

贝尔蒂埃（Berthier）：生于1753年，大革命爆发时任职于总参谋部。

蒙塞（Moncey）：生于1754年，1779年授少尉，1782年升中尉。

佩里尼翁（Perignon）：生于1754年，1784年授少尉。

勒费弗（Lefebvre）：生于1755年，1770年入伍，1782年升中士，1789年任国民卫队中尉。

马塞纳（Masséna）：生于1756年，1775年入伍，大革命爆发时任高级士官。

奥热罗（Augereau）：生于1757年，1774年入伍，1776年逃亡，在普鲁士担任击剑教练；大革命爆发时返回法国，进入德意志军团任高级军士。

贝纳多特（Bernadotte）：生于1763年，1779年入伍，大革命爆发时任高级士官。

布吕内（Brune）：生于1763年，本为律师，1791年志愿参军。

古维翁-圣西尔（Gouvion St. Cyr）：生于1764年，本为画家，1792年志愿参军。

维克多（Victor）：生于1764年，1781年入伍。

麦克唐纳（Macdonald）：生于1765年，1784年授中尉。

格鲁希（Grouchy）：生于1766年，1781年授中尉。

乌迪诺（Oudinot）：生于1767年，1784年入伍。

缪拉（Murat）：生于1767年，1787年入伍。

贝西埃（Bessières）：生于1768年，出身律师世家，1792年入伍，1793年升少尉。

莫尔捷（Mortier）：生于1768年，国民会议议员之子，1791

年志愿参军，随即被推选为上尉。

德塞（Desaix）：生于 1768 年，1783 年授少尉。

内伊（Ney）：生于 1769 年，1788 年入伍。

苏尔特（Soult）：生于 1769 年，1785 年入伍，大革命爆发时任士官。

拉纳（Lannes）：生于 1769 年，马夫之子，本为染工，1792 年志愿参军。

波拿巴（Bonaparte）：生于 1769 年，1785 年授中尉。

叙谢（Suchet）：生于 1770 年，1792 年入伍。

达武（Davout）：生于 1770 年，曾就读于巴黎军官学校，1788 年授中尉。

马尔蒙（Marmont）：生于 1774 年，圣路易骑士团成员之子，1790 年授少尉。

旧军军官（拉法叶特、屈斯蒂纳、比龙、博阿尔内除外）：

杜穆里埃、克勒曼、塞尔旺、卡诺、乌沙尔、贝尔蒂埃、蒙塞、格鲁希、德塞、麦克唐纳、波拿巴、佩里尼翁、达武、马尔蒙。

旧军高级士官：

皮舍格吕、贝纳多特、马塞纳、塞吕里耶。

在旧军中有机会成为高级士官者：

奥热罗、苏尔特、内伊、缪拉、维克多、乌迪诺。

外军军官：

谢雷、克莱贝尔。

在旧军中最多升到士官者：茹尔当、奥什、马尔梭、勒费弗、拉纳。

本为受过高等教育的平民，革命开始后参军者：莫罗、布吕内、贝西埃、莫尔捷、叙谢、圣西尔。

3　拿破仑的战略[1]

我们应该再说一遍：战略的天然原则是集结兵力，寻找并击败敌军主力，接着乘胜追击，直到失败者屈服于胜利者的意志，接受胜利者的条件，最极端的情况就是占领敌国全境。"在战争的一切目的当中，歼灭敌方武装力量永远是至高无上的一项"（克劳塞维茨）。那么，攻势行动的目标就不是某个地方、某片区域、某座城市、某处要地或某座仓库。如果一方凭借巨大战术胜利从肉体和精神两方面摧垮了敌方武装力量，使其无力再战，那么胜利者就尽可以按照自己的政治目标来开拓战果。

旧制度下的军队规模太小，战术太呆板，成分太不可靠，无法在战争中践行上述基本原则。他们只能呆立在凭借自身战术无法攻克的阵地前，也不能绕过去，因为他们必须随身携带粮草。他们只敢浅浅地进入敌境，因为他们不能保卫大片区域，而且要确保交通线万全无虞。

拿破仑摆脱了这些枷锁。他从一开始就将全部胜算押在取得战术胜利、让敌军失去行动能力上，然后乘胜追击，直到敌人接受他的条件。这条最高原则的推论影响到了上至战役方案、下至每一场交战的一切。由于万事自始至终都以压倒性的战术胜利为基础，于是所有其他目的和考量都要从属于这一个终极目的，战役方案自然就简单了。消耗战略的基础是每一项行动都既可以这样做，也可以那样做。七年战争开场时，腓特烈在纷繁多样乃至截然相反的方案之间摇摆不定。统帅越是精明干练，他能想到的可能性就越多，决策的主观性也就越强。拿破仑的战役方案则具有一种内在的客观必然性。刚开始认清和理解了这些方案时，我们会感觉它们不可能是别的样子，战略天才的创造性只在于确认事理本身的必然结果。艺术史中秉承古典主义、多用朴素直线的帝国风格与同时期的战争艺术有一些可比之处。

现在我们要对直接从上述基本原则的对立推导出来的正面结果做一宏观概述。我们不需要做辩证推演，只要考察拿破仑和腓特烈两位宗师的事迹就够了。

按照拿破仑的战役观，他聚焦于敌方军队，而且自始至终以攻击敌军乃至尽可能歼灭敌军为基点。腓特烈也提出过这样的原则："什么都想保住的人什么都保不住。因此，我们必须紧紧抓住的最重要的关键就是敌军本身。"但如前所见，这条原则对腓特烈的意义只是相对的，他一次又一次极大地偏离了该原则。对拿破仑来说，它具有绝对的重要性。当拿破仑多面受敌时，他能将其各个击破。1805年，在俄军尚未赶到时，他就在乌尔姆击败了奥军；接着在普军出手前，在奥斯特里茨击败了俄军和奥军残部。1806年，他再次抢在俄军抵达前击败了普军（耶拿会战），1807年又在奥军缓过来之前打败了俄军。

第四篇 国民军时代

七年战争爆发时,腓特烈的行事方式全然不同。1756年7月,形势已经完全成熟,奥军还没有动员,俄军和法军还在远方。但腓特烈没有尽快出击,反而特意拖到8月底才开战。假如他信奉歼灭战略的话,也就是说,如果他掌握的资源足以遵行歼灭战略的话,我们必然会将此举判定为腓特烈一生戎马中犯过的最严重的战略错误。但由于他哪怕在最有利的条件下都完全不考虑以彻底征服奥地利为目标,因此他将当年目标局限于占领萨克森就是正确的做法,推迟开战可以避免法国干预。

有些人为了进一步推崇腓特烈,试图证明他在次年(1757年)有征服奥地利的计划(布拉格会战、布拉格围城战)。他们的心态是何其自相矛盾啊。假如这一计划在1757年是可行的话,那么放到1756年岂不是容易得多!唯有站在消耗战略的基础上,腓特烈的行为才是清晰连贯的。如果这是正确的话,我们就会发现七年战争初期与拿破仑在1805年、1806年的行动之间的根本性对立,恰恰以最精妙、最切实的方式证明了历史上的两类战略的本质与原则。

接下来是展开论述。

消耗战略的前台上是围攻要塞、阻止围攻和解围。这些事件在腓特烈那里发生的频率要低于前人,但仍然非常重要。而拿破仑在所有战役中(次要行动除外)只打过两次围城战,1796年围攻曼图亚,1807年围攻但泽。

甚至他决定打这两场围城战,也只是因为他当时不能用手中的兵力继续与敌军打野战。奉行歼灭战略的人只会围攻非围攻不可的要塞,除非是敌国首都,比如1870年的巴黎;或者是敌方全军被包围在一座要塞内,比如1870年的梅斯,或者夺取某座要塞是小规模次要行动的目标。对腓特烈来说,夺取要塞往往就是一场战役的实际目标,比如1741年的尼斯,1762年的布拉格、奥尔米茨、施韦德尼茨。

腓特烈公然宣称:"如果敌国要塞林立,一定要全部攻下来,不能放过任何一座。这是稳健的打法,可以免去后顾之忧。"[2]

假如反法同盟在1814年入侵法国时遵循腓特烈的原则,那就永远打不败拿破仑了。

腓特烈开凿运河,不仅是为了商贸,也会用于运送军需。拿破仑则是修路,他打仗主要靠两条腿走路。

腓特烈常说,会战对他来说是开给重病患者的"催吐药"。当他想要证明会战决策的合理性时,他往往会说自己别无可能的选择。[3]在他看来,会战就是听天由命,是撞大运,胜负无可逆料。拿破仑说自己的原则是无七成胜算不开战。[4]如果腓特烈也奉行这条原则的话,那么他连一场会战都不会打。这并不表明两位统帅的胆量不一样,他们无疑都是很大胆的,而在于两套体系的差异。如果一个践行歼灭战略的人认为会战就是胜负由天,那么整场战争就都是拼运气了,因为决定战争结果的正是会战。而在消耗战略下,会战只是多个因素中的一个,会战成败可能会被抵消掉。腓特烈在思考一场会战时曾写道,哪怕会战输了,他的处境也不会比原有的处境更糟。[5]这种话不可能从拿破仑嘴里说出来,说出来也是无法理解。对他来说,在他眼中,一场会战的胜败在任何情况下都会改变整个局势。普鲁士输了库诺斯道夫会战可以缓过来,法国输了耶拿会战就不行了。如前所见,腓特烈嘴上常说打会战一定要集中全部可用兵力,其实做得很有限。拿破仑确实贯彻了这条原则,尽管在他身上也并非绝对。⁶ 1805 年 11 月 15 日,他致书马尔蒙:"世人以为我的天分比别人高,但与屡次败于我手的敌人对战时,我从来不觉得兵力够用;我会尽可能集结所有兵力。"

腓特烈的原则是战役方案要尽可能往大了做,他从一开始就说方案在执行中会缩水的。他一次又一次证明自己确实遵循该原则。"宏大的战役方案,"他在 1768 年的《政治遗嘱》中说道,"无疑是最好的,因为执行过程中马上就会注意到哪些内容不切实际,然后聚焦于可行的部分,这样取得的成绩要比小家子气的方案来得大,小气成不了大功。""大计划未必成功,而一旦成功就会决定战争成败。""要制定四份这样的方案,只要有一个方案成功,一切的辛苦就都值回来了。"⁷因此,我们如果比较他最初的方案和后来的执行,那就不免会产生他的精力与战略构想不对等的印象,这就错得不能再错了。他一开始制定方案时完全明白方案超出了可能的界限,这样一来,他无论怎样做都在可能性的范畴之内。方案能达到的极限会由客观事实确定;他知道是这样,他的本意也是这样。因此,评价和估量他的战略构想永远要考虑上述条件。拿破仑则恰恰相反。他的方案不会在执行中缩水,反而会扩大。他这样评论自己:

> 当我制定战役方案时,没有人比我更胆小;我会夸张地设想所有风险,尽可能悲观地看待所有情形;我处在痛苦而焦虑的状态中。当然,我在参谋面前还是会表现出昂扬向上的姿态。然而,一旦做出了决定,我就会把一切都忘掉,只考虑如何达成目标。

在腓特烈的会战中，一切都基于密集整体的威力；胜负也被认为决于首轮冲击。而拿破仑开战时往往没有明确的方案，甚至不太清楚敌军阵地的情况。他说过，先接敌再看怎么打。因此，一大部分兵力要留作预备队，胜利靠的是将预备队投入到统帅规定的位点。腓特烈会战与拿破仑会战的这一区别首先要追溯到战术层面，也就是线列战术与散兵战术的区别。不过，这与战略也有关系。在拿破仑那里，会战是从先前的行动有机发展而来的，往往是有预见的。腓特烈的会战则或多或少源于有预谋的主观决断，因此不能有长期酝酿的过程，越快决战越好。

腓特烈终其一生都在种种战略原则、权变和方案之间权衡不休。拿破仑则说："我打仗只知道三件事，每天走10里格、交战、休整。"

拿破仑允许一场会战没有预先构想就展开，他对战略也是如此。他自称从未有过战役方案。这与前面的内容不矛盾，就是他制定作战方案时非常焦虑。毛奇有一句常常被引用的话：

> 没有作战方案能算准到与敌军主力初次接触之后。只有门外汉才会相信一场战役是按照提前定好的、巨细靡遗的构想不折不扣地贯彻到底的。

拿破仑正是在这层意义上说自己没有战役方案的。然而，他对于部队要如何展开、部队展开过程中的情况当然有着非常明确的想法，他也会认真权衡由此可能产生的种种后果，但他不能预先判定到底会发生哪一种。在消耗战略下，我们一再看到战役方案早就规定好了仗要怎么打，腓特烈在这一点上无疑没有同时代的人那么严重，但他还是认为这是常理。

拿破仑的实力甚至也达不到夺取整个波斯的亚历山大大帝的程度。甚至普鲁士在1807年也愿意把仗打下去，假如俄国也愿意的话。拿破仑结束战争靠的不只是战场胜利，最终也要通过政治手段。因此，我们可以说他与前人的差别毕竟只是相对的。但我们已经看到两者的现实差别是根本性的，因为拿破仑确实践行了从歼灭战略的本质合逻辑地推论出来的原则，与亚历山大大帝别无二致。他之所以能这样做，是因为他确信或者说自以为确信，如果自己还不能彻底征服对手，也就是所谓的"耗尽了气力"，他仍然能够用政治手段补救。事实上，我们可以说他在历史上伟大就伟大在这里。拿破仑骨子里的政治家成分远远多于军人。年轻时也好，后来也好，他都不曾研究军事史或军事理论。每一位有反思精神的军人都会考虑是否应该从浅线列回归深纵队的问题；没有迹象表明波拿巴中尉这样做过。腓特烈读遍了古往今来探讨战争本质的著作和军事史书。当然，拿破仑也经常指出军人必须研究伟大统帅的事迹，吸取前人精华。他列出了亚历山大、汉尼拔、恺撒、古斯塔夫·阿道夫、蒂雷纳、欧根和腓特烈。但除了恺撒以外，他本人基本上只熟悉军事色彩很弱的普鲁塔克名人传，他更喜欢读谈论政治和道德哲学的书。他在大革命战争爆发后的作为淋漓尽致地体现了他的特点。他当时是一名法军中尉，假如他最热衷的事情是打仗的话，他必然会带着自己的团奔赴前线，尤其是他是新政治理念的热切支持者。但这位年轻军官在开战后的整整一年时间里都没有参战，而是忙着为科西嘉制定颇为冒险的政治方案，失败后才投身军界。然而，他在1796年出任驻意大利法军总司令后制定的第一份宏大战役方案是以政治为基点的，目标是让撒丁岛脱离奥地利；1797年，他最后也是通过政治手段结束了对奥作战，当时他已经打到了维也纳附近，而他不仅提议要割地（比利时和米兰）给被击败的敌人，还让奥地利看到了拿到一块肥肉（威尼斯）的可能性。他后来的历次战争也是类似的情况；尽管有宏大的畅想，但他也知道自身力量的限度。至于1812年他有没有失去节制心，有没有做出越界之举，或者是否有一种无尽的内在必然性让他越出了界限，暂且按下不表。我们只要说明一点：拿破仑所处的境况让他能够制定以彻底击败敌人，而非单纯消耗的战役方案，然后通过政治手段克成全功，这是古斯塔夫·阿道夫、路易十四手下的统帅们、欧根亲王、腓特烈大帝都不可能做到的。

有人可能会认为新战略是从新状况的土壤中自己生长出来的，这是错误的。利用手头的素材创造新现象需要有一位了不起的创造性天才。我们在这里特别清晰地明白世界史绝不是像唯物主义者认为的那样，是一个自然的过程。将首次应用新战略的战役，也就是波拿巴将军的历次战役与他最重要的同僚之一莫罗将军的战役比较一下，我们就会认识到这一点。

1795年没有发生决战就过去了，但普鲁士由于《巴塞尔和约》已经退兵。1796年春，法国建立了三支军队：一支由茹尔当率领，在最远到杜塞尔多夫的莱茵河中游活动；一支由莫罗率领，在莱茵河上游活动；一支由波拿巴率领，在意大利活动。在英国金援的帮助下，奥地利与一众小盟国已经建立了与法军兵力相当甚至更强的反法军队。双方都遵循保卫领土的原则，将军队分散到了漫长的前线上。波拿巴有一部分军队驻扎在阿尔卑斯山区，一部分驻扎在里维埃拉海岸，几乎要到热那亚了。他现在将主力集结到最右侧的里维埃拉，只留了少量兵力掩护与法国的交通线。两边通过亚平宁山口对进，但法军尽管总兵力少几千人，但由于布置得当，每次战斗都有兵力优势。法军击败了敌军中路，插入奥军和撒丁军之间，然后波拿巴向撒丁国王开出有利的停火条件，从而完全占据了上风。[8] 于是，波拿巴将奥军赶回了曼图亚，将敌军残部围在城中并展开攻城。奥军4次出阿尔卑斯山援救曼图亚，每次都被法军击败，有一次，波拿巴为了在决定性的野战中取得人数优势而放弃围攻要塞，丢掉了重炮。

取胜后在莱奥本（Leoben）进行停火谈判时，他对奥地利将军们说："欧洲有许多良将；但他们同时看的东西太多了。至于我，我眼里只有一件事，那就是军队本身。我要努力消灭军队，因为我确信其他的一切自然会随之落入我手。"

他后来在米兰说："战略的宗旨在于，哪怕兵力较少，但在发起进攻或受到攻击的地点一定要比敌人兵多。"最后，他在圣赫勒拿岛上说：

> 大革命战争中有人采用了错误的分兵之策，这几路兵马去左边，那几路兵马去右边，大错特错。真正为我带来那么多次胜利的是相反的策略。会战前一天，我不会让各师离得远远的，我会把他们全都集中到我要突破的那一点上。我的大军聚集在那一点上，对面的敌军必然总是少于我军，很容易就会被击退。[9]

从客观角度看，莫罗和茹尔当完全可以在德意志同样采用波拿巴在意大利的战法。卡尔大公统帅的奥军沿着从巴塞尔到锡格河（Sieg）的前线摊开。由于波拿巴取得的战绩，一支由武姆泽（Wurmser）指挥的部队被派去意大利，于是双方兵力就大致相等了。法军本可以集中兵力出击，将奥军各个击破。法军确实考虑过发起猛攻；但真正的目标不是歼灭敌方武装力量，而是赢得地盘。两位法国将军没有采取重大行动，只是通过机动战将大公逼退向巴伐利亚。莫罗向伊萨尔河进军。但与此同时，大公率领主力扑向茹尔当，在维尔茨堡重创法军，将其打回了莱茵河。伊萨尔河畔的莫罗兵力是对面的两倍多，但他也班师了，不知道如何利用自己的优势兵力。4个月后，双方基本上回到了刚开战时的起点。但舆论认为莫罗毫发无损地率部通过霍勒塔尔峡谷（Höllental）撤回是一项重大的战略成就。

法军分兵三路，分别由波拿巴、莫罗、茹尔当指挥的战役方案是由战争部长卡诺制定的。有学者宣称这是战略大手笔，以为卡诺的意图是三路大军会师维也纳附近。卡诺确实考虑过意大利与德意志战场间的配合，但并不打算让三支从不同基地出发的大军最后在战场上会师，将敌军一举歼灭。相反，他的目标是三路大军互为支援，有序推进，在机动战略中威胁敌军侧面，不断压迫敌军后退，从而夺取土地。一定程度上，这个方案可以与1757年腓特烈进军波希米亚相比较。腓特烈认为战役方案的本质在于"基本将敌军赶出波希米亚"[10]，同时也想尽可能痛击敌军；卡诺也在写给三位将军的信中指出，他们要从侧面包抄敌军，夺取敌军仓库，同时要坚

第四篇 国民军时代

持猛烈进攻,一定要追击到彻底打败和击溃敌军为止。这些指令是两极战略的绝佳例证。但1757年和1796年的不同点是,当机会出现时,腓特烈更加倾向于打会战,愿意在布拉格发动大战,最终打算在布拉格俘获敌方全军,莫罗却谨小慎微,陷在机动战略思想里走不出来,甚至在多位德意志诸侯背离奥地利,大大削弱其兵力,令法军无可置疑地占据了巨大兵力优势时也是如此。

与1800年的两线战役作比较也是一样。1799年,趁拿破仑身在埃及,奥军在俄军协助下将法军逐出了意大利。就任第一执政的波拿巴起初计划在德意志发动战役。他意图将第戎组建的预备队与莫罗部联合,从瑞士出发包抄奥军,消灭尽可能多的敌军,然后转进维也纳。该方案不具备可行性,因为莫罗不愿听从第一执政,拿破仑也不得不体谅这位年纪比自己大,受尊敬程度仅次于自己的将军。如果莫罗愤而请辞,那对他可是一桩棘手的政治风波。

于是,波拿巴决定不带预备队去德意志了,而是经瑞士去意大利。他从日内瓦湖东侧出阿尔卑斯山,命令莫罗手下的一支偏师越过圣哥达山口(St. Gotthard Pass)与自己会合,出其不意地现身于奥军后方。他对帐下各师的布置极为大胆,不管敌军走哪一条退路都要与法军面对面,同时又精心让各部彼此靠近,以便相互支援。1800年6月14日,双方在马伦戈(Marengo)村意外相遇,奥军已经集结了约3万人,比2万人的法军有优势。此战险些以法军完败告终。但德塞师(6 000人)应波拿巴之命赶到,克勒曼将军又自发率骑兵出击,从而扭转了局势。年事已高的奥军统帅梅拉斯(Melas)已先行离开战场,法军突然发起反攻时,奥军正在凌乱地挺进。于是,法军人数虽少,却取得了胜利,主要原因是部队素质

411

高且将军们年轻，精力充沛。由于奥军在此战中背靠敌境，自认无路可退。波拿巴夺取了直到明乔河（Mincio）为止的上意大利，以奥地利撤出该地区为条件换取梅拉斯自由退走的许可。

莫罗在德意志也取得了成功，将奥军赶到了因河对面，当然进度推进得很慢。区别在于德意志是主战场，意大利是次要战场；波拿巴率领少量兵力，以前所未有的大胆指挥制胜，莫罗则是稳扎稳打，不犯殊险。尽管停火期满后，莫罗最终于 1800 年 12 月 3 日取得了霍恩林登（Hohenlinden）会战的胜利，但上述对比依然成立。因为这场胜利不是战略计划的成果，拿破仑对其有一个贴切的说法，"走运的遭遇战"，尽管仍然是一场宏大的战斗。[11] 法军取胜靠的还是部队素质优势和里什庞斯将军（General Richepanse）的年少气盛。

1813 年，莫罗应召出任反法同盟战略顾问时与贝纳多特探讨过北方军团的处境，又强烈建议贝纳多特不要按照特拉赫滕贝格（Trachenberg）的方案主动出击，因为他的作战线太脆弱了。[12]

我们将莫罗与腓特烈、道恩做比较就会发现，基本观念相同的人之间会有多大的区别。莫罗永远取得不了腓特烈那样的大捷。但莫罗也从来没有像腓特烈晚年那样远离会战一端。但我们也不能将莫罗与道恩视作同类，因为这位法国将军的精力和灵活性远胜于道恩。法军的朝气为他带来了激情与力量，那是老气的奥地利军制做不到的。

因为莫罗奉行消耗战略就看低他是极其不正确的。要想脱离消耗战略一脉，他必须要成为拿破仑那样的人。他不仅要有明确无误的认识，还要兼具大胆与小心，如烈焰一般的想象力和最冷静的分析力，英雄主义和拿破仑战略标志性的政略。对于他，不是拿破仑算不上批评。我们比较两人不是为了评判高下，而是为了让自己明白一点：世界史不仅以客观条件为基础，人物至少也是构成世界史的多个要素之一。法国大革命还没有创造出现代歼灭战略，以取代消耗战略，歼灭战略是波拿巴将军利用法国大革命的资源创造出来的。[13] 他也意识到了这一点。他说，只有志向平庸的人才会沿用路易十四和腓特烈二世留下的资源。这句话是圣西尔元帅在回忆录中记下的，他批评拿破仑无视公认的圭臬，同时也认为那些只是为凡人准备的。

时人没有重点区分莫罗将军和波拿巴将军两人的功绩。诚然，当时有人谈论意大利派战略和德意志派战略，前者指波拿巴，后者指莫罗，但他们既没有抓住对立的本质，也没有明确哪一派，或者是哪一人绝对地高过另一派。[14] 波拿巴通过政变掌握了法国大权，但他到底是真正的顺应天命，还是徒有其名，这在当时的世人眼中绝非显而易见。马伦戈战役的余波便因这种犹疑心态而起，从军事史角度来看有必要做一补充说明。

当然，拿破仑1804年被推举加冕为帝时仍然处于即将迈向丰功盛誉的阶段。异想天开的埃及远征以失败告终，人们有理由怀疑他抛弃部队的做法是否妥当。1796年和1800年的成绩固然辉煌，但莫罗与他不分伯仲，暗地里还有叵测之人说马伦戈大捷本质上不是因为拿破仑，而要归功于杀到战场的德塞。为了反对此说，皇帝命人编写了一份关于马伦戈战役的官方报告并亲自刊正，报告后来不得不重写以贴合他的改正意见。这些改动完全歪曲了真相，暗示统帅神机妙算，一切都在预料之中，而且抹掉了法军一度退却和出现危急时刻的事实。对有批判精神的史家来说，上述篡改不仅没有提升，反而损害了统帅的声誉，这可以说是显而易见的。重大战略行动必然会包含巨大风险，因而总会有危急时刻，而完全的、无条件的准确战局预估要么是虚构，要么是幸运，因为预估只能做到一定程度而已。那么，拿破仑是根本不了解自己的行动吗？还是说他在虚荣心的蒙蔽下出了丑？他没有那么无知。他知道大众不能理解真正的伟大。正如人们总是愿意认为勇猛就是以少胜多，他们也觉得指挥艺术最明白的证据就是伟人料敌先机，分毫不差。战略意味着在晦暗中行动，指挥官最重要的品质就是胆大，最早发现这一点并将其引入军事科学的人是克劳塞维茨。拿破仑要是承认自己险些吃了败仗——当德塞在傍晚姗姗来迟时，大部队其实已经败了——法国人不会赞赏他的胆大，反而会谴责分兵之举愚蠢，说他只是运气好才得救了。当然，就连雅典人向子孙展现特米斯托克利的伟大之处时，也只能推说他给波斯王发了一封巧妙的密信，误导其进攻萨拉米斯。

与波拿巴将军同时登上世界舞台的另一位统帅是小拿破仑两岁的卡尔大公（1771年出生）。大公性好深思，年轻时笔剑双修，写下了大量著作。就战略而言，他是消耗战略的坚定倡导者。与腓特烈大帝一样，他说战争一定要尽可能短促，而这个目标只有通过决战才能达到，但他同时做了限定："每个国家都有能决定国运的战略要地；因为占领这些要地就掌握了通往该国的锁钥，也就成为该国资源的主人。"他接着说道："由于战略路线具有决定性的意义，一条法则是哪怕有极大的战术优势，也绝不能误入歧途，以至于远离或偏离战略路线，将其让给敌人。"他还说："只要是发生在非战略要点或非战略方向上,最重大的战术行动也很少能产生持久效果。"[15]

这些观点对消耗战略来说是合理的,也是合宜的。事实上,取胜的地点和取胜本身都相当重要,因为如果不能乘胜追击,胜利就只有消极的价值,而且扩大战果往往很受局限。如前所见,腓特烈甚至在自己最辉煌的胜利之一索尔会战后班师了。而在歼灭战略下,胜利不取决于取胜的"地点"或行军的"战略路线",统帅会认为战略要地会随着胜利落入自己手中,而且会自己决定战略路线。我们马上会看到,拿破仑恰恰是将战略路线牺牲给敌军,然后才在耶拿和奥尔施塔特背袭普军,不仅将其击败,更将其歼灭。[16]

拿破仑的战略没有任何套路。话虽如此,有一种基本样式偏偏在拿破仑身上重现,值得探讨一番。他做部署时会将全部力量投向敌军一翼或一侧,试图包抄敌军并使其远离基地,以便尽可能实现全歼。这在1800年春季作战方案中就有所体现,他当时计划从瑞士出发,与莫罗合兵一处,于南德意志攻击奥军。他在1805年就是这样做的,他从北面进攻并包抄了多瑙河沿线的奥军,为此命令贝纳多特从汉诺威出发穿过安斯巴赫领地。他在次年故技重施,不从莱茵河,而从美因河上游出发在图林根攻击普军。他实现了完全的包抄,以至于在耶拿和奥尔施塔特会战中是背对敌境作战:普军面朝柏林,法军背对柏林。按照这种阵形,法军一旦战败会比普军更难全身而退;他们会被推向厄尔士山脉和奥地利国境,有被歼灭的可能。但成竹在胸的拿破仑毫不犹豫地决定冒这个险,这样普军在撤退途中会与基地失联,从而被彻底拖垮。

普鲁士将军冯·格拉韦特(General von Grawert)据说曾正确

预见到拿破仑在 1806 年的行动，并将其理解为"敌方会从左侧包抄我军，切断我军与易北河、与我方的全部资源，也就是奥得河和西里西亚之间的联系。"[17] 通过比较格拉韦特的理解与拿破仑的实际意图，可以最充分地表现了新旧战略的区别。在腓特烈战略的意义上，格拉韦特的看法完全正确。但拿破仑根本不关心"切断"与"资源"的联系，从而迫使普军后退并让出一片领土，他反而卡在普军的退路上，目的是普军本身。

拿破仑的 1813 年秋季战役方案也符合这一图景。他计划主力部队首先对波希米亚和西里西亚军团采取守势，直到贝纳多特的北方军团被击败，远至但泽的土地落入自己之手。接下来，他会自北向南发起宏大攻势，切断俄军与本国的交通线。该方案失败了，因为贝纳多特指挥的北方军团在大贝伦（Gross-Beeren）和登讷维茨（Dennewitz）以保守却合理的手段击退了法军。

直到 1805 年全面战争再次爆发，拿破仑才不仅达到了个人威名的顶点，更达到了战略的巅峰。大革命的混乱局面已经平息；庞大的群众、爱国情怀和新战术现在都有了纪律来统辖；拿破仑皇帝可以任意施为，不受其他势力妨碍。

伟大统帅的秘诀是融合大胆与小心。亚历山大是这样，他在出征波斯腹地之前先夺取提尔和埃及，以保障后方，同时极大强化了兵力。汉尼拔是这样，他为自己确定的目标不是围攻罗马城，而是离间敌国首都与其盟友。西庇阿是这样，尽管他在没有退路的情况下展开了决战，但他提前争取到了马西尼萨为援军。恺撒是这样，他计划先打无将之兵，再打无兵之将。古斯塔夫·阿道夫和腓特烈也是这样。现在，我们在拿破仑身上也发现了同样的品质。他一再挑战命运,何其大胆,但他绝非莽撞无度,他知道在何处要停手,要转攻为守,要让敌军决定是否进攻,同时会努力通过政治手段克成全功。

最佳范例是奥斯特里茨战役。拿破仑在乌尔姆歼灭了一支奥军,夺取了维也纳,推进到了摩拉维亚境内的奥尔米茨近郊,在那里与俄军主力对峙。拿破仑认为在这个"地点"发动攻势风险太大,因为敌军有一定数量优势。于是他提出要谈判,当敌军逼近时,他占据了一处适合打防御战的阵地。通过在恰当时机发起防守反击,他打赢了(1805年12月2日)。为了包抄他,敌军将战线拉得很长,造成了中央虚弱又没有正经预备队的局面。这正是突破的时机。"你夺取(普拉钦)高地需要多少时间?"皇帝问身边的苏尔特元帅。"20分钟。""那再等15分钟吧。"于是,问题就在于怎么用好这15分钟。

在所有种类的战斗中,防守反击的效果最好。攻守各有好处和坏处。防守的主要好处是可以选择战场,且能充分利用地形和火器。进攻的主要好处是气势更盛,可以选择进攻地点,且能取得积极战果。防守一开始只能取得消极意义上的战果。因此,纯粹靠防御取胜的会战很少(1346年的克雷西会战;1898年的乌姆杜尔曼会战①)。但当指挥官首先妥当防御,然后在正确的时间、正确的地点转入反攻的话,那便会取得最大的战果。前面讲过的马拉松会战是防守反击的经典战例。奥斯特里茨会战是现代版的马拉松会战,其作战方案和实际执行对我们都有意义,因为它向我们展现了

---

① 又称曼图恩会战,英军凭借机枪击败了大举来攻的苏丹马赫迪军。

一位具有完美自制力的统帅，因为我们看到他尽管胆大却仍未失去理智。得知敌军逼近时，他甚至指示正在维也纳谈判的塔列朗（Talleyrand）接受合理的和平条件，其深谋远虑如此。尽管他有必胜的信心，但一旦战败，他也希望用外交手段掩护后方。

　　拿破仑一生中最冒险的事情之一就是引发 1809 年 5 月 21—22 日阿斯珀恩会战（battle of Aspern）中的那次横渡多瑙河。卡尔大公当时正率领全体奥军 10 万多人在河北岸，与渡河点离得很近。法军只能从一座临时修建的桥上跨过这条大河。刚刚过去 22 500 人时，桥第一次垮掉；次日上午 8 时第二次垮掉，当时约有 6 万人过河。尽管奥军在第一天有 4 倍兵力优势，第二天依然比法军多一半，但依然没能将法军赶下河。卡尔大公手里尚有预备队，但没有把他们派上去。这就显示了他与拿破仑的整体区别。腓特烈大帝其实还不存在动用预备队的问题，原因当然是他计划第一次冲锋就解决战斗，所以会尽可能强化第一次冲锋的力量，不会保留大量预备队。而奥军当时已经采用了新战术，不得不从原则上接受了预备队，但卡尔大公还没有思维开阔到认可歼灭战略的地步，因此对预备队的性质和运用缺少一个正确的认识。他制定的原则是："预备队必须在能够一锤定音时才可以投入战斗。""除非需要预备队最后推一把才能大获全胜，它才可以择机投入战斗；否则其主要目的永远是保卫和掩护退路。"[18] 即使按照这条死板的规则，奥军也应该在阿斯珀恩将全部资源投入战斗，以便尽可能彻底地取胜。不会有更好的机会了。但大公还是不敢。当然，他还拘泥于并不特别看重会战胜利的消耗战观念里。只有腓特烈大帝这样的英雄才能做到纵然信奉消耗战，依然能起而迎接命运的宏大挑战，他的会战经历就

第四篇 国民军时代

是证明。卡尔大公是个小人物,抓不住命运女神在阿斯珀恩赠予的礼物。他总是往身后看,今天维也纳的卡尔大公骑马雕像就是这样的姿势,不啻是一种无意识的残酷讽刺。

法军步兵在把守阿斯珀恩和埃斯林根(Esslingen)两村,中间的空地有一支人数不多的骑兵控制,这些骑兵接连发起了大胆的进攻。拿破仑顶着炮火骑马从阵前经过,鼓舞己方士气,处境危险万分。奥军最后迫使对手退到了靠近多瑙河北岸的一处河洲,但卡尔大公不敢攻上去或通过其他方式开拓战果。[19] 6周后,兵力大增的拿破仑再次展开行动,一举于1809年7月6日打赢了瓦格拉姆会战。拿破仑取胜的原因是成功包抄奥军左翼,从而具备了重大数量优势。与通常看法不同,决定胜负的并非他聚集在中央的大量步兵和炮兵。有人无理地称赞卡尔大公派一支独立部队从侧面进攻法军左翼,似乎这预示了毛奇挑起会战的方式。但相似性只是表面上的。这次攻势太弱了,不能奏效,而且尽管卡尔大公有充足的准备时间来应对法军再次渡河,但他根本没有周全的作战方案,而是在攻守之间举棋不定。[20]

拿破仑的战略真正出问题是在1812年战役上。拿破仑在博罗季诺(Borodino)击败俄军并占领了莫斯科。但他不得不回军,于是基本上全军覆没。假如腓特烈想要冒险夺取维也纳的话,他也会是同样的下场。哪怕有拿破仑的雄厚实力,歼灭战略自有其极限。拿破仑要是在1812年仿效腓特烈的战略,改用消耗战略的话会不会更好呢?克劳塞维茨给出了有理有据的否定回答。他解释道,法国皇帝最大的胜算仍然是采用之前一贯为他带来胜利的战法。但由于双方当时的实力对比,他用消耗战略或歼灭战略都打不赢。根据最新研究，包括卫戍部队在内的征俄可用总兵力为 68.5 万，实际越境者有 61.2 万，其中半数以上属于中路主力，至少有 35 万人。但他到莫斯科时就只剩下 10 万人了。他渡过涅曼河（Nieman）后的仅仅 14 天内基本没打仗就损失了 13.5 万人，原因是开小差、补给不足和疾病。占全军一半的法国士兵大多是 1811 年征召的新兵，年纪很小，而且其中有大量"顽民"，他们接受军事训练是在荷兰的岛屿上，那里跑不了。但这种训练经受不住俄罗斯荒原的考验。仓库后勤体系效果不如人意；与往常一样，拿破仑很少关注后勤，没有充分考虑俄国土地提供不了之前在意大利和德意志的那种资源。[21] 因此，他实际上是输在了士兵逃亡和后勤体系失效上，而不是因为——举个例子——俄国的寒冬，冬季只是消磨了拿破仑的残军，而且 1812 年的冬天比往年来得更晚，天气也要温和一些。如果拿破仑是带着 20 万人，而非 10 万人抵达莫斯科，他大概就有能力掌控征服的地盘，沙皇终究会接受他的条件。

我们可以对拿破仑的 1812 年战役与腓特烈 1744 年侵入波希米亚的行动做一对比。腓特烈未尝一败，最后仅仅因为交通线受到敌人打击就被逐出波希米亚，还损失了很大一部分兵力。腓特烈本人认为这次深入敌境的"尖端"是一个错误，但他有能力在冬季重建军队，通过霍亨弗里德堡会战恢复了战局平衡。然而，腓特烈的"尖端"行动只是消耗战略下的一场战役，因此失败了也并非无可挽救。拿破仑的目标则要宏大得多，他要的是彻底的、决定性的胜利，所以卷土重来也难得多。他损失的当然不只是军队，还有很重要的一点是普鲁士和奥地利之前在威逼下与他结盟，现在有勇气跟他决裂了。

因此，拿破仑下台的主要失误不是他采用了错误的战略，而是他高估了帝国境内法国人民的内在凝聚力。毫无疑问，一大部分法国人民或者对他怀有敬重和感激，愿意追随他，或者被他的名望蒙蔽裹挟。但也有很大一批人对他无感乃至反感。人民不愿意为他而战，强征来也会逃亡。尽管他确实在1813年还能再次纠集起一支大军，但到了骚扰敌境的秋季战役中就折损大半，不是因为敌人，而是因为逃亡。令人惊讶的是，没有记载说明1812年的逃兵是什么下场。但估计肯定有一大批人回到了德意志和法国，到1813年再次入伍。但由于没有确切信息，所以我们无法估算法国在这些年里到底为皇帝提供了多少兵员。

我们从更细致的研究中得知，1814年战役完全是出于政治动机，但它对"战争艺术史"的意义在于政治动机会被包裹在传统战略原则的外衣下。以梅特涅（Metternich）为首的一派希望与拿破仑达成均势，不成便主张复辟波旁王朝。另一派主张打倒拿破仑，沙皇亚历山大希望让贝纳多特取而代之。奥地利不希望为了相反的目标而战，于是拒绝出兵并有意无意地为不情愿披上了战略考量的外衣。奥方立场的基础是欧根、马尔伯勒两位伟大统帅都不曾对巴黎采取行动。普鲁士国王不希望追过莱茵河，因为莱茵河显然是一道天堑，要渡河必先在河边集结兵力。他手下的副将克内泽贝克（Knesebeck）想在朗格勒高原停下脚步，因为那里是法国的分水岭，从那里足以主宰法国。

在1815年战役中，两种战略的对立性再次发挥了作用。威灵顿当然是一位非常重要的将领，但他依然遵循消耗战略。比利时境内的反法联军总兵力差不多是拿破仑的两倍（22万大军对12.8万精兵；当然，22万这个数字本身意义很小）。但皇帝险些就取胜了，因为威灵顿总是在考虑自保，没有尽快集结兵力投入会战，所以在利尼会战（battle of Ligny）迟到了，之后在18日的好友宾馆会战[①]期间，他又将整整一个军1.8万人留在了距离战场9英里（约14.5千米）的地方。有人正确地将这一分兵之举比作腓特烈在布拉格会战期间将基斯部留在城的另一侧。但在腓特烈时期看起来合理尽管并非必要的事情，放到拿破仑时代就是大错了。格奈泽瑙的一个做法抵消了威灵顿的失误。他完全从决战思维出发，放弃了在利尼被击败的普军直接与国内联络的通道，率兵退往靠近英军的瓦夫尔（Wavre），这样普军才得以在次日与英军会合。[22]最后的胜利掩盖了威灵顿的错误，以至于少有人关注。但从军事角度看，这些错误应该被大书特书，不是因为它们是错误，而是因为它们证明了错误理论的影响力和危害性。1815年的四日战役可以被视为两种对立战略之间碰撞的最充分展现。卡尔大公败给拿破仑是一个头脑空空的软弱之辈败给了一位天才。但威灵顿完全误解了拿破仑的意图，以为他打算通过机动战逼退英军，进而夺取布鲁塞尔，于是没能及时集结军队，那就只能用陷于旧战略窠臼才能解释威灵顿这样一位大人物和杰出军人为什么会那样做了。

假如威灵顿只参加了西班牙战争，在1814年就结束了军人生涯，那么除了没有经受最严峻的考验以外，他也没什么可指摘的。我们只能从他的品格推断他在那样的考验下大概会怎样做。但如今他在1815年经受了考验，他在战术层面做出了卓越的回应，战略

---

① 即滑铁卢会战。

上却是失败的。他只解决了防御一侧的问题,而且沿用了他在西班牙的已经不再适用的战法。最终的大获全胜是因为布吕歇尔和格奈泽瑙指挥有道,弥补了威灵顿本身的欠缺。

附记:消耗战略与歼灭战略之对照

当我查阅上述内容的证据时,我看到了奥托·欣策(Otto Hintze)发表于《勃兰登堡-普鲁士史研究》(Forchungen zur Brandenburgisch-Preussischen Geschichte)第32卷的《七年战争后的腓特烈大帝与1768年政治遗嘱》("Friedrich der Grosse nach dem Siebenjährigen Kriege und das Politische Testament von 1768")一文。该文表明尽管总参谋部著作第27卷已经出来了,但对腓特烈战略的误读仍然没有消失。为了尽可能清晰完整地揭示这种谬论的缘起,我要逐字摘录原文的相关段落。《政治遗嘱》之后会作为《腓特烈政治通信集》的附录出版。蒙欣策教授将小样发来,让我得以在这里插入他写的内容。原文如下:

> 国王只打算与奥地利及其盟友打一场防御性的战争,但他认为开战时绝不能采取战略守势,而一定要尽快展开以敌国首都为目标的有力攻势。这是他惯用的战略观念,A. 诺代(A. Naudé)在探讨1757年战役方案时已经做了正确的说明。他必须一面率主力入侵摩拉维亚,一面派出巡逻队沿莫拉瓦河进抵维也纳近郊。那里是奥地利人最敏感的地点;威胁维也纳可以尽快迫使奥地利议和。当然同

时也不能停止向波希米亚挺进；其他的事情就只能随机应变了。当然，国王在1757年就有了这一想法；但彼时在什未林和温特费尔德的影响下，他转而从多面扑向波希米亚，以图在布拉格城下决战。1758年，他回到了之前的方案；但由于奥尔米茨城顽强抵抗，奥军又俘获了一大批辎重，所以方案失败了。可国王头脑中一直有这个想法，现在又以写给嗣君的常规战略方案的形式浮现了出来。在1778年的巴伐利亚继承战争中，腓特烈本人试图践行这一方案，但由于波希米亚军团司令亨利王子为自身侧面安全而不愿脱离主力太远，于是方案再次未能贯彻。针对俄军，腓特烈也有在某些情况下放弃战略守势的计划，但这一构想的前提条件是要有奥地利和英格兰两国的支持。他考虑沿着波罗的海海岸进军圣彼得堡；后勤由沿岸随行的船队确保供应。他没有说船队从何而来；大概是由海军强大的盟国提供吧；因为腓特烈在1768年《政治遗嘱》中极力反对普鲁士建立海军，甚至比1752年还要反对。

我们发现，七年战争后腓特烈战略方案的大胆程度和眼界宽度不减反增。国王在论述战争的根本原则时一贯偏向宏大的歼灭战略方案，而非小家子气的消耗战略方案。他对1757年战役宏观构想的说明表现出了一种近乎现代的大手笔，而人们争论国王的战略原则时常常未能充分考虑这一点。我们在这里不能用寻常的考据方法，认为事后回忆反思的分量不如时人留下的证据，这些证据来自与事件同时期的个别记载，往往只有残篇留存。这些个别报告和命令的背景和融贯性只有从事后的宏观思考中才能建立。计划往往不能充分实现。执行取决于天时，也取决于能构想出歼灭战略的人，而腓特烈显然是两者兼备。当然，他当时掌握的军事物资和面对的整体状况，比如农业、路况、后勤能力都非常有限，践行歼灭战略方案的难度要比拿破仑或毛奇时更大。腓特烈从经验中充分明白了这一点，因此他的军事实践一直是来回波动的状态，反过来又靠近了一板一眼的传统机动战。对军需仓库的依赖一直是他所有军事行动的首要基础，他还预见到未来与奥地利的冲突会是一场"阵地战"（guerre de postes）。1778年战役验证了他的预言。

欣策说腓特烈在七年战争后的战略方案在大胆程度和眼界宽度上似乎没有减弱，这一点我们或可赞同。至于不减反增之说，其依据似乎是进军圣彼得堡的计划，那看起来当然是超越了国王之前的一切方案。腓特烈之前连威胁圣彼得堡都不曾认真考虑过，但圣彼得堡依然完全是另一码事。这可以用水陆并进的计划来解释，他在《论查理十二的军事才能》一文中有过评述。腓特烈在文中详尽阐述了瑞典国王败于不向圣彼得堡进军，而朝莫斯科方向的斯摩棱斯克前进。这样一来，他就放弃了自己的交通线，无法供给口粮物资，或者用今天的话说，他抛弃了基地。因为腓特烈对俄作战的预设是引奥地利和某个海权国家为盟友，所以进军圣彼得堡的想法仍然属于传统思路。可以这样说，水陆并进就是把基地带在自己身边。击败或迫降俄国没有别的办法。当腓特烈一度幻想结成反俄大同盟时，出于他本人的战略观念，他必然不会进入俄国内地。因此，目标就只剩下了圣彼得堡，就连那也需要有船队相随。

欣策一文错在这句话："国王……一贯偏向宏大的歼灭战略方案，而非小家子气的消耗战略方案。"从前后文来看，作者对"歼灭战略"和"消耗战略"这两个词的理解不正确。腓特烈偏爱宏大方案是众所周知的事，这是他奉行终生的原则。他对自己说，即便方案在执行过程中会缩水，可宏大计划一旦得手，仗就算是赢了。然而，宏大计划本身就等于歼灭战略吗？难道消耗战略下就没有宏大计划吗？如果说制订了宏大计划就表明践行了歼灭战略，那么古斯塔夫·阿道夫、马尔伯勒和欧根便都信奉歼灭战略。论方案之宏大，古斯塔夫·阿道夫进军慕尼黑、1704年马尔伯勒自尼德兰奔赴多瑙河（赫希施泰特会战）、1706年欧根自波河以南的阿迪杰河北上都灵都不亚于腓特烈的任何一次行动。因此，如果关键点在于规模大小的话，那么两种战略的区别就只在于统帅的高低优劣。但是，欣策对统帅优劣之分的理解是正确的，他承认奉行消耗战略的统帅并不更低劣，而且由于这种战略的两面性，它从主观角度看往往要比歼灭战略更难操作。因此，区别不在于规模大小。

我们必须对欣策所说的"宏大计划"的客观内容做一检验，以便考察这些计划是否属于歼灭战略的范畴。他告诉我们，国王在《政治遗嘱》中建议"展开以敌国首都为目标的有力攻势"。这听起来像是歼灭战。但他紧接着又说只是"进抵维也纳近郊"。这显然不再是"歼灭"了。暂且不考虑维也纳在多瑙河以南，而且要进抵维也纳近郊的不是正规军，而只是巡逻队，因此不可能对奥地利都城构成真正的威胁，我们还有一个事实要考虑：在同一份《政治遗嘱》中还有本书前文详尽复述过的内容,即腓特烈强烈反对会战,不仅是在山地,在平原也不主张开战。因此,国王试图派兵去维也纳近郊不是为了战斗。[23] 如果一场歼灭战役是这副模样,那么我们对"歼灭"的理解显然就要完全改观了。按照我对"歼灭"的理解,腓特烈要这样写才对:"我们不应满足于威胁维也纳,而要渡过多瑙河,夺取维也纳;我军应进攻并击败试图守城的奥军。"

欣策沿袭诺代和科泽(Koser)的说法,将腓特烈经摩拉维亚威胁维也纳,以此击败奥地利的方案称作腓特烈"惯用的战略观念",这间接表明按照正确的理解,该方案属于消耗战略的范畴。此说本身值得商榷。但如果同意这一说法,那么"惯用的战略观念"显然只能从消耗战略的土壤中生长出来。歼灭战略设想的目标永远是敌军;一定要找到并击败敌军。因此,在歼灭战略下制定方案的人会问:"哪里能找到敌军?"但腓特烈问的是一个地理问题:"两个备选省份中哪一个为入侵和作战带来了更好、更有利的机会?"腓特烈的"惯用观念"的关键点在于,他认为入侵摩拉维亚比入侵波希米亚有一定的优势。为这样一个简单的想法戴上"惯用观念"的大帽子是言过其实了。腓特烈是随机应变,其实入侵波希米亚的频率比入侵摩拉维亚还高得多。[24]

我们现在来完整地看一看作为欣策论点基础的《政治遗嘱》原文(第224页):

> 尽管我们经常有理由短兵相接,但首先一定要入侵萨克森,再从那里沿易北河派一军进入波希米亚。我们必须在西里西亚布置一支更大的兵力,向兰茨胡特和格拉茨郡

> 派遣偏师，从赫卢钦（Hultschin）地区突入摩拉维亚。如有盟军协同行动，我军可以在下一次战役中越过多瑙河。或者是土耳其派军进入匈牙利，或者是3万俄军进至普雷斯堡与布达之间的多瑙河河段，两者必居其一。这意味着要夺取波希米亚，然后用它交换一个离我国边境更近的选侯领。

可见，即便国王在预设与俄国和土耳其结盟的情况下打算进抵多瑙河——那也只是下一次战役。这算得上是歼灭战略吗？1866年7月，毛奇在同一区域带给了我们不一样的教训。他没有分兵两路，一路去波希米亚，一路去摩拉维亚，而是尽快集合全部兵力打决战。他没有在第一年率领普军到多瑙河畔扎营过冬，第二年再继续开战，而是孤注一掷，坚持把一场战役打到底，直到敌方接受我方的和平条款。这才是歼灭战略的样子。

在我看来，雅恩对这一计划——腓特烈在1775年和1778年制订了几乎相同的计划——的判断比欣策更正确，他认为那不过是推演而已（《军学史》3 : 2015）。

令人惊讶的是，腓特烈竟然相信这样能够迫使波希米亚脱离哈布斯堡家族的统治，然后用波希米亚换取萨克森。但同样令人惊讶的是，欣策认为从政治角度看，腓特烈将普鲁士、俄国、土耳其三国结盟，以占有萨克森为最终目标的战争视为一场防御战。

欣策的观点当然并非直接构成矛盾，但仍然是将腓特烈的面貌向两个相反的方向拉扯，一个是只打防御战的和平政治家，一个是尽管资源有限，却敢于挑战强大对手的狂想战略家。

第四篇 国民军时代

我认为自己有必要指出欣策论述中的下列错误细节。

1757 年时,腓特烈本无意入侵摩拉维亚,只是经温特费尔德和什未林劝说才改变了看法。他最初计划在萨克森取守势,直到他在萨克森的一场防守反击战中击败了奥军,他才按照两位将军的观点进军摩拉维亚。

此外,腓特烈在 1757 年进军波希米亚时绝没有以"在布拉格城下决战"为目标。诚然,腓特烈在 1768 年的《政治遗嘱》中是这样说的,我也乐于承认相比于时人留下的、与事件同时期的证据,我们不应该忽略事后的回忆反思。但就目前的问题而言,事后回忆并没有填补原始史料的空白,反而不仅与文献证据截然相悖,甚至与作者本人 5 年前的专著《七年战争史》中的个人回忆不完全一致。因此,1768 年的这份文献自然不是完全可靠的证据。

对于 1758 年辎重被劫毁掉了国王计划一说,我也必须提出质疑。辎重被劫时,道恩已经成功解救了东侧的奥尔米茨,于是即便辎重顺利抵达,国王的计划也是失败了。

最后,关于 1778 年战役中国王亲率的部队为何没有在另一半军队还在波希米亚时转进摩拉维亚,原因毕竟不只是亨利王子一人的反对,更是常理使然。

欣策接下来说:"执行取决于天时,也取决于能构想出歼灭战略的人,而腓特烈显然是两者兼备。"按照欣策的理解,腓特烈确实是两者兼备。但前文已经充分说明,弗朗茨皇帝、俄国大臣会议、道恩元帅、苏比斯将军必然也是两者兼备。苏比斯在罗斯巴赫会战中包抄普军,以及道恩在莱格尼茨(Liegnitz)将普军团团围住并一举歼灭的"构想"不逊色于腓特烈的任何实际成就。但如果欣策拒绝因此就认为道恩和苏比斯属于歼灭战略一派，他便承认了腓特烈奉行歼灭战略的观点有误。

他接下来的一段话更进一步地承认了自己的错误：

> 当然，他当时掌握的军事物资和面对的整体状况，比如农业、路况、后勤能力都非常有限，践行歼灭战略方案的难度要比拿破仑或毛奇时更大。腓特烈从经验中充分明白了这一点，因此他的军事实践一直是来回波动的状态，反过来又靠近了一板一眼的传统机动战。

如果忽略"来回波动"一语中的谴责意味，我们可以说欣策的这段完全正确、与我观点完全一致的话将腓特烈放到了两极战略，也就是消耗战略一类下。可他之前为什么要说他奉行歼灭战略呢？我们不能假定欣策这样的学者会如此直接地自相矛盾。要解释也很简单，那就是他对"消耗战略"和"歼灭战略"的用法完全不同于我对这两个词的阐明和用法。如此一来，误解当然会接踵而至。科泽对这两个词的用法本来是一样的，却没有明说，也没有向读者说明，以至于他所用的含义好像跟我不同似的。凡是将"消耗战略"理解为作战疲乏无力，而将"歼灭战略"理解为作战机智大胆的人看到我将腓特烈归入消耗战略，都免不了一阵惊讶。

欣策的最后一句话也要专门提一提。他给出的腓特烈无法奉行歼灭战略的原因极其不充分，而且恰恰遗漏了重点。在腓特烈的最后一场战役与拿破仑的第一场战役之间的18年里，"农业、路况、后勤能力"方面的进步没有巨大到让一种全然不同的战略成为可能的地步。当然,欣策也只是说"〔对腓特烈来说,〕难度要比拿破仑时更大"。如果只是"难度更大"的问题,我们就必须要说:"困难是用来克服的。"而且欣策的表述还是可以解读为谴责。但在现实中根本不是"难度"的问题,压根就是不可能。为了正确评判腓特烈,一切都取决于要明白有些事是他不可能做到的。欣策不明白,于是这样的情况又出现了:作者本来称腓特烈奉行歼灭战略是为了颂扬他,结果却显得他是一位受制于种种局限的渺小人物,徒增混淆。这让我又想起了自己的讥讽之语,即如果我们要认为腓特烈奉行歼灭战略的话,那么腓特烈就是一位"战略拙劣"之人。针对这样的讥讽,腓特烈已经给自己解了围,他说起伏尔泰时打趣道自己只按照荷马和维吉尔的诗句打仗。伏尔泰却称颂查理十二,说他(依据歼灭战略的原则)马不停蹄地追击逃跑的俄军,从一场会战赶往另一场会战。

4　沙恩霍斯特、格奈泽瑙、克劳塞维茨

腓特烈军制首次与法国新军制交锋是在瓦尔米，之后战争又持续了两年（1793年和1794年），腓特烈军制当时仍然具有优势。1795年春，普鲁士出于政治因素，签订《巴塞尔和约》退出了战争，但军事上并未被击败。11年后普鲁士再次与法国交手时，法国人已经被锻炼成了拿破仑的战士，普鲁士一触即溃。如果我们像路易丝王后（Queen Louise）一样说普鲁士戴着腓特烈大帝的桂冠睡着了，那便不能理解事件的全貌。尽管普鲁士人对祖上荣光感到自豪，但批判与革新运动也相当活跃，新旧之争早在危机爆发前就非常激烈。甚至在法国人都没有意识到自己的战术创新的时候，时任汉诺威军少校的沙恩霍斯特就在1794年7月10日的日记中写道："当前的对法战争在几点上会颠覆现行战术体系。"临近世纪末（1797年），他又写了几篇文章来阐发"一个板上钉钉的事实是，这场战争中的大部分战局都由法国散兵所决定"，他还提议完善德意志诸邦军队中仍然盛行的战术。[1] 他希望将新旧战术有机地联系起来。在他看来，抛弃步兵线列或步兵彻底散兵化是绝不可为的，

但他提议让第三排当散兵。² 第三排在齐射中肯定是用处不大，而且步兵阵形在大革命战争期间已经转向两排了。但作为一般原则来实施的话，两排阵会导致正面过宽，无法控御，线列太薄，难免危险。现在，通过将三分之一的步兵（不是第一排，而是第三排）转化为散兵，严整密集的传统正面保留了下来，能够发挥其优势。但散兵又能绕过营的侧面前出加强整体火力，效果好于一直呆在线列正面的第三排，而且遇到紧急状况时也可以回归原位，巩固正面强度。沙恩霍斯特很注重保留密集正面用于齐射和后期冲锋，甚至不想教前两排士兵精准射击。

甚至到了 1801 年沙恩霍斯特进入普军服役时，他的思想依然没有得到认可。当然，身为将军的霍恩洛尔领主（General Prince Hohenlohe）确实将第三排散兵战术引入了西里西亚团（1803 年），他日后在耶拿会战中指挥的就是这些团。但冯·默伦多夫元帅（Field Marshal von Möllendorff）同年在柏林明令禁止开火时瞄准；士兵应"水平持枪，保持头部竖直"。³

在 1806 年之前的普鲁士，新旧显然已经展开了争斗，可旧制度凡是在重要的方面都不曾动摇过，而且从军者依然完全是腓特烈当年的那一类人。然而，有人可能会觉得普军当时的实力比腓特烈时期变差了，其实反而是变好了。军纪稳固，军官勇敢，但军队已经失去了精魂，将帅昏聩不堪，对手又是一位巨人，所以普军被打败是必然的。我在其他著作中已经详细阐明了我对这一时期和上述事件的看法，从惨败到重建，再到普鲁士最终的胜利，所以此处无意赘述。⁴ 结果是普鲁士接纳了当初击败自己的法国大革命的理念，在这些理念的协助下重获新生，在军事领域取得了甚至比以前还要大的进展，并从实践和理论两方面达到了可能性范围内的巅峰。

此处应该补充一点：1805年战败后，奥地利也在卡尔大公主持下革新了旧战术，将散兵战术、纵队战术巧妙地与线列战术结合了起来，使其达到了一支缺乏民族基础的军队所可能达到的高度。[5] 我在前面引述过马克将军反对散兵战术的论证。1803年，武卡索维奇副帅（Lieutenant Field Marshal Vukassowicz）写给御前军事委员会的一份报告中展现了旧式军事教育的精神与新精神的差别有多么大，以及向新精神转变是多么困难：

> 土耳其战争期间，一支部队在贝萨尼亚-达姆（Besania-Damm）被命令将刺刀放低到一半身高的位置，可士兵们没有学过其他动作，于是都像雕像似的一动不动。土军抓住机会，拔出短刀从枪下冲进去，马上就把士兵的脚砍掉了，因为我军必须要从实际教训中才能学会听到"刺"的口令时应该将刺刀刺出去。[6]

俄军依然信奉苏沃洛夫（Suvorov）的那句话："子弹是蠢婆娘，刺刀才是真汉子。"晚至1813年，俄军中只有轻步兵团采用了散兵战术；其余步兵完全不知单兵作战为何物。[7]

普鲁士战争大臣沙恩霍斯特通过废除招募外国士兵，建立普遍兵役制——法国自己后来又取消了普遍兵役制——从而将传统佣兵军队转变成了一支国民军。普遍兵役制遭到了激烈反对，在预备阶段根本无法推行，直到发生了暴动（1813年2月9日）的关头才实施。最初只说是战时措施，但通过沙恩霍斯特的门徒和继任者博延的努力，普遍兵役制在 1814 年再次实施。[8]

尽管我们已经看到散兵作战对法军无比重要，但它一直是无人培育、自行生长的状态。而普鲁士如今在沙恩霍斯特 1797 年著作中提出的建议基础上制定条令，实现了散兵规范化；奥地利之前也已经这样做了。基础阵形仍然是 3 排线列，凭借齐射火力横扫眼前的一切。但第三排可以出列发挥散兵的作用，如有必要，甚至全营都可以散开作战。（在这一点上，沙恩霍斯特已经越出了他本人在 1797 年的提议。）[9]

展开为线列的步兵营不仅可以齐射，也可以凭借纵深发起冲击。为此，沙恩霍斯特仿效法国设立了宽为两个排、纵深 4 个排的"向中纵队"（column towards the middle）阵形。步兵营能够以极快的速度在线列和纵队之间转换，因为在线列状态下，左右外侧的 4 个排直接就布置在中间 4 个排的后面。

"向中纵队"的纵深是 12 个人，射手展开后纵深是 8 个人（一个营辖 4 个连，也就是 8 个排）。这是古希腊方阵的正常纵深，因此按照老观念仍然是线列阵形，但从 18 世纪成为定制的 3 排线列来看，这已经算得上是纵队了。

沙恩霍斯特向普鲁士引入了法军的组织观念，同时又更新了这些观念。同理，在拿破仑的诸多对手中，曾支持沙恩霍斯特改革军队的格奈泽瑙完全接纳了拿破仑的战略观，从而得以亲手持剑刺向强大的法国皇帝。1813 年秋季战役中，反法联军最重要的使命是将分散于勃兰登堡、西里西亚、波希米亚各地，围绕着拿破仑的军队形成一个半圆形包围网的部队集合到一个战场，不给居于中央的对手各个击破的机会。联军达成了这一任务。拿破仑 10 月 3 日在瓦滕堡（Wartenburg）渡过易北河后意图逼近西里西亚军，但后者没有越过易北河撤退，而是不惜牺牲交通线，绕过拿破仑至萨勒河畔与施瓦岑贝格军会合，抄了拿破仑的后路。这次机动切断了拿破仑与法国的联系，本来有可能被占据兵力优势的联军包围全歼。施瓦岑贝格的参谋长拉德茨基也已经按照上述思路制定了一份方案，这份方案至今依然蒙受着极大的误解和歪曲，好像它的目标不是消灭法军，而是不战而逼退敌军的老一套战略。在军事顾问冯·托尔将军（General von Toll）的要求下，亚历山大沙皇出手推翻了拉德茨基的精妙方案。联军再次分开，给法军让出了西撤的通道。[10]

1815年从利尼出发，经瓦夫尔至好友宾馆的行动与1813年自易北河往萨勒河的行军同类且同样大胆。[11]这两次行动都因为拿破仑做出错误判断，进而采取错误行动而效力倍增。1813年，拿破仑扑了个空；1815年，他没能在恰当时机命令格鲁希率军参战。"这些畜生长教训了。"他大喊道。

伟大的实践一定要配上理论才算完全。令人惊讶的是，阐明拿破仑战略行动的理论家竟然在普鲁士军中，此人是沙恩霍斯特的门生，格奈泽瑙的朋友克劳塞维茨。沙恩霍斯特遗体从他战死的地方转移到柏林军人公墓时，格奈泽瑙给克劳塞维茨写了一封信，信中有一句话有力地表现了三人之间的关联："你是他的约翰，我只是他的彼得，尽管我从未像另一位彼得对他的老师那样对他不忠。"①

---

① 这里是将沙恩霍斯特比作耶稣。约翰和彼得都是耶稣的门徒。约翰常被认为是耶稣"所爱的门徒"。彼得为教会的建立付出了许多心血，但耶稣被捕后曾3次不承认自己是耶稣的门徒，即"彼得不认主"。

在克劳塞维茨开始分析拿破仑的战争艺术之前，法裔瑞士人约米尼已经着手了。他是一位才华横溢，涉猎广泛且极为高产的作家，而且他早在1805年就理解并讲述了拿破仑战略中的决定性因素，也就是偏爱决战。但他依然没能从整体上参透拿破仑行动与战略的真正本质。那需要一种特殊的冲动，自康德和黑格尔以来在德意志蓬勃起来的深刻哲学探究的冲动，它让普鲁士军官克劳塞维茨心中萌生了解读那位打翻了旧世界、迫使人们建立一个新世界的战神的念头。约米尼在作战线中寻觅战略的本质，考察内外线作战各自的优势。克劳塞维茨意识到，基地、作战线及其相关方面当然是人们应该理解的实用概念，有利于阐明战局，但他也明白制定方案与做出决策的规则不可能从中推导出来，因为战争行为中的一切要素都是不确定和相对的。因此，战略行动绝不是本本主义，而必然源于最深处的品格。但战争是政治行为，所以战略绝不是孤立的，而总要联系政治来考量。一切对政治干预战事的怨言在逻辑上都是无意义的，说这种话的人其实是想说他觉得某次政治干预是错误的。合理的政略对战略的指导一定是合理的，前提是政治家对军务没有错误的认识。在最紧要的决断关头，政治与战略是不分彼此的，伟大战略家对普遍历史的影响源于他这个人的整体。腓特烈在七年战争爆发时采取稳健方案，第二年又改用更激烈的方案，这完全是由政治因素，也就是对女皇盟友们的考量所决定的，而不是因为他自信能够凭借斜线阵击败奥军。而他之所以在洛伊滕冒险向优势敌军出击，是因为他深信虽败犹荣。

革命军中不乏勇敢聪敏之辈，而波拿巴将军独居其上的根源不仅在于卓越的军事才能，政治意识也同样重要。唯有高明的政治手段才让他得以实现宏大的战略构想，因为他懂得在军事胜利后要用政略收尾，而且要在胜仗引发的反弹毁掉既有成果之前。拿破仑在好友宾馆会战当日没有预见到普军的回归，从逻辑上看，我们可以认为他犯了一个令人费解的错误。但这恰恰体现了他的豪气。假如他预计普军会抵达，那么他面对令人气滞的优势兵力就根本不会接受会战，而会落得 1870 年巴赞一样的下场；后者从一开始就不抱有取胜的希望，最后只得不经一战就投降。在威灵顿、格奈泽瑙指挥的占据压倒性数量优势的敌军面前，就连拿破仑也不可能取胜。但他差点就取得了胜利，最后败也没有败得耻辱，而是败得光荣，这一点不仅为他本人带来了令人难忘的辉煌，也为法国人民留下一个精神力量的源泉，让他们能够一次又一次地开辟新生。

从文艺复兴到旧制度灭亡之间不断涌现出了一系列优秀军人和卓越统帅。但在这段时期的前半段，他们还配不上"大战略家"的称呼。尽管我们见到过大战，但格局还是不够大；或者换一种更好的说法：从整体关系来看，军事仍然主要是政治背景下的个人武功，而非战略的本质，也就是政治与军事行动的统一体。

完整意义上的大战略家起于古斯塔夫·阿道夫。在瓦伦斯坦身上，政治家与组织者的角色要大于战略家的角色。在后人的记忆中，萨伏伊公子欧根与马尔伯勒盖过了古斯塔夫一脉的伟大统帅，包括克伦威尔和路易十四帐下的一系列法国大帅。这个时代的顶点和终点是腓特烈大帝。他长期被视为拿破仑的先驱者，具有特殊的地位。我们现在已经看到这一观念是错误的，也做了驳斥。腓特烈不是先驱者，而是将一个时代带向高峰和终结的人。只是通过克劳塞维茨结合政治对"战略"这个概念给出的深入哲学思考，以及对

第四篇 国民军时代

将道本质的连带心理学分析,我们才充分理解了两位大军事家的异同。克劳塞维茨明白自己的反思会得出这样的结果,却没能完成。他在一份写于1827年7月10日并被放在传世之作《战争论》开头的"报告"中,他考虑要从"两种战争艺术"的角度出发重写一篇新作,一种战争艺术"以消灭敌人为目的",另一种则"只打算征服边境上的几处地盘"。两者"性质完全不同",永远必须要分离开。1831年,克劳塞维茨去世,没来得及着手这项工作。本作的目的之一就是填补他留下的空白。

随着克劳塞维茨的著作在作者于1831年去世后面世,战争艺术史的拿破仑时代也走向了终结。就毛奇的思想以克劳塞维茨著作为基础而言,新时代是由拿破仑时代引出的。新时代的内容是由新技术界定的,不仅是新式武器,更有交通运输和种种生活资料,从铁路电报再到19世纪增长到无可限量的食物。

本书就此作结。之后的事情,包括普鲁士的迅猛崛起和最终的崩溃就留待后人了。

注　释

第一篇　文艺复兴时期的军事状况

1　欧洲现代步兵的建立

1. The standard monograph is "The Battle of Guinegate" ("Die Schlacht bei Guinegate") by Ernst Richert. Berlin dissertation, 1907.

2. Dadizeele, *Mémoires*, ed. Kerwyn de Lettenhove, p. 19. According to Comines, there were 200 noblemen.

3. All the earlier works and studies on the lansquenets have been superseded by the book by Martin Nell, *The Lansquenets, Origin of the First German Infantry* (*Die Landsknechte, Entstehung der ersten deutschen Infanterie*), Berlin, 1914. This work is exemplary in its penetrating study and perspicacious critique. The first part was published as a Berlin dissertation. The author, who was justified in having the finest hopes for the future and looked on life with youthful trust, fell on

the field of honor in France in 1914.

Erben, *Historische Zeitschrift*, 116:48, had a few reservations concerning Nell's conclusions, which we can agree with, but they do not eliminate anything of importance.

4. In the first seven documents in which the name appears, Nell found that it was written twice as "*Lanzknechte*," twice in the Swiss minutes in 1486 as "*landtsknechte*," and three times as "*lantknechte*."

5. Lilienkron, 2:362, 20.

6. Hobohm treats this more thoroughly in *Machiavellis Renaissance der Kriegskunst*, 2:394, with the references at 2:405. I cannot agree with Nell's interpretation.

7. Hobohm, 2:426 ff., basing his opinion on Jovius, has expressed the belief that the Swiss spear was initially only 10 feet long and was gradually lengthened to 17 or 18 feet as the squares of spearmen fought against one another. Nell, p. 158, observed that the lengthening of the spear must therefore have started in 1483. Presumably the spears never had a "normal" length but had always been of greatly varying lengths.

8. "Studies on the Long Spear" ("Studien über den Langen Spiess"), *Zeitschrift für historische Waffenkunde*, 4 (1908): 301.

9. Böheim, in the *Zeitschrift für historische Waffenkunde*, 1:62.

10. The work appeared in Venice as early as 1496. I am using the version reprinted in Eccard, *Corpus Historicum*, II, 1612. I do not wish to present the above translation as completely confirmed. The expressions used by the author are not absolutely clear, even though he was an eyewitness. An Italian translation (Venice, 1549) does not shed

any more light on the matter. Jähns, 1:727, has interpreted this not as a wheeling movement but a caracole. Because of these uncertainties, I quote the original text here:

> Ab his phalanx una peditum Germanorum erat, quae omnium oculos in se convertebat, quadratae figurae, quae VI M. peditum continebat, Georgio Petroplanensi Duce integerrimo, in equo eminente. In ea acie tympanorum multitudo audiebatur germanico more, quibus aures rumpebantur; hi pectore tantum armato incedebant per ordines primo a posteriore parvo intervallo. Primi longiores lanceas in humeris ferebant, infesto mucrone sequentes lanceas erectiores portabant post hos bipennibus et securibus armati; ab his signiferi erant, ad quorum inclinationem agmen totum ac si una rate veherentur, in dextrum, laevum, retro regrediuntur; a tergo pilularii dicti parvorum tormentorum; hos a laeva et sinistra scorpionum Magistri sive manubalistarii sequuntur. Hi in conspectu Beatricis Ducis quadratum agmen uno signo in cuneum subito commutavere, paulo post in alas sese divisere: demum in rotundum altera tantum parte levi motu, altera cursim movebant, prima parte circumacta, postrema immota, ita ut unum corpus esse videretur.

11. *Jahrbücher für Schweizer Geschichte*, 6:263. Basin: "Surrogavit enim in eorum locum alios pedites, quos appellabant halbardurios, qui

similibus armis induti ut franci sagittarii, loco arcuum contos longos ferratos, quos Flamingi piken appellant, aut latas quasdam secures, secundum Alemannorum peditum ritum, deferebant" ("For he put other infantry in their place, whom they call halberdiers. These, similarly equipped to French archers, carried instead of bows long iron-tipped poles, which the Flemish call pikes, or broad axes following the custom of German infantry.")

12. Hobohm, 2:329, 345.

13. According to Spont, *Revue des Questions Historiques*, 1899, p. 60.

14. According to Susane, *Histoire de l'infanterie française*, 1:14.

15. Proof based on the sources is to be found in Willibald Block, "The Condottieri: Studies on the so-called 'Unbloody Battles' " ("Die Condottieri. Studien über die sogenannten 'unblutigen Schlachten' "), Berlin dissertation, 1913.

16. Hobohm, 2:336.

2 火 器

1. From the abundant literature on the invention of gunpowder and the oldest firearms, I mention the following works: Napoleon III, *Du Passé et de l'Avenir de l'Artillerie*. This work, which was written during the imprisonment of Louis Napoleon in Ham, is still worthy of note today. With a certain amount of abridgment and the omission of notes and tables, it was copied in the *Oeuvres de Napoléon III*, Vol.

注 释

IV, 1856, and was translated by Lieutenant (later Lieutenant General) H. Müller, Berlin, 1856. A. Essenwein, *Sources on the History of Firearms. Facsimile Illustrations of Old Original Drawings, Miniatures, Wood Cuts, and Etchings, together with Photographs of Authentic Old Weapons and Models* (*Quellen zur Geschichte der Feuerwaffen. Faksimilierte Nachbildung alter Originalzeichnungen, Miniaturen, Holzschnitte und Kupferstiche nebst Aufnahmen alter Originalwaffen und Modelle*). Published by the Germanic National Museum. Text by A. Essenwein. With 213 facsimile illustrations. Leipzig, 1872-1877. Thierbach, M., *The Historical Development of Hand Firearms* (*Die geschichtliche Entwicklung der Handfeuerwaffen*), Dresden, 1886. Supplement, 1899. Köhler, G., *The Development of the Military System and Warfare in the Knightly Period* (*Die Entwicklung des Kriegswesens und der Kriegführung in der Ritterzeit*), Vol. III, Breslau, 1887 (probably the most valuable part of this broadly conceived work). Romocki, S. J. von, *History of Explosives* (*Geschichte der Explosivstoffe*), Vol. I, Berlin, Hanover, 1898. Very valuable, especially because of its corrected reprint of Marcus Graecus. Jähns, M., *History of the Development of Old Offensive Weapons* (*Supplement on Firearms*) (*Entwicklungsgeschichte der alten Trutzwaffen* [*Anhang Feuerwaffen*]), Berlin, 1899. Sixl, P., "Development and Use of Hand Firearms" ("Entwicklung und Gebrauch der Handfeuerwaffen"), *Zeitschrift für historische Waffenkunde*, I ff., 1899 ff. Reimer, P., "Gunpowder and Ballistic Concepts in the Fourteenth and Fifteenth Centuries" ("Das Pulver und die ballistischen Anschauungen im XIV. und XV. Jahrhundert"), *Zeitschrift für historische Waffenkunde*, 1:164 ff. Also 4:367. Oskar Guttmann, *Records of Gunpowder* (*Monumenta pulveris pyrii*), London, 1906. Karl Jacobs, *The Development of Firearms on the Lower Rhine up to the Year 1400* (*Das Aufkommen der Feuerwaffen am Niederrheine bis zum Jahre 1400*), Bonn, Peter Hanstein, publisher, 1910. An excellent document that presents much more than the title indicates. Rudolf Schneider, in the *Zeitschrift für historische Waffenkunde*, Vol. 6, Book 3, "A Byzantine Firearm" ("Eine byzantinische Feuerwaffe"). See also in this connection the article by R. Forrer, "Archeological and Technical Aspects of the Byzantine Firearm of the cod. Vat 1605 c. Eleventh Century" ("Archäologisches und Technisches zu der byzantinischen Feuerwaffe des cod. Vat 1605 c. 11. Jahrhundert") in the fourth book of the same periodical (1909). These two articles overtake Romocki's work with completely new material. M. Feldhaus, in his *Great Pages of Technology* (*Ruhmesblätter der Technik*), Leipzig, 191-[*sic*], gives a valuable survey based on his own research. Recently, a new contribution in this field with very valuable new conclusions has been added by Rathgen (Lieutenant General) and Schäfer, "Firearms and Long-range Weapons in the Papal Army in the Fourteenth Century" ("Feuer- und Fernwaffen beim päpstlichen Heer im 14. Jahrhundert"), *Zeitschrift für historische Waffenkunde*, Vol. VII, Book 1, 1915.

2. Schneider and Forrer, op. cit.

3. See Romocki, *Geschichte der Explosivstoffe*, for the best and most thorough treatment of this subject.

4. Romocki, p. 31.

5. Under these circumstances, I may be permitted to pass over the question as to whether and to what extent gunpowder and firearms were known in ancient India. On this point see Oppert, Gustav, "On the Question of Gunpowder in Ancient India" ("Zur Schiesspulverfrage im alten Indien"), *Mitteilungen zur Geschichte der Medizin und Naturwissenschaften*, 4:421-437.

6. Rathgen and Schäfer, "Feuer- und Fernwaffen beim päpstlichen Heer im 14. Jahrhundert."

7. This work by Walter de Millemete is entitled *De officiis regum* (*On the Duties of Kings*) and was presumably written in 1325 or at the beginning of the reign of Edward III, that is, shortly after 1327. The manuscript is in Oxford. The illustration is to be found in Guttmann, figure 69, reproduced in the *Zeitschrift für historische Waffenkunde* and also, very unclearly, in Feldhaus, p. 100. I handed my colleague, Tangl, the sample given in Guttmann, and he told me that no conclusion could be drawn from the passage. While he was certain it belonged in the fourteenth century, it was of the type of elegant writing which contains so little of an individual character that it is impossible to establish a closer date. But he went on to say that if the manuscript can be proved to stem from the years to which it has been attributed (1325-1327), then we may also assume that the illustration is from the same period. The fact that the projectile with the arrow point is aimed at the gate of a stronghold could perhaps be interpreted as indicating that we are dealing with a purely decorative composition that does not necessarily show firing against the strong gate. Shooting with bolts instead of balls was

actually done.

8. The most important are two frescoes in the church of the former monastery of St. Leonardo in Leccetto near Siena, on which a siege with a cannon and a hand firearm are shown (Guttmann, p. 28). According to an account book, the master Paul was paid 16 L., 12 R. for these works in June 1343. Professor Tangl told me, however, that the writing in the account book is of a much later period.

9. On this point see the articles by Schneider and Forrer named in note 1 above.

10. Of course, Rathgen and Schäfer point out that in the papal accounts, as detailed as they are in other respects, there is no entry for wood for the blocks. They say, however, that these blocks may have been made on the spot.

11. According to Clephan, "A Sketch of the History and Evolution of the Handgun," *Festschrift für Thierbach*, pp. 35, 40, gunpowder and various types of cannon are mentioned for the first time in England in 1338, in a procurement contract.

12. With respect to Meissen, see Baarmann in the *Festschrift für Thierbach*, p. 67, where it is said that the defender of Salzderhelden successfully used a lead firearm several years earlier.

13. "On the Oldest Cannon in Switzerland, with a Document from the Year 1391" ("Ueber älteste Geschütze in der Schweiz, mit einer Urkunde vom Jahre 1391"), by Dr. J. Häne in Zurich. *Anzeiger für schweizerische Altertumskunde*, new series, 2(1900): 215-222.

14. Jacobs, p. 136.

15. Favé, 3:80 ff., according to Köhler.

16. The *ribaudequins* were originally large crossbows that were installed on the walls. In the fifteenth century they were often named as cannon. The most important passages are cited in Köhler, *Kriegswesen der Ritterzeit*, 3:178, 279, 315.

17. In an extract from the *Book of Pyrotechnics* (*Feuerwerksbuch*) of 1429 it is already stated how "lump powder" was made and the fact that this powder was more effective than fine powder. Köster (p. 336) and Jähns (p. 401) believe that this lump powder was not yet a true granulation but only a preliminary step. Romocki, p. 182, and Clephan, p. 36, call it simply granulation. Clephan adds that, nevertheless, fine powder continued to be used for a long time and granulated powder was again used at the beginning of the sixteenth century. As the reason for this, he assumes, as does Köhler, 3:255, that the explosion of the granulated powder was so strong that the weak cannon could not withstand it. This explanation is not very enlightening, since one could have used less powder.

18. G. Körting, *Petrarch's Life and Works* (*Petrarcas Leben und Werke*), p. 542, says that the poet devoted many years to this work but did not finish it until he was old—on 4 October 1366, according to a reliable source. Azzo died in 1362. This date is also accepted by Karl Förster, *Petrarch's Collected Canzonas* (*Petrarcas sämtliche Canzone,* usw.), translation, 2d ed., 1833, p. XI. This report is based on Baldelli, *Del Petrarca e delle sue opere*, Florence, 1797. 2d ed., Fiesole, 1837. Blanc, in Ersch and Gruber, III, 19, p. 237, reports that Petrarch started

the work in 1358 and finished it in 1360. In 1360 or early 1361 he supposedly presented it to the Dauphin, later Charles V of France, on the occasion of a diplomatic mission, and Charles had it translated into French. Blanc also bases his statements on Baldelli, but Baldelli, in his second edition at any rate, names 1366 as the year of completion.

19. Published in Geneva by Jacob Stoer in 1645, p. 302.

20. In the word "wooden" Jähns saw indirect proof of its derivation from the *madfaa*. That does not seem clear to me.

21. Jovius, *Elogia virorum bellica virtute illustrium* (*Aphorisms of Men Distinguished by Military Virtue*), Basel, 1575, p. 184. Also Guicciardini, *Historia d'Italia*, Venice, 1562, 4:100.

22. Jacobs, p. 53.

23. Jacobs, p. 51 ff., p. 136.

24. Napoléon, *Etudes*, p. 66.

25. Baarmann, "The Development of the Gun Carriage up to the Beginning of the Sixteenth Century and Its Relationship to that of the Rifle Stock" ("Die Entwicklung der Geschützlafette bis zum Beginn des 16. Jahrhunderts und ihrer Beziehungen zu der des Gewehrschaftes"), *Festschrift für Thierbach*, p. 54. A very valuable study. I cannot agree with the differing opinions in Essenwein and Gohlke (*Geschichte der Feuerwaffen*). According to von Graevenitz, *Gattamelata and Colleoni and Their Relationships to the Art* (*Gattamelata und Colleoni und ihre Beziehungen zur Kunst*), Leipzig, 1906, p. 96, Colleoni placed cannon on mobile carriages and thereby became the creator of the field artillery in Italy.

26. Robertus Valturius, *de re militari* (*On Military Affairs*), Verona, 1482, has a series of illustrations of cannon in Book X. Among them are also bombs with burning tinder, but in other respects the pictures are fantasies.

27. On his rapid march from Rome to Naples in 1495, Charles VIII bombarded the city of Monte Fortino so that it could be taken by storm (Pilorgerie, *Campagne de 1494-1495*, p. 174). The same procedure was repeated at Monte di San Giovanni (p. 174). Charles VIII himself gives testimony in a letter written on the day of the victory (9 February 1495) of "a bombardment of four hours." During that time an extensive breach had been made (p. 176). In a letter dated 11 February, Charles refers to Monte Fortino as "one of the fortified places of this country famous for its strength." He did not move out against this city until after the midday meal, and less than an hour after the first shot the attack had already succeeded (pp. 177-178). A letter from a high-ranking French officer from Naples, written in February 1495, states: "Our artillery is not large, but we have found more in this city and large stocks of powder. But we have a shortage of iron bolts because here they have only stones" (p. 197). —In the presence of the king the shooting was better—"Today the king went to dine with the artillery, and in short order the cannoneers fired so well that they knocked down a tower" (13 March 1495). (Pilorgerie, *Campagne de 1494-1495*, p. 211).

28. Beck, *History of Iron* (*Geschichte des Eisens*), 1:906, says that iron balls were among the earliest proof for the invention of iron casting and existed long before 1470, when Louis XI supposedly bought the

secret from a German Jew (p. 910). On p. 915 he even claims they go back to the beginning of the fifteenth century. But that certainly seems false. In those cases where iron balls are mentioned earlier, they may have been, as Beck himself says, forged balls, and the cast-iron balls that appeared toward the end of the fifteenth century were regarded as something entirely new. Jähns, 1:427, cites the statement from an anonymous military book dated 1450 to the effect that stone balls were to be preferred because they were much less expensive than those of iron or lead. The high price, however, can hardly have been a decisive factor when we realize that, although the individual stone ball was much cheaper, the manufacture, transportation, and manipulation of the cannon that it required were all the more costly. The manuscript of a book on pyrotechnics that Jähns, 2:405, places in the year 1454 recommends covering iron balls with cast lead. This can no doubt refer only to forged iron balls which were rounded off with the lead casting, something that could not be done easily by forging. This would therefore seem to be indirect proof that the casting of iron itself was not yet understood. A Nuremberg inventory of 1462 that is mentioned in Jähns, 1:427, does not show iron cannon balls.

29. Liebe, "The Social Rank of Artillery" ("Die soziale Wertung der Artillerie"), *Zeitschrift für historische Waffenkunde*, 2:146.

30. De la Noue, 26. *Discours, Observations militaires*, ed. of 1587, p. 755.

31. Sello, "The Campaign of Burgrave Frederick in February 1414" ("Der Feldzug Burggraf Friedrichs im Februar 1414"), *Zeitschrift für*

Preussische Geschichte, 19 (1882): 101.

32. Sello, p. 101.

33. The last three examples are taken from the collected passages in R. Schneider, *Neue Jahrbücher für das klassische Altertum*, 1909, p. 139. The effectiveness of the giant Turkish cannon before Constantinople is pictured on the other side, however, as very strong. See Essenwein, p. 34, and Jacobs, p. 128 ff.

34. Rudolf Schneider, *Anonymi de rebus bellicis liber*, 1908. Schneider, "Beginning and End of the Torsion Engines" ("Anfang und Ende der Torsionsgeschütze"), *Neue Jahrbücher für das klassische Altertum*, 1909. Schneider, *The Artillery of the Middle Ages* (*Die Artillerie des Mittelalters*), 1910. In these otherwise excellent writings I consider as erroneous what is said about the Carolingian period. The capitularies are not "laws," but simple prescriptions for individual cases, and there is no proof that leverage engines did not exist at the time of Charlemagne. Consequently, nothing prevents us from considering that the passages from Paulus Diaconus and from the *vita Hludowici* (*Life of Hludowicus*) cited by Schneider, p. 24 f., refer to such leverage engines. There is no basis (p. 61) for ascribing their invention to the Normans. Erroneous, too, is the rationale on p. 22 for the inability of the scara to manufacture and use projectile weapons.

35. Rathgen and Schäfer, "Feuer- und Fernwaffen beim päpstlichen Heer."

36. Jähns, p. 429. Burckhardt, *Geschichte der Renaissance in Italien*, Sect. 108, p. 224, says that Federigo of Urbino (1444-1482)

introduced low forts instead of high ones, since the cannon was less effective against the lower ones. Von Stetten, *Geschichte von Augsburg*, 1:195 ff., reports that, whereas in that city in the second half of the fifteenth century the very energetic work on the city fortifications still consisted of raising the height of the walls, with the turn of the century a clearly recognizable turnabout took place. Walls and towers were lowered to a certain height, strong mounds of earth were erected, the moats were deepened and "lined," bastions and ravelins were installed, and so on. The law governing the radius became stricter and stricter; in 1542, despite the protests of the clergy, even a church was razed. For further information, see the considerations of Guicciardini in *Historia d'Iitalia*, Venice, 1562, pp. 388, 425. According to this source, the conquest of Otranto by the Turks in 1480 and the reconquest by Duke Alfonso of Calabria in the following year were landmarks in siege warfare. De la Noue, *18. discours, 2. Paradox.* Ed. 1587, p. 387. I shall go no further into the techniques either of fortification or of the attack; instead, I refer the reader to the corresponding sections in Jähns, *Geschichte der Kriegswissenschaften*. From a methodological viewpoint, it is interesting to see what kinds of exaggerations gain credence in something that is new and surprising. In his *History of the Artillery*, Napoleon III establishes the fact that Charles VIII in his campaign into Italy in 1494 transported 100 cannon of medium caliber and 40 heavy cannon. A whole series of authors, however, give him as many as 240 cannon and 2,040 field pieces, indeed as many as 6,000 light cannon. These exaggerations are due in part to copying errors and in part to the fact that the 6,000 *"vastardeurs"* (pioneers, workers) who accompanied the army were misunderstood as cannon.

37. According to *Sources for the History of Firearms* (*Quellen zur Geschichte der Feuerwaffen*), p. 100, the word "cannon" appears for the first time in a Spanish ordnance book of Charles V.

38. Guicciardini, *Historia d'Italia*, 1:24. Jovius for the year 1515. *Hist. Lib. XV*, 1:298.

39. von Ellgger, *Military System and Military Art of the Swiss Confederation* (*Kriegswesen und Kriegskunst der schweizerischen Eidgenossen*), Lucerne, 1873, p. 139.

40. Jovius *lib*. I for the year 1494 and *lib*. XV before Marignano.

41. *The Swiss at Frastenz* (*Die Schweizer bei Frastenz*): Stettier, 342, cited in Ranke, Werke, 34:115. Valerius Anshelm, *Bern Chronicle*, Bern, 1826, 2:396. Jovius, *Leben Gonsalvos*, Venice, 1581, p. 292, at Cerignola in 1503. Likewise at Suriano in 1497: Jovius, *Hist. lib.* IV. At Marignano: Jovius, *Lib.* XV. At Ravenna in 1512: Jovius, *Leben Leos*, X, lib. II; Guicciardini, *Historia d'Italia*, lib. XI; Reissner, *Leben Frundsbergs*, Frankfurt, 1620, fol. 41-42. At Novara the Swiss supposedly fired with conquered French cannon they had turned around: Fleuranges, *Mémoires*, p. 151.

The Venetian ambassador Quirini wrote the following description of the German battle square at the end of 1507:

> ... as soon as they see the fire of the cannon, the infantrymen automatically have to lift the halberds and long

lances all together over their heads and to cross one lance over the other, and likewise the halberds, and at the same time to drop to the ground so low that the cannon, which do not fire downward, pass over them or hit in the halberds and long lances, not doing much harm to the infantrymen of the formation. For this reason, the Germans customarily now make the wheels of the gun carriages so small and low that the enemies can be harmed, even if they drop down as indicated; and when the formation is about to assault, the halberdiers and likewise those with the long lances all lower their halberds and also their long lances, with the points forward and not above their shoulders. (*Relazioni degli Ambasc. Veneti* [*Reports of the Venetian Ambassadors*], Ed. Albèri, Series I, 6:21-22).

In 1537 de Langey taught that the best defense against the artillery was to take it by storm so that it would not have time for a second shot, or to approach it in a wide formation so that it would hit fewer men. *Trewer Rath*, fol. III, recommends having 300 "runners" (including a few good musketeers) close quickly on the cannon.

42. "Nullo prope usui fore" ("It would be nearly useless"), Jovius, *Hist. Lib.* I, Venice, 1553, 1:30.

43. Book II, Chap. 17. See also the account in Comines, 2:258. Ed. Mandrot.

44. *Essais*, Book I.

45. *Le vite de dicenove huomini illustri* (*The Lives of Nineteen*

Famous Men), Venice, 1581, lib. III.

46. Avila, *Schmalkaldic War* (*Schmalkaldischer Krieg*), Venice, 1548, p. 40.

47. Sixl, 2:167.

48. The name "hook firearm" was derived from this hook and survived for a long time, taking the form "haquebutte" in French. This word may also have been influenced by its similarity to *"arkebuse"* (harquebus). Jähns, however, has surmised that the name "hook firearm" was derived from the hook into which the match was clamped, and this interpretation is actually supported by common sense. The invention of this "hook" represented a much more important step forward than the invention of the recoil hook. The latter, of course, could only be used in a prepared defensive position and in target shooting. The fork did not provide any resistance for the recoil; even a three-legged stand would have been too weak for that.

49. Sixl, *Zeitschrift für historische Waffenkunde*, 2:334, 407, 409, on the basis of firing reports from Zurich in 1472, Würzburg in 1474, Eichstädt in 1487, and others. In noteworthy contradiction to these is Guicciardini's comment that before Pavia in 1525 the entrenched lines of the two sides were only 40 paces apart and the bastions were so close that the harquebus marksmen could have fired on each other. The greater distances in competitive shooting are so extensively confirmed that we cannot doubt them, but even if the paces were taken to be of the smallest possible length, it is still difficult to understand why they wanted to shoot at targets at such distances with the firearms of that period.

50. Forrer, *Zeitschrift für historische Waffenkunde*, 4:55.

51. *Zeitschrift für historische Waffenkunde*, 1:316.

52. *Institution de la discipline militaire au Royaume de France*, Lyon, 1559, Vol. I, Chap. 10, p. 46. According to Jovius, Charles V suffered heavy losses in Algiers in 1541 because a rainfall extinguished the matches. A similar report appears in Vieilleville, *Mémoires*, Vol. Ill, Chap. 22.

53. According to the *Badminton Archery Book*, by Charles Longman. London, 1894.

54. Tielcke, *Contributions to the Art of War and History of the War of 1756 to 1763 (Beyträge zur Kriegskunst und Geschichte des Krieges von 1756 bis 1763)*, 2:22.

55. The astonishing accuracy of the present-day Mongolians with the bow and arrow is reported by von Binder in the *Militär-Wochenblatt*, 8(1905):173. For the accomplishments with the bow and arrow in the Middle Ages, see Giraldus Cambrensis, cited in Oman, *History of the Art of War*, p. 559. On the occasion of a siege, Welsh archers reportedly shot their arrows through an oak door 4 inches thick. Giraldus himself claimed to have seen in 1188 the arrows, which had been left in the door as a matter of curiosity. The iron points could just be seen on the interior of the door. An arrow was also reported to have penetrated a knight's coat of mail, his mail breeches, his thigh, through the wood of his saddle, and deep into the flank of his horse.

56. Comines, Ed. Mandrot, 2:296.

57. Escher, *Neujahrsblatt der Züricher Feuerwerker*, 1906, p. 23.

58. Ranke, Werke, 2:269.

59. *De vita magni Consalvi* (*On the Life of Gonsalvo the Great*), Opere, 1578, 2:243.

60. According to the very careful and enlightening study by R. Forrer, *Zeitschrift für historische Waffenkunde*, 4:57.

61. Jovius, *Elogia vir. ill.* (*Aphorisms of Distinguished Men*), Book III.

62. Martin du Bellay as an eyewitness. *Mémoires*, Ed. 1753, 5:296.

63. See also Martin du Bellay, *Mémoires*, Ed. 1753, Book X, 6:35.

64. "Pistol" ("*Pistole*") comes from the Slavic (Bohemian) "*pistala*" (tube, firing tube). In a Breslau inventory of 1483 are listed 235 "*Pisdeallen.*" This number indicates that these were hand weapons, but we cannot tell what kind of weapon. *Sources for the History of Firearms* (*Quellen zur Geschichte der Feuerwaffen*), published by the Germanic Museum, Leipzig, 1877, pp. 46, 112. The name of the weapon has nothing to do with the word "*Pistoja.*"

65. Susane, *Histoire de la cavallerie française*, 1:48.

66. According to the *Quellen zur Geschichte der Feuerwaffen*, p. 118, a pistol appears in an illustration dated as early as 1531; another pistol, with a wheel lock, "judging from its component parts and form," is dated "approximately" in the second decade of the sixteenth century.

3 长枪方阵战术

1. We might be reminded of the battle of Sellasia, but the sources for

that battle are much too uncertain. See Vol. I, p. 241.

2. The Spanish theoreticians of the school of Alba—Valdes, Eguiluz, and Lechuga—favored a shallower formation for the infantry (Jähns, 1:729 ff.). At any rate, they preferred the square by space to the square of men, but they also favored an even shallower formation, going as far as a ratio of 1:7. Valdes gives as an example that Alba once formed his 1,200 spearmen, three *terzios*, 60 men wide and 20 men deep.

Mendoza gives no positive prescription but simply mentions that they had both wider formations and deeper formations. In the *Institution de la discipline militaire au Royaume de France*, Lyon, 1559, p. 73, the space square, which has twice as many files as ranks, is prescribed.

3. The Italian Giovacchino da Coniano, who was a sergeant major in the English service against France in the 1540s, sketched and described a series of thirty-two battle formations. There were supposed to have been even more. (Comment by the editor at the end of the document: "It was entitled *Dell' Ordinanze overo battaglie del capitan Giovacchino da Conjano*, printed in Book III of the work *Delia Fortificatione delle città di Girolamo Maggi e Jacomo Castriotto*. Venice, 1583, 115 ff.) The whole work was already assembled in 1564. (See Maurice I. D. Cockle, *A Bibliography of English Military Books Up to 1642 and of Contemporary Foreign Works*. London, 1900, pp. 141, 200.) Although the somewhat boastful soldier refers again and again to practical testing of his formations in the face of the enemy, we can probably not lend him too much credence. The accomplishments on the English side before Boulogne at that time did not evoke much respect elsewhere in the

world. Nevertheless, it is interesting that the sergeant major was already sketching very shallow formations, with the justification that he had experienced how much better it was to have more weapons in the front line in action simultaneously (Fol. 119-720).

4 佣兵军队的内部建制

1. The standard document for this subject is the careful and worthwhile study by Wilhelm Erben, "Origin and Development of the German Articles of War" ("Ursprung und Entwicklung der deutschen Kriegsartikel"), in the *Festgabe für Theodor Sickel, Mitteilungen des Instituts für 'ostreichische Geschichtsforschung*, supplementary Vol. VI, 1900, with a few later additions by the same author. Closely linked with this work is the equally excellent book by Burkhard von Bonin, *Bases of the Legal System in the German Army at the Beginning of the Modern Era (to 1600)* (*Grundzüge der Rechtsverfassung in dem deutschen Heere zu Beginn der Neuzeit [bis 1600]*). Weimar, 1904. Also very important and providing good orientation by its comprehensiveness is the work by Wilhelm Beck, *The Oldest Letters of Articles for the German Infantry* (*Die ältesten Artikelbriefe für das deutsche Fussvolk*), 1908. See Erben's review in the Historische Zeitschrift, 102:368.

2. "*Weibel*" (*Feldwebel*: first sergeant) is related to the word "*weben*" ("to weave") and means the servant who moves quickly here and there, running back and forth. The *Feldwebel* was initially assigned by the colonel as responsible for lining up the whole regiment and only later

gradually became a functionary for the company. The *"Gemeinweibel,"* who are supposed by some scholars to have been elected by the troops in order to present their possible complaints to the captain, seem to me somewhat questionable. On this point, see Bonin, p. 50, and Erben, p. 14.

3. Bonin, p. 170, cites a few passages that indicate that the first sergeant was not to strike with his fist or with staffs, but with the shaft of his halberd. The captain and the lieutenant were supposed "to strike in their command duties with short sticks," but "not without great reason therefor."

4. Bonin, p. 21.

5. Georg Paetel, *The Organization of the Hessian Army under Philip the Magnanimous* (*Die Organisation des hessischen Heeres unter Philipp dem Grossmütigen*), 1897.

6. 26. *Discours. Observations militaires*, Ed. 1587, p. 750.

7. Paetel, p. 231.

8. *Saxon Articles of War of 1546* (*Sächsische Kriegsartikel von 1546*). Published in the *Militär-Wochenblatt*, No. 157, 1909, by G. Berbig.

9. *Eidgenössische Abschiede*, 3.1.599.

10. When the wars of religion started in 1562, the soldiers on both sides initially conducted themselves very properly. Among the Huguenots no swearing was heard, and no gambling or prostitutes were to be seen. The population was not bothered. But Coligny said at that time to de la Noue: "That will not last two months." He was completely right. Furthermore, on occasion he took stringent steps and had robbers

hanged. De la Noue, *Discours 26, Observations militaires*, Ed. 1587, pp. 681–686.

11. De la Noue treats these fraternal groups thoroughly. *Discours 16*, Ed. 1587, p. 352 ff.

12. Jähns, 2:924.

13. S. C. Gigon, *La troisième guerre de religion.* Jarnac-Moncontour (1568-1569), p. 376.

14. *The Art of Dismounted War* (*Kriegskunst zu Fuss*), pp. 20-21.

15. For example, Georg von Lüneburg had no fewer than 1,200 Poles in his service in 1636.

16. *Archives Oranien-Nassau*, 2d Series, 2:275.

17. *Archives*, p. 10.

18. Chemnitz, *Swedish War* (*Schwedischer Krieg*), Part IV, Book 2, p. 141.

19. Pufendorf, B. 19, Ed. 1688, 2:320. Apparently from Chemnitz.

20. Such a convention "de bonne guerre" ("of good war") was signed by Gonzago and Brissac in 1553. Hardy, *Histoire de la tactique française*, p. 463. Men-at-arms and private soldiers "will suddenly be released," without having to pay, after they have been "*dévalisés*"—that is, disarmed and relieved of their possessions.

21. *Kriegskunst zu Fuss*, pp. 16, 22. Jähns, 2:1018.

5 战例介绍

1. Hobohm, 2:518.

2. This battle is thoroughly treated by Rüstow in *History of the Infantry* (*Geschichte der Infanterie*), by Jähns in *Manual of a History of Warfare* (*Handbuch einer Geschichte des Kriegswesens*), and by Ranke, *History of the Romanic and Germanic Peoples* (*Geschichte der romanischen und germanischen Völker*), *Werke*, 33:25. All these accounts, which differ significantly from one another, need serious correcting. Rüstow based his work too exclusively on Guicciardini, while Ranke and Jähns used as their principal source Coccinius, who can hardly be compared to the better sources. The standard study, based on the sources, is the Berlin dissertation by Erich Siedersleben (1907). Published by Georg Nauck. His principal sources are a letter written by Fabricius Colonna, who commanded the knights on the Spanish side (printed in Marino Sanuto, *Diarii*, 14:176. Venice, 1886), and a report from the Florentine ambassador, Pandolfini, who was present at the battle in the French headquarters (printed in Desjardins, *Négociations diplomatiques de la France avec la Toscane*, 2:581. Paris, 1861).

3. According to Colonna's letter.

4. The Italian survey map indicates that the ditch still exists today but does not extend as close to the Ronco as it did, according to our sources, at the time of the battle in 1512.

5. I include the 400 lances that were in position at the Ronco bridge under Alègre and intervened in the battle.

6. The artillery maneuver is not completely clear, since we cannot assume, as Guicciardini recounts, that Este drove completely into the right flank of the enemy, and the cannon certainly did not have enough

range to shoot along the entire enemy front. Perhaps another inspection of the battlefield would clarify this point.

7. This battle is treated in two valuable monographs that appeared in quick succession: *Novara and Dijon. Apogee and Decline of the Swiss Great Power in the Sixteenth Century* (*Novara und Dijon. Höhepunkt und Verfall der schweizerischen Grossmacht im 16. Jahrhundert*), by Doctor of Philosophy E. Gagliardi. Zurich, 1907. Published by Leemann Brothers and Co. "The Battle of Novara" ("Die Schlacht bei Novara"), by Georg Fischer. Berlin dissertation, 1908. Published by Georg Nauck.

8. Gagliardi and Fischer arrange the individual elements of the battle very differently, indeed even contradicting one another, since Fischer places on the right flank what Gagliardi seems to report for the left flank. I agree with Fischer. Nevertheless, when Fischer assigns only 1,000 men to the north square of the Swiss, 2,000 to the center square, and 7,000 to the south square, I do not say that that is impossible, but I do not consider it as certain. If the Swiss had good information on the enemy and knew that the lansquenets were in the southern part of the camp but that there was no favorable terrain there for horsemen, they may well have made the northerly and central columns of infantry very weak, assigning in return the horsemen to the former and the cannon to the latter. But they may have given these two units only missions calling for demonstrations, while assigning the actual attack exclusively to the third square and giving it seven-tenths of the entire infantry. But we may believe such fine points only if we have direct and reliable sources concerning them. Consequently, although I agree essentially with

Fischer, I have expressed myself more carefully and with more restraint and have avoided giving specific numbers for the various troop units.

9. The sources speak of 400 Swiss halberdiers who reportedly first drove off the harquebusiers of the lansquenets and then attacked the main body in the flank. Gagliardi (p. 162) considers them to be a unit that arrived by chance, while Fischer (p. 138) considers this a detachment that was sent out intentionally. I suspect that these were men who welled out on one side when the main bodies clashed.

10. This battle is studied in an exemplary way by Otto Haintz in the dissertation "From Novara to La Motta" ("Von Novara bis La Motta"). Berlin, 1912.

11. This polarity is developed excellently by Gagliardi, *Novara und Dijon*, p. 327.

12. The monograph by Heinrich Harkensee (Göttingen dissertation, 1909), while also contributing to the research in detail, did not arrive at tactically correct concepts of the overall battle. The corrections that need to be made are apparent when this work is compared with the account above. In particular, Harkensee attributes too much credibility to the exaggerations in the figures for the French strength. Hadank's review in the *Deutsche Literaturzeitung*, No. 26, 1910, concentrates too much on details and unjustly raises the accusation that the author did not understand the strategic situation. He may, however, be correct in his reckoning of the French strength as 30,000. He also justifiably defends the report that the Gascons had large shields that could be placed on the ground as a base. Such shields (*pavesen*) were used by the marksmen.

He refers to a miniature showing crossbowmen with large shields of this kind in front of them. Hewett, *Ancient Armour and Weapons*, 3:543 (Supplement).

13. On page 36 above there is a quote that praises the Swiss artillery. The facts do not justify this.

14. "The Battle of Bicocca" ("Die Schlacht bei Bicocca"), by Paul Kopitsch. Berlin dissertation, 1909. Published by E. Ebering.

15. In Guicciardini the account reads: "They wanted to return home, but in order to show the whole world that it was not because of fear, they first wanted to defeat the enemy." It is possible that this statement was made, but if they had been victorious, the Swiss would no doubt still have remained, and so they no doubt intended in the bottom of their hearts to do so from the start.

16. The standard monograph is the Berlin dissertation by Reinhard Thom (1907), which, as a result of precise source analysis, corrects many individual errors in earlier accounts. A few additional sources mentioned in the review of this monograph in the *Deutsche Literaturzeitung*, No. 8, 1909, are not of concern to us.

17. The report by the ambassador from Siena specifically gives this as the reason for the carelessness of the French.

18. Berlin dissertation by Karl Stallwitz, 1911. Review by Hadank in the *Deutsche Literaturzeitung*, No. 16, 1912.

6 马基雅维利

1. Guillaume, p. 165.

2. E. Fueter, in a review of Hobohm's work in the *Historische Zeitschrift*, 113:578, while recognizing the high value of the work, nevertheless takes exception in detail to many points, charges the author with a lack of methodological schooling and even insufficient knowledge of warfare and of the Italian language. I have checked on these accusations and have compared them with a handwritten countercritique by Hobohm. The result is that the reproach falls back on the critic. Even if all the details that he criticizes were real errors, in comparison with the stupendous scholarship and the critical perceptiveness with which Hobohm sweeps aside mountains of misjudgments appearing in the sources and constructs positive new knowledge, those errors would have very little significance. But my study shows that of all the objections and corrections made by Fueter, not even a single one—really not a single one—is justified. It is not that Hobohm's understanding of Italian is insufficient, but rather that Fueter did not know the differences between modern Italian and the Italian of the sixteenth century. It is not Hobohm who introduces erroneous material concerning the warfare of that time but Fueter. Let us give but three examples: Machiavelli recommends that in the selection of corporals for the militia it should be taken into consideration that they are acceptable to the other conscripts ("*scripti*"). Fueter is not familiar with this principle and this language. He claims he is bringing sense into this prescription by translating conscripts

("*scripti*") with the word "instructions" and says that Hobohm, because of what is actually his correct translation of the passage, is unknowledgeable. Furthermore, Machiavelli recruited his militia exclusively from the peasants of the subjected countryside, and not from the burghers. Fueter read Hobohm's book so hastily that he attributed to these peasants the attitudes of the "Florentine merchant nation."

A third feature of Machiavelli's militia system was the fact that Florence did its best, even though not always with success, to prevent its subjects from going off as mercenaries, whereas in Switzerland and Germany that was officially permitted and often even more or less organized. Fueter had such little understanding of these opposite attitudes, which are explained by Hobohm in a very interesting and thorough manner, that he believes Machiavelli borrowed the official regulations for sending men off for mercenary service from the Swiss military system, and he attempts to correct Hobohm in this matter with strong emphasis. And thus it continues point by point, and I can only regret that the *Historische Zeitschrift* has misled its readers on such a basic work.

3. Jähns, 1:336.

4. *Historia d'Italia*, L. IX. Venice, 1562, p. 425.

5. Jovius, *Elogia virorum bellica virtute illustrium* (*Aphorisms of Men Distinguished by Military Virtues*), Basel, 1575, p. 323.

6. Hobohm, 2:457, 464. False army strengths for Novara and Marignano: *Discorsi*, 2:18. Also Escher, "The Swiss Foot Troops in the Fifteenth Century and at the Beginning of the Sixteenth Century" ("Das

schweizerische Fussvolk im 15. und im Anfang des 16. Jahrhunderts"), *Neujahrsblätter der Züricher Feuerwerker*, 1904-1907, explains thoroughly that Machiavelli does not portray correctly either the armament or the formation of the Swiss.

第二篇　宗教战争时期

1　骑士向现代骑兵的过渡

1. George T. Denison's *History of the Cavalry from the Earliest Times, with Observations Concerning Its Future* (*Geschichte der Kavallerie seit den frühesten Zeiten mit Betrachtungen über ihre Zukunft*), (German version by Brix, Berlin, 1879) has no scientific-historical value.

2. Concerning the dispute over the explanation of the name, see Mangold in the *Jahresbericht der Geschichtswissenschaften*, 3(1892): 247. The hussars are mentioned quite often in the Küstrin Battle Report on Mühlberg in Ranke, *Werke*, 6:244-246, and in the report of the Nuremberg participant in the war, Joachim Imhof, in Knaake, *Contributions to the History of Charles V* (*Beiträge zur Geschichte Karls V.*), Stendal, 1864, p. 46. Of particular interest is Avila, *History of the Schmalkaldic War* (*Geschichte des Schmalkaldischen Krieges*), German edition, p. 123. According to Susane, 1:150, there had been Hungarian cavalry in France since 1635; in 1693 a regiment of hussars was formed.

3. See Jähns, 1:498, concerning this book. Hauser, in *Les Sources*

de l'histoire de France, 2:25, rejects du Bellay as the author and says, probably correctly, that the edition of 1548 was the oldest (Jähns assumes 1535). A very large part of the contents, but not the passage above copied from Vol. I, Chap. 8, is taken from Machiavelli. See Gebelin, *Quid rei militaris doctrina renascentibus litteris antiquitatis debuerit* (*What Military Doctrine Owed to the Renaissance*), Bordeaux, 1881, p. 44.

4. Jovius, Book 44, Ed. 1578, p. 555.

5. Book 45, p. 610.

6. *Report of the Venetian Ambassador Navagero of July 1546* (*Bericht des venezianischen Gesandten Navagero vom Juli 1546*), in Albèri, Series I, Vol. I, pp. 314, 328. He also describes the arms of these horsemen (p. 314). The pistol, which another report shows them as having (Ranke, *Werke*, 4:223), is not yet mentioned in this report.

7. Alois Mocenigo, *Relazione di Germania*, 1548. Ed. Fiedler, *Fontes rer. austriacarum* (*Sources of Austrian History*), 30:120, Vienna, 1870.

8. Vol. Ill, Book 3, Chap. 2, p. 289.

9. Jähns, 1:740.

10. See the detailed extract in Jähns' *Geschichte der Kriegswissenschaften*, 1:474.

11. Jähns, 1:521.

12. Napoleon III writes in his article entitled "On the Past and Future of Artillery" ("Du passé et de l'avenir de l'artillerie"), *Oeuvres*, 4:200:

Saint-Luc says in his *Observations militaires* that the duke of Alba, having found the squadrons of the reîtres too deep, wanted to form his own men with their front twice as wide as their depth. In this way, supposing that each horse would occupy a space of 6 paces by 2, he estimated that a squadron of 1,700 horses in seventeen ranks would occupy a rectangle of 102 paces by 204.

The passage by Saint-Luc does not yet seem to have been printed.

13. Edited by Buchon, p. 122.

14. That may be concluded from *Discourse XV* (Ed. 1587, p. 345), where it is assumed that a victorious squadron would still only directly throw back fifteen or sixteen of the enemy drawn up in line, that is, with a normal strength of 100, one-sixth or one-seventh of the total. See *Discourse XVIII*.

15. Napoleon III, in the work cited in Note 12 above, says that Henry IV had squadrons of 300 to 500 horses, which were drawn up in five ranks. He states that Montgomery required that the men-at-arms were to form in ten ranks and the light horse in seven. Billon, in *Les principes de l'art militaire*, German edition, p. 254 (1613), would have the squadron formed with a depth of five ranks, "for the horses do not press one another strongly."

16. Georg Paetel, *The Organization of the Hessian Army under Philip the Magnanimous (Die Organisation des hessischen Heeres unter*

Philipp dem Grossmütigen), 1897. See especially pp. 38, 40. See also Jovius, Book 34, p. 278, concerning Spanish armor.

17. According to the reports of the Venetian ambassador Alois Mocenigo, who accompanied the emperor. Fiedler, *Fontes rer. Austriacarum, 30:120. Venetian Dispatches from the Imperial Court* (*Venetianische Depeschen vom Kaiserhof*), published by the Historische Kommission der Akademie der Wissenschaften, Vienna, 1889, 1:668, 670-671.

18. They are first mentioned in Avila, *Schmalkaldic War*, German edition, 1853, p. 58. First edition, Venice, 1548, p. 34. In a letter dated 6 November 1552, Lazarus Schwendi refers to the horsemen of Albrecht Alcibiades as "black horsemen." Voigt, *Albrecht Alcibiades*, 2:8. In 1554, 1,500 "black horsemen" appear in the imperial camp before Namur, all with pennons on their lances. *Anonymous Journal* (1554-1557), edited by Louis Torfs, *Campagnes de Charles-Quint et de Philippe II*, Antwerp, 1868, pp. 23-24. There are numerous references in this journal to their mutinies. In 1554 there appears on the emperor's side "un ost de reistres" ("a host of *reîtres*") of 1,800 to 2,000 horses under Count Wolfram von Schwarzenburg. Rabutin, *Commentaires* L. VI, Ed. Buchon, 1836, p. 620: "In order to intimidate us, they had all made themselves black like handsome devils." For the campaign of 1558, Henry II, looking back to the experiences of the previous year at St. Quentin, ordered the recruiting of as many reîtres as possible.

... because, the previous year, the largest strength that his enemy (Philip II) had and which was estimated as giving him the advantage, was by means of these *reîtres*, who have since been called "black armor," all of whom being armed with pistols, furious and frightening firearms, seemed to have been invented for the amazement and the breaking up of the French men-at-arms. And yet, in order to take as many of them as possible away from his enemy and to accustom and teach the French how to use such arms with confidence, he wished to draw them into his service.

Rabutin, L. XI, Ed. Buchon, 1836, p. 738. The first German pistol men in French service appeared, as best I have found, in 1554 (Rabutin, p. 605). Susane believes they appeared still earlier. Rabutin, p. 701, makes a distinction in 1557 in the French army between men-at-arms, cavalry, and reîtres. The expression "horsemen" ("*Reiter*") for cavalry, apparently with the intention of indicating something specific, appears in Marino Cavallis, *Relazione da Ferdinando Re de Romani*, 1543. Ed. Albèri, Series I, Vol. III, p. 122.

19. They are mentioned for the first time in an account of 1559, where they are given very little praise. *Relation de Michel Suriano*, made on the return from his ambassadorship to Philip II, in 1559. Gachard, *Relations des ambassadeurs vénitiens sur Charles-Quint et Philippe II*, Brussels, 1856, p. 116. Clonard, 4:155, places their first mention in the Ordinanza of 1560.

20. *History of the Netherlands War (Geschichte des*

niederländischen Krieges), Book II, Chaps. 11, 12.

21. Mocenigo reports to the doge on 4 September 1546: "The imperial mounted troops fear their enemies very much, both because of their numbers and their excellent horses and because many of them have three small wheel lock harquebuses, one on the saddle, another behind the saddle, and the third in a boot, so that it is said of these light horsemen that in skirmishes they always consider themselves secure, because having dealt with their enemies with one harquebus, they seize another, and many times, even when fleeing, they put it on their shoulder and fire to the rear." *Venetianische Depeschen vom Kaiserhof*, Vienna, 1889, 1:670-671.

A similar report is made by Federigo Badoero (*Relazione di Carlo V e di Filippo II*, 1557. Ed. Albèri, Series I, 3:189-190) about *ferraruoli* who were equipped with four or five pistols.

22. In the "Recollections of an Old Officer" (Feuilleton of the Post of 21 May 1890) we read:

> At that time (1847), it was still the practice to target-shoot from horseback, a frightful maneuver during which very few horses stood still. A noncommissioned officer would hand the loaded pistol, provided with a fuse, with the greatest care to the mounted horseman. Now the horseman was to ride a volt, halt in front of the target, and fire. But as soon as the horse noticed that the rider had a pistol in his hand, he usually started to buck and jump, and the horseman, his mount, and the bystanders were all

most seriously endangered. And it then sometimes happened that the horse was shot in the ear. But now it happened that our good first lieutenant, von B., had an old sorrel mare named Commode, and whenever he was in charge of the practice firing, the whole platoon, one after the other, climbed aboard Commode, who stood quietly, and each man fired his shot accurately. Now this foolishness has been abandoned and the firing is done only in a dismounted position, although, of course, signal shots by mounted scouts are not excluded.

23. Wallhausen, *Kriegskunst zu Pferde*, p. 6.

24. Mencken, 2:1427.

25. Ed. Buchon, p. 291. On Tavannes, see p. 127, above.

26. I have just received a study by R. Friedrichsdorf on Albrecht as a leader of mounted troops (Berlin dissertation, 1919). It contains new and very valuable material.

27. In the second edition of this work, Basel, 1572, the description is somewhat expanded (Book IX, Fol. 309), but without adding anything of significance for us. Lancelot Voisin, Sire de la Popelinière, came from Poitou and was a student in Toulouse when the news of the blood bath of Vassy became public. He immediately took command of a Huguenot company of students, was eventually incapacitated as the result of a wound, and thenceforth he took up the pen.

28. In the account of the battle of Ivry, p. 386. Since this battle did not take place until 1590, it is the younger Tavannes who is speaking

here.

29. In the fourth chapter of Book 2 of his *Kriegskunst zu Pferde*, p. 65, Wallhausen describes the execution of the caracole but without using that name. It is also described by Grimmelshausen in *Simplizissimus*, Ed. Gödecke, 1897, Vols. 10, 11, p. 36.

30. Brantôme, *Oeuvres*, Edit. Laianne, 1864 ff., 4:201. See also 3:376. In Vol. I, pp. 339-340, he mentions this example in the same sense and speaks of the battle of Aulneau (1 November 1587) as a parallel.

31. At the base of this is the Italian "*corazza*," which is derived from "*corium*," "leather."

32. For example, Villar's *Mémoires*, L.X., Ed. 1610, p. 901; this appears to be for the year 1559, according to a contemporary document.

33. In the sixteenth century a certain Count Solms (Würdinger, 2:371) wrote correctly—but in the final analysis nevertheless falsely:

> When one has as horsemen only wagon servants and peasants who steal their horses from wagons and plows, there will be in the field bad conduct and desertion in battle and campaigns. And even if they do not flee but remain, they are still not sufficiently well mounted and armored, and they have not learned how to fight but they remain peasants on plowhorses and draft horses. Such men should not be brought by a noble to the lord who provides the pay, for the lord relies on their numbers without knowing that he has only a loosely formed, worthless unit. Every knightly man who intends to

lead horsemen to a lord should ponder this, for it is a matter of his honor and his welfare. For if he has peasant yokels in his squadron or banneret and finds himself faced by a good, wellequipped unit, what can he expect to accomplish and what poor service he has provided his commander in return for his money.

34. Erben, *Bulletin of the Imperial and Royal Army Museum* (*Mitteilungen des kaiserlichen und königlichen Heeresmuseums*), 1902, *Articles of War*, etc.

35. Susane, *Histoire de la cavallerie française*, 1:73, gives a somewhat different origin of this armed branch. He does not relate it to firearms but regards as the significant factor only the speed that the infantry in general, both lancers and musketeers, could develop in this way during individual expeditions. Because of the terror that they inspired, these warriors had called themselves dragoons. They were created by the Marquis de Brissac in the Piedmont theater of operations between 1550 and 1560. According to Jovius, Book 44, Pietro Strozzi had already placed 500 selected marksmen (*sclopettarii*) on horseback in 1543 in order to occupy Guise as quickly as possible. Ludwico Melzo, *Regule militari . . . della cavalleria* (Antwerp, 1611) understands the dragoons to be mounted marksmen. Jähns, 2:1050. Wallhausen has them armed in part with pikes.

Basta, Book I, Chap. 8, believes the mounted marksman or carabineer was invented in Piedmont. He identifies this type, therefore, with the dragoons. Hugo includes among the dragoons also men armed with spears, who move on horseback but fight on foot. *Militia equestri*, 1630, S. 184, Book III, p. 4. See Book IV, Chap. 5, pp. 271-272, concerning their formation in battle, with the pikemen in the middle, marksmen on the right and left, and horses in the rear.

36. When, for example, the Venetian Soriano, *Relazione di Francia*, 1562, Ed. Albèri, Series I, 4:117, says that the king of France had, in addition to his knights, foreign *ferraiuoli e cavalli leggieri*, the latter principally Albanians and Italians, the difference is that here the *cavalla leggieri* are the older arm, which does not fight in such close formation whereas the ferraiuoli were grouped in tight squadron formation and at this time, 1562, were probably also armed only with the pistol.

37. Rabutin, *Commentaires*, Ed. Buchon, p. 573, as an eyewitness.

38. Aloise Contarini, *Relazione diFrancia*, February 1572, Ed. Albèri, Series I, Vol. IV, pp. 232-233.

39. Ed. Buchon, pp. 202-203.

40. "The formation of the French is with a broad front and weak rear, because everybody wants to take position in the front rank; but the Flemish, increasing the files and enlarging the body, make it stronger and more secure." *Report of Michel Suriano, made on his return from his ambassadorship to Philip II in 1559* (*Relation de Michel Suriano, faite au retour de son Ambassade auprès de Philippe II en 1559*) (In Gachard, *Relations des ambassadeurs vénitiens sur Charles-Quint et Philippe II*, Brussels, 1856, p. 116). Popelinière, *Histoire des troubles*, Livre 9 (edition of 1572, p. 309): "The *reître*, because he fights in a completely

different way than the French ... "

41. And the worst is that, in the past, they fought in a single line (*en haye*). These regiments marching in battle formation are separated from one another by the foot troops, the artillery, or other units, and they cannot conveniently be drawn together to form a large unit when the occasion calls for it. And while they might still be in open country, if they should close together, if by chance the king's lieutenant should not be there to command them, each of them wanting to show his worth, without considering that body of troops—or, so to speak, the mountain of enemies—that is coming to attack them, neither the fear the soldiers can have, who seeing themselves weak and outnumbered, run off, seeking not only to win, but to survive if they face up to these troops where they have a four to one superiority, united, pressed together, and in quantity, as it is said.

They were to make the companies 80 to 100 men strong, composed of compatriots who were all known to one another, in order to foster cohesiveness. The companies were to be formed in regiments of about 500 men ("hommes d'armes").

Cavalry in single line (*en haye*) is useless; squadrons composed of 400 riders are the best; squadrons of 1,500 and

2,000, as is prescribed for the *reîtres*, would defeat them if they were dealing only with these 400; and if there were 1,200 in three units, charging one after the other, I would consider them to have the advantage. So many men in close formation only create confusion, and only a fourth of them fight. This large number of soldiers in a squadron is useful for the reîtres, because three-fourths of their men are nothing but villeins. The first troops that charge against these large bodies throw them into disorder, principally striking them on the flank. And even if the body can hold off the first attackers, the second and third squadrons sweep them away and break them up, charging from one end to the other and passing through; after the first two ranks are penetrated, there is little danger from the rest. He who has the larger number of squadrons of 300 and 400 must win the victory. Gaspard de Saulx-Tavannes, *Mémoires*, Ed. Buchon, 1836, p. 328 ff.

42. I find a similar argument in a Venetian account of 1596:

The *reîtres* were easily broken up by the lances of the light cavalry. Formerly, when each rank had made its wheel, the *reîtres* customarily tightened their whole formation and awaited the assault, facing the lances that were coming toward them, and then, widening their formation, they would let them enter among them and would handle them roughly with their pistols and their arms. But now the lances no longer come all together in squadrons but, divided into diverse and small detachments, they assault the squadrons of reîtres from all sides and harass them and throw them back and run through them from one side to the other and break them up with great facility. Tommaseco Contarini, *Relazione di Germania*, 1596. In *Relazione degli Ambasc. Veneti.*, Ed. Albèri, Series I, 6:235.

43. It was a question in ancient times and among those of the present time whether it was better to go into combat at a trot or to await the enemy in place; it seems that the momentum and the gallop increase the power of the men and horses to mow down the squadrons but it also gives much more opportunity to those who have no desire to be involved in this charge to halt, hold their mounts in place, and separate themselves from the charge, such as new soldiers and those the captain does not trust. It seems that it would be better to have them wait in formation and firmly fixed in place or at least not to take up the trot or gallop before a distance of twenty paces from the enemy, because then those who would fall out would be recognized, and the cowards would be too ashamed to leave their position at the moment of encountering the enemy, being the more easily seen and recognized by their captains, who would force them to be courageous in spite of themselves. Jean Gaspard de Saulx-Tavannes, *Mémoires*, Ed. Buchon, 1836, p. 116.

44. French ordinance of 16 October 1568. "It is likewise ordered that the companies of each regiment of cavalry will march together and in the formation that they are to maintain while fighting, in order that each man will be accustomed to holding his position." Nothing further was prescribed. H. Choppin, *Les Origines de la Cavalerie française*, Paris and Nancy, 1905, p. 22.

45. Quite similar descriptions and observations are found in the *History of the Civil Wars in France* (*Storia delle guerre civili di Francia*), by the Italian Davila, and in the *Art of War*, "The Difference between Launders and Pistolers," 1590, by the Englishman Roger Williams. They are quoted by C. H. Firth in *Cromwell's Army*, p. 129.

46. In the *Commentaires*, Vol. XI, Chaps. 11, 12, Ed. Lonmier-Guillaume, 2:214-222.

47. In his *History of the Netherlands War* (*Geschichte des Niederländischen Krieges*), Mendoza reports expressly in his account of the battle on the Mooker Heide that the "horsemen" on the Spanish side had awaited the attack of the enemy squadrons in place—as a result of which, to be sure, they were defeated. It was only a counterattack by another Spanish cavalry unit that threw back the Gueux.

48. *Historia*, Book 44. Ed. 1578, p. 560.

2 射手数量的增加与步兵战术的完善

1. Rüstow, *Geschichte der Infanterie*, 1:242 f., 349. Jähns, 1:724,

726, 731. Hobohm, 2:472. Pätel, *The Organization of the Hessian Army under Philip the Magnanimous* (*Die Organisation des hessischen Heeres unter Philipp dem Grossmütigen*). Philip gave the marksmen one guilder more per month than the spearmen; nevertheless, they did not reach half the strength.

2. Jähns, 1:726.

3. *Relazione di Vincenzo Quirini, December 1507* (*Relazione degli ambassadore Veneti* [Eugen Albèri, Series I, 6:21]).

4. Clonard-Brix, p. 57.

5. Book XV, Basel, 1578, 1:315.

6. *Truthful Description of the Other Campaign in Austria against the Turks . . . in the Past Year 1532. Described in Detail. And now Prepared in Print for the First Time in this Year of 1539.* Reprinted in J.U.D. Goebel, *Contributions to the National History of Europe under Emperor Charles V* (*Beiträge zur Staatsgeschichte von Europa unter Kaiser Karl V.*), Lemgo, 1767, p. 326. Further information on the caracole is to be found in Hobohm, 2:394, 405-407, 468, 483, 508.

7. Rabutin, *Commentaires*, Ed. Buchon, p. 530.

8. Quoted in Rüstow, 1:264.

9. *Discourse* XVIII, Paradoxe 2, p. 384.

10. Jovius, *Life of Pescara* (*Le vite* . . .), Venice, 1581, p. 213.

11. 1 September 1546. Avila, German edition, p. 39.

12. There are also reports of mixed combat of marksmen and horsemen (Rüstow, 1:314, from Monluc), but these can only have been exceptional cases that had no further development.

13. Jovius in 1535 before Goleta: "duas sclopetariorum manus, quas manicas vocabant, quod cornuum instar . . . " ("two bands of *sclopetarii*, which they call sleeves because they are like wings"). Book 34, Edition of 1578, p. 392. In 1542 before Ofen, the Italian infantry of Alessandro Vitelli "promoto hastatorum agmine et utrinque sclopettariis in cornua expansis Barbaras invadunt" ("After the column of the pikemen had been moved forward and on both sides the *sclopetarii* had been extended on the wings, they attacked the barbarians"). Jovius, *Histories*, Book 42, p. 518.

14. As we have already seen on p. 94 above, Rüstow called this formation the "Hungarian order," which he based on the Vienna parade of 1532. But that was only a schematic representation without practical significance. The expression is not derived from the sources any more than is the "Spanish brigade." Wallhausen speaks not of a "Hungarian order," but only of a "Hungarian installation," that is, an administrative arrangement rather than a tactical one. In his *Art of Dismounted Warfare* (*Kriegskunst zu Fuss*), Book I, Chap. 6, p. 110, he says that in Hungary no formation other than the square was used. Jähns, 1:711, calls it fatal that there had been acceptance of the procedure advocated by the Italian Tartaglia calling for placing the marksmen in the outer ranks of the square rather than as wings resting on the squares of spearmen, as had already been recommended by Seldeneck in 1480. This criticism seems to me to fail to recognize the principal point. While it is true that the formation of marksmen in wings offered the advantage of better sequence of fire and also a reasonably sure protection, nevertheless,

when the attacking horsemen approached, the marksmen always had to find protection either among or inside of the spearmen.

15. As an example of how little we can depend on isolated reports, even when they appear to be well founded, let us note that Jorga, *History of the Ottoman Empire* (*Geschichte des osmanischen Reiches*), 3:295, tells of a defeat of the Turks in 1593 in which "the janissaries were destroyed by the new cavalry of the West, the heavy horsemen clad in iron on armored horses, and by the harquebusiers. " A Turkish source and a Polish one are cited as a basis. Consequently, the writers had heard of the "new cavalry of the West," but they had not understood in what respect it was new, and so they describe it as the ancient knights. If we were not informed from other sources, it would be absolutely impossible to recognize what is correct in this exaggerated description. This is a counterpart to the transposition of Winkelried into a knightly battle. A similar situation is to be found in the same work on p. 314.

16. 1608. *Archives of Oranien-Nassau*, 2d Series, 2:389.

17. *Institution de la discipline militaire au Royaume de France*, Lyons, 1559, p. 96 ff. The author himself is opposed to the reduced units and believes that, since there are marksmen and horsemen in the intervals, the cannon would find their target in any case. In his opinion, one should seek to prevent the second shot by skirmishing marksmen and horsemen.

18. Rüstow treated these formations very thoroughly in his *Geschichte der Infanterie*. I do not consider it necessary to go into that in detail, since we find nothing of this kind in the real battles.

19. The extent to which the *"terzio"* was an administrative or a tactical unit and designation requires further research.

20. Lipsius, *de militia Romana* (*On Roman Military Service*), 5:20, *Opera*, 1613, 2:460. De la Noue, *Discourse* XVIII, 2d Paradoxe. Ed. 1587, p. 377 ff.

3 奥兰治领主莫里斯

1. On the military library of Maurice of Orange, see Carl Neumann, *Rembrandt*, 1:95.

2. *Journal of Anthony Duyck* (*Journaal van Anthonis Duyck*), fiscal advocate of the Council of State (1591-1602). Published under commission of the War Department, with introduction and notes by Ludwig Mulder, captain of infantry, 3 volumes, 1862-1866, s'Gravenhage and Arnhem. Duyck's office was that of a chief of the war chancellery of the Council of State and of the highest juridical official for the army (Mulder, preface, p. LXXXVI). He was normally present with the army and kept a daily account of events. To judge from an examination of his journal, he was so excellently informed on the thoughts of Maurice as to be possible only through direct verbal contact. In many passages we may consider the journal to be Maurice's legacy to posterity. Gustav Roloff, "Maurice of Orange and the Founding of the Modern Army" ("Moritz von Oranien und die Begründung des modernen Heeres"), *Preussische Jahrbücher*, Vol. 111, 1903.

3. Jähns, 1:869 f.

4. Jähns, 1:472, 705, says that in 1521 Delia Valle recommended the parade march in step; Lodrono did likewise (Jähns, 1:724). See also Hobohm, 2:407. In a report on the battle of Ceresole by Bernardo Spina, published by Stallwitz as a supplement to his document on that battle (Berlin dissertation, 1911, p. 54), it is stated that the Spanish general del Guasto had the recruits drilled immediately before the battle. It is also reported that the French guards had conducted drills.

5. Jähns, 1:735.

6. Dilich, *Kriegsbuch*, 1607, p. 254, discusses the steps taken to maintain the formation on the march. Among them he says "that in marching, an even and steady step is to be maintained" and "that the drummers maintain a correct beat as if the soldier had to *dance* by it."

7. In March 1591 this proportion was 1:0.47. Mulder, preface to Duyck's *Journal*, 1:51 ff., 1862. He arrives at this number by taking the average of a large number of individual figures in the documents, figures that cannot be confirmed.

8. According to the sketches by John of Nassau, two ranks of musketeers were drawn up forward of the front of the "double-pay men," that is, the pikemen. Plathner, "Graf Johann von Nassau," Berlin dissertation, 1913, p. 57.

9. Dilich, *Kriegsbuch*, 1607, p. 290, is not very clear as to what is supposed to happen when a formation of pikemen and marksmen is attacked by mounted men or pikemen. They should either retire behind the pikemen or into the mass of them.

10. Stuttgart Manuscript of 1612. Jähns, 2:924. John of Nassau

states that Maurice never allowed his system of march and battle formation to be changed, once it had been established, so that merely by drum and trumpet signals each man could take his place. Plathner, p. 58.

11. Plathner, p. 57.

12. A letter from Sandolin to Lipsius, dated 16 July 1595. Cited in Jähns, 2:880. Duke Henri Rohan reported later in his document (cited in Jähns, 2:951) that Maurice had found that the armament with shields was better but had not been able to have his opinion accepted, since, of course, he was not the sovereign. See Hobohm, 2:452.

13. Mulder, *Van Duyck's Journal*, 1:636 ff. From 9 August to 26 October 1595. Similarly in 1598. Reyd, *Niederländische Geschichte*, Vol. XV, Ed. 1626, p. 569. In the same year the brother of William Louis, John of Nassau, reported from Groningen to their father on drills in the garrisons. *Archives of Oranien-Nassau*, 2d Series, 2:403. Wallhausen, *Kriegskunst zu Fuss*, p. 23, reproaches those who say: "What is drilling? When one is fighting for the enemy, one does not drill long."

14. Chapters IV and VII and a particular paragraph, 144, of Chapter XVIII are erroneously identified in the letter as Folio 144. The three echelons are prescribed in it: "Has très acies ad usum separatas, propinquitate conjunctas, ad se mutuo adjuvandas idoneas esse perspeximus" ("We observed that these three battle lines, separated for use and joined by their proximity, are suitable to aid each other mutually"). The depth of the echelons is given as ten men in Leo. It is interesting to note, incidentally, how understanding and misunderstanding are often confused. In a rather careless way,

Leo transferred the tradition concerning the Roman infantry (which eventually goes back to Livy, 8.8) to the cavalry. But this attracted so little attention that William Louis, apparently without noticing Leo's error, was able to transfer it back again to the infantry.

15. A set of instructions for the training of the individual man was *Handling of the Guns, Muskets, and Spears* (*Waffenhandlung von den Rören, Musqueten und Spiessen*) by Jacob de Geyn. The Hague, 1608. Dedicated to Joachim Ernst, Margrave of Brandenburg. The book is illustrated with large, handsome copper plates. Republished in 1640. The copper plates in Wallhausen's *Kriegskunst zu Fuss* are different ones, also quite often different in their arrangement. Geyn distinguishes between marksmen and musketeers; he has forty-two commands for the former and forty-three for the latter. The musketeers have wooden powder containers on bandoliers, while the marksmen do not. For the spearmen there are twenty-one commands, many of them to be carried out in three speeds.

16. Rüstow, 1:345, characterizes Maurice's reforms as having simplified to the maximum the tactical formations. This seems to be the direct opposite of my description, to the extent that I see in the new formations something that had to be worked out and was not at all simple but possible only through hard work. But the difference is apparent rather than real. Rüstow is thinking of those artificial theoretical formations which he thoroughly discusses, like the cross battalion and the eight-cornered unit; they were nothing more than ingenious contrivances and never played a role in actual practice. And in comparison with this, the

Netherlandish formation was, of course, a simplification. In comparison with the square of men or the geometric square, which up to that point were the only ones under practical consideration, the Netherlandish method was not a simplification but a far-reaching refinement, and it is only with this explanation that the historical progress is placed in the right light.

17. John of Nassau gives 135 as the normal number, of which 45 have the long spear and 74 are musketeers and marksmen. Plathner, p. 40.

18. Everardus Reidanus, *Belgarum aliarumque gentium annales* (*Annals of the Belgians and other Nations*), Leyden, 1633, 8:192. Emmius, *Guilemus Ludovieus* (*William Louis*), 1621, p. 67. See also Mulder's preface to Duyck's Journal, 1:16.

19. Krebs, *Battle on the White Mountain* (*Schlacht an dem Weissen Berge*), p. 25 ff.

20. Reyd, p. 281.

21. Billon, p. 191.

22. Maurice (19 June 1593), *Archives-Oranien-Nassau*, 2d Series, 1:24.

23. Printed in the Works of the *Historical Society* (*Historisch Genootschap*) in Utrecht. New series, No. 37. Utrecht, 1883, p. 448 ff.

4　古斯塔夫·阿道夫

1. Fahlbeck, *Preussische Jahrbücher*, 133:535.

2. According to G. Droysen, *Gustav Adolf*, 2:85, the king landed in Pomerania in 1630

with	13,000 men
He already had in Stralsund	6,000
Follow-up forces	ca. 7,000
Withdrawn from Prussia	13,600
Total: approximately	40,000

Some 36,000 men remained behind in Sweden, Finland, Prussia, and so forth. Consequently, the entire military strength amounted to 76,000 men, 43,000 of whom were levied nationals.

3. Jähns, 2:952.

4. In his writings of the year 1673 (*Schriften*, 2:672), Montecuccoli actually considers the usual ratio of two-thirds musketeers and one-third pikemen to be wrong. He believes more pikemen are needed to cover the musketeers in battle, for the latter, alone, would be overpowered by the cavalry. He points out that this was what happened at Lens, for example, where Condé defeated the Lotharingians. At Breitenfeld, he says, the Holstein regiment held fast because of its pikemen until it was overcome by the artillery. He reports the same thing in 2:223. He claims that the ratio of two-thirds to one-third was acceptable only because on so many occasions outside of battle the musketeers were more useful than the pikemen.

5. "The Swedish Discipline," cited in Firth, *Cromwell's Army*, p. 105.

6. According to Firth, p. 104.

7. Firth, *Cromwell's Army*, p. 98, from the *Swedish Intelligencer*, 1:124.

8. On the leather cannon, see Gohlke in the *Zeitschrift für historische Waffenkunde*, 4:392, and Feldhaus, p. 121. "Leather pieces" are also mentioned in the introductory poem to the *Little War Book* (*Kriegsbüchlein*) of Lavater of Zurich, 1644. He says they did not come first from Sweden to Zurich, "but rather from us to them."

9. Letter to Aldringer, 2 January 1633, reproduced in Förster, *Wallenstein's Letters* (*Wallensteins Briefe*). Daniel's statement in *History of the Military* (*Geschichte des Kriegswesens*), 5:12, that Henry IV of France had already required that his squadrons fire a single salvo with their pistols and then attack with cold steel, must be based on a misunderstanding. I have found nothing on this in the sources, and the objective prerequisite for such action is missing, that is, a stricter discipline. Davila states expressly that at Ivry, the last large battle of Henry IV, his squadrons used the caracole.

10. This explanation has been preserved for us in the work of an English military author, Turner, and it goes back to English officers who had served under Gustavus Adolphus. I draw the quotation from Firth, *Cromwell's Army*, p. 289. The passages cited in Mareks, *Coligny*, p. 56, and Hobohm, *Machiavelli*, 2:373, 385, which seem to prove an earlier occurrence of the running of the spear gauntlet—especially Bouchet, *Preuves de l'histoire de l'illustre maison de Coligny* (*Evidence on the History of the Illustrious House of Coligny*), 1642, p. 457—are based

on erroneous translations. "Passer par les piques" ("to pass before the pikes") is the "law of the long spears," mentioned on p. 61 above. Of course, La Curne de St. Palaye, *Dictionnaire de l'ancien langage français*, Vol. 8, understands this expression as meaning striking with the spear shafts. I consider that impossible; the spears are too long to be used that way.

11. Cited in Firth, *Cromwell's Army*, p. 321.

5 克伦威尔

1. The outstanding book by C. H. Firth, *Cromwell's Army*, London, 1902, covers exhaustively the subject of Cromwell as a military organizer, the role in which he is of most interest to us. The extensive work by Fritz Hoenig, *Oliver Cromwell*, Berlin, 1887, is not up to par. See the review in the *Historische Zeitschrift*, 63:482, and the *Historical Review*, Vol. 15 (1889), 19, p. 599. It was only in his later writings that Hoenig brought his considerable talent to its full development.

2. According to Hoenig, II, 2, 269, this command originated in 1643.

3. According to an estimate by W. G. Ross, reported in the *Historische Zeitschrift*, 63(1889):484, the parliamentary army numbered 13,500 men, including 7,000 infantry, whereas the royal army had only 8,000 men, half infantry and half cavalry. See Firth, p. 111.

4. Hoenig attributed to Cromwell specific creations in the tactical employment of cavalry, the formation of echelons, and so on, and saw in him the predecessor of Frederick and Seydlitz and even the guiding spirit

for our time. I cannot agree with him on this. The entire organization of military units of the seventeenth century with the matter of effectiveness of their weapons is too different from the conditions of the eighteenth and nineteenth centuries to justify such comparisons. Hoenig is also in error (I, 2, 247) when he attributes to Cromwell the formation of divisions in the Napoleonic sense.

5. Firth, p. 101.

6. See my article "Anglicanism and Presbyterianism" in the *Historisch-Politische Aufsätze*.

6 战例介绍

1. H. von Koss, "The Battles of St. Quentin and Gravelingen" ("Die Schlachten bei St. Quentin und Gravelingen"), Berlin dissertation, 1914, E. Ebering Press. I am not so sure whether the analysis of Gravelingen in this otherwise very worthwhile work is appropriate. The points raised by Elkan against this work in his review in the *Historische Zeitschrift*, 116:533, apply only to secondary items, partly simple typographical errors. The question, too, of the intervention of the English ships, which Koss, with good reasons, doubts, is not significant from the military history viewpoint, but, on the basis of testimony cited by Elkan and overlooked by Koss, this point calls for further study.

2. Swiss battle reports in Segesser, *Ludwig Pfyffer and His Times* (*Ludwig Pfyffer und seine Zeit*), 1:621.

3. Special study on the battle by Gigon, *La troisième guerre de*

religion, 1912. Gigon gives the Huguenots a strength of 12,000 infantry and 7,000 cavalry and the Catholics 15,000 infantry and 8,000 cavalry. Other writers assume considerably higher numbers for the Catholics. According to Popelinière, Coligny supposedly used the method of blending the infantry and the cavalry ("d'enlacer l'infanterie et la cavallerie") in small units. The account of the battle, however, does not show that.

4. The standard monograph is by J. Krebs, Berlin, 1879. Brendel, 1875, gives nothing useful from a military standpoint. A few details are to be found in Riezler, *Sitzungsberichte der Münchener Akademie*, Phil. Abt., Vol. 23, 1906.

5. Riezler, p. 84, of course assumes that the army of the League was only 10,000 men strong and had lose 12,000 to 15,000 men from sickness in the preceding campaign. The "Hungarian fever" was raging at that time in all camps.

6. According to Anhalt, the formation of the Bohemians was 3,750 paces wide at most, and it appears as if the animal park was not included in that figure. According to the illustration in Krebs, however, the width was not even 2,000 meters, including the position in the animal park, and, remarkably enough, this was estimated on the same scale as equal to 5,000 feet. On page 171 Krebs assumes that the front was about 3,600 meters. In any case, the front was very long for the small army.

7. Later, Tilly reproached his colleague Buquoi for having divided up his horsemen into "little squadrons" ("*squadronelli*").

8. In his report Christian speaks only of Thurn's musketeers, as if

there were no pikemen there at all.

9. According to Gindely, 2:119, the units (*Fähnlein*) of the Bohemian regiments were composed of 24 privates first class, 76 pikemen, and 200 musketeers.

10. The standard special study on the battle is by Walter Opitz (Leipzig, A. Deichert, 1892). The dissertation by Wangerin, Halle, 1896, is only a study of the sources without significant conclusions.

11. Opitz, p. 76, established the fact that Tilly wanted to move from Leipzig to the Elbe, in order to gain a crossing and to draw Field Marshal Tiefenbach to him from Silesia. Once he had this latter force, Pappenheim was to be detached to Mecklenburg in the rear of the Swedish king. That was the plan in case the enemy again avoided battle. For the battle itself the plan was only significant to the extent that it may have contributed to the fact that they did not want to go back behind the Elster to await Aldringer.

12. Jähns, *History of Military Sciences* (*Geschichte der Kriegswissenschaften*), 1:572.

13. Following Rüstow's sample, Opitz has Tilly's infantry arranged in the form of a Spanish brigade. It may be that they were formed this way for a moment. It is not reported, and, of course, it does not matter tactically, since in their movement forward it would have been neither possible nor advantageous to hold the four units together in some kind of prescribed figure. It is expressly stated in a French report and in Chemnitz (Opitz, p. 92) that Tilly's entire army stood in a single echelon, and Montecuccoli, *Writings*, 2:581, says that Tilly was defeated

at Leipzig mainly because he had drawn up his entire army in a single, right-angled front without reserves. The discrepancy that, according to Field Marshal Horn's report, Tilly's infantry was aligned in four battalions, whereas the French report states fourteen battalions (Opitz, p. 93), can probably be explained by the fact that in the latter figure the cavalry formations are also counted as battalions. Furthermore, as in the infantry, several regiments of cavalry may have been assembled in a single tactical unit.

14. In his sketch, Opitz obviously shows the Swedes as much too wide, the Saxons as too narrow. Since it is reported of both formations that they were a good 2 1/2 miles wide (extract from Schreiber's report of 8 September. Droysen, *Archives for Saxon History* [*Archiv für sächsische Geschichte*], 7:348) and the right flank of the Swedes extended beyond the enemy flank, then the imperial right flank must no doubt have extended beyond the enemy flank, the Saxons.

15. Montecuccoli, *Works*, 2:579, states that the principal reason for the Swedish victory was that they placed the musketeers between the cavalry. The cavalry had to be so formed that the enemy first had to pass through the musket fire, and in the weakened condition into which that brought him, he was then attacked by the cavalry.

16. This action by the artillery is not mentioned in the actual battle reports, but it does appear in Chemnitz and Montecuccoli. This is consistent with the fact that Tilly, in his various reports (Droysen, *Archives for Saxon History*, 7:391-392), strongly emphasized the enemy's superiority in artillery.

17. Karl Deuticke, "The Battle of Lützen" ("Die Schlacht bei Lützen"), Giessen dissertation, 1917. It was not until the appearance of this excellent study, in which the scattered sources, especially letters, were collected and studied with the greatest care with the help of the Stockholm Library, that a correct and reliable picture of the details of this battle was achieved.

18. It is not definitely reported as to whether Wallenstein had additional light pieces along with his twenty-one heavy cannon. We only know from several letters in the *Fontes rerum austriacarum* (*Sources of Austrian History*), Vol. 65, that he had procured such cannon.

19. Deuticke, p. 67.

20. Unfortunately, we do not have information on the strength of this corps; it can hardly have been more than 6,000 men. On the day of the battle it was still at Torgau and would therefore not have been able to reach the vicinity of Lützen for several days. Gustavus Adolphus had ordered it to follow the route via Riesa and Oschatz in order to avoid Eilenburg and Leipzig, which were occupied by the emperor's forces.

21. The more recent monographs on this battle, on which my account is based, are principally those of Walter Struck, Stralsund, 1893, and Erich Leo, Halle, 1900. But neither of them distinguishes sufficiently between a positive decision to seek the battle and the mere risk of bringing on the battle as the result of a maneuver. Nor has the lively description of the battle by Colonel Kaiser in the *Literarische Beilage des Staatsanzeigers für Württemberg*, 1897, come to grips with this decisive point. It was only later that I became acquainted with "From

Lützen to Nördlingen" ("Von Lützen nach Nördlingen") by Karl Jacob (1904), who seeks to prove that Bernhard von Weimar was unjustly exalted and Swedish Field Marshal Horn was a much better strategist. What Jacob says in Horn's favor may well be essentially correct, but his pejorative judgment of Bernhard shows prejudice and insufficient training in military history. In the points of controversy between Leo and Struck, Jacob correctly sides strongly with Struck.

22. Jacob criticizes Bernhard for attacking at all. He believes that wing should have maintained a purely defensive stance in order to cover a possible withdrawal with its full strength still available. Such conduct would have been poor testimony for the military genius of Bernhard. Of course, since the battle was lost, the defeat was all the more frightful in that Bernhard had insufficient reserves to send in to cover the withdrawal. Nevertheless, if he had remained passive in the battle for this eventuality, a victory would have been impossible, since the enemy could then have had all the more troops to employ against Horn. From all appearances, Bernhard understood his mission absolutely correctly—to keep the enemy on his flank as occupied as possible but without bringing on the decisive battle there.

23. Leo, p. 59, estimates the strength of the Catholic army between 40,000 and 50,000 men, a small portion of which remained in position facing Nördlingen, while he considers the strength of the Swedes between 19,000 and 22,000 regulars and 5,000 to 6,000 Württemberg militia. M. Ritter, *History of the Thirty Years' War* (*Geschichte des Dreissigjährigen Krieges*), p. 580, agrees with these estimates, as

does Jacob, p. 109. Unfortunately, we learn nothing specific about the employment and conduct of this militia in the battle. It must have been in position on Bernhard's flank and therefore probably remained unengaged in the actual battle but was overtaken by the enemy on the withdrawal and cut down. Even in Kaiser's account, where we would most likely expect it, there is nothing further of any significance.

24. Leo, p. 66, note, cites several sources to the effect that Bernhard from the very start—that is, as early as in the council of war that decided on the march onto the Arnsberg—wished to bring on the decisive battle and so recommended. But Leo's sources are not completely reliable, and it could, for example, easily be the case that remarks by the prince on the evening of the march or the morning of the battle, when it was a question of whether or not they should seek to take the Allbuch position by force, were transposed back to the council of war.

25. The authoritative monograph is Rudolf Schmidt's "The Battle of Wittstock" ("Die Schlacht bei Wittstock"), Halle, 1876.

26. Letter to Field Marshal Count Götz, who was in command in Hesse, dated 9 October, and therefore five days after the battle. Quoted in von dem Decken, *Duke George of Braunschweig and Lüneburg* (*Herzog Georg von Braunschweig und Lüneburg*), 3:277.

第三篇 常备军时代

1 总 论

1. On the origin and development of the Austrian army see *History of the Imperial and Royal Armed Forces from 1618 to the End of the Nineteenth Century* (*Geschichte der kaiserlichen und königlichen Wehrmacht von 1618 bis Ende des XIX. Jahrhunderts*), published by the Directorate of the Imperial and Royal Military Archives.

2 法 国

1. *French History* (*Französische Geschichte*), 1:369.

2. Susane, *Histoire de la cavallerie française*, 1:82.

3. *Campaigns of Prince Eugene* (*Feldzüge des Prinzen Eugen*), 1:507.

4. Susane, *Histoire de l'infanterie*, 1:78.

5. The Spanish *terzios*, which were created in 1544, may have served as a model; their relationship to the *columellas* is not clear.

6. Mention, *L'armée de l'ancien régime*. 1900.

7. Ritter, *German History in the Period of the Counterreformation* (*Deutsche Geschichte im Zeitalter der Gegenreformation*), 3:518.

8. André, *Le Tellier*, p. 26.

9. André, p. 217.

10. According to Susane, Ed. of 1876, p. 312, at the beginning of

1791 the rank and file of the infantry did not number more than 125,000 men.

11. Susane, *Histoire de la cavallerie française*, pp. 136, 154.

12. Louis André, *Michel Le Tellier et l'organisation de l'armée monarchique*, Paris, Felix Alcan, 1906. This is a large work, supported by many documents. At times the tendency to emphasize Le Tellier's accomplishments is somewhat too strong. In 1900 the French War Ministry published a work entitled *Historiques des Corps de Troupe de l'armée française (1569-1900)*. The introduction gives a summary of the important references since the work by Daniel in 1721. The book contains a tabular presentation of all troop units since 1589 without any further source studies, as well as the names of the commanders, of the battles in which the units participated, and so forth.

13. Susane, p. 100. De la Noue concludes that the Spanish infantry was better than the French from the fact that so many noblemen were in the Spanish service (Jähns, p. 564). A remarkable account of weekly changes of the Spanish commanders, determined by lot, is reported for the year 1538 by Jovius, Book 37, Ed. 1578, pp. 364, 366.

14. *Discours* XIV, Ed. 1587, p. 338.

15. The first trace of a distinction in principle between officers and noncommissioned officers I find in a remark by de la Noue in Discours XIII, Ed. 1587, p. 322. In that passage he praises the Spanish for obeying the orders of even simple sergeants, and their officers all the more.

16. I. G. Hoyer, *History of the Art of War (Geschichte der Kriegskunst)*, p. 188, who was still familiar with the living tradition,

considers that the principal reason for the poor discipline of the French in the eighteenth century was the selling of officer positions. But we may not observe such points in isolation and then consider them as basic causes. In the English army, too, the sale of positions was common, and it not only maintained its discipline, but this deformity even offered the advantage that an outstanding man, if he was also rich, could attain a higher command position at a very young age. Thus Wellington became a lieutenant colonel at age twenty-three.

17. The relationship of the noble and bourgeois officers in the French army is treated very thoroughly in the book by Louis Tuetey, *The Officers under the Ancien Régime, Nobles and Commoners* (*Les officiers sous l'ancien régime, nobles et roturiers*), Paris, 1908.

18. Puységur, Chap. VI, p. 50, estimates sixteen to seventeen men for each officer, but on p. 103, some twenty-five men per officer. Sicard, *Histoire des institutions militaires des Français*, 2:229, estimates twelve to thirteen men per officer (79,050:6553), and on p. 244, nineteen to twenty men (686:35 in the infantry battalion). Susane, *Histoire de l'infanterie française*, 1:278, has fifteen men per officer (685:35). Berenhorst, Observations (Betrachtungen), 1:61, estimates eighteen men for one officer (900:50). Susane adds to his numbers the statement that in 1718 the number was found to be much too large and consequently the number of companies was reduced, but in 1734 they were again increased. Hoyer, *Geschichte der Kriegskunst*, 2:505, states that, as a result of the reforms of the minister of war, St. Germain, the strength of the companies was fixed at 125 souls, including seven or eight officers.

Chuquet says the number of French officers in 1789 was about 9,000. In Austria, too, the number of officers at the time of Prince Eugene was very large. Montecuccoli required thirty-three officers for 1,500 men. In December 1740 Prussia had 3,116 officers for about 100,000 men, and in 1786 5,300 officers for some 200,000 men. The Thüna regiment in 1784 numbered fifty-two officers and 2,186 noncommissioned officers and men, including forty reserves, consequently one officer for forty-two men. *Militär-Wochenblatt*, 1909, col. 3768.

19. The statements in the biographies by Sarrans-Jeune and Kläber, concerning Bernadotte's entrance into service, do not agree completely.

20. Daniels, *Preussische Jahrbücher*, 77:523.

21. Hoyer, *Geschichte der Kriegskunst*, 2:199. According to Nys, *International Law* (*Le droit international*), 3:512, the first treaty on ransoms was made in 1550 between Maurice of Saxony and Magdeburg. The ransom was not to exceed one month's pay. Heffter-Geffcken, *International Law* (*Völkerrecht*), section 142, names as the oldest agreement concerning the exchange of prisoners and ransoms a treaty between France and Holland in 1673. Pradier-Fodéré, *Traité de droit international public*, 7:45, refers to still other treaties. At times the maximum limit for a ransom was fixed at the pay for a quarter of the year.

22. The first promise to care for the sick and wounded that I can remember having read is contained in a pay contract of Stralsund of 1510 (Beck, *Artikelsbriefe*, p. 118), where care of the wounded and of disabled veterans is promised.

23. Daniels, "Ferdinand von Braunschweig," *Preussische Jahrbücher*, 80:509. See also 79:287.

3 勃兰登堡 – 普鲁士

1. The Netherlander Le Hon (Hondius) wrote concerning Wallhausen (Jähns, 2:1039):

> Wallhausen has made a large book of the drills of a regiment which do not occur among us and were also not used by the Prince of Orange...which are nothing more than fantasies that one puts on paper and which cannot be applied by any officer or soldier, indeed not by the author himself, who, like Icarus, wants to fly so high that he must fall down from above, who thinks that by putting figures on paper they must be heard by many people.

The Frenchman Bardin called Wallhausen's *Kriegskunst zu Fuss* "an illegible confused mixture, from which there is nothing to be learned" (Jähns, 2:1042).

2. In his defense let it be noted that even a soldier like Montecuccoli wrote something similar: "If one wishes to form a unit of lancers, not for the attack but for defense, one can give it a square formation, facing toward all four sides." Round or spherical formations were also recommended. Writings (*Schriften*), 1:352.

3. L. Plathner, "Count John of Nassau and the First Military School" ("Graf Johann von Nassau und die erste Kriegsschule"), Berlin dissertation, 1913.

4. Around 1559 Count Reinhart Solms wrote a military encyclopedia, which Jähns, 1:510, calls "Military Government" (*"Kriegsregierung"*), in which he emphatically rejects the idea of the militia, since the men would run away when the situation became serious. Lazarus Schwendi was in favor of the militia (Jähns, p. 539). General von Klitzing drew up a report for Duke Georg of Braunschweig-Lüneburg in which he stated that, according to his experience, militiamen could not stand up to recruited troops. He recommended mixing recruited soldiers and those who were levied. Von dem Decken, *Duke George of Braunschweig-Lüneburg* (*Herzog Georg von Braunschweig-Lüneburg*), 2:189.

5. The militia was only used with success once in a secondary role; when the duke moved into Bohemia in 1620, he used the militia to protect his country against the Union. Krebs, *Battle on the White Mountain* (*Schlacht am weissen Berge*), p. 32.

6. When the burgomaster of Augsburg in 1544 forced all the citizens to procure weapons and participate in daily drills, the entire city rose up against this procedure and said it was nonsense, an unnecessary waste of time and money, since, in view of the importance of Augsburg's industries, this purpose could better and more cheaply be accomplished with paid mercenaries. Schmoller, *Tübinger Zeitschrift*, 16:486.

7. Jany, *The Beginnings of the Old Army* (*Die Anfänge der alten Armee*), p. 2.

8. Jany, 1:10. Krollmann, *The Defense Work in the Kingdom of Prussia* (*Das Defensionswerk im Königreich Preussen*), 1909.

9. Meynert, *History of the Military and of Army Organizations in Europe* (*Geschichte des Kriegswesens und der Heerverfassungen in Europa*), 2:99.

10. In June 1625 the total cost of deliveries in Hesse taken by the billeted troops of the League since 1623 only in the cities and the villages subject to the princes (and not the villages of the nobility), without counting robberies and destruction, was estimated as 3,318,000 imperial talers. This was much more than ten times the amount approved by the Estates three years earlier for the landgrave, but with which the country had not been able to be defended. M. Ritter, *German History* (*Deutsche Geschichte*), 3:260. Gindely estimates the total contributions raised by Wallenstein in his first period of command as between 200 and 210 million talers. The city of Halle alone showed that from December 1625 to September 1627 it had paid 430,274 guilders.

11. Droysen, *Prussian Politics* (*Preussische Politik*), 3:1, 49.

12. von Bonin, "The War Council of the Electorate of Brandenburg, 1630-41" ("Der kurbrandenburgische Kriegsrat, 1630-1641"), *Brandenburgisch-Preussische Forschungen*, 1913, p. 51 ff.

13. Researchers are not yet completely in agreement on the content and the nature of the reduction of 1641 and of the strength until 1656. J. G. Droysen's concept that it was principally a question in 1641 of a relief from the double obligation to the emperor and the prince elector and that the young ruler simultaneously broke the opposition of the colonels

and the Estates in order to create the unified army thenceforth obligated only to the prince has now been generally dropped. Meinardus, "Minutes and Accounts of the Brandenburg Privy Council" ("Protokolle und Relationen des Brandenburgischen Geheimen Rats"), introduction to the first and second volumes. Article, "Schwarzenberg" in the *Allgemeine Deutsche Biographie*. Article in the *Preussische Jahrbücher*, Vol. 86, by Schrötter, "The Brandenburg-Prussian Army Organization Under the Great Elector" ("Die brandenburgisch-preussische Heeresverfassung unter dem Grossen Kurfürsten"), 1892. Brake, "The Reduction of the Brandenburg-Prussian Army in the Summer of 1641" ("Die Reduktion des brandenburgisch-preussischen Heeres im Sommer 1641"), Bonn dissertation, 1898. In this connection see also Meinardus, Historische Zeitschrift, 81:556, 82:370. Jany, "Die Anfänge der alten Armee." *Urkundliche Beiträge zur Geschichte des preussischen Heeres (Documentary Contributions to the History of the Prussian Army)*, Vol. 1, 1901.

14. Ferdinand Hirsch, "The Army of the Great Elector" ("Die Armee des Grossen Kurfürsten"), *Historische Zeitschrift*, 53(1885):231.

15. This important observation is made by B. von Bonin in the *Archives for Military Law (Archiv für Militärrecht)*, 1911, p. 262.

16. See the article "The Prussian District President" ("Der preussische Landrat") in my *Historical and Political Essays (Historische und politische Aufsätze)*, where the difference between the Prussian, English, and French administrative systems is discussed.

17. Ritter, "Wallenstein's System of Contributions" ("Das

Kontributionssystem Wallensteins"), *Historische Zeitschrift*, 90:193. In Wallenstein's army administration, which attempted to assure that, despite all their contributions, the burghers and peasants could tolerate them quite well, Ranke has already recognized the "trait of the national prince" in the great condottiere.

18. von Schrötter, "The Bringing of the Prussian Army to Strength Under the First King" ("Die Ergänzung des preussischen Heeres unter dem ersten Könige"), *Brandenburgisch-preussische Forschungen*, 1910, p. 413.

19. Schrötter, *Brandenburgisch-preussische Forschungen*, 23:463.

20. As an analogy to the way the old "Land Defense" was carried over into the standing army, let us note a negotiation between the emperor and the Lower Austrian Estates in 1639. The Estates wanted to establish the principle that the land defense could only be used within the territorial borders. The emperor demanded that every twentieth man be provided and proposed for consideration "whether these men could better be used by assigning them to a special corps or whether they should be incorporated as fillers in the old regiments." According to Meynert, *Geschichte des Kriegswesens*, 3:10.

21. The standard study is Max Lehmann's "Recruitment, Service Obligation, and System of Leaves in the Army of Frederick William I" ("Werbung, Wehrpflicht und Beurlaubung im Heere Friedrich Wilhelms I."), *Historische Zeitschrift*, Vol. 67, 1891. A very clear insight of the structure of the Prussian army in the eighteenth century, based word for word on the sources, is given in the work of Erwin Dette, *Frederick the*

Great and His Army (*Friedrich der Grosse und sein Heer*), Göttingen, Vanderhoeck und Ruprecht, 1915. I have taken several characteristic observations verbatim from this excellent work.

22. It is all the more remarkable when, according to Schrötter, p. 466, at the death of Frederick I there already existed a levy system along controlled lines, with exemption of those with special possessions, that was quite similar to the situation created by the "canton regulation." It appears that the purely arbitrary aspect of the levying by the officers was completely consonant with the forceful character of Frederick William I.

23. Courbière, *History of the Brandenburg-Prussian Military Organization* (*Geschichte der Brandenburgisch-Preussischen Heeresverfassung*), p. 119. When reference is made on p. 120 to men of 3 inches and under 3 inches, this seems to me to stem from a writing error. As the smallest height, which was waived only under conditions of a complete scarcity of manpower, as in the last year of the Seven Years' War, we can regard 5 feet, 5 inches (1.70 meters). See Grünhagen, *Silesia under Frederick the Great* (*Schlesien unter Friedrich dem Grossen*), 1:405. Reimann, *History of the Prussian Nation* (*Geschichte des preussischen Staates*), 1:154, claims that even in garrison regiments men could not be less than 5 feet, 3 inches tall. According to Koser, *Friedrich der Grosse*, 1:538, Frederick required in the older regiments men of 5 feet, 8 inches in the front rank and 5 feet, 6 inches in the second rank. For the newer regiments, these requirements were 5 feet, 7 inches and 5 feet, 5 inches, respectively.

24. A report of the government of the electoral march of 1811 states:

"In earlier times, as filler replacements, only such a moderate number of natives was required that only those subjects who were completely dispensable were enlisted, and that was determined by the civil authorities."

25. *Studies in Brandenburg-Prussian History* (*Forschungen zur Brandenburgisch-Preussischen Geschichte*), 7:308.

26. Ranke, *Werke*, 27:230.

27. Jähns, 2:914.

28. Excerpted from *Tactical Training* (*Taktische Schulung*), p. 687.

29. von Osten-Sacken, *Prussia's Army from Its Beginnings to the Present* (*Preussens Heer von seinen Anfängen bis zur Gegenwart*), 1911, 1:173.

30. These numbers are estimated for the regiment that was named "Thüna" in 1784 and "Winnig" in 1806. Ollech, "Life of Reiher" ("Leben Reihers"), *Militär-Wochenblatt*, 1859, p. 11. Kunhardt von Schmidt, *Militär-Wochenblatt*, 1909, col. 3771. The latter correctly assumes that, in view of the uniformity throughout the army, these lists give a picture not only of the individual troop unit but of the entire infantry of the period. Similar age relationships already existed in 1704. Schrötter, p. 453.

31. M. Lehmann, p. 278.

32. Basta (Book I, Chap. 6—consequently, long before the Thirty Years' War) was already complaining about the start of the practice of filling the captains' positions only with aristocrats, even when they were completely inexperienced, so that no private soldier any longer

had the hope of moving up, except in very exceptional cases. According to Löwe, *Organization of Wallenstein's Army* (*Organisation des Wallensteinschen Heeres*), p. 86, most of the colonels and generals in the Thirty Years' War were nobles, but among the lower officers there were still quite a number of former privates. G. Droysen, "Contributions to the History of the Military System During the Period of the Thirty Years' War" ("Beiträge zur Geschichte des Militärwesens während der Epoche des 30jährigen Krieges"), *Zeitschrift für Kulturgeschichte*, Vol. 4, 1875, emphasizes strongly, in opposition to Gansauge, that there was not yet any officer corps at that time.

33. Schrötter, *Brandenburgisch-Preussische Forschungen*, Vol. 27.

34. Treated very clearly by Richard M. Meyer, "The Military Titles" ("Die militärischen Titel") in the *Zeitschrift für deutsche Wortforschung*, Vol. 12, Book 3 (1910), p. 145.

The 1726 regulation of Frederick William I shows a great similarity to a Spanish regulation. Jähns, 2:1577, believes that it goes back directly to the Spanish. Erben, in the *Mitteilungen des kaiserlichen und königlichen Heeresmuseums*, 1 (1902):3, seems to refute that. I hesitate to make any definitive judgment.

35. Schmoller in the *Historische Zeitschrift*, 30:61.

36. *Observations on the Art of War* (*Betrachtungen über die Kriegskunst*), section 13.

37. G. Droysen, "Beiträge," *Zeitschrift für deutsche Kulturgeschichte*, new series, 4(1875):592.

38. "Report of the Ambassador Valory of 1748." Ed. Koser,

Brandenburgisch-Preussische Forschungen, 7(1894):299. Valory stresses the marching in step of the Prussians so strongly that we may doubt whether the French had it.

39. Daniels, "Ferdinand von Braunschweig," *Preussische Jahrbücher*, Vols. 77, 78, 79, 80, 82.

40. According to Frederick's so-called *Military Testament*, there are supposed to have been 110,000 natives and 80,000 foreigners in 1780, but the numbers are not entirely certain, since natives who were not from the regimental canton were also counted as foreigners.

41. The *Militia Gallica* by Wallhausen (*French Military Service*; translation of a book by Montgommery), p. 44, precisely states how broad was the power of punishment of each position. The colonel was allowed to strike and kill with the sword, even officers. The sergeant-major had similar authority, but he could also strike with the staff, that is, with his measuring stick. Nobody was to feel insulted by this. The captain was allowed to strike with the flat of his sword. The lieutenants and sergeants could do likewise on the march or in the trenches, but in garrison only against their direct subordinates. The ensign was allowed to do this only when substituting for the lieutenant or captain. The sergeant (in contradiction to the foregoing!) could strike only on the march, in battle, on guard duty, and in the trenches, with the shaft of the halberd, and not with the sword, if a soldier left his post, but not in garrison or for other reasons.

42. Daniels, *Preussische Jahrbücher*, 82:270.

43. According to the estimates of the *General Staff Work*. That was,

therefore, at the moment Frederick started the war. Ranke, 3:148 cites a memorandum, according to which Frederick William I, on his death, had left behind 83,484 men, including 72,000 men in the field army; other statements show up to 89,000 men. According to Schrötter, the Prussian army on 2 January 1705, when it had been strongly reinforced with the assistance of the subsidies of the sea powers, already amounted to 47,031, and with the militia 67,000 men, that is, almost 4 percent of the population.

44. *Preussische Jahrbücher*, 142:300.

4 操练与 18 世纪的战术变化

1. Rüstow, *Geschichte der Infanterie*, 2:42 ff.
2. Jany, p. 108.
3. Pastenacci, *Battle of Enzheim* (*Schlacht bei Enzheim*).
4. In the battles of Klissow (1702) and Fraustadt (1706), the Saxon infantry tried unsuccessfully to protect itself against the Swedes with chevaux-de-frise.
5. According to Würdinger, *Military History of Bavaria* (*Kriegsgeschichte von Bayern*), 2:349, such an "awl spear" appears in a Passau armory register of 1488.
6. According to sources cited by Firth in *Cromwell's Army*, p. 87, a light musket with a flintlock was already in widespread use as a hunting weapon by the German peasants at the start of the seventeenth century. In 1626 with these muskets the peasants completely wiped out imperial

regiments that Christian of Braunschweig had defeated.

7. At this point I wish to assemble a number of data concerning the technical improvements of the firearm, without claiming accuracy for each individual date. From this listing, however, we gain an overall view as to how gradually such a development occurs, step by step.

Of significance in the references is the work by Thierbach in the *Zeitschrift für historische Waffenkunde*, Vol. II, "On the Development of the Bayonet" ("Ueber die Entwicklung des Bajonetts") and also Vol. III.

Second half of the sixteenth century: paper cartridges for horsemen. 1608: loading in 95 tempo. 1653: paper cartridges initially without the ball. Spak, in the *Festschrift für Thierbach*, claims to prove that muskets without forks were given to the regiments for the first time in 1655. 1670: introduction of cartridges in the Brandenburg infantry. 1684: flintlock muskets introduced in Austria. 1688: the bayonet reportedly invented by Vauban. 1690: introduction of paper cartridges in France (Jähns, 2:1236). 1698: Leopold von Dessau adopts the iron ramrod in his regiment. 1699: bayonet with cross-arm. 1703: final abandonment of the pikes by the French. 1708: abandonment of the pikes by the Netherlanders, according to Coxe, *Life of Marlborough* (*Leben Marlboroughs*), 4:303. 1718: the iron ramrod adopted in the whole Prussian army from this year on. 1721 : abandonment of pikes by the Russians. 1733: loading with bayonets fixed in Prussia (Jähns, 3:2498). 1744 (or possibly 1742): the iron ramrod in Austria. 1745: the iron ramrod in France. *The Well Drilled Prussian Soldier* (*Der wohl exerzierte Preussische Soldat*), by Johann Conrad Müller, "Free

Ensign and Citizen of the Town of Schaffhausen," 1759, states on p. 18 that shortly before the current campaign Frederick had had new stocks placed on all the muskets and had the foremost ring for the ramrod made in funnel form so that the rod could be brought more securely into place. The author also states that the grips described by him could not be done with the wooden ramrod. 1773: replacement of the conical ramrod in Prussia by the cylindrical rod.

Thierbach states that in tests which Napoleon had made in 1811, every seventh shot was a misfire; according to Schmidt, *Hand Firearms* (*Handfeuerwaffe*), p. 38, of every 100 shots, 20 were misfires and 10 were ignition failures. In tests that were conducted by the French government in 1829 with the same flintlock musket, there was only one misfire for every fifteen shots.

8. The standard study is the article "The Tactical Training of the Prussian Army by King Frederick the Great during the Period of Peace from 1745 to 1756" ("Die taktische Schulung der preussischen Armee durch König Friedrich den Grossen während der Friedenszeit 1745 bis 1756") in the *Kriegsgeschichtliche Einzelschriften*, published by the Great General Staff, Vol. 28/30, 1900.

9. *Taktische Schulung*, p. 663.

10. Jähns, p. 2105.

11. Berenhorst, *Observations on the Art of War, Its Progress, Its Contradictions, and Its Reliability* (*Betrachtungen über die Kriegskunst, über ihre Fortschritte, ihre Widersprüche und ihre Zuverlässigkeit*), 1797, pp. 239-240.

12. *Taktische Schulung*, p. 665.

13. The prince of Ligne reports that on a single occasion in his many campaigns, in the engagement at Mons (1757), he heard bayonets striking against one another. Berenhorst states that in military history there is not a single properly confirmed example that the rifles of opposing sides had crossed one another and there had been hand-to-hand fighting. Emperor William I also paid no attention to the use of the bayonet in the training of soldiers, since he believed it had no practical value.

14. Scharnhorst, 3:273, states that many tests had shown that the firing against a line of cavalry resulted in 403 hits of 1,000 shots at 100 paces, 149 hits at 300 paces, and 65 hits at 400 paces. In the case of a platoon well drilled in aiming, there were considerably more hits at the greater distances, up to twice as many. At 400 paces "the effect was hardly to be taken into consideration." Against infantry, of course, the effect was considerably smaller. For more on this subject, see *Taktische Schulung*, p. 431. In Firth, *Cromwell's Army*, p. 89, the range of the muskets of the sixteenth and seventeenth centuries is given as 600 paces, according to the evidence of several confirming sources, and it is not impossible that this range was greater than that of the musket of the eighteenth century.

15. Austria. *Regulations of 1759* (*Regulament von 1759*). Jähns, p. 2035.

16. In agreement with *Taktische Schulung*, p. 446.

17. General Staff, *Military History Monographs*

(*Kriegsgeschichtliche Einzelschriften*), 27:380.

18. "Dispositions for the Battle of Zorndorf" ("Disposition für Schlacht bei Zorndorf"), *Militärischer Nachlass des Grafen Henckel*, 2:79. "On the wing that is supposed to attack, there will be three echelons. If a battalion in the first echelon is broken up or repulsed, the battalion of the second echelon standing directly behind it is to move immediately into the first echelon, and one from the third echelon must replace it in the second echelon so that the battalion that is broken up and repulsed must form again in good order and advance with the others."

19. Montecuccoli, *Schriften*, 2:350. The Austrian Military Field Regulations of 1759 state 500 paces (Jähns, 3:2035). The *Regulations for the Royal Prussian Infantry* (*Reglement vor die Königliche Preussische Infanterie*) of 1726 in Title XX, Article 1, " . . . that one cannot shoot that far with any musket ball."

20. The *General Staff Work* and the two monographs 27 and 28/30 added very valuable new material on this subject, but in the end they stray into a description of the oblique battle order that is much too narrow. It has been rejected by Lieutenant Colonel Schnackenburg in the *Jahrbücher für Armee und Marine*, Vol. 116, Book 2, 1900. The basis for the correct concept had already been found by Otto Herrmann in the *Brandenburg-Prussian Studies* (*Brandenburgisch-Preussische Forschungen*), 5(1892):459, and the entire problem was solved once and for all in the exemplary study of Rudolf Keibel, outstanding in its source critique, completeness, and reasoning, which appeared in the *Brandenburgisch-Preussische Forschungen*, 14(1901):95. A

final effort by Jany to defend the concept of the General Staff in the Hohenzollern-Jahrbuch, 1911, has been refuted by O. Herrmann in the *Brandenburgisch-Preussische Forschungen*, 27(1914) :555.

21. Montecuccoli, 2:581, also calls Nieuport, Breitenfeld, and Alterheim wing battles. Breitenfeld did indeed become a wing battle, although it was not planned that way.

22. Jähns, 1:520, 522.

23. The details are to be found in Herrmann, p. 464.

24. Clausewitz ("Seven Years'War"), *Work*, 10:56, writes: "According to the prejudices and the arrangements of that period, 40,000 or 50,000 men could not fight in any other way than by forming in advance in a cohesive battle formation." The reproach which is felt in the word "prejudices" seems unjustified; it was a result dictated by the nature of things. Because the lines were so extremely thin, they had to be unbroken. Every interval would have offered an extremely dangerous point for a penetration.

25. According to Jähns, 2:1521.

26. Frederick himself, in his *General-Prinzipien* (Article XXII, No. 7), describes "my oblique order of battle" in this manner:

> One refuses the enemy one wing and reinforces the one that is to attack; with the latter you direct all your efforts against a wing of the enemy that you take in the flank; an army of 100,000 men, if taken in the flank, can be beaten by 30,000 men, for the affair is then quickly decided.

27. Even the continuous line of the infantry was by no means maintained rigidly by the king; rather, he freed himself in keeping with the circumstances. This point is proven by O. Herrmann for the battles of Prague and Kollin, *Brandenburgisch-Preussische Forschungen*, 26:499 and note on p. 513.

28. It was their observation and follow-up of this work in all its details that led the General Staff astray in placing the beginning of the oblique battle formation in this decade and limiting it to the cohesive infantry front. But even in the writings of the General Staff itself this limitation is not strictly adhered to, and the work thereby becomes involved in inner contradictions, in contradictions with King Frederick, and in contradictions with a document written personally by the chief of the Historical Section, von Taysen.

29. Tempelhof describes the approach march as follows:

> There was no more beautiful sight. The heads of the columns were constantly abreast of one another and separated from one another by the distance necessary for the deployment; the platoons maintained their intervals as exactly as if they were marching in a review."

30. As a reason for the echeloned attack, he states that, as a result of this formation, no special command was needed for the left wing to move into the battle. The interval of the individual battalions from one

another amounted to fifty paces—that is, not even 1 minute's march. The forward point of the right wing had a distance of 1,000 paces from the tail of the left wing, or no more than 10 to 15 minutes of marching time.

That it was not the echelons that brought victory was also recognized by Dietrich von Bülow (Jähns, 3:2139). Major Jochim, "The Military Testament of the Great King" ("Das militärische Testament des Grossen Königs"), supplement to the *Militär-Wochenblatt*, Vol. 7, 1914, claims, contrary to the *General Staff Work*, p. 26, that the echelons were formed not by battalions but by brigades (five battalions). He regards the oblique battle formation not as a combat formation at all, but rather as a movement formation, and he decisively rejects the traditional exaggerated estimate of its value. For him, the oblique battle formation was only an "expedient for the open plain with no cover." According to the "Dispositions for the Battle of Zorndorf," as printed in the *Military Testament of Count Henckel Donnersmarck* (*Militärischer Nachlass des Grafen Henckel Donnersmarck*), 2:78, every two battalions together formed one echelon.

  31. Letter of 8 August 1745. *Generalstabswerk*, "Wars of Frederick the Great" ("Kriege Friedrichs des Grossen"), 1:24.

  32. Kurt Schmidt, "The Activity of the Prussian Free Battalions in the First Two Campaigns of the Seven Years' War" ("Die Tätigkeit der preussischen Freibataillone in den beiden ersten Feldzügen des siebenjährigen Krieges"), Berlin dissertation, 1911. Erwin Dette, op. cit., p. 78 ff. On Hardt's successes in 1759, see *Generalstabswerk*, 10:124.

  33. *Militär-Wochenblatt*, 62(1895):1602; 73(1899):1832. The

French ambassador Valory wrote in his report for 1748 concerning the Prussian cavalry at the time of the death of Frederick William I, *Brandenburgisch-Preussische Forschungen*, 7:308:

> The horses are accustomed to the fire, and the rider dismounts from his horse, leaving the bridle on his neck, and he places himself at the head of the squadron in order to fire by rank of platoons and of battalions like the infantryman, and no horse moves from his place. I have seen entire half-squadrons double their ranks fleeing from the horses' heels.

34. von Canitz, *Information and Observations on the Fates of the Mounted Forces* (*Nachrichte und Betrachtungen über die Schicksale der Reiterei*), p. 7.

35. According to Desbrière and Sautai, *Organisation et tactique des trois armes*, Paris, 1906.

36. *Writings* (*Schriften*), 2:176.

37. *Kavalleristische Monatshefte*, 1908, p. 908, "On the Details and Results of Mounted Clashes" ("Ueber Verlauf and Ergebnis von Reiterzusammenstössen").

5 战 略

1. It will be worth the trouble to note that, hand in hand with the new period of strategy, there also appeared the use of an aid that became

increasingly important with the passage of time, the use of maps. Jovius relates that before the battle of Marignano in 1515 there were laid out for the Swiss leaders in the castle of Milan parchment sheets on which were drawn the roads and adjoining areas. "Membranae in medium prolatae, quibus mensurae itinerum et regionis situs pictura describebantur, ut agreste ingenio homines certius deliberata cognoscerent." ("Parchments were published, on which the distances of the routes and a picture of the structure of the region were drawn, so that even men with untrained ability might know the plans more definitely.") It is noteworthy that in this way attempts were made to assist the peasants' lack of education.

2. Jähns, 2:1151.

3. "He who has the last piece of bread and the last crown is victorious." Gaspard (Jean) de Saulx-Tavannes, *Mémoires*, Ed. Buchon, 1836. p. 226. Mendoza, p. 11: "Consequently, it is customarily said that the last crown or penny holds the victory."

When Frederick planned to begin the war in 1756, he estimated that each campaign would cost him 5 million talers and that Prussia together with Saxony, which he planned to conquer, could afford that. The expenses increased, however, to 15 million talers annually, and he had to request English subsidies. Maria Theresa waged war essentially with French subsidies, but in 1761 she had used up her resources so completely that even during the continuing war she reduced the army and discharged troops for reasons of economy.

4. These passages are to be found in "Frederick the Great's Ideas on War" ("Friedrichs des Grossen Anschauungen vom Kriege"), Vol. 27 of

the *Kriegsgeschichtliche Einzelschriften*, p. 268.

5. Jochim, "The Military Testament of the Great King" ("Das militärische Testament des Grossen Königs"), supplement to the *Militär-Wochenblatt*, 1914, pp. 269, 278.

6. Lenz, *Historische Zeitschrift*, 49:458.

7. *Schmalkaldic War* (*Schmalkaldischer Krieg*), German edition, 1853, p. 90.

8. Even before the start of the Schmalkaldic War, the Venetian ambassador reported that the emperor would not fight any battle. In this connection he noted: ". . . Protestants do not have captains . . . the German nation alone is not suitable to do battle on its own with determination, and the emperor will avoid that but will probe and encircle the enemy army with his light cavalry, and with the Italian infantry (which is experienced in the business of war) he will attempt to drive them back, wear them out, and annihilate them." Bern. Navagero, *Report from Germany of July 1546* (*Relation aus Deutschland vom Juli 1546*), Ed. Albèri, Series 1, 1:362.

9. Viktor Löwe, *The Organization and Administration of Wallenstein's Armies* (*Die Organisation und Verwaltung der Wallensteinschen Heere*), 1895. Reviewed by Schrötter in *Schmollers Jahrbücher*, 1895, Vol. 19, Book 4, p. 327. Konze, "The Strengths etc. of Wallenstein's Army in 1633" ("Die Stärke usw der Wallensteinschen Armee im Jahre 1633"), Bonn dissertation, 1906. Hoeniger, "The Armies of the Thirty Years' War" ("Die Armeen des 30jährigen Krieges"), supplement to the *Militär-Wochenblatt*, 1914, Vol. 7, claims that at the

climax of the war, when Gustavus Adolphus and Wallenstein stood facing one another, on both sides together there was a total of between 260,000 and 280,000 men under arms. That estimate is certainly somewhat high. Hoeniger gave too high a strength to the armies, especially at Nuremberg.

10. According to Deuticke, *Schlacht bei Lützen*, p. 52.

11. For the train and rations among the Swiss, see Elgger, *Military System of the Swiss (Kriegswesen der Schweizer)*, p. 117 ff.

12. Jähns, pp. 502, 505.

13. Jähns, p. 521.

14. Knaake, *Contributions to the History of Emperor Charles V (Beiträge zur Geschichte Kaiser Karls V.)*, Stendal, 1864, p. 11.

15. Spont, *Revue des questions d'histoire*, 22 (1899):63.

16. See also Rudolf Schmidt, *Schlacht bei Wittstock*, p. 49. Letter of Field Marshal Hatzfeld. Also p. 57.

17. Daniels, *Preussische Jahrbücher*, 78:487. In 1757, when Cumberland's army was marauding because of a shortage of rations, he ordered that the high provost was to have hanged without ceremony every soldier caught in the act. A priest accompanied him as he rode about, in order to comfort the poor sinners before they went to hell. Daniels, *Preussische Jahrbücher*, 77:478.

18. Montecuccoli, Writings (*Schriften*), 2:122, states that in 1648 the Swedes held nine fortresses in Silesia. They had won them very easily, since they were not occupied, and they had then developed the insignificant older works. For this reason Montecuccoli advises that

one should demolish all the old, unimportant fortresses and hold only a few really good fortresses, or have only open cities. He anticipates garrisons of only 100 to 500 men, except for Prague, which was to have 1,500. On page 135 he explains how the many fortresses were detrimental to the Spaniards in the Netherlands because they could not satisfactorily occupy and feed all of them, whereas they were useful for the Netherlanders because they were naturally strong positions and the inhabitants themselves provided the necessary defenders.

19. Printed in the *Preussische Jahrbücher*, 153(1913):423.

20. Henckel, *Military Testament (Militärischer Nachlass)*, 2:79.

21. This is excellently described in the *Kriegsgeschichtliche Einzelschriften*, 27:364. On 23 December 1757 Colonel Marainville reported of Frederick's tactics: ". . . he does not follow up his advantages. When he wins battles, he limits himself almost always to possession of the battlefield." Quoted in Stuhr, *Research and Clarifications of the History of the Seven Years' War (Forschungen und Erläuterungen zur Geschichte des 7jährigen Krieges)*, 1:387.

22. This, too, is excellently described in the *Kriegsgeschichtliche Einzelschriften*, 27:353.

23. Details on winter quarters or winter campaigns in Frederick's *General-Prinzipien*, Articles 27 and 28.

24. Here, too, as we have already seen above in the quotation from Höpfner (p. 279), is a reason for the oblique battle formation.

25. *Archives of Orange-Nassau*, 2d Series, 2:378.

26. Quoted in Krebs, *Battle on the White Mountain (Schlacht am*

weissen Berge), p. 12.

27. The Campaigns of Prince Eugene (*Die Feldzüge des Prinzen Eugen*), 1:1:587.

28. According to the citation in *Kriegsgeschichtliche Einzelschriften*, 27:385.

29. Letter to Louis XV dated 12 July 1744. Letter to the prince of Prussia forwarding the *General-Prinzipien*.

6 战略概述及战例介绍

1. All the previous descriptions of this campaign and of the battle have been significantly corrected by the careful study with its critical analysis of the sources by Rudolf Israel, "The Campaign of 1704 in South Germany" ("Der Feldzug von 1704 in Süddeutschland"), Berlin dissertation, 1913.

2. Of course, Tallart intended to attack the allies as soon as they had crossed through the mist moving across his front, and he also made a few movements toward attacking in the battle. But in view of the formation of his troops, especially the unusually strong occupation of Blindheim and the lack of a reserve, we can still say that the battle was planned as a purely defensive action.

3. The battle was first completely explained in its strategic as well as tactical sequence by Georg Schmoller, "The Campaign of 1706 in Italy" ("Der Feldzug von 1706 in Italien"), Berlin dissertation, 1909.

4. Schmoller, pp. 35-36, "The Hussars in front of the two Echelons

of Cavalry."

5. Franz Mühlhoff, "The Genesis of the Battle of Oudenarde" ("Die Genesis der Schlacht bei Oudenaarde"), Berlin dissertation, 1914.

6. In Coxe, *Life and Correspondence of Marlborough* (*Leben und Briefwechsel Marlboroughs*).

7. The battle is treated excellently in the 1912 Berlin dissertation by Walter Schwerdtfeger. It is to be noted particularly that the account by Rüstow in the *Geschichte der Infanterie* is corrected and expanded in very important points by this study. Sautai, too, *Bataille de Malplaquet* (1906), had already rejected Rüstow's account.

8. The wars of Frederick the Great have recently been treated comprehensively by both the Prussian and the Austrian general staffs. The Prussian work suffers from a false basic concept of the strategy of the period, which has also presented many details in a false light. The two general staff works have been compared in an excellent article by Otto Herrmann in the *Jahrbücher für die Armee und Marine*, January, 1906.

9. The *Generalstabswerk*, p. 392, states that the opposing strengths in the battle were "not significantly different from one another," but it estimates the Prussian infantry 1,200 men too low and the Austrian cavalry 1,800 horses too high. Furthermore, it does not at all take into consideration the fact that the Prussians also had 1,400 cavalry in position in the rear of the Austrians at Ohlau, who could be counted on to intervene in the battle, and also a corps of seven battalions and six squadrons, as well as five squadrons from the homeland.

10. In the introduction to the second volume of the Generalstabswerk, the unsatisfactory exploitation of the Prussian victory is retroactively explained by the "heavy losses of troops, which influenced most deeply the commander's easily excited spirit" and similar reasons, but the great numerical superiority of the Prussians remains unmentioned.

11. How important this viewpoint was for Frederick is explained by Senftner, "Saxony and Prussia in 1741" ("Sachsen und Preussen im Jahre 1741"), Berlin dissertation, 1904.

12. Monograph by Paul Müller. Berlin dissertation, 1905. According to the Austrian *Generalstabswerk*, 3:670, Frederick did not push his success to a complete victory because for political reasons he wished to spare Austria. That would be the direct opposite of the strategy that is normally attributed to Frederick, but it seems to me to go too far when it draws the political motive into the tactical action. It was sufficient that the victory was not further pursued strategically. The *Generalstabswerk* is to be compared with the very different account in Koser, *Friedrich der Grosse*, and Bleich, "The Moravian Campaign, 1741-42" ("Der mährische Feldzug 1741-42"), Rostock dissertation, 1901. I agree with Koser with respect to the facts, but I evaluate them very differently from the strategic viewpoint. Bleich, too, has not yet hit upon the correct points of view.

13. The account of the battle in the *Generalstabswerk* has been corrected in many respects, including the army strengths, in the comprehensive monograph by Rudolf Keibel (1899). The reproach

concerning the unsatisfactory pursuit that is directed against the king in the *Generalstabswerk* is rejected by Oskar Schulz in "Frederick's Campaign after the Battle of Hohenfriedberg up to the Eve of the Battle of Soor" ("Der Feldzug Friedrichs nach der Schlacht bei Hohenfriedberg bis zum Vorabend der Schlacht bei Soor"), Heidelberg dissertation, 1901.

14. In this saying lies the key to understanding the battle of Soor, which, although it was already correctly recognized by Clausewitz (10:30), is missing in the *Generalstabswerk*. Hans Stabenow, "Die Schlacht bei Soor," Berlin dissertation, 1901.

15. This point has been strongly confirmed in detail by Hans Kania, "The Conduct of Prince Leopold before the Battle of Kesselsdorf" ("Das Verhalten des Fürsten Leopold vor der Schlacht bei Kesselsdorf"), Berlin dissertation, 1901.

16. Iwan Jowanowitsch, "Why Did Frederick the Great not Participate in the Battle of Kesselsdorf?" ("Warum hat Friedrich der Grosse an der Schlacht bei Kesselsdorf nicht teilgenommen?"), Berlin dissertation, 1901.

17. Hobohm, "Torstensson as Predecessor of Frederick the Great in the Struggle Against Austria" ("Torstensson als Vorgänger Friedrichs des Grossen im Kampf gegen Oesterreich"), *Preussische Jahrbücher*, 153:423 ff.

18. Monograph by Paul Gantzer in the *Mitteilungen des Vereins der Geschichte der Deutschen in Böhmen*, Vol. 43(1905).

19. Clausewitz, *Werke*, 9:6.

20. Hobohm, p. 436.

21. Sarauw, *The Campaigns of Charles XII* (*Die Feldzüge Karls XII.*), 1881, p. 192.

22. Franz Quandt, "Die Schlacht bei Lobositz," Berlin dissertation, 1909. The *Generalstabswerk* still does not present things correctly.

23. Karl Grawe, "The Development of the Prussian Campaign Plan in the Spring of 1757" ("Die Entwicklung des preussischen Feldzugsplanes im Frühjahr 1757"), Berlin dissertation, 1903. This work, which in other respects develops the sequence correctly, makes the mistake of simply naming Leitmeritz as a march objective in the king's order to Schwerin of 3 April, whereas both Melnik and, on 17 April, Reudnitz are named.

24. That has already been proved in an outstanding way by Caemmerer, *Frederick the Great's Campaign Plan for the Year 1757* (*Friedrichs des Grossen Feldzugsplan für das Jahr 1757*), 1883, which, in other respects, challenges my concept.

25. Jany, *Documentary Contributions and Studies on the History of the Prussian Army* (*Urkundliche Beiträge und Forschungen zur Geschichte des preussischen Heeres*), published by the Great General Staff, 3 (1901):35.

26. The opposite concept was represented principally by Albert Naudé, whose arguments have been thoroughly refuted by me in the *Preussische Jahrbücher*, 73:151; 74:570 (1893). See in this connection the article by Gustav Roloff in the *Deutsche Heereszeitung*, Nos. 42 and 43, 1894.

27. Credit for having clarified these conditions goes to Dietrich

Goslich, "Die Schlacht bei Kollin," Berlin dissertation, 1911. See also the review in the *Deutsche Literaturzeitung* of 1 May 1915, No. 18. See also *Jahrbücher für Armee und Marine*, March 1912, p. 336. If in this article the author, Jany, jokingly refers to Frederick's concern for his depot as the loss of "flour sacks," which could not be compared with the gains from a battle, he misunderstands a basic principle of the Prussian military system and Frederick's strategy. For Napoleon, the proposal not to fight at Kollin but to allow Daun to approach still closer was simple and natural. Nothing is more characteristic of Frederick than that from the start he rejected this idea because of his concern for his rations. This point is developed very well by Goslich and misunderstood by Jany.

More recently, there has appeared an Austrian account of the battle by von Hoen, Vienna (1911), which confirms Goslich's conclusions from the Austrian sources and adds some very interesting new points. A critical review of this work that presents an excellent picture has been given by Otto Herrmann in the *Brandenburgisch-Preussische Forschungen*, 16(1913):145.

28. Gerber, *Die Schlacht bei Leuthen*, Berlin, 1901, has the right concept. The *Generalstabswerk* is off base in many respects.

29. Arneth, 5:172.

30. Masslowski, *The Seven Years' War from the Russian Viewpoint* (*Der siebenjährige Krieg nach russischer Darstellung*), pp. 175, 180.

31. The considerations that Frederick mentions in his General-Prinzipien (1748) to the effect that it was generally more advantageous for him to attack Moravia rather than Bohemia, are based on the

assumption that Saxony was not in his possession. This point is explained excellently in the study by Otto Herrmann in the *Jahrbücher für Armee und Marine*, Vol. 121. The *Generalstabswerk*, in the volume devoted to the year 1758, also abandons the concept that is still represented in the first volumes. Its discussions are filled out in a very valuable way in an article by Otto Herrmann in the *Historische Vierteljahres-Schrift*, 1912, Vol. 1. Later, the king stated that the invasion of Moravia was particularly advantageous, also under the assumption that he had possession of Saxony. Such considerations naturally have no theoretical significance. They are geographical and topographical studies that are made by every strategy in all periods, and necessarily so. In particular, the fact that Vienna was threatened more strongly from Moravia than from Bohemia is not a consideration of the strategy of annihilation, for example, but of the strategy of attrition, for the former does not plan to threaten the enemy capital but to conquer it.

32. When Frederick was in Moravia, he had 55,000 men there, some 17,000 in Silesia, 22,000 in Saxony, and 22,000 under Dohna, as well as several thousand sick. The normal statement that he was almost as strong as in 1757 is therefore not correct.

33. The *Generalstabswerk* reports this withdrawal twice. On page 92 the Prussians moved back before Daun's approach march. On page 106 they were called back because the king planned to lift the siege.

34. Retzow, 1:293.

35. *Unpublished Reports* (*Ungedruckte Nachrichten*), 2:367. Bernhardt 1:243, has the credit for calling attention to this unique report

from the diary of a junior officer. But when he adds, "No one knew how to go about requisitions," he is unfair to the resourcefulness and intelligence of Frederick and his officers.

36. Retzow, p. 294, does say expressly, "The losses in men, cannon, munitions, and rations were considerable," but we must nevertheless take into account on the other hand that Frederick had taken much of the provisions for his army from enemy territory. In Bohemia contributions were even forced. *Ungedruckte Nachrichten*, 2:367.

37. *Generalstabswerk*, 7:232.

38. Arneth, 5:388.

39. The newest study, based on the Generalstabswerk, is the article by Laubert in the *Brandenburgisch-Preussische Forschungen*, 25(1913):91.

40. The *Generalstabswerk* estimates the strength of the combined Russians and Austrians in the battle as 79,000, while Koser estimates only between 68,000 and 69,000 men, 16,000 of whom were irregulars. The *Generalstabswerk* gives Frederick 49,900 men, of whom the troops who covered the bridges and garrisoned Frankfurt were estimated as some 7,000 men. Koser's statement (2:25), to the effect that 53,121 men were counted at the crossing of the Oder, contradicts p. 37, where only 49,000 men are given. The origin of this error has already been discovered by Laubert, *Die Schlacht bei Kunersdorf*, p. 52.

41. This argumentation appears again and again in Masslowski, *Der Siebenjährige Krieg nach russischer Darstellung* (translated by Drygalski).

42. Clausewitz claimed to find this lack of caution so extreme that it was "hardly possible to explain it, to say nothing of excusing it." The explanation is found in the study by Ludwig Mollwo, Marburg dissertation, 1893. It is to be found in the concept of the "unassailable position," so characteristic of that period. The king assumed as certain that the Austrians were about to evacuate Saxony and that they would not attack. But Daun recognized his advantage, summoned up his courage, attacked Finck, and overpowered him with his large superiority, and that all the more easily since the Prussian troops consisted partially of captured Russians who had come over to their service and impressed Saxons.

43. In the *Brandenburgisch-Preussische Forschungen*, 2(1889):263, Herrmann published a letter from Gaudy to Prince Henry, dated 11 December 1760, in which he says that "unfortunate cannon shots" were the cause of the premature attack. He says that the cavalry and artillery were also not yet in place.

44. Daniels, *Preussische Jahrbücher*, 78:137.

45. Arneth, 6:259.

46. On 30 June Tschernyscheff's Russian corps joined forces with the Prussians, and on 1 July the advance of the combined armies began. On 18 July came the news of the abdication of Czar Peter. During this time Frederick could have fought a battle with considerable superiority, if he had planned for it. But he planned to do so only in case the Austrians would have been obliged to detach a part of their army against the Turks.

7 战略家腓特烈

1. This is very clearly described by General von Caemmerer in *Defense and Weapons* (*Wehr und Waffen*), 2:101.

2. When the *True Advice* (Frundsberg) requires "10,000 foot soldiers, 1,500 saddle horses, and appropriate field pieces" against a powerful enemy, that, too, has the flavor of a "normal army."

3. Susane, *Histoire de l'infanterie française*, 1:106.

4. *Collected Writings* (*Gesammelte Schriften*), 1:327, 364.

5. *Essai général de Tactique*, 2:41, Ed. of 1772.

6. Jähns, 3:2861.

7. Bülow, *Spirit of the Newer Military System* (*Geist des neueren Kriegssystems*), p. 209.

8. In the *General-Prinzipien* (1748) in the article on the campaign plans. In the "Réflexions sur la tactique" (1758), *Oeuvres*, 28:155. To Prince Henry, dated 8 March 1760, 15 November 1760, 21 April 1761, 24 May 1761, 15 June 1761. In the introduction to the *History of the Seven Years' War* (*Geschichte des Siebenjährigen Krieges*).

Marlborough wrote in a similar way to his friend Godolphin after his victory at Oudenarde, saying that if it had not been absolutely necessary, he would have avoided exposing himself to the dangerous chances of a battle. Coxe, *Marlborough, Life and Letters*.

9. For example, on 15 and 16 August 1761, where, with considerable superiority, he could have attacked a Russian corps. Bernhardi, *Friedrich*

der Grosse als Feldherr, 2:358 ff., describes the situation very clearly and finds the explanation only in a kind of mood, that is, that the king had determined to fight the Austrians, and not the Russians in an open battle.

10. Guibert, *Essai général de tactique*, 1:33: "Everywhere that the king of Prussia could maneuver, he had successes. Almost everywhere that he was forced to do battle, he was beaten—events that prove to what extent his troops were superior in tactics, even if they were not in courage."

第四篇　国民军时代

1　革命与入侵

1. *Contributions to the Art of War* (*Beyträge zur Kriegskunst*), Vol. II, foreword.

2. *General Lloyd's Treatise on the General Principles of the Art of War* (*Des H. General von Lloyds Abhandlung über die allgemeinen Grundsätze der Kriegskunst*), German edition, p. 18.

3. Frederick wrote to Fouqué in 1758: "Cannon fire and musket fire upward from a lower position have no effect, and to attack the enemy with firing from below means fighting against weapons with sticks; it is impossible."

4. The decisive statements by Bülow are collected in Caemmerer, *The Development of the Science of Strategy in the Nineteenth Century*

(*Die Entwicklung der strategischen Wissenschaft im 19. Jahrhundert*), 1904, but not enough attention is given to the fact that a number of Bülow's disputed statements are very similar to some that appear in the writings of Frederick the Great.

5. *Geschichte der Kriegskunst*, 2:949.

6. E. Daniels, "Ferdinand von Braunschweig," *Preussische Jahrbücher*, Vols. 77-80, 82.

2 革命军

1. De la Jonquière, *La Bataille de Jemappes*, Paris, 1902, gives the Austrians 16,000 men on page 124, but a bare 14,000 men on page 143 ; on page 146 Dumouriez is said to have had between 40,000 and 42,00® men, including Harville's corps, which provided important cooperation.

2. The results of the February recruiting were estimated at 180,000 men, while the levée *en masse* of August produced between 425,000 and 450,000. Kuhl, *Bonaparte's First Campaign* (*Bonapartes erster Feldzug*), pp. 32-33.

3. According to the apparently generally reliable description by Duruy in the memoirs of Barras.

4. Of course, other judgments concerning the newly formed French officer corps read in quite the opposite way; for example, von der Marwitz, *Autobiography* (*Lebensbeschreibung*), edited by Meusel, 1:459.

5. According to the *Wars of Frederick the Great* (*Kriege Friedrichs*

des Grossen) by the Great General Staff, Vol. 1, Supplement No. 2, p. 38, that had already been the case in 1740.

6. Lehmann, *Scharnhorst*, 2:147.

7. Supplements to the *Militär-Wochenblatt*, 1901, p. 436.

8. That is correctly given strong emphasis by Caemmerer, *The Development of the Strategic Science in the Nineteenth Century* (*Die Entwicklung der strategischen Wissenschaft im 19. Jahrhundert*), 1904, Chap. 2.

9. Klippel, *Life of Scharnhorst* (*Leben Scharnhorsts*), 1:44, note. The agreement in principle expressed here was nevertheless very limited from a practical viewpoint, according to Lehmann, *Scharnhorst*, 1:51.

10. Jähns, 3:2588.

11. Certainly with accuracy. Kuhl, p. 43.

12. A particularly valuable witness is Duhesme, who participated in the wars of the revolution from the start and in 1814, as a lieutenant general, published a book, *Essay on the Light Infantry* (*Essai sur l'infanterie légère*), which he had begun to write in 1805. He shows that skirmishing was accepted only as an expedient, and on p. 114 he says that in 1793 the entire French infantry had adopted the combat method of the light infantry. This point is not expressed entirely appropriately, since, of course, the new combat method consisted not only of skirmishing but also of the following assault columns, which did not belong to the nature of the light infantry.

13. The quotations are from Kuhl, p. 44.

14. Hermann Giehrl reports very clearly and accurately from the

sources concerning other branches of Napoleon's military activity in his work *General Napoleon as an Organizer* (*Der Feldherr Napoleon als Organisator*), *Observations on His Means of Transport and Communications, His Methods of Working and Command*, Berlin, E. S. Mittler and Son, 1911.

15. 2:360.

16. Reprinted in Klippel, 3:40.

17. In a thorough study, "The Expenditure of Manpower in the Principal Battles of the Last Centuries" ("Der Menschenverbrauch in den Hauptschlachten der letzten Jahrhunderte"), *Preussische Jahrbücher*, 72 (1893): 105, Gustav Roloff established a wavelike falling and rising of the casualty figures since the seventeenth century, in which various factors (weapons, tactics, strategy) work together and in opposition to one another.

18. Freytag-Loringhoven, *Napoleon's Military Leadership* (*Die Heerführung Napoleons*), p. 43, estimated for 1809 "hardly more than one and a half cannon for 1,000 men," and for 1812 he estimates three and a half.

19. Caemmerer, *History of Strategic Science* (*Geschichte der strategischen Wissenschaft*), p. 14 f., from Colin, *L'Education militaire de Napoléon*.

20. Caemmerer gives a masterful survey of the difference in battle leadership between Frederick and Napoleon in *Defense and Weapons* (*Wehr und Waffen*), 2:100 ff., especially p. 108.

21. According to Lehmann, *Scharnhorst*, 2:149.

22. *History of the Infantry* (*Geschichte der Infanterie*), 2:296.

23. Compare Gneisenau's statement to York on the evening of the battle on the Katzbach. Delbrück, *Life of Gneisenau* (*Leben Gneisenaus*), 1:342. On 24 October 1805 Napoleon wrote in Augsburg to the general intendant of the army, Petit, that he had necessarily operated without depots but despite the favorable season and the repeated victories, the soldiers had suffered a great deal. "In a season when there were no potatoes in the fields, or if the army experienced some reverses, the lack of depots would lead to the greatest misfortunes."

24. Lauriston to the major general, 25 May 1813:

I must call the attention of Your Highness to the march of the troops. The lack of supplies since several days causes the soldier to dare everything in order to procure rations. There are definitely fewer stragglers than there are men who move out ahead at the moment they sight some town or village. The generals make every effort to stop this disorder; the small number of officers paralyzes these measures, especially because the officers themselves are looking for foodstuffs (Rousset, *La grande armée de* 1813).

The connection between discipline and regular rations is indicated very well in a corps order by Blücher (drawn up by Gneisenau) of 8 May 1813: "In order to maintain our discipline we must be sure to impress on the soldier on the one hand that we are using every measure at our disposal to satisfy his needs, but on the other hand we must also observe a strict economy." And it goes on to say: ". . . so that the soldier is completely convinced of the concern of his superiors . . . " Reported in the "Life of Reiher" ("Leben Reihers"), Supplements to the *Militär-Wochenblatt*, 1861, p. 84.

25. von Lettow-Vorbeck, "The French Conscription under Napoleon I") ("Die französische Konskription unter Napoleon I."), Supplements to the *Militär-Wochenblatt*, 1892, Book 3.

3 拿破仑的战略

1. *Napoleon as Commander* (*Napoleon als Feldherr*), by Count York, is a popular and frequently read book, and I have taken points here and there from it; nevertheless, its most important points must be rejected. The author depends, to his detriment, more on Jomini than on Clausewitz. It is as if the old Gneisenau-York antagonism once more was expressed here, as if the grandson of General York was unwilling to recognize the friend and disciple of Gneisenau, Clausewitz. His study of the sources is often insufficient, and we must particularly reject the idea that Napoleon's power was declining from 1809 on and that he fell because of his own doings. A principal passage that he cites as proof (2:95, letter to Clarke of 21 August 1809) is based on an erroneous translation. Napoleon does not say that one may be allowed to fight a battle only "when one has no new turn of fortune to hope for," but that one should not fight as long as one can hope that the chances of success

will still increase. See note 4, below.

2. *Thoughts and General Rules for War* (*Pensées et règles générals pour la guerre*), 1755. Article: "Projets de campagne."

3. See p. 313 above; further, to Winterfeld, 5 August 1757: "I intended to march between Reichenbach and Bernstädtel in order to cause him (the enemy) jealousy over Görlitz; if this works, that will be good, but if he is unwilling to move from Zittau, I will be forced to attack him where I find him. I do not know anything else to do."

4. To the minister of war, Clarke, 21 August 1809: " . . . that battles should not take place if one cannot estimate in his favor 70 chances for success out of 100, even that one may fight a battle only when one has no new chances to expect, since by its nature the outcome of a battle is always doubtful; but once the decision is made, one must conquer or perish."

5. To Prince Henry, 8 March 1760.

6. The passages in which Napoleon expresses himself in favor of keeping all his troops assembled before the battle are collected in an excellent study by Balck, "Napoleonic Preparation for Battle and Battle Leadership" ("Napoleonische Schlachtenanlage und Schlachtenleitung"), supplements to the *Militär-Wochenblatt*, Book 2, 1901.

7. Similarly in *Oeuvres* XXIX, pp. 70, 78, 91, 143. "Réflexions sur les projets de campagne," 1775. "Exposé sur le gouvernement prussien," 1776. "Réflexions sur les mesures à prendre au cas d'une guerre nouvelle avec les Autrichiens," ("Reflections on the Measures to Be Taken in Case of a New War with the Austrians"), 1779.

8. For the details, the reader is referred to "Studies on the First Phase of the Campaign of 1796 in Italy" ("Studien zur ersten Phase des Feldzuges von 1796 in Italien"), by Erich Eckstorff, Berlin dissertation, 1901, where the completely false accounts by Jomini and Count York are refuted and an error by Clausewitz is also corrected.

9. The three quotations are from Kuhl, *Bonaparte's First Campaign, 1796 (Bonapartes erster Feldzug, 1796)*, Berlin, 1902, p. 319.

10. Letter to Field Marshal Lehwaldt of 16 April 1757.

11. The French historians, for example, Martin and Thiers, find Napoleon's judgment to be inspired by his own self-love, which was not willing to recognize anybody on a par with him. It may be that such a feeling had something to do with this somewhat disparaging expression. But that Moreau, in contrast to Bonaparte, was "methodical" is conceded even by his admirers, or if one wishes, it is pointed out by them; for example, in a study in the Parisian war archives (Dépôt de la guerre) of 1829. Quoted by Lort de Sérignan, p. 212.

12. Wiehr, *Napoleon and Bernadotte in the Autumn Campaign of 1813 (Napoleon und Bernadotte im Herbstfeldzug 1813)*, p. 61.

13. The comparison between the strategy of Moreau and that of Napoleon was correctly presented for the first time in the two dissertationsTheodor Eggerking, "Moreau as Commander in the Campaigns of 1796 and 1799" ("Moreau als Feldherr in den Feldzügen 1796 und 1799"), Berlin, 1914; and Siegfried Mette, "Napoleon and Moreau in Their Plans for the Campaign of 1800" ("Napoleon und Moreau in ihren Plänen für den Feldzug von 1800"), Berlin, R. Trenkel,

1915. Alfred Herrmann's work, *Marengo*, Münster, 1903, is interesting but at times overcritical, and it often sees errors in Napoleon's conduct of war precisely in those places where his greatness actually lies. See in this connection the review by E. Daniels, *Preussische Jahrbücher*, 116:347. The correct concept of the campaign, based most appropriately on the sources, is to be found in the work by Major De Cugnac, *La campagne de Marengo*, Paris, 1904. Review by von Caemmerer, *Militärische Literaturzeitschrift* 2 (1905): 86.

We learn about Moreau in 1813 from his conversation with Bernadotte in the *Collection of the Orders of Charles John, Royal Prince of Sweden* (*Recueil des ordres de Charles Jean, Prince royal de Suède*), Stockholm, 1838, p. 11. He did not exercise a noticeable influence.

14. Even in the book *Napoléon et les grands généraux de la révolution et de l'empire*, by Lort de Sérignan, Paris, 1914, despite the generally correct orientation, the really important aspect of the problem is still not yet grasped. The author considers only Davout as a complete disciple of Napoleon. He considers Lecourbe, Desaix, and St. Cyr as disciples of Moreau. The frequently expressed statement, which is also accepted by Sérignan, that Napoleon formed no disciples but only tools, I would like to reject expressly.

15. These passages are from the *Basic Principles of Strategy* (*Grundsätze der Strategie*), 1813.

16. The theories and writings of the archduke are treated excellently by Heinrich Ommen in *The Conduct of War of Archduke Charles* (*Die Kriegführung des Erzherzogs Karl*), Berlin, E. Ebering, 1900. The army

organization, tactics, rations system, and so on, are also treated very clearly in this work. In his discussion of strategy, however, Ommen makes a mistake. He understands the old strategy too much as a simple strategy of maneuver, which it became only in those cases where it stiffened, and he therefore brings the archduke into an opposition to that strategy, an opposition which did not actually exist (p. 13). See W. Kraus, "Die Strategie des Erzherzogs Karl 1796," Berlin dissertation, 1913.

17. Rühle von Lilienstern, *Report of an Eyewitness of the Campaign of Prince Hohenlohe* (*Bericht eines Augenzeugen vom Feldzug des Fürsten Hohenlohe*), 1807, 1:63.

18. See my article "Erzherzog Carl" in the *Recollections* (*Erinnerungen*), p. 590. See also in this connection *Kriegsgeschichtliche Einzelschriften*, 27:380, where older theoreticians are cited, whose teachings were adopted by the archduke.

19. August Menge, *The Battle of Aspern* (*Die Schlacht bei Aspern*), Berlin, Georg Stilke, 1900. Holtzheimer, "Schlacht bei Wagram," Berlin dissertation, 1904. In his book *Napoleon as Commander*, 2:247, Count York compared Napoleon with Frederick and Archduke Charles in the following manner:

> If the Napoleonic strategy possessed a grandeur in its plans and a boldness in its execution that I, at least, cannot recognize to the same degree in Frederick or Archduke Charles, on the other hand the behavior of the latter two does not show the decline from the earlier summit; they remained true to their own

conduct, even if this never reached the full military greatness of the Napoleonic.

This kind of comparison must be rejected in every respect. Neither did Napoleon decline from his summit, nor may the archduke be compared with Frederick in this way, nor may the difference in their epochs be ignored in the comparison between Napoleon and Frederick, nor may the change in Frederick himself be left out of consideration. If one claimed to measure strategists only by the "grandeur of their plans and the boldness in their execution," then of course it would be precisely Frederick who "declined from his summit."

20. In conjunction with this battle, Napoleon once developed for an Austrian officer the difference between his conduct of battle and that of the Austrians (quoted, for example, in Knesebecks *Trilogie*, and in Ranke, in "Hardenberg," *Werke*, 48:125). Ranke finds that it is a generalized description of the second day of Wagram. The passage here reads as follows:

> You normally move forward in small corps that are brought together as a whole by your battle plan; you make your dispositions on the day before the battle, when you do not yet know the enemy's maneuver. In doing so, you can only take into account the terrain. I do not deploy before the battle; during the night before the battle I keep my troops carefully assembled. At the first rays of the sun, I reconnoiter the enemy. As soon as I am

informed about his movements, I make my dispositions, but they are based more on the enemy than on the terrain.

I cannot find that in this point Napoleon hit precisely on the difference between the French and the Austrians. It is rather the difference between the offensive battle and the defensive that he portrays. For that reason it is applicable to the battle of Wagram. At Austerlitz, however, Napoleon, too, made his battle plan on the preceding day and deployed his troops in conformance with the terrain. If there was on the other side no commander who waited until the morning of the battle to order the approach march and the attack, but instead the general staff provided for a detailed disposition, that still does not mean that the important and decisive difference of the opposing arrangements is to be found precisely in this point.

21. On 11 October 1805 Napoleon had Berthier write to Marmont as follows:

In all the letters that General Marmont writes me, he speaks to me about rations. I repeat to him that in the wars of movement and invasion that the emperor is waging there are no depots; it is the business of the commanding generals of the corps to provide for themselves the means of feeding the troops in the areas through which they march.

On 8 July 1812 word was sent to Poniatowski that His Majesty was very dissatisfied to see that he spoke of pay and bread when it was a question of pursuing the enemy.

22. The account in my *Gneisenau* is supplemented by an article "General Wolseley on Napoleon, Wellington and Gneisenau" in my *Recollections, Articles, and Speeches* (*Erinnerungen, Aufsätze, und Reden*).

23. See " On the Difference, etc." ("Ueber die Verschiedenheit, usw")in my *Historical and Political Esays (Historische und Politische Aufsätze)*,P. 273;2d Ed, p. 269 f., and "Frederick, Napoleon , Moltke," P. 45 ,where it is explained that even when a battle was in prospect, as was actually the case in 1778, that did not change anything in the strategic basic character of the war plan . After all, there are also battles in the strategy of attrition .

24. Koser, *Friedrich der Grosse*, 2:400 (4th Ed.) understands it in this way: "In keeping with Frederick's theory, the final decision in a war between Prussia and Austria would necessarily take place in Moravia."A similar comment is on p. 457. In another passage (p. 585) it was quoted,on the other hand, that "the main blow was to be struck at the enemy by the capture of Prague, "from which he would not be able to recover.The error lies in the fact that a decisive significance is attributed to the question "Bohemia or Moravia ?" as such. The significance, however varies according to the circumstances. As practice has indeed shown, on one occasion it is the one country, and on the other occasion the other country where it appears more advantageous to seek the decision. In theory, a campaign into Moravia offered many advantages,

but they were not so great as to prevent Frederick very frequently from preferring to move into Bohemia.

4 沙恩霍斯特、格奈泽瑙、克劳塞维茨

1. Lehmann, *Scharnhorst*, 1:254.

2. According to the supplement in Lehmann's *Scharnhorst*, 1:543, Prince Ferdinand of Braunschweig was perhaps the very first to express this idea of using the third rank for the skirmisher fight, when in January 1761 he commanded a general in the Hanoverian light troops to equip the third rank with grooved-bore muskets.

3. *Documentary Contributions to the History of the Prussian Army* (*Urkundliche Beiträge zur Geschichte des preussischen Heeres*), Vol. 5, "The Combat Training of the Prussian Infantry of 1806" ("Die Gefechtsausbildung der preussichen Infanterie von 1806"), by Jany, 1903. Möllendorff's order reads as follows: "The position of the musket must be shown to the men better, so that they no longer lean their head against the stock and aim, as formerly, but press the butt against the shoulder, holding the head upright, and thus hold the musket horizontally as His Majesty the King primarily reminded them and commanded at this year's review." In 1807 the Reorganization Commission recommended the "introduction of stocks more definitely curved, which make aiming possible." Scherbening, *The Reorganization of the Prussian Army* (*Die Reorganisation der preussischen Armee*).

4. *Life of Gneisenau* (*Leben Gneisenaus*), 3d Ed., 1907.

Supplemented by the article "New Information on 1813" ("Neues über 1813"), *Preussische Jahrbücher*, Vol. 157, July, 1914. "General von Clausewitz"; "The Prussian Officer Class" ("Der preussische Offizierstand")—both articles in the *Historical and Political Essays* (*Historische und politische Aufsätze*), 2d Ed., 1907. "On Max Lehmann's Stein" ("Ueber Max Lehmanns *Stein*"), *Preussische Jahrbücher*, Vol. 134, 1908. "From Arminius to Scharnhorst" ("Von Armin bis Scharnhorst"), in the collection *In Defense and Weapons* (*In Wehr und Waffen*), edited by von Caemmerer and von Ardenne.

5. Very well explained by Ommen, *The Conduct of War of Archduke Charles* (*Die Kriegführung des Erzherzogs Karl*).

6. The same thing is reported by Valory of the Prussian cavalry in 1742, *Brandenburgisch-Preussische Forschungen*, 7:310. Valory wrote that an outstanding Prussian officer had told him that in the battle of Chotusitz, when the closely formed Prussian squadrons had reached the enemy, it was first necessary to shout to the men that they were to strike with their sabers. Frederick himself told the same thing to Count Gisors. Rousset, *Le comte de Gisors*, p. 105.

7. According to A. Müffling, *My Life* (*Mein Leben*), p. 31.

8. Fr. Meinecke, *Life of Boyen* (*Leben Boyens*).

9. These instructions are from the year 1809, and they were then assembled as training regulations in 1812. As a continuation of the distinction between line infantry and light infantry, there still also remained the difference between the musketeer (or grenadier) battalions and the fusilier battalions, but this difference can be passed over, since it

had no practical significance.

10. The history of the wars of liberation has in no work been at the same time more extensively developed and more confused than by the *Memorable Recollections from the Life of the Imperial Russian General of Infantry Carl Frederick Count von Toll* (*Denkwürdigkeiten aus dem Leben des kaiserlichen russischen Generals der Infanterie Carl Friedrich Grafen von Toll*) by Theodor von Bernhardi. The book is excellently written, the author is a competent military analyst, and the papers left by Toll provided him the most valuable material—it is no wonder that for a long time his judgment enjoyed an almost saintly respect. I, too, long deferred to his authority and only by laborious research learned to overcome his prejudice, point by point.

11. Critical extremists have also puttered around with this great deed. In addition to my Gneisenau, these have also been very well rejected by Caemmerer in *The Wars of Liberation. A Strategic Survey* (*Die Befreiungskriege. Ein strategischer Ueberblick*), 1907.